大学生
综合体能训练
与体质测试的方法

主　编　李　亮　许宇斌　高　琪
副主编　姚德一　赵小坤　陈　玮　黄晋萱　马铁寨

中国水利水电出版社
www.waterpub.com.cn

内 容 提 要

　　大学生的体能与体质状况受到了社会的广泛关注,对大学生有着重要的影响。本书以大学生体能与体质为研究对象,对体能训练与体质测试方法进行了详细的研究,涉及体能训练与体质测试的基本知识、体能训练的科学理论基础、体能训练的理念及程序、体能训练的医务监督、大学生体质测评的内容与方法、大学生各项体能素质的训练以及各运动项目的体能训练方法,并对不同体质大学生的体能训练进行了指导。本书内容丰富,逻辑合理,兼具理论性与实用性,能够对大学生体能训练与体质测试起到一定的指导作用。

图书在版编目（ＣＩＰ）数据

　　大学生综合体能训练与体质测试的方法 / 李亮,许宇斌,高琪主编. —— 北京 : 中国水利水电出版社,2015.11 (2022.10重印)
　　ISBN 978-7-5170-3819-1

　　Ⅰ. ①大… Ⅱ. ①李… ②许… ③高… Ⅲ. ①大学生—体能—身体训练②大学生—身体素质—测试 Ⅳ. ①G808.14②G804.49

　　中国版本图书馆CIP数据核字(2015)第277994号

策划编辑:杨庆川　　责任编辑:陈　洁　　封面设计:崔　蕾		
书　　　名	大学生综合体能训练与体质测试的方法	
作　　　者	主 编 李 亮　许宇斌　高 琪	
	副主编　姚德一　赵小坤　陈　玮　黄晋萱　马铁寨	
出版发行	中国水利水电出版社	
	(北京市海淀区玉渊潭南路1号D座 100038)	
	网址:www.waterpub.com.cn	
	E-mail:mchannel@263.net(万水)	
	sales@mwr.gov.cn	
	电话:(010)68545888(营销中心)、82562819(万水)	
经　　　售	北京科水图书销售有限公司	
	电话:(010)63202643、68545874	
	全国各地新华书店和相关出版物销售网点	
排　　　版	北京鑫海胜蓝数码科技有限公司	
印　　　刷	三河市人民印务有限公司	
规　　　格	184mm×260mm　16 开本　26.75 印张　684 千字	
版　　　次	2016年1月第1版　2022年10月第2次印刷	
定　　　价	89.00元	

前　言

大学生是我国未来的建设者和接班人,提高大学生的身体素质水平对于现阶段改善国民体质、构建体育强国、实现中华民族伟大复兴的中国梦具有重要意义。体能训练是提高大学生身体素质、改善大学生体质健康水平的重要和有效途径,基于此特编写《大学生综合体能训练与体质测试的方法》一书,旨在为当代大学生的科学体能训练和体质测试提供理论和实践指导。

本书以大学生综合体能训练与体质测试为编写对象,着重于大学生体能训练研究,体能训练与体质测试并重,能有效提高大学生体能训练的实效性。本书内容以体能训练基本理论知识为切入点,详细阐述了当前大学生体能训练的相关理论知识,同时对大学生的一般体能训练、不同运动项目的专项体能训练以及不同大学生群体的体能训练进行了系统、全面地研究。整本书具有较强的指导性和较高的实用价值。

全书共十五章,主要针对大学生体能训练与体质测试进行了系统阐述。其中,前五章为理论部分,主要阐述了大学生体能训练及其相关理论知识;后十章为实践部分,重点介绍了大学生一般体能训练方法和常见运动专项体能训练方法。第一章为体能训练与体质测试的基本知识综述,简要阐述了体能训练的概念、内容、价值及原则,分析了影响大学生体能训练的因素、体能训练的发展趋势、体质与健康的概念及关系,并对《国家学生体质健康标准》进行了重点阐述;第二章分别从运动生理学、运动心理学、运动生物化学三个方面对体能训练的科学理论基础进行了系统分析;第三章为体能训练的基本理念及程序研究,主要内容包括大学生体能训练的理念与方法、任务与手段、基本过程以及心理调节知识;第四章为体能训练的医务监督,分别对体能训练的疲劳与恢复、营养补充、运动伤病及处理以及体能训练的自我监督进行了详细分析与阐述;第五章为大学生体质测评的内容与方法,在阐述体质测量与评价基本知识的基础上,分别针对大学生的身体形态测评、身体机能测评、身体素质测评进行了重点研究;第六章至第九章分别为大学生基本身体素质训练,主要包括力量素质训练、速度素质训练、耐力素质训练、柔韧素质训练以及灵敏素质训练;第十一章至第十四章分别为不同体育运动项目的专项体能训练研究,主要包括田径运动、游泳运动、健美操运动、常见球类运动(篮球、足球、排球、羽毛球、乒乓球、网球);第十五章重点对不同体质大学生体能训练进行了有针对性地指导,主要涉及大学生减肥塑身群体、强身健体群体以及患病群体。整本书理论部分与实践部分有机结合、紧密相连,既为大学生的体能训练提出了科学的理论依据和理论指导,又为大学生的体能训练提出了具体的手段和方法,同时指出了具体的体质测试方法,并突出了专项特点,能满足不同大学生的专项运动训练需要。总体来看,本书是关于大学生体能训练与体质测试的科学读本。

本书的主编由华北电力大学李亮、琼台师范高等专科学校许宇斌、承德石油高等专科学校高琪担任;副主编由唐山学院姚德一、赵小坤、陈玮,中国民航大学黄晋萱,河南科技学院马铁寨担任。全书由李亮、许宇斌、高琪统稿。具体分工如下。

第一章,第五章,第十章,第十二章:李亮;

第二章,第九章,第十一章:许宇斌;

第三章,第八章,第十四章第一节:高琪;

第六章,第十四章第二节:姚德一;

第四章,第十四章第四节:赵小坤;

第七章,第十四章第六节:陈玮;

第十三章,第十四章第五节:黄晋萱;

第十四章第三节,第十五章:马铁寨。

在编写过程中,本书参考了许多专家、学者的研究成果,在此表示衷心的感谢,由于编者水平有限,时间仓促,错误和不当之处在所难免,恳请广大读者多提宝贵意见,不吝赐教。

编者

2015 年 9 月

目　　录

第一章　体能训练与体质测试的基本知识综述

第一节　体能训练的概念、内容、价值及原则

一、体能训练的概念

(一)体能的概念

20 世纪 50 年代,美国健康体育娱乐协会提出体能(Physical Fitness)的概念,此后,人们对于它的理解不断深化,不同的国家以不同的角度对体能的定义有不同的界定。在英文文献中,一般被用于表达身体对某种事物的适应能力。在德国,人们将之称为"工作能力",法国人称之为"身体适性",日本人称之为"体力",美国白宫体能委员会将其定义为人在工作时,表现积极、愉快而不感觉疲乏,同时还有余力其从事休闲活动,或应付突发事件的能力,中国香港地区、台湾地区的学者将之翻译为"体适能"。

我国在对于体能的认识水平上与国外相比还存在很大的差距,通过翻阅相关的资料,较为权威的观点是:人体各器官系统的机能在大脑控制下的身体(肌肉)和心理(神经)活动中所表现出来的主动与被动的能力,包括力量、速度、耐力、灵敏、柔韧和协调等基本的身体素质,以及人体对环境的适应,对心理障碍的挑战、调适与控制的综合能力。体能是体质的重要组成方面,其发展程度也是衡量体质水平的重要指标。它是机体对外界刺激或外界环境适应过程所表现出来的综合能力,与人的运动能力有关,与人体适应能力有关,与人的心理因素有关。

(二)体能训练的概念

一些国外的学者认为,体能训练是在运动生理、运动生化和医学等有关原理的指导下,所进行的提高机体对训练负荷和比赛负荷适应能力的训练;还有学者认为体能训练是运用生物力学和专项理论知识所进行的技战术训练;另一种观点是体能训练是侧重于心理学、营养学和管理学等原理的应用,使运动员处于最佳竞技状态的训练。

我国运动训练界认为,体能训练是旨在发展人体体能的训练,也就是运用科学的运动负荷刺激等手段,促使人的身体形态和技能产生适应性变化,以提高集体适应运用需要的能力的训练。"体能训练"还没有被广泛运用之前我国的训练理论界是以"身体(素质)训练"代替。后来有了"体能训练"一词后,"身体(素质)训练"才一词被替换。体能训练的概念要比身体(素质)训练的概念更加广泛。

总的来说,"体能训练是指通过结合专项需要和合理负荷的动作练习,促进运动员身体形态

的改善,促进运动员机体各器官系统的机能提高,促进运动素质的充分发展,不断提高运动成绩的过程。"①。

二、体能训练的内容

体能训练主要包括一般体能训练与专项体能训练两大内容,具体如下。

(一)一般体能训练

一般体能训练指的是为了促进机体各器官系统机能的提高,全面发展运动素质,改善身体形态,掌握非专项的运动技术、技能和知识,能在运动中取得理想的成绩或达到某一训练目标打好基础,而进行的一种非专项能力体能训练。一般体能训练是保证良好身体健康的有效方法,它可以促进人的心脏、血管、肺脏及肌肉组织等有效机能的发展。健康体能所具备的四个要素如下,它们对身体健康有着至关重要的作用。

1. 身体组成

人的身体组成成分包括脂肪及非脂肪组织,这些脂肪和非脂肪组织构成了肌肉、骨骼、水与其他脏器等,保持理想体重对维持适当的身体组成具有非常重要的作用。身体组成中脂肪对健康的影响非常大,脂肪过多是很多慢性疾病的诱导因素,如高血压、脑血栓、动脉硬化、心肌梗塞、糖尿病等。

2. 肌力与肌耐力

所谓的肌力是指肌肉所能产生的最大力量,肌耐力是肌肉持续收缩的能力。良好的肌力与肌耐力可以维持正确的姿势并增进工作和训练效率;相对肌力与肌耐力不好的人,则会较容易产生肌肉疲劳与酸痛现象。

3. 心肺耐力

所谓的心肺耐力是身体在活动时,能持续地吸收与利用氧气的能力,涉及的范围包括心脏、肺脏、血管和血液等,是健康体能中最重要的一项体现全身性运动持久能力的指标。拥有良好心肺耐力的人,能比别人更有效地完成日常活动,而不容易感到疲劳。

4. 柔韧性

柔韧性是指人体关节活动幅度以及关节韧带、肌腱、肌肉、皮肤和其他组织的弹性和伸展能力,即关节和关节系统的活动范围。骨骼、关节结构与关节周围的肌肉、脂肪、皮肤与结缔组织是影响柔韧性的主要身体因素。具有良好柔韧性的人,肢体的活动范围非常大,肌肉不易拉伤,关节也不容易扭伤。柔韧性不好的人容易造成姿势不良问题,如背痛及肩颈疼痛等。要经常参加运动才能保证身体柔韧性提高。

---

① 于莹,钟家奎. 大学体育课程与体能训练. 北京:北京体育大学出版社,2014

（二）专项体能训练

在提高人体的运动能力时，会进行一些专项体能训练，它们可以很大程度的发展专项素质，让大学生在运动过程中能够非常顺利和有效的掌握专项技战术的技能。由于人们所参加的运动项目很多，每个项目之间都各有各的不同，因此专项体能训练的内容有很大区别（表1-1）。

表 1-1　一般体能训练与专项体能训练的区别

	一般体能训练	专项体能训练
任务	1. 提高各器官系统机能，增进身体健康 2. 全面发展运动素质 3. 改善身体形态 4. 掌握非专项的运动技术、技能和知识 5. 为提高运动技术水平创造一定条件	1. 提高与专项有关的器官系统机能 2. 最大限度地发展专项运动素质 3. 塑造专项所需的体型 4. 精确掌握与专项技术、战术有关的知识和技能 5. 促进专项运动成绩和技术水平提高
内容	多种多样的对全面发展运动素质、身体机能有益的身体练习手段，如球类、体操、举重、游戏等	直接发展专项运动素质的练习，以及在动作特点上与专项动作结构相似的练习，或有紧密联系专门性练习
作用	为专项运动素质的全面发展和专项成绩的提高打好基础	直接提高专项运动素质，促使运动员创造优异的专项运动成绩

从上述中可以看出，一般体能训练和专项体能训练之间有着密切的联系，主要表现在两方面：一方面，一般体能训练是专项体能训练的基础，同时为专项运动素质的提高创造必要的条件；另一方面，专项体能训练则是提高专项运动成绩的特殊需要，并直接为创造优异的专项运动成绩服务。

一般体能训练和专项体能训练之间也是相互促进的，当一般体能训练的水平提高时，相应的专项体能能力也会随之提高。当专项运动水平得到提高时，一般体能训练所提供的基础及专项体能训练的要求也要随之改变，以适应专项水平提高后的要求。一般体能训练和专项体能训练的目标是一致的，所以在实际的训练中，很难进行划分具体什么是一般体能训练什么是专项体能训练。

三、体能训练的价值

（一）有利于促进身体健康

人们从事运动训练的必要条件就是身体健康，良好的健康状况是进行系统运动训练的根本保证。体能训练能够促进运动员内脏器官特别是心血管系统、呼吸系统机能，增强骨骼、肌肉、肌腱和韧带等运动器官功能的提高，并能够明显改善中枢神经系统机能；同时，对于克服人体生物惰性，促进新陈代谢都具有极为重要的作用。而上述作用有对身体产生反作用力，提高了机体对外界环境的适应能力和对疾病的抵抗能力，从而有效地促进运动员的身体健康。

（二）有利于促进运动素质的发展

现代体育运动在不断发展，很多人为了创造优异成绩、名留青史而刻苦训练，而且向人类身体的运动能力的极限发展。体能训练就是要充分发展人体运动能力的潜力，在赛场上创造优异成绩，就必须最大限度地发展和提高力量、速度、耐力、柔韧、灵敏和协调能力等运动素质。通过体能训练，能够有效地促进运动员力量、速度、耐力、柔韧性、灵敏素质和协调能力等各种素质的提高与发展，提高其专项运动素质，一般运动素质得到协调一致的发展，才能为最大限度地创造优异的专项成绩打下坚实基础。

（三）有利于促进心理品质的提高

在运动员艰苦地进行体能训练时，就会提高自身吃苦耐劳、坚忍不拔等积极的心理品质。激烈对抗的比赛对运动员的心理素质提出了更高的要求，因此运动员必需通过体能训练来提高心理素质。由于很多的心理品质和稳定程度受到生理因素的影响和制约，而良好的体能会让运动员精力旺盛、体力充沛、抗疲劳能力也会有很大提升，反过来这些作用又会使他们在训练和比赛中具有较好的充实感和自信感，从而促进比赛训练的稳定性的提高。反之，如果出现疲劳现象或"力不从心"，则会为比赛所需的体力担忧，或者失去取得胜利的自信心，从而影响比赛时的心理。

（四）有利于促进运动训练能力的提高

体能训练实际上是使有机体各器官系统功能协调发展，具有完备的从事专项竞技运动能力的过程。在运动员参加任何身体运动时，都需要一定的身体运动能力作保证，随着运动难度的增加，对体能的要求更高。另外，依据技能迁移的原理，在运动员掌握了一定的运动技能时，他学习特定运动技能的能力就越强。体能训练正是通过各种具体的身体训练动作予以实施的，这些训练动作的学习和掌握，有助于提高运动员的对于运动项目中的专项技术进行深化发展。

在运动员所参加的运动项目中，如篮球、足球运动等，运动竞赛的对抗都非常激烈，战术行动具有高强度、多样性和多边性特征，很多的战术动作的完成对运动员机体的功能和身体素质有着专门的要求。战术训练中虽然也包含有一定的身体训练成分，但各专项对体能的要求仅凭战术训练是无法达到的，只有通过专门组织的体能训练提高的身体适应能力，才能满足专项战术的特殊要求。

四、体能训练的原则

（一）全面性原则

体能训练的全面性原则是指在有针对性的发展专项体能素质的同时，应尽量全面和充分发展运动员的各项运动素质，尤其是在刚开始进行体能训练的时期，更应重视体能各方面的全面发展，提高一般身体机能水平，以促进专项成绩的全面提高。

1. 理论依据

全面性原则的主要依据有以下三点。

（1）人体各器官系统之间存在着相互依赖的关系，训练后人体产生的各种变化也是相互依存的。发展运动素质要求人体若干系统的同时介入，因此在训练初期，必须采用正确的全面发展运动素质的方法，使发展技术与战术技能所要求的所有形态与机能能力都得到高水平的全面发展。

（2）达到高水平专项运动技术水平的基本前提和基础是广泛的、全面发展的运动素质和全面提高的身体机能能力。

（3）要取得高水平的运动成绩，必须在早期训练阶段全面提高运动素质。因为各运动素质的发展是相互影响、相互制约的。运动素质和运动技能的转移需要一定的基础条件，专项运动素质和技能也需要建立在一般运动素质的基础上。只有全面安排才会创造出这种条件和可能，使专项所需的一切得到充分发展。

全面性原则主要适用于初步训练时期，全面发展运动素质并不意味着运动员要将这种训练运用于全部训练时间中。相反，随着运动员在参与训练的过程中，运动水平的不断提高，其训练也应朝着更为专项化的方向发展。此外，进行全面体能训练还能减少高度专项化训练的枯燥感，提高运动员的练习兴趣，对专项训练起调节作用。

2. 贯彻要求

（1）全面发展体能训练，突出重点

专项训练及比赛对身体运动能力有着很高的要求，要求运动员具备全面发展的体能基础。初级运动员应全面发展身体运动能力，奠定良好的体能基础，以利于专项训练的深化发展。体能的全面发展并不等于各种身体运动能力绝对平均的同步发展，要因项、因人、因时而异，有所侧重，根据个人具体情况和专项比赛的需要，全面而有重点的进行训练。

（2）体能训练要结合技战术训练

运动员的体能训练应紧密结合技战术进行，使体能训练获得的训练效果与专项技术和战术有机地联系在一起，使之能够在比赛中通过技术和战术的形式充分地发挥出来。体能训练的手段的选择和运用是使体能训练与技术、战术训练紧密结合的关键，专项体能训练的内容安排和训练手段的选用，不仅要突出专项特征、在表现形式上尽量与专项技术动作或战术动作相一致，而且要充分考虑身体练习的生物力学等特征，以利于体能训练的效果通过专项技术、战术转化到比赛活动中去。

（3）评价体能训练的效果

在体能训练过程中，应对运动员的身体运动能力进行系统的定期或不定期的测验，对体能训练的效果进行检查。通过训练信息的反馈，运用量化分析和定性分析，评定体能训练是否达到了预期目标，弄清哪些运动素质和机能水平已经具备专项所需程度或已经达到特定阶段应具备的状态，哪些运动素质或机能水平还没有达到要求，找出体能训练的薄弱环节，从而为运动员体能训练的组织和实施以及体能训练过程的控制，提供科学的依据，避免训练的盲目性。

（二）区别对待原则

区别对待原则指的是，在体能训练过程中，根据不同专项、不同的运动员或不同的训练状态、不同的训练任务及不同的训练条件等具体情况，有针对性地组织安排各自相应的训练过程，确定训练任务，选择训练内容、方法和手段和安排运动负荷的训练原则。教练员在制定训练计划时，根据每个运动员所独具的身体能力、潜质、学习特征以及所从事的专项等各方面特点（具体情况),设计出适合每个运动员特点的个体化方案。也就是说,整个训练过程必须依据该运动员的特点进行安排,使之得到最大的发展。

1. 理论依据

(1)运动员个人特点的多样性

优秀运动员负荷个体化是被广泛认可的。在现代运动训练中,个体化原则已经成为最重要的训练理论之一。教练员唯有在认真分析每一个运动员训练的不同方面的基础上,精心地制定出最适合个体发展的训练计划,才能使该运动员得到最佳的发展,才能发掘出该运动员的最大潜能。运动员个人特点包括性别、年龄、竞技水平、生理和心理特点、身体状况、训练情绪等,这些都对训练安排提出了不同的要求。同一名运动员的训练状态在不同阶段、不同时刻的表现不同,不同训练环境和训练条件也对训练内容和组织实施提出了不同的要求。

(2)运动专项需要的多样性

不同专项运动员竞技能力(体能、技能、战术、心理、形态等)会受不同因素的影响,也有不同的要求。因此在对训练内容和手段进行选择时,必须注意不同专项竞技的不同需要,有计划地实施,区别对待。

(3)运动训练和比赛条件的多变性

体能训练过程是个动态发展的过程,不同运动项目、不同运动员及在不同状态下该过程均处于不断的变化之中。这些因素的不断变化,都要求教练员及时根据训练对象的具体情况有区别地组织训练,以使运动员能更好地适应这些变化了的条件。这些条件包括决定竞技能力的各个因素,教练员的业务水平,对训练战略部署和战术安排,训练所处的阶段和具体要求,以及训练和比赛的气候、场地、器材以及对手情况等。

2. 贯彻要求

(1)对运动专项的基本特征进行准确认识

不同运动专项都有自己的决定因素及不同的发展规律。只有正确认识所从事项目的专项竞技能力的决定因素,并结合专项成绩发展的规律组织安排训练才可取得成功。

(2)对运动员个体特征加以掌握

由于运动员的思想、健康状况、训练水平以及学习、工作、日常生活等情况均不相同,教练员应深入了解具体情况并具体分析。注意掌握运动员的身心发展过程中的各种特殊情形,因势利导,区别对待。

(3)将运动队中集体和个人的关系处理好

在全队集体训练时,除有共同的要求和统一指导外,还必须有个别要求、个别指导,既要注意到全队的训练和比赛任务,又要考虑到个别队员的具体情况。要根据训练的具体任务和实施训练过程中的变化,恰当地分配指导精力,使得每个运动员都感到教练员就在自己的身边,并感到每次训练教练员的安排和要求都能切合自己的实际。

(4)对运动训练和比赛条件进行充分考虑

训练过程中,必须考虑到运动员所处的训练时期和训练阶段等具体情况。不同阶段和不同时期有不同的要求。要了解在不同阶段和时期运动员的特点。另外,对比赛中的场地、气候、对手以及环境等客观条件也要给予充分考虑。

（三）系统训练原则

系统训练原则是指持续地、循序渐进地组织体能训练过程的训练原则。这一原则的确立与体能训练过程的连续性和阶段性的基本特性密切相关。它一方面指出运动员只有长时间、持续地进行训练，才有可能攀登竞技运动的高峰；同时又强调在一般情况下，必须循序渐进地，而不是突变式地增加体能训练的负荷，才能取得理想的训练效果。

1. 理论依据

（1）人们认识客观事物从已知到未知的规律性

各运动项目的知识以及竞技能力各要素的发展都有各自的体系和内在联系，反映了各运动项目由低到高、由易到难、由简到繁发展的规律，也反映了人们认识客观事物从已知到未知的规律性。所以，要以运动项目自身体系及其内在联系为依据，以一定的顺序安排训练内容，选用训练方法和手段，使运动员循序渐进地掌握技术、战术，发展身体素质，并逐步提高要求，才能取得良好的体能训练效果。

（2）人体生物适应的阶段性

人体在训练负荷下的生物适应过程不是有阶段的。机体对一次适宜训练负荷的反应可分为工作、疲劳、恢复、超量恢复和训练效应消失等几个阶段。在更长一个时间的跨度内，如几个月至一年的训练过程中，运动员机体能力的变化同样经历着不同的阶段，这就是竞技状态的形成、保持和消失三个阶段。

（3）人体生物适应的长期性

运动员竞技能力的各个部分均需要经过长时间的训练才能得到明显改善和提高，体能的提高同样如此。运动员体能的改变要以运动员形态和机能系统的提高为基础，从而表现出来高度发展的运动素质，运动员有机体对训练负荷的生物适应必须通过有机体自身的各个系统、各个器官等的逐步改造才可形成。

2. 贯彻要求

（1）保持训练的系统性

为保证体能训练过程系统不间断地进行，要使训练的各阶段有机地衔接起来。运动员系统的多年训练活动，必须以健全的训练体制作为保证。例如，我国的三级训练体制，包括中小学课外训练、业余体校和竞技运动学校的训练以及优秀运动队的训练三个层次。三级训练体制担负着训练过程中不同阶段的训练任务。各训练的组织形式之间要密切配合，在内容的安排、训练和比赛的要求以及所承担的具体任务上都要有机地衔接起来。

（2）按阶段性特点对训练过程进行组织

体能训练过程的组织实施必须遵循其阶段性的特点，需要有步骤、有秩序地进行。而这一步骤则是按固有的程序排列的。坚持全年、多年的不间断训练，保证运动员有机体所产生的一系列适应性良好变化能够获得长期的积累，使训练水平逐步提高，这就要求训练过程的每次课、每个小周期、每个训练时期以至每个训练大周期都与上一次课、上一小周期、训练时期和大周期有机地联系起来，使之在原有的基础上不断提高。

训练内容、方法和手段的选择是以各训练时期、阶段具体训练任务为基础，都应充分考虑它们之间的内在联系和本身特点。一般要按由易到难、由简到繁、由浅到深、由已知到未知的要求进行安排。

（3）防止运动员发生伤病

体能训练过程中要充分注意并采取有力措施防止运动员发生运动伤病。运动员伤病会对体能训练的系统性和连续性造成不利的影响,产生伤病还会使训练长期中断,甚至影响运动员的运动寿命。

（四）适宜负荷原则

适宜负荷原则是指以运动员的现实可能和人体机能的训练适应规律为根据,为提高运动员竞技能力,在训练过程中给予相应量度的负荷,以取得理想训练效果的训练原则。

运动员在体能训练中承受了一定的运动负荷后,必然会有相应的训练效应产生。但并不是施加了负荷就一定会产生良好的训练效应。所以,对训练负荷的合理安排有重大的意义。实践中,合理地安排训练负荷主要体现在以下方面:能够以训练任务、对象水平为依据,逐步且有节奏地按照人体机能的适应规律加大运动负荷,直至最大限度;要求训练中对"加大—适应—再加大—再适应"的规律加以遵循,以此来安排运动负荷;负荷的递增是在一定的生理变化范围内,通过人体适应过程的规律而实现。

1. 理论依据

（1）生物适应规律

适应性是生物体最基本的生理特征之一。适应性表现在如果长期施加某种刺激,机体会通过自身形态、结构与机能的变化以对这种刺激加以适应。人体对训练刺激的适应也不例外。有机体在生理极限范围内承受一定负荷的过程中会产生某种适应性反应。当有机体适应这一负荷后,会出现"机能节省化"现象。倘若一段时间内,负荷刺激仍在原来水平上停留,有机体的机能水平就将在原来水平上停留。所以,只有在适应的基础上,不断通过加大负荷将更强烈的刺激施加给机体,使机体不断获得新的适应,才能促进运动竞技能力水平的提高。

（2）超量恢复规律

在体能训练的过程中,运动员有机体对运动负荷的反应一般为:耐受—疲劳(能量消耗)—恢复—超量补偿(恢复))—消退等特征。如果在完成训练任务后安排足够的恢复时间,在身体结构和机能重建完成后,运动中所消耗的能量等物质以及所降低的身体机能不仅能得以恢复,而且会超过原有水平,这种现象称作"超量补偿"或"超量恢复",一般将由于超量补偿所导致的机能改善称为"训练效果"。产生尽可能多的训练效果是运动训练的目的。在一定的生理范围内,负荷刺激越大,机体能量消耗则越多,疲劳程度就会越强烈。解除负荷后,倘若能对一定的休息时间和方式作出科学的安排,那么就会加快能量物质的恢复过程,就会提高产生超量恢复的水平。那么人体在此基础上所表现出的运动能力也就越强。

在体能训练实践中,通常都是连续地对机体施加负荷的,几次负荷之间不同的间隔与联系会产生不同的效应。如果在前次负荷后机体的超量恢复阶段再施予负荷,会使机体水平不断提高;而如果前次负荷后运动员的机体还没有得到恢复便再次施予负荷,则会导致机能水平的下降。

（3）过度负荷

超过运动员承受能力,导致运动员机体产生严重劣变的训练负荷就是所谓的过度负荷。在体能训练过程中,如果施加于运动员的训练负荷超出运动员在该时相所能够承受的负荷极限,机体各系统功能的正常运行会遭到破坏,甚至会造成组织损伤等病理性劣变,破坏已经获得的积极的训练效果,还会损坏运动员的身心健康。所以,在体能训练过程中,要对运动员机体承受负荷的最大能力进行科学分析,避免盲目过大或过快地施加负荷。

2. 贯彻要求

(1)对负荷的构成进行准确理解

运动负荷应包括定性和定量两部分,只有对训练手段与方法定性后,再做定量,才能对负荷做出正确的计量。

①训练负荷的定性

A. 训练负荷专项性

专项是指与运动员训练水平相似的比赛本身。负荷要符合运动员所参与的、与自己训练水平相称的比赛要求,专项特点是随着运动成绩水平的提高而不断变化的。专项训练是提高运动成绩的直接因素,是取得高水平成绩的唯一途径。

B. 训练负荷对能量供应系统的作用方向

一切人体运动都需要通过肌肉的收缩来实现,肌肉运动的能量供应有磷酸原系统、乳酸能系统和有氧氧化系统,它们分别参与不同工作时间、不同工作强度、不同能量需要的竞速运动。训练的重点则是以项目要求的不同为依据,促进相应的能量供应系统的发展。所以,确定练习时肌肉工作主要以哪些供能系统产生作用是负荷定性内容之一。

C. 动作协调的复杂程度

协调性的复杂程度是训练中客观存在的,而区分它是运动负荷定性的一个方面,如在周期性运动项目中动作协调的复杂程度比较单一,对运动负荷的影响不大;但跳跃或投掷类项目,协调性的复杂程度则决定着负荷的大小与比赛的效果。协调性的复杂程度越高的练习,有机体承受的负荷就越大。要对此做出量化的定性,难度较大,目前在很大程度上还是经验性的评定。

②负荷定量

负荷的量与强度这样两个方面体能训练过程中的任何一个负荷中都包含着。前者是负荷对机体刺激的量的大小的反映,后者是负荷对机体刺激的深度的反映。

A. 负荷量的评价指标

负荷量的评价指标一般为次数、时间、距离、重量等。次数是指训练中重复练习的次数;时间是指统计单位中(一种练习、一次课、一周、一年或其他单位)训练的总时间;距离是指完成各种周期性练习的距离;重量是指完成练习的总负重量。

B. 负荷强度的评价指标

荷强度的评价指标常常通过练习的速度、远度、高度、单位练习的负重量或练习的难度予以衡量。这些测量的方法和指标对于不同的运动项目和不同的练习都是适用的。

(2)对负荷量与负荷强度的关系进行正确处理

负荷的量和强度构成了负荷的整体,它们彼此依存又相互影响,由于运动负荷的表现形式多种多样及组合方式千变万化,处理好两者关系是正确安排运动负荷的关键。任何负荷的量都是以一定的强度为条件而存在的,任何负荷的强度又都以一定的量为其存在的必要基础。一个方面的变化必然会导致另一方面的相应变化,在分析负荷的大小时,一定要将这两个方面综合考虑。

（3）监测与控制训练过程

体能训练过程中造成运动损伤、过度疲劳的主要原因之一就是没有合理地进行负荷安排，所以在体能训练过程中要注意对不同时期运动员的竞技能力状况进行及时把握，运用综合方法和手段对科学的诊断系统加以建立，对可靠的指标进行选择，对训练过程和训练效果进行分析，对负荷的适宜度和恢复程度进行及时准确的判断，并进行及时调控，使训练始终围绕预定计划进行，从而使最佳的训练效果得到保证。

第二节　影响大学生体能训练的因素

一、先天遗传因素

遗传因素是影响大学生体能训练与发展的主要先天因素。不仅是体能训练，人的生长发育过程以及在这个过程中所从事的各项活动，都会受到遗传因素的影响。每个个体的体型、长相、性格和气质等都会受到父母的遗传基因的影响，父母有时候也会给子女遗传某些先天性的疾病，如色盲、精神病、高血压病等患者的近亲中发病率一般高于健康者，同卵双胞胎由于遗传基因更相似，遗传病的发病率也大大高于异卵双胞胎，这些都是遗传因素起作用的体现。由此可以推断出，遗传基因在大学生的生长发育中起到了举足轻重的作用，构成了机体潜在特征的要素。每个大学生都必须或多或少的受到遗传因素的影响，这一点是不以人的意识为转移的客观存在。

然而，每个大学生受遗传因素影响的程度是不同的，其中影响遗传程度的因素也很多，后天的因素依然对大学生的发展与体能训练起着决定性的作用。而且遗传变异在生物学中也是一种比较常见的现象，这就是遗传基因受到后天环境影响的体现。例如，在现阶段的中国，物质条件的改善往往使大学生的身高高于父母的身高，这是通过外界环境的改善，机体在充分发挥其遗传潜在特征的同时，还能促使机体朝着良好方面发展，如果这种基因在家族中继续保持的话，这种后天获得的基因也会遗传给下一代，这是良好的环境对遗传因素的影响，与之相反，不良环境也对遗传有着影响，如受到不良环境和不利的外界因素的干扰，机体内外平衡会出现失调的情况，最后会引起遗传基因突变，导致各种遗传病发病率升高。

大学生体能训练受遗传因素的影响是不可控的，因此人们要选择健康的生活方式，树立正确的婚姻观与生育观，为下一代遗传更好的因素。

二、后天因素

（一）环境因素

大学生体能训练会受到环境因素的影响。人类与环境之间有着密切的关系，环境对人类的健康影响也非常大，可以说几乎所有影响人类健康的因素都与环境有着直接的关系。众所周知，人类与环境之间的最本质的联系是物质和能量交换。一方面,人体由环境中摄取空气、水、食物等生命必需的物质,在机体内经过分解、同化组成细胞和组织的各种成分,并产生能量,以维持机体的正常生长发育和各项生理活动;另一方面,在机体内产生的各种代谢产物,通过各种途径排到环境中,在环境中经过多次变化,又成为营养物质再被人体所摄取。所以,环境的构成及其状态的任何异常变化,都会对人体的正常生理活动造成不同程度的影响。人类通过自身的调节不断与变化着的环境相适应,一般的环境变化,大学生可以接受,但超过一定的程度,人体的功能和结构就会发生变化甚至是产生病变。

总体来说,环境因素主要包括两个方面,即自然环境和社会环境,这两个方面的因素对人体正常的活动产生一定的影响。

1. 自然环境

自然环境能够为人类的生存和发展提出必需的物质基础,自然界中的空气、气流、阳光、水源、土壤、食物、气候以及各种物理、化学和生物等诸因素都包含其中。人类与自然环境之间是相互联系、相互影响的。人置身于大自然中,能摄取其有益于身体的物质,同时又受到自然环境中的影响,如人体基础代谢就受到气候和季节的影响,如生活在寒带地区的人,生长发育速度往往要比生活在热带地区的人慢而晚,且寿命会比热带地区的人长;在春季时,少年儿童增高较快,而秋季则增重较快。由此可知,生长素分泌量或能量代谢受到气候、季节的影响。又如人在优美适宜的环境中心情舒畅,内分泌协调,精力充沛,而面对废气、废水、粉尘、噪声和振动等公害污染,或气候的酷暑严寒、空气湿度、温度、气流、气压的突变等环境时,机体与外界环境之间的平衡被破坏,人体健康就会受到影响,将会出现病理状态。

对大学生而言,其学习和生活的主要场所是学校,其主要接触的自然环境学校的自然环境。学校中的自然环境通常包括宿舍、教室、阅览室、体育活动场所、绿化区以及校园周围环境等。通常而言,优雅适宜的高校校园环境,能促进大学生身心健康发展,有利于提高大学生学习体能训练的积极性,能够陶冶大学生的情操。反之,则会使大学生身心发育和体质健康及体能训练受到直接或间接的影响,如住宿拥挤、不清洁,教室卫生条件差,体育活动场所少,或周围有来自工厂的污水、废气和噪声,这不仅会使大学生的听力受到损害,还会导致各种疾病的发生,引起各器官系统功能紊乱,而且还会对大学生学习和体能训练效果造成严重的影响。由此可见,自然环境因素对大学生体能训练的影响是不能忽视的,需要引起高度重视。

2. 社会环境

大学生在日常生活中,除了与自然环境发生关系外,作为一名社会人,也同社会发生着广泛的联系,主要包括与社会意识结构和社会组织结构发生的联系。其中的社会意识结构是指政治思想、道德观念、风俗习惯、文化生活以及政策法令等,而社会组织结构则是指家庭、学校位、医疗保健设施以及其他社会集团。以上这两类社会因素都会影响着大学生的体能训练。

对于大学生来说,在其成长的过程中,家庭环境因素起着极为重要的作用,在家庭因素中,家庭结构、经济条件及父母的文化修养都会对其身心健康的成长产生直接影响。从教育角度来看,父母是子女的启蒙教师,父母的人格会直接影响到子女。在现实生活中,家教民主的家庭里,子女的性情一般开朗活泼,而缺少家庭温暖或孤寂、贫困的家庭中孩子的独立能力较强,但性情孤僻放任,这可以看出家庭对大学生的重要影响。大学生长期生活在校园中,学校则是大学生学习和生活的合作体。大学生在学校中接受文化教育,而文化程度又对人们的自身发展以及对客观事物的认识和控制能力起决定性的作用。大学生掌握了科学文化知识,就会劳动、会生活、会交际,更好地安排自己的休息、娱乐和运动;掌握了有关的健康保健知识与方法,养成良好的卫生与生活习惯,这对自身素质的发展与体能训练都会产生积极的影响。

综上所述,社会环境对大学生体能训练有着非常重要的影响,因此在体能训练的过程中,应特别注意环境的创建与选择。即创造良好的卫生环境和卫生习惯,制定适合自身发展的作息制度等,这对于增进身心健康是非常有利的。

(二)营养因素

营养是影响人体生长的重要因素,尤其是对于大学生来说,他们正处于迅速成长的后阶段,其生长发育需要大量的营养,需要不断地从食物中摄取各种营养素,其中热量、蛋白质和维生素、矿物质和微量元素都非常重要。如果营养素补充不足,人体的正常代谢和生理功能就会受到影响,甚至可造成身心发育上的各种缺陷或疾病,将会给学习于体能带来极为不利的影响。因此,大学生的膳食应注意合理地搭配各种食物,讲究科学的烹调方法,避免食物在烹调过程中造成营养素的破坏和损失,并注意养成良好的饮食习惯,合理安排一日三餐。

(三)心理因素

人的体能素质发展在很大程度上也受到心理因素的影响。《皇帝内经》中描述"怒伤肝,喜伤心,思伤脾,忧伤肺,恐伤肾",简单来说就是不同的情绪对人体机能系统和器官的不同影响,这在一定程度上证明了心理因素对身体健康的影响。意识到心理对身体影响的不止是中医领域,在现代医学的许多研究和实践中也证明了焦虑、怨恨、忧郁、悲伤、颓丧、恐惧、惊慌、紧张、愤怒等一些消极的情绪,可以引起人体各系统功能失调,导致失眠、心动过速、血压升高、食欲减退、尿急、腹泻、月经失调、乳汁减少等。与之相反,积极、健康的心理因素往往能够促进身体朝着健康的方向发展,积极、乐观、向上、坚强的情绪能经得起挫折。在社会飞速发展的今天,传染性疾病对人类的危害最大,是人类死亡的主要原因,而目前,心血管病、肿瘤、高血压、消化性溃疡、慢性闭塞性肺疾患,同时随着社会竞争日益激烈,意外伤害、自杀等与心理有关的慢性疾病已逐渐取而代之,成为人类主要的死亡原因。由此可见,心理因素对人体素质的影响非常大。

对于日常经常出现的各种心理疾病,仅靠药物治疗是行不通的,即使治好也是短暂的;应该从根源上进行解决,而身心疾病发病的重要原因就是外界刺激条件和情绪因素,因此主要通过心理治疗以消除致病的消极心理因素。

(四)疾病因素

大学生的体能训练也在一定程度上受到疾病因素的影响。疾病不仅在很大程度上威胁大学生的健康,同时它会因为病变部位、病程长短和严重程度等方面的原因而影响程度不同。一般来说,对人体生长发育影响较大的是慢性疾病,如血吸虫病、甲状腺肿和胃肠道疾病。患血吸虫病的大学生与同性别、同龄人相比,身高较低;患甲状腺肿的大学生,发育会受到严重影响,与正常同龄人相比,身高、体重明显更低;而胃肠道疾病会对正常的消化吸收产生直接的影响,造成营养不良,这不仅使大学生的生长发育受到一定的限制,使体重减轻,而且使体能、智能下降,影响学习与生活。

由此可见,大学生体能训练势必受到疾病的影响,在这种情况下,应该充分贯彻"预防为主"的方针,采取必要的卫生预防措施,避免慢性疾病的发生,以保证大学生体能训练的正常进行。

(五)生活方式因素

生活方式也是影响大学生体能训练的重要因素之一,据统计,在美国1976年的死亡人数中,与不良生活方式有关的占到了50%,而在我国,脑血管病、心脏病、恶性肿瘤是20世纪80年代初导致人们死亡的三大原因,它们的致病因素有约44%与生活方式有关。近些年来,生活方式病越来越多。所谓的生活方式病是指由于采用不良的生活方式而引起的一系列疾病,包括由个人不良生活方式引起的疾病和现代化生活引起的"文明病"。例如,现代化交通工具的发展,使人们身体活动减少,运动能力衰退;由于社会人际关系的复杂性,使人的心理压力增大,引起各种心理障碍疾病;由于性解放致使艾滋病泛滥等。这些由不健康的行为和生活方式导致的一系列疾病的发生和流行,不是一般传统的医疗技术和药物所能预防和控制的,应从行为因素入手,寻找对付生活方式病的基本对策。在这种形势下,人们应该提高自己的健康知识水平和自我保健能力,建立和形成一个健康的行为和生活方式。而对于大学生来说,他们正处于身心发育的末期,学校应与家庭及医疗卫生部门紧密配合起来,采取必要的措施,创造良好的环境条件,帮助其养成良好的生活习惯,这样才能促使其健康的发展,使其体能训练得到顺利的进行。

第三节　体能训练的发展趋势

一、体能训练不断先进化

在体育科学化发展的进程中,体能训练的发展过程中也逐渐呈现出科学化的趋势。现代体能训练中开始大量运用一些科学理论、方法以及科技成果,以使体能训练达到定量化和科学化标准。也就是说,科学文化素质较高的教练与其他相关人员依据科学的理论指导,对体能训练的计划进行科学的制定,对科学成果进行广泛的运用,通过先进技术和科学方法全面调控运动员体能训练的整个过程,从而促进运动员的体能水平的有效提高,进而促进运动员竞技能力与运动成绩的提高。

二、体能训练高度专项化

随着体能训练的科学化程度不断加深,体能训练越来越呈现出专项化的趋势。由于不同的运动项目对运动员的运动专项体能素质要求不同,传统的枯燥、简单的田径场训练和杠铃练习正在不断减少,现阶段,多样的高度专项化训练方法不断出现,这也是体能训练未来的重要发展趋势之一。

三、女子训练逐渐男性化

纵观竞技体育的发展史,大多数体育项目的设立中,男子项目总是比女子项目设立得要早,所以,一般与女运动员相比而言,男运动员的竞技水平也是相对要高的。所以,男运动员训练的经验经常被女运动员借鉴,事实证明,这是十分有效的,女子运动员体能训练中按对男运动员的要求发展运动素质,训练中所采用的手段与负荷大体上接近于男子,女运动员训练强度的提高也会通过男运动员带练的方式来实现,这种训练使女运动员获得了明显的训练效果,各专项素质水平大大提高。

相关研究表明,在承受负荷的能力方面,女运动员并不比男运动员低,而且在结束训练后恢复的速度也并不比男子慢。此外,在能量补充方面,女运动员补充的量也大致等于甚至多于男子补充的量,如一些女子运动员越来越趋于高大,肌肉越来越强壮。女子训练日趋男性化的趋势越来越受到广泛重视。

四、训练负荷量越来越大

在不断完善体能训练的恢复措施之后,增加体能训练的负荷也就具备了良好的条件。现阶段,增加训练负荷主要表现在两个方面,一是增加数量,二是增加训练强度。现代体能训练中已经突出的一个鲜明特征就是大强度训练。由于训练水平提高的基础是运动员机体在受到不断新的刺激下,不断地形成新的适应,而机体对训练强度的刺激反应最强烈。所以,在现代体能训练中,训练负荷的安排是以强度作为训练负荷的灵魂。不管是在竞赛期,还是在准备期,训练强度始终都非常受重视。即使是在训练的准备期,仍然要求运动员接受较大强度的专项速度与爆发力训练;与准备期相比,竞赛期期间,要集中进行大强度的训练。

体能训练的实践表明,运动员接受大强度的体能训练,在比赛中才能表现出更好的技术水平,运动员的比赛状态也更容易控制。但是,增加训练负荷的实施要以恢复措施的完善为保障条件。

五、体能训练方法多样化

体能训练方法日益多样化得益于我国运动员和教练员在体能训练方面积累了丰富的经验,因此,他们总结了多种多样的训练方法来指导体能训练。现代体育发展和提高运动员的体能,以"速度"和"力量"为核心,更加注重实效性和在发挥个人特点的基础上不断完善技术。传统的持续、间歇、重复、循环、游戏、比赛等训练方法在运动员的体能训练得到了保存,同时电刺激法、计算机训练法等新的训练方法因高科技手段的引进在体能训练中得到了应用,新的训练方法与传统的训练方法相结合,使得体能训练更加科学、有效。正因如此,才促使了运动员能不断突破极限创造更优异的运动成绩。

六、恢复训练体系日趋高效化

高度重视运动员的恢复训练,采取多种手段加速恢复的实现,是现代运动训练的一个重要特征。现代训练理论认为:"恢复是训练的保证""没有恢复就没有训练""恢复是训练的延续"。这些观点都深刻地揭示了训练后恢复的重要意义。

现代体育训练中,对运动员的专项训练和高强度训练不断被强调,在这一形势之下,尤其凸显了恢复训练的重要作用。建立现代体能训练恢复理论有利于科学研究恢复机制,有利于创造新的恢复手段与方式,有利于促进建立恢复中心的进程,有利于设置恢复训练的研究人员,同时也有利于对运动员的恢复训练环境进行有效的改善,使多运动伤病出现的可能性不断降低,使运动员不仅仅追求运动成绩的提高,同时也注重通过对可能条件的利用来促进自身的健康。所以,高效能的恢复不仅为运动员的优异成绩与频繁的世界纪录的出现作出了贡献,也有效促进了竞技体育的可持续发展。

七、体能训练与比赛状态更为接近

通过体能训练获得比赛所需的运动水平是高水平运动员进行体能训练的根本目的,在现代体能训练中,训练项目和训练内容的专门性逐渐受到更多的关注,训练中表现出越来越明显的专门化特征,专项训练在整个训练中所占的比例不断增加。通过体能训练,运动员的身体素质与技能水平会大幅度地得到提高,他们对专项力量水平的要求也越来越高,使专项力量训练得到进一步深化和改善,在这种情况下,为了更加有效地促进运动员专项所需要的肌肉力量的进一步提高和发展,就要先发展局部的单肌群,然后向整体的发展过度,最终促进专项力量的全面提高。而且在体能训练中,所选用的训练方法、手段与负荷都与比赛十分接近。因此,结合比赛需要进行体能训练可以使训练的目标更加明确。

八、体能训练呈现多周期化和以赛带练的趋势

随着现代体育赛事的不断增多,运动员必须始终保持较高的竞技水平以参加各种不同的比赛,因此现代体能训练逐渐周期化,并出现以赛代练的趋势。

(1)现代体能训练的训练周期概念被更新,很对运动队开始重视全年训练的多周期理论。目前,新的训练周期已经打破了传统的全年双周期训练模式,多周期训练模式逐渐被高水平运动员的开始采用。花费在准备期体能训练的时间开始减少,而且这是时期的训练内容也有所减少,专项体能训练所占的比例在不断增加;训练负荷不断增大,并且突出专项强度。

(2)由于比赛数量的大幅增加,越来越多的运动员和教练员开始重视以赛带练,以此来促进运动员竞技水平的不断提高。具体表现在以下几点。

首先,缩短了准备期的训练时间,提前了训练时间,降低一般训练所占的比例,增加专项训练所占的比例。

其次,延长比赛期时间。

再次,一个小的训练周期一般为一周或 10 天左右,结束一个小周期的训练后,组织相应的测验和比赛。

最后,通过比赛进行训练,充分发挥比赛这一特殊训练方法的积极作用。

实践证明,体能训练中新的训练形式——以赛代练可以使运动员所具备的较强的专项能力在比赛中得到表现,而且能够促进运动员比赛成绩的不断提高。

第四节 体质与健康的概念及关系

一、体质的概念

体质是人体在先天遗传性和后天获得性的基础上形成的,在形态结构、生理生化功能、适应能力和心理因素等方面表现出来的,综合的、不断发展的、相对稳定的特征表现。人体的先天条件,也即为遗传因素对体质的强弱具有重要的影响。但是,需要注意的是,先天因素只是为体质的发展提供了一种可能性,决定体质强弱变化的重要因素是后天条件,包括生活环境、营养卫生、行为方式等。

简而言之,体质能够在一定程度上反映出人体的两个不同的层面:其一是其能够在一定程度上反映人体的运动水平;其二是其反映着人体的生命活动水平。人体的各种生命活动是人得以生存发展的基础,也是身体运动的基础;而身体运动则能够在一定程度上促进人体各项机能的发展,促进生命活动的增强。人体运动具有着社会属性,而生命活动则具有着自然属性,两者相互联系、相互统一。

如果满足于生命活动的自然发展,则可能在一定程度上限制身体运动的发展水平;而如果任身体运动的发展,则可能损害人体的生命活动,这是两者相互矛盾的一面。

通过上述分析,我们认为体质反映着人体的生命运动和身体运动,而这两方面是对立统一的关系。因此,在对其进行分析和研究时,首先应科学地把握两者的对立统一性,这样才能达到身体发展的极致。需要注意的是,一个人的体质强弱要从形态、功能、身体素质对因素、气候适应能力和抗病能力等多方面进行综合评价。身体健康状态来良好的人,其体质状况可能会有很大的区别。

二、健康的概念

在现代社会中,人们所认识的健康已经不再只是传统意义上的身体没有疾病。对于现代健康的定义,世界卫生组织将其定义为是:"健康并不是单指一个人身体没有疾病或虚弱现象,而是指在身体、心理、社会与自然和谐统一的完美状态"。[①] 也就是说,一个人只有在身体、心理、社会适应和道德四个方面都处于完美状态才能算是完全健康的人。从定义来看,现代健康更加广泛和多元,它同时包含了生理、心理和社会适应性三方面。

(一)身体健康

身体健康,也有人称之为"生理健康",具体指的是身体各个结构处于正常状态,各功能能够正常发挥自身的作用,生活自理能力良好。

---

① 刘星亮. 体质健康概论. 武汉:中国地质大学出版社,2010

（二）心理健康

心理健康具体指的是人们能够对自己进行正确认识,将自己的心态及时调整好,使心理能够以积极的状态面对外界变化,适应外界变化。

心理健康又有两种分类,即广义上的心理健康与狭义上的心理健康。具体而言,狭义的心理健康指的心理没有出现忧郁、烦躁、易怒等障碍及问题,广义的心理健康除了包括狭义心理健康的概念外,还包括心理的调控能力、心理效能的发展能力等。

（三）社会适应良好

从一定程度来说,社会适应力也是判断心理健康的重要指标。

一个人如果具有良好的社会适应能力,其就可以在与社会保持接触的过程中,表现出良好的心理状态与积极的社会行为,能够正确、清晰地认识社会现状。社会适应力强的人同时具有远大的理想和抱负,但是这些理想与抱负是切合实际的可能实现与完成的,而不是天方夜谭,没有可能实现的,他们的理想是基于现实又高于现实的。社会适应性良好,就能够坦然面对困难与挫折,能够通过思考与行动来解决问题,迎接挑战,战胜挫折。

从上述可知,现代健康的内涵具有全面、广泛与多元的特点,涵盖了生理、心理及社会三个主要方面。在健康的三个主要内涵中,一个人生理与心理的健康状况对其社会适应性具有决定性影响。身体健康以心理健康为精神支柱,心理健康又以身体健康为物质基础。一个人如果其在心理方面具有良好的情绪,那么就有利于促使自身的生理功能同样处于良好状态,反之,如果情绪状态较差,那么就会影响到生理功能的发挥,从而导致疾病的产生。有些心理问题也是由于身体状况不稳定而导致的,生理有缺陷、疾病的人通常会表现出一些不良的情绪,如焦虑、烦恼甚至是抑郁等。人的身心的统一的,身体健康与心理健康是互为影响的,紧密连接的,因此要注意身心的和谐与健康,从而促进社会适应性的增强。

三、体质与健康的关系

目前,关于体质与健康之间的关系的研究相对较少,因此在一定程度上造成了人们对这两词的混淆使用。随着人们的随着人们的健康观念的不断发展,有必要将这两者之前的关系进行界定。尤其是随着人们对生活质量和健康的追求的不断增长,更应该加强体质与健康关系的研究。

有学者认为体质是人体的一种特质,它侧重于从"外观"方面对人体进行研究;而健康则侧重于人体"内部"的研究,是人体体质状况的反应和表现,是一种人体状态。在对体质和健康进行评价时,很难确定一些指标到底属于体质指标还是健康指标,因此在评价人体健康状况时,总是将两者结合起来,进行综合的评价。也有学者认为,体质是健康和体力的综合,这两方面组合在一起才能够反映出人们的体质状态。

有学者通过通俗的例子来说明体质与健康之间的关系:将人体比作各种各种的电视机,电视机质量各有不同,一般而言,名牌电视机的质量要比杂牌电视机的质量要好很多,但是当两台电视机都处于来良好的工作状态("健康"状态)时,都能接收电视信号,都能看电视节目,我们说这两台电视机都处于"健康"状态,都是"健康"电视;但是,这两台电视机在质量上却有着显著的差别,名牌电视在使用寿命、清晰度、稳定性、用户体验方面都要明显优于杂牌电视机。健康状态的人体质也会有很大的差别,经常进行体育锻炼的人体质要相对较好,其就是"名牌电视机",并且其健康的状态也是相对较为稳定的;而不进行体育锻炼的人则其体质要相对较差。

健康在一定程度上来说是人体的一种动态的状态,在一些条件下,人体可能出现非健康的状态。而具有良好的体质的人能够更好地维持人体的健康状态。因此,有学者也将体质的概念定义为:维持良好的健康状态的能力。

第五节 《国家学生体质健康标准》

一、《国家学生体质健康标准》测试项目与操作方法

（一）《国家学生体质健康标准》测试项目

表 1-2 《国家学生体质健康标准》测试项目

测试对象	单项指标	权重（%）
大学各年级	体重指数（BMI）	15
	肺活量	15
	50 米跑	20
	坐位体前屈	10
	立定跳远	10
	引体向上（男）/1 分钟仰卧起坐（女）	10
	1 000 米跑（男）/800 米跑（女）	20

注:体重指数（BMI）＝体重（千克）/身高^2（米^2）。

（二）《国家学生体质健康标准》操作方法

1. 身高

（1）测试目的:身高测试与体重测试相配合,评定学生的身体匀称度,评价学生生长发育及营养状况的水平。

（2）场地器材:身高测量计。

（3）测试方法:受试前,身高测量计应校对 0 点,以钢尺测量基准板平面至立柱前面红色划线的高度是否为 10.0 厘米,误差不得大于 0.1 厘米。同时应检查立柱是否垂直,连接处是否紧密,有无晃动,零件有无松脱等情况,并及时加以纠正。

受试时,受试者赤足,立正姿势站在身高计的底板上（上肢自然下垂,足跟并拢,足尖分开约成 60°）。足跟、骶骨部及两肩胛区与立柱相接触,躯干自然挺直,头部正直,耳屏上缘与眼眶下缘呈水平位。测试人员站在受试者右侧,将水平压板轻轻沿立柱下滑,轻压于受试者头顶。测试

人员读数时双眼应与压板水平面等高进行读数。记录员复述后进行记录。以厘米为单位,精确到小数点后一位。测试误差不得超过 0.5 厘米。

2. 体重

(1)测试目的:测试学生的体重,与身高测试相配合,评定学生的身体匀称度,评价学生生长发育的水平及营养状况。

(2)场地器材:杠杆秤或电子体重计。

(3)测试方法:测试前,杠杆秤或电子体重计需检验其准确度和灵敏度。准确度要求误差不超过 0.1‰,即每百千克误差小于 0.1 千克。

测试时,杠杆秤应放在平坦地面上,调整 0 点至刻度尺水平位。受试者赤足,男性受试者身着短裤;女性受试者身着短裤、短袖衫,站在秤台中央。测试人员放置适当砝码并移动游标至刻度尺平衡。读数以千克为单位,精确到小数点后一位。记录员复诵后将读数记录,测试误差不超过 0.1 千克。

3. 肺活量

(1)测试目的:测试学生的肺通气功能。

(2)场地器材:电子肺活量计,干燥的一次性口嘴。

(3)测试方法:肺活量计主机放置平稳桌面上,按工作键液晶屏显示"0"即表示机器进入工作状态,预热 5 分钟后测试为佳。令被测试者手持吹气口嘴,面对肺活量计站立试吹 1～2 次,首先看仪表有无反应,还要试口嘴或鼻处是否漏气。

测试时,受试者进行一两次较平日深一些的呼吸动作后,更深的吸一口气,向口嘴处慢慢呼出至不能再呼出为止,防止此时从口嘴处吸气。测试中不得中途二次吸气。吹气完毕后,液晶屏上最终显示的数字即为肺活量毫升值。每位受试者测三次,每次间隔 15 秒,记录三次数值,选取最大值作为测试结果。以毫升为单位,不保留小数。

4.50 米跑

(1)测试目的:测试学生速度、灵敏素质及神经系统灵活性的发展水平。

(2)场地器材:50 米直线跑道若干条,地面平坦,地质不限,跑道线要清楚。发令旗一面,口哨一个。一道一秒表。

(3)测试方法:秒表使用前,应用标准秒表校正,每分钟误差不得超过 0.2 秒。标准秒表的选定,以北京时间为准,每小时误差不超过 0.3 秒。

受试者至少两人一组测试。站立起跑,受试者听到"跑"的口令后开始起跑。发令员在发出口令同时要摆动发令旗。计时员视旗动开表计时。受试者躯干部到达终点线的垂直面停表。以秒为单位记录测试成绩,精确到小数点后一位。小数点后第二位数按非"0"时则进 1,如 10.11 秒读成 10.2 秒,并记录之。

5. 800 米或 1 000 米跑

(1)测试目的:测试学生耐力素质的发展水平。

(2)场地器材:400 米、300 米、200 米田径场跑道,地质不限。也可使用其他不规则场地,但必须地面平坦。秒表若干块。

（3）测试方法：受测者至少两人一组进行测试，站立式起跑。当听到"跑"的口令后开始起跑。计时员看到旗动开表计时，当受试者的躯干部到达终点线垂直面时停表。以分、秒为单位记录测试成绩，不计小数。

6. 立定跳远

（1）测试目的：测试学生下肢肌肉爆发力及身体协调能力的发展水平。

（2）场地器材：沙坑、丈量尺。沙面应与地面平齐，如无沙坑，可在土质松软的平地上进行。起跳线至沙坑近端不得少于30厘米。起跳地面要平坦，不得有坑凹。

（3）测试方法：受试者两脚自然分开站立，站在起跳线后，脚尖不得踩线。两脚原地同时起跳，不得有垫步或连跳动作。丈量起跳线后缘至最近着地点后缘的垂直距离。每人试跳三次，记录其中成绩最好一次。

7. 引体向上

（1）测试目的：测试学生的上肢肌肉力量和耐力的发展水平。

（2）场地器材：高单杠或高横杠，杠粗以手能握住为准。

（3）测试方法：受试者跳起双手正握杠，两手与肩同宽成直臂垂悬。静止后，两臂同时用力引体，上拉到下颏超过横杠上缘为完成一次。

8. 坐位体前屈

（1）测试目的：测量学生在静止状态下的躯干、腰、髋等关节可能达到的活动幅度，主要反映这些部位关节、韧带、肌肉的伸展性和弹性及学生身体柔韧素质的发展水平。

（2）场地器材：坐位体前屈测试计。

（3）测试方法：受测者两腿伸直，两脚平蹬测试纵板坐在平地上，两脚分开约10～15厘米，上体前屈，两臂伸直向前，用两手中指尖逐渐向前推动游标，直到不能前推为止。测试两次，取最好成绩。

9. 仰卧起坐

（1）测试目的：测试腹肌耐力。

（2）场地器材：铺放平坦的垫子若干块。

（3）测试方法：受试者仰卧于垫上，两腿稍分开，屈膝呈90°角左右，两手指交叉贴于脑后。另一同伴压住其踝关节，以便固定下肢。受试者起坐时两肘触及或超过双膝为完成一次。仰卧时两肩胛必须触垫。测试人员发出"开始"口令的同时开表计时，记录1分钟内完成次数。1分钟到时，受试者虽已坐起但肘关节未达到双膝者不计该次数。

10. 跳绳

（1）测试目的：测试学生的下肢力量和身体协调能力。

（2）场地器材：主要测试器材包括秒表、发令哨、各种长度的跳绳若干条；平整地面、干净的场地一块，地质不限。

（3）测试方法：两人一组，一人测试，一人记数。受试者听到开始信号后开始跳绳，动作规格为正摇双脚跳绳,每跳跃一次且摇绳一回环,计为一次。听到结束信号后停止,测试员报数并记录受试者在 1 分钟内的跳绳次数。

二、《国家学生体质健康标准》评分标准

(一)大学生单项指标评分标准

根据《国家学生体质健康标准》的相关内容,在对大学生各项指标进行测量和统计的基础之上,参考各项评分表对学生的体质健康状况进行评分。评分标准分为七大项,具体参考表 1-3、表 1-4、表 1-5、表 1-6、表 1-7、表 1-8、表 1-9。

表 1-3　大学生体重指数(BMI)单项评分表(单位:千克/米^2)

等级	单项得分	男生	女生
正常	100	17.9～23.9	17.2～23.9
低体重	80	≤17.8	≤17.1
超重		24.0～27.9	24.0～27.9
肥胖	60	≥28.0	≥28.0

表 1-4　大学生肺活量单项评分表(单位:毫升)

等级	单项得分	男生		女生	
		大一大二	大三大四	大一大二	大三大四
优秀	100	5 040	5 140	3 400	3 450
	95	4 920	5 020	3 350	3 400
	90	4 800	4 900	3 300	3 350
良好	85	4 550	4 650	3 150	3 200
	80	4 300	4 400	3 000	3 050
及格	78	4 180	4 280	2 900	2 950
	76	4 060	4 160	2 800	2 850
	74	3 940	4 040	2 700	2 750
	72	3 820	3 920	2 600	2 650
	70	3 700	3 800	2 500	2 550
	68	3 580	3 680	2 400	2 450
	66	3 460	3 560	2 300	2 350
	64	3 340	3 440	2 200	2 250
	62	3 220	3 320	2 100	2 150
	60	3 100	3 200	2 000	2 050

等级	单项得分	男生		女生	
		大一大二	大三大四	大一大二	大三大四
不及格	50	2 940	3 030	1 960	2 010
	40	2 780	2 860	1 920	1 970
	30	2 620	2 690	1 880	1 930
	20	2 460	2 520	1 840	1 890
	10	2 300	2 350	1 800	1 850

表 1-5 大学生 50 米跑单项评分表(单位:秒)

等级	单项得分	男生		女生	
		大一大二	大三大四	大一大二	大三大四
优秀	100	6.7	6.6	7.5	7.4
	95	6.8	6.7	7.6	7.5
	90	6.9	6.8	7.7	7.6
良好	85	7.0	6.9	8.0	7.9
	80	7.1	7.0	8.3	8.2
及格	78	7.3	7.2	8.5	8.4
	76	7.5	7.4	8.7	8.6
	74	7.7	7.6	8.9	8.8
	72	7.9	7.8	9.1	9.0
	70	8.1	8.0	9.3	9.2
	68	8.3	8.2	9.5	9.4
	66	8.5	8.4	9.7	9.6
	64	8.7	8.6	9.9	9.8
	62	8.9	8.8	10.1	10.0
	60	9.1	9.0	10.3	10.2
不及格	50	9.3	9.2	10.5	10.4
	40	9.5	9.4	10.7	10.6
	30	9.7	9.6	10.9	10.8
	20	9.9	9.8	11.1	11.0
	10	10.1	10.0	11.3	11.2

表 1-6 大学生坐位体前屈单项评分表(单位:厘米)

等级	单项得分	男生		女生	
		大一大二	大三大四	大一大二	大三大四
优秀	100	24.9	25.1	25.8	26.3
	95	23.1	23.3	24.0	24.4
	90	21.3	21.5	22.2	22.4
良好	85	19.5	19.9	20.6	21.0
	80	17.7	18.2	19.0	19.5
及格	78	16.3	16.8	17.7	18.2
	76	14.9	15.4	16.4	16.9
	74	13.5	14.0	15.1	15.6
	72	12.1	12.6	13.8	14.3
	70	10.7	11.2	12.5	13.0
	68	9.3	9.8	11.2	11.7
	66	7.9	8.4	9.9	10.4
	64	6.5	7.0	8.6	9.1
	62	5.1	5.6	7.3	7.8
	60	3.7	4.2	6.0	6.5
不及格	50	2.7	3.2	5.2	5.7
	40	1.7	2.2	4.4	4.9
	30	0.7	1.2	3.6	4.1
	20	−0.3	0.2	2.8	3.3
	10	−1.3	−0.8	2.0	2.5

表 1-7 大学生立定跳远单项评分表(单位:厘米)

等级	单项得分	男生		女生	
		大一大二	大三大四	大一大二	大三大四
优秀	100	273	275	207	208
	95	268	270	201	202
	90	263	265	195	196
良好	85	256	258	188	189
	80	248	250	181	182

等级	单项得分	男生		女生	
		大一大二	大三大四	大一大二	大三大四
及格	78	244	246	178	179
	76	240	242	175	176
	74	236	238	172	173
	72	232	234	169	170
	70	228	230	166	167
	68	224	226	163	164
	66	220	222	160	161
	64	216	218	157	158
	62	212	214	154	155
	60	208	210	151	152
不及格	50	203	205	146	147
	40	198	200	141	142
	30	193	195	136	137
	20	188	190	131	132
	10	183	185	126	127

表 1-8　大学生引体向上(1分钟仰卧起坐)单项评分表(单位:次)

等级	单项得分	男生		女生	
		引体向上		仰卧起坐	
		大一大二	大三大四	大一大二	大三大四
优秀	100	19	20	56	57
	95	18	19	54	55
	90	17	18	52	53
良好	85	16	17	49	50
	80	15	16	46	47
及格	78			44	45
	76	14	15	42	43
	74			40	41
	72	13	14	38	39
	70			36	37

续表

等级	单项得分	男生		女生	
		引体向上		仰卧起坐	
		大一大二	大三大四	大一大二	大三大四
及格	68	12	13	34	35
	66			32	33
	64	11	12	30	31
	62			28	29
	60	10	11	26	27
不及格	50	9	10	24	25
	40	8	9	22	23
	30	7	8	20	21
	20	6	7	18	19
	10	5	6	16	17

表 1-9　大学生耐力跑单项评分表（单位：分·秒）

等级	单项得分	男生		女生	
		1 000 米		800 米	
		大一大二	大三大四	大一大二	大三大四
优秀	100	3′17″	3′15″	3′18″	3′16″
	95	3′22″	3′20″	3′24″	3′22″
	90	3′27″	3′25″	3′30″	3′28″
良好	85	3′34″	3′32″	3′37″	3′35″
	80	3′42″	3′40″	3′44″	3′42″
及格	78	3′47″	3′45″	3′49″	3′47″
	76	3′52″	3′50″	3′54″	3′52″
	74	3′57″	3′55″	3′59″	3′57″
	72	4′02″	4′00″	4′04″	4′02″
	70	4′07″	4′05″	4′09″	4′07″
	68	4′12″	4′10″	4′14″	4′12″
	66	4′17″	4′15″	4′19″	4′17″
	64	4′22″	4′20″	4′24″	4′22″
	62	4′27″	4′25″	4′29″	4′27″
	60	4′32″	4′30″	4′34″	4′32″

等级	单项得分	男生		女生	
		1 000 米		800 米	
		大一大二	大三大四	大一大二	大三大四
不及格	50	4′52″	4′50″	4′44″	4′42″
	40	5′12″	5′10″	4′54″	4′52″
	30	5′32″	5′30″	5′04″	5′02″
	20	5′52″	5′50″	5′14″	5′12″
	10	6′12″	6′10″	5′24″	5′22″

(二)大学生加分指标评分标准

大学生体质健康加分指标评分内容及标准具体参考表 1-10、表 1-11。

表 1-10 大学男生加分指标评分表

加分	引体向上(次)		1 000 米跑(分·秒)	
	大一大二	大三大四	大一大二	大三大四
10	10	10	−35″	−35″
9	9	9	−32″	−32″
8	8	8	−29″	−29″
7	7	7	−26″	−26″
6	6	6	−23″	−23″
5	5	5	−20″	−20″
4	4	4	−16″	−16″
3	3	3	−12″	−12″
2	2	2	−8″	−8″
1	1	1	−4″	−4″

　　注:引体向上为高优指标,学生成绩超过单项评分 100 分后,以超过的次数所对应的分数进行加分。1 000 米跑为低优指标,学生成绩低于单项评分 100 分后,以减少的秒数所对应的分数进行加分。

表 1-11 大学女生加分指标评分表

加分	1 分钟仰卧起坐(次)		800 米跑(分·秒)	
	大一大二	大三大四	大一大二	大三大四
10	13	13	−50″	−50″
9	12	12	−45″	−45″
8	11	11	−40″	−40″

续表

加分	1分钟仰卧起坐(次)		800米跑(分·秒)	
	大一大二	大三大四	大一大二	大三大四
7	10	10	−35″	−35″
6	9	9	−30″	−30″
5	8	8	−25″	−25″
4	7	7	−20″	−20″
3	6	6	−15″	−15″
2	4	4	−10″	−10″
1	2	2	−5″	−5″

注:一分钟仰卧起坐为高优指标,学生成绩超过单项评分100分后,以超过的次数所对应的分数进行加分。800米跑为低优指标,学生成绩低于单项评分100分后,以减少的秒数所对应的分数进行加分。

第二章 体能训练的科学理论基础

第一节 运动生理学基础

一、体能训练的生理本质

一切生物机体都具有"刺激—反应—适应"的基本特征,生物机体都是在"刺激—反应—适应"的反复作用的基础上获得发展的。这同样适用于体能训练,人体机能也在这样的不断往复中获得了一定程度的提升,从而促使体能进一步发展。

(一)运动负荷的本质

运动负荷是以身体练习为基本手段对有机体施加的训练刺激。对于这种训练刺激的反应,机体主要表现为生理和心理两个方面。而通常所说的运动负荷是生理负荷,即机体在生理方面所承受的训练刺激。这些刺激对与运动相关的各器官系统的机能状态产生不同程度的影响。因此,生理负荷量的大小可以通过某些生理或生化指标来进行衡量。

运动负荷通常会通过外部和内部两种形式表现出来。其外部表现为量和强度,内部表现为心率、血压、血乳酸等生理机能指标的变化。因此可以看出,刺激强度与运动负荷的大小成正相关,即运动负荷越大,刺激强度则越大,所引起的机体反应也会相对越大,各项生理指标的变化也就会更为明显;反之亦然。

人体受到运动负荷的刺激,通常会出现耐受、疲劳、恢复、超量恢复和消退等机能变化方面的反应特征。一次体能训练课往往会引起的身体机能变化和反应特征可参考图 2-1 所示。

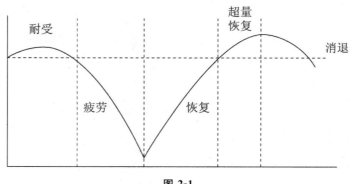

图 2-1

以下针对身体机能变化的五个阶段具体分析如下。

1. 耐受阶段

这是身体机能变化和反映的第一个阶段。训练时,人的身体机能总表现出对运动负荷刺激具有一定的耐受能力。而这种耐受能力的强弱及保持时间的长短是受到一定因素影响的,而其中,起决定性作用的是运动负荷强度和大学生体能训练者的训练水平。机体耐受阶段会表现出比较稳定的工作能力,能高质量地完成训练任务。根据这一阶段的主要特点和表现,应该在耐受阶段安排体能训练课的主要任务,这样有利于训练课任务的完成。机体对运动负荷的耐受程度有较大的个体差异,并受许多因素如训练负荷的量和强度、训练后机体机能的恢复程度及大学生体能训练者的身体机能状态等因素的影响。

2. 疲劳阶段

这是身体机能变化和反映的第二个阶段。机体在承受一定时间的运动负荷刺激之后,机体机能和工作效率会逐渐降低即出现疲劳现象。大学生体能训练者训练到何种疲劳程度以及耐受多长时间以后疲劳,这完全取决于训练课的目的。训练过程中只有达到一定程度的疲劳,运动能力才能不断提高,才能在恢复期获得预期的超量恢复效果。

3. 恢复阶段

这是身体机能变化和反映的第三个阶段。训练结束后,机体开始补充和恢复训练过程中所消耗的能源物质,修复所受到的损伤并恢复紊乱的内环境,使机体各器官系统的机能恢复至运动前的相应水平,以完成机体结构与机能的重建。在恢复过程中,机体的疲劳程度在很大程度上决定着恢复所需时间的长短。具体来说,机体的疲劳程度越大,恢复所需要的时间就长;机体疲劳的程度较小,则恢复所需要的时间相对较短一些。

4. 超量恢复阶段

这是身体机能变化和反映的第四个阶段。超量恢复是指在运动过程中所消耗的能源物质以及降低的身体机能在运动结束后不仅能得以恢复,而且会超过原有水平。在一定范围内,运动负荷量越大、强度越大,运动过程中疲劳的程度越深,运动后的超量恢复则越明显。

5. 消退阶段

这是身体机能变化和反映的第五个阶段。运动训练所导致的机体机能的提高或训练效果不是固定不变的,也不会永久保持。若不及时在已获得的超量恢复的基础上继续施加新的刺激,那么已经产生的训练效果保持一段时间后又会逐渐消退,机体机能又下降至原有水平,这种现象称为机体对运动负荷刺激适应的消退。这是所有大学生体能训练者都会面临的问题,也是为什么有的大学生体能训练者水平越来越高,而有的大学生体能训练者的水平却逐渐降低的一个重要原因。要想持久保持训练效果,必须在上一次训练出现超量恢复的基础上及时安排下一次训练。反复如此,就能够较好的保持住原有的水平,并在此基础上逐渐提高运动水平。

（二）机体对运动负荷的适应与训练效果

1. 对运动负荷的适应性

应激性和适应性是生物机体具有的基本特征。有机体不仅具有对刺激发生反应的能力，而更重要的是具有适应能力，人体对运动负荷刺激的适应也同样具有这一特性。长期系统的运动训练使机体各器官系统的形态、结构、生理机能以及生物化学等方面都将发生一系列的适应性改变。其中，较为常见的系统力量训练引起的肌肉肥大、肌纤维增粗和肌肉力量增长以及耐力训练引起的"运动性心脏增大"等，都是机体对长期运动负荷刺激的一种良好适应，也充分说明了运动负荷适应性的重要作用和意义。

2. 训练效果

体能训练的本质就是通过反复的身体练习给予机体各器官系统一系列的生理负荷刺激，使人体在形态结构、生理功能和生物化学等方面发生一系列积极的适应性变化，从而提高运动能力，这一良好的适应性变化就称为训练效果。换句话说，这就是"刺激—反应—适应"的最终结果和充分体现。

在训练后的恢复阶段，所消耗的能源以及酶等物质不仅得以恢复，而且会发生超量补偿；运动中所损伤的肌纤维不仅得以修复而且修复后的肌纤维有所增粗，并能产生更大的收缩力量。故恢复期中既有机体结构的改善又有机体机能的提高，将前者称为"结构重建"，后者称为"机能重建"。不断重复进行的"刺激—反应—适应"的过程，就是长期的训练过程，也是身体结构与机能不断破坏与重建的循环过程，是机体对运动负荷刺激的不适应到适应的过程。这个不断重复、往复进行的过程对于人的运动能力以及身体素质的发展和提高都有非常积极的促进作用，因此应重视这一过程的科学性和合理性，从而达到更加理想的训练效果。

3. 运动负荷阈

运动负荷阈是指体育课或训练课中适宜生理负荷的低限至高限的范围。运动练习的强度、持续时间、练习密度和数量是构成运动负荷阈的四个基本因素。它们之间相互联系又相互影响，在其他因素基本相同的情况下，某一因素的变动均会影响该次练习所给予人体的生理负荷量。

运动过程中机体承受的生理负荷是对机体的有效刺激，是引起各器官系统功能产生适应性变化的原发因素。但是，刺激引起机体出现反应与适应的程度在很大程度上取决于刺激强度的大小。如果运动负荷过小，对机体的刺激强度就小，就能难引起机体的适应性变化，对身体素质的发展意义较小甚至没有意义；如果运动负荷过大，超过了人体所能承受的范围，或者没有得到成分的恢复时，也会影响身体适应你能力的提高，对大学生体能训练者的身心健康、身体素质以及运动能力都产生消极的影响，严重者还有可能发生过度训练或过度疲劳等病理性改变，这是一种不良适应。因为机体对不适宜的刺激也能发生适应性改变，但其适应的结果往往不是我们所预期的。因此，只有生理范围内的适宜刺激，才能加快机体适应过程，并使机体的形态、结构与生理机能产生人们所预期的适应性改变即良性适应，并非训练强度越大，训练效果越好。

体能训练中给予机体生理负荷量的大小可用某些生理或生化指标来度量，生理负荷量的大小可以通过心率、血乳酸、最大摄氧量等指标的变化得到充分的反映。其中，最重要的是心率，心率在体能训练中具有非常重要的作用和意义。心率是控制运动强度最简易和有效的生理指标，在体能训练实践中，人们常用"心搏峰"理论和"最佳心率范围"使运动负荷控制在最适宜的生理负荷范围，以使机体产生最佳的反应与适应，从而获得预期的体能训练效果。

（三）运动技能的形成、储存、再现与校正

运动技能是连锁性的运动条件反射，这是运动的生理学本质。体能训练的技能获得需要经历复杂的过程，主要包括运动技能的形成过程和储存、再现与校对。

1. 运动技能的形成过程

体能训练相关运动技能的形成过程，可以分为泛化阶段、分化阶段、巩固阶段、自动化阶段，并且这4个阶段相互联系、相互交错、完整统一。

（1）泛化阶段

学习初始，新的练习引起的刺激，传入皮层各有关中枢。因分析功能尚不精确，表现为动作僵硬，不协调，出现多余动作，能量利用不经济，消耗多而有效使用少，动作时机掌握不准确。

（2）分化阶段

随着学习的深入，运动技能逐步改进，大脑皮层运动区的兴奋、抑制过程在时空上的分化日趋完善。由此，泛化过程中的表现逐渐消失，初步形成运动动力定型。但稳定性不够，在新异或强烈刺激的干扰下易遭到破坏，会再次出现多余、不协调甚至错误的动作。

（3）巩固阶段

通过反复训练，运动动力定型更趋巩固，动作更精确、更协调、更省力，动作细节也正确无误，某些环节可在脱离意识控制下完成，即初步形成自动化，在不利条件下运动形成也不至于遭到破坏。

（4）自动化阶段

随着体能训练动作技能的巩固和发展而达到熟练技巧程度时，动作就可出现自动化现象，即练习某一套动作时，可以在脱离意识的情况下自动地完成。

2. 运动技能的储存、再现与校正

在学习运动技能的过程中，肌肉的用力状况、用力时间、协调功能等需要不断改正，如做某一动作时，用力太大了需要减少，用力慢了需加快。这种从动作完成过程中的感觉或结果反过来再校正动作的过程，就是运动技能的校正，也就是运动生理学中的反馈原理。

对于已经学会的动作技能信息，通常会储存在大脑皮层的一般解释区和小脑。当需要做出相应的动作时，即大脑皮层有关部位需要该套程序发动运动时，首先自小脑中提取该套程序，然后复现该运动动作，此时所完成的动作是已经程序化了的，因而十分协调精确。善于运用反馈原理，对于动作技能的不断精确和完善是非常重要的。在运动技能的发展过程中，不断运用反馈原理，可以促进运动技能的准确性和掌握运动的熟练性。

二、体能训练对生理健康的影响

人体的功能能力可以通过长期的坚持体能训练来获得提高，与不参加训练的人相比，长期坚

持体能训练的人在完成同样强度的动作时,需氧量减少,能量消耗量也减少。换句话说,在完成同样的运动负荷时,长期运动者消耗的能量较少。经常进行体能训练也可使运动者进一步熟练掌握体能训练的一些动作技巧,使动作完成得更协调、自如。减少了很多多余的动作,从而能够更加有效的利用能量。同时,坚持体能训练对于提高呼吸、循环等系统的机能水平和工作效率,减少能量的消耗等方面,发挥重要的作用,节省下来的能量可以为训练的强度和动作难度的开发提供保证。

体能训练除了增强肌肉的弹性和肌力,增加肌肉之外,而且对人体的心血管系统、呼吸系统、运动系统、神经系统等各内脏器官的功能也会产生重要的影响。

(一)体能训练对心血管系统的影响

人体与外界进行物质交换和自身的血液循环是人体的主要生命活动,循环停止也就代表人的生命终止。可见,心血管系统对人体生存的重要意义。

1. 体能训练可以提高血液循环的质量

人体的血液重量大约占人体体重的 8%,而经常参加体能训练的人血液总量约占体重的 10%,且血液的重新分配机能快,这为人体能够承受较大的生理负荷提供了保证。同时,血管的收缩和舒张,动员了大量血液参加循环,保证了肌肉活动时的血液供给。人体中血管的收缩和舒张加快,血管壁的弹性也会随之增强,使冠状动脉口径增粗,毛细血管的数量增加,对心血管疾病的预防起到很重要的作用,并可以防止血管硬化。经常参加体能训练的人,还会使体内产生一种高密度脂蛋白粒子(HDL2)。HDL2 对于沉积在血管上的脂肪和胆固醇具有清理和打扫的作用,可以保障正常的血液循环,有效防止血管堵塞。

2. 体能训练可以改善心肺功能

经实验研究发现,经常参加体能训练能使心肌肌红蛋白的含量增加,组织代谢能力加强,供血量增加,使心肌纤维变粗,心脏的重量和大小增加。由于心壁增厚,心腔增大,使心脏的收缩能力提高,心容量增大,心脏搏动更加有力,外形更加丰满。一般人的心容量为 765~785 毫升,而参加体能训练的人,其心容量可达到 1 015~1 027 毫升,每分输出量和每搏输出量也都增加。

(二)体能训练对呼吸系统的影响

人体内营养物质的氧化是人体一切活动所需要的能量和维持体温的热量的来源。在进行氧化过程中,机体需要不断消耗氧气并产生二氧化碳,这就形成了呼吸过程。呼吸就是机体和外界环境之间的吐故纳新,以及实现人体内部气体变换的过程。因此,呼吸是机体生命活动的重要体征之一,对人体的健康发展有着重要的作用。

1. 能够有效提高呼吸系统的机能水平

实验研究表明,经常进行体能训练的人,呼吸深度增加,机体的呼吸频率相对减少,呼吸肌的力量增强,使得肺泡弹性增加,肺活量和肺通气量的指标明显增大。例如,一般成年女子的肺活量为 2 500 毫升左右,成年男子的肺活量为 3 500 毫升左右。安静状态下,一般人的呼吸频率为 12~16 次/分钟,肺通气量为 6~8 升,而经常参加体能训练的人呼吸频率仅为 8~12 次/分钟,就可达到同样的肺通气量。对于保持健康和预防疾病等方面,呼吸系统机能水平的提高和改善都具有非常重要的作用。

2. 体能训练能够有效促进呼吸器官结构的改变

在体能训练中,由于运动强度大,肌肉活动剧烈,对于氧气的需求增加,会产生更多的二氧化碳量,这就促使人体的呼吸系统通过加快呼吸频率,增加呼吸次数,加深呼吸深度,加大胸廓活动度,来满足机体活动的需要。尤其是在大负荷的体能训练时,呼吸次数可增到40～50次/分钟,每次吸入空气量达到2 500毫升,是安静时的5倍。同时,由于运动时对氧的需求量增加,肺泡就会最大限度的参与气体的交换,这对肺泡的生长发育及弹性的改善都有积极的作用。经常参加体能训练的人,其胸围一般要比同年龄人大3～5厘米,呼吸差也增加到9～16厘米。

(三)体能训练对运动系统的影响

人的骨骼、肌肉、关节、韧带共同构成了机体的运动系统。骨骼是人体的支架,关节是连接骨与骨之间的枢纽,附着在骨骼上的是肌肉。韧带在关节的周围,起着连接两骨和加固关节的作用。机体之所以能够进行各种的运动,主要是依靠运动系统,而其动力来源于运动系统中的肌肉。肌纤维变粗和横断面积增大,肌肉重量增加,收缩力明显增强肌肉增长是机头增大的主要表现。

1. 体能训练能够提高关节的柔韧性和灵活性

经常参加体能训练的人,关节周围的肌肉和韧带得到了增强,从而关节囊的力量和关节的稳固性也加强。同时,使关节周围的肌肉、韧带的伸展性得到改善,扩大了关节运动中的幅度,提高了关节的灵活性。

2. 体能训练能促进结构机能的有利变化

高负荷的体能训练后,肌体组织处于极度的"饥渴"状态,因而会为了超量恢复而极力摄取更多营养。这就使得肌肉中的毛细血管网增多,结缔组织也逐渐增多,肌肉纤维增粗,肌肉的生理横断面和体积增加,皮下脂肪减少。肌肉含量增加,脂肪含量就会相对下降,使人体基础代谢率提高,有利于人体健康。同时,还可以加强肌肉收缩时的力量,使肌肉的收缩速度加快,灵活性、耐久性提高,弹性、柔韧性增强。

3. 体能训练有利于强化骨结构,提高骨性能

经常参加体能训练的人,由于其新陈代谢增强、血液循环加快,使骨结构和性能也随之发生了变化,如骨的长度增加,骨径变粗,骨密质增厚,骨小梁的排列根据拉力和压力的不同更加整齐和有规律,骨表面肌肉附着突起增大。这种结构上的变化都使骨更加坚固、粗壮,从而促进骨的抗弯、抗断、抗压的性能提高。同时还能刺激骺软骨的增生,对人体的增高有很大的作用。

(四)体能训练对神经系统的影响

神经系统是人体发育成熟最早的系统。在神经系统的发育过程中,脑的重量会随着年龄的增长而增长,并且随着年龄的增长记忆力、分析力以及综合能力也会显著提高。人体各器官通过

神经系统的调节来进行各自的、有序的活动。指挥、控制、调节人体各部分的机能，以适应外界环境的各种变化是神经系统的重要作用。

1. 体能训练可以提高神经系统的反应能力和灵活性

在体能训练中，通过神经系统能够迅速动员和调节各器官与系统的机能，来满足机体适应肌肉活动的需要。同时，体能训练采用的是开放式的运动环境，如在进行一些操类项目的体能训练时，阵阵呐喊声和掌声的刺激都使机体的应激能力经受了训练，加强了神经系统的兴奋、抑制交替转换的灵活性，改善神经系统对全身各系统的迅速调节能力，反应速度及灵活性的提高，使人体活动中动作更协调、灵敏和准确。

2. 体能训练有利于提高大脑皮层神经细胞的耐受性

经常参加体能训练，可以加快血液循环，提高大脑的血液供给量，使脑细胞得到更多的营养，消除神经系统的疲劳，提高大脑抗疲劳的耐受力，使肌肉收缩节约化，进而提高了大脑长时间工作的能力。

3. 体能训练有利于提高人体对环境的适应能力和免疫能力

经常参加体能训练，可使的机体血管收缩的反应性、基础代谢率等得到较大的改善，体温调节能力加强，对气候的变化反应灵敏，在受到环境温度变化时能够迅速保护和防御，以免机体受到伤害。因此，长期坚持参加体能训练，可以强健体格，塑造完美身体，增强体质，提高对环境的适应能力和免疫能力。

三、体能训练效果的生理评定

长期系统的体能训练对人体各器官系统的形态、结构与机能都将产生显著的影响，从而形成大学生体能训练者独特的身体形态和机能特征，这是机体对运动负荷刺激的良性适应结果即训练效果。通过适宜的方法对训练效果进行分析与评定，可为体能训练的科学化提供参考和依据。

关于系统训练的生理学适应特征，可以通过三个方面进行评定，即安静状态下的生理学适应特征、运动状态下的生理学适应特征以及运动结束后恢复期的生理学适应特征，下面将详细介绍这三个方面。

(一)训练者在安静状态下的生理学适应特征

在长期运动负荷刺激的作用和影响下，与运动密切相关的各器官系统，如氧运输系统、运动系统、神经系统等所表现的良好适应性较为明显。

1. 氧运输系统特征

(1)循环机能

心脏形态结构和心血管机能受到运动的影响较为显著，其中安静时心率缓慢和心脏功能性增大是做主要的表现形式。优秀的耐力大学生体能训练者安静时心率只有 40~50 次/分钟甚至更低，表现出明显的机能节省化现象。运动性心脏增大主要表现为心肌肥厚和心脏容积增大，并具有运动项目的专一性、耐力性和力量性项目大学生体能训练者出现心脏增大的现象较为多见，耐力性大学生体能训练者主要表现为心脏容积的增大，而力量性大学生体能训练者主要表现为心肌的肥厚。

（2）呼吸机能

在呼吸机能方面，经过训练的和没经过训练的两者就有较为明显的区别。通常情况下，有训练者主要表现为：呼吸肌力量较强，肺活量大，呼吸深度和肺泡通气量大，气体交换的效率高；呼吸肌耐力较好，连续5次肺活量测定值（每次间隔30秒）逐渐增大或者平稳保持在较高水平。而没有经过训练的人则达不到如此良好的状态。除此之外，对于人体对呼吸运动的控制能力，通常是用闭气时间来衡量的，闭气时间的长短与大学生体能训练者训练水平密切相关，大学生体能训练者训练水平越高，闭气事件就越长；相反，训练水平较低，则闭气时间相对就会较短。体能训练可以提高人体对呼吸运动的控制能力。

（3）血液

与没有经过一定训练的人相比，经过一定训练的大学生体能训练者血液的成分并没有很明显的差别，只表现在某些项目大学生体能训练者的血液指标有所改变，如耐力性项目的大学生体能训练者红细胞和血红蛋白数量增多，血液中某些酶的活性升高等方面。

2. 运动系统的特征

（1）骨骼

体能训练对骨骼的影响主要表现在骨密度等方面的变化。由于每个大学生体能训练者的时机情况不同，他们训练水平、训练年限及运动项目就会存在一定的差异，因此这样就会对骨密度造成不同的影响，使其产生不同的变化，并呈现出有差异性的特点。大学生体能训练者所进行的运动是否科学、合理，也在很大程度上影响着骨骼的生长。适宜的运动可以有效地增加峰值骨量，减缓随年龄增长而发生的骨质疏松。研究表明，大学生体能训练者骨矿物质含量依运动等级而有所不同，男子健将级大学生体能训练者的骨矿物质/体重（BMC/BW）高于二、三级大学生体能训练者，女子健将级大学生体能训练者骨矿物质/体重（BMC/BW）高于一、二、三级大学生体能训练者。由此可以看出，大学生体能训练者的骨密度随训练水平的提高而增加。

不同的运动项目因其各自不同的特点，其对骨骼会产生不一样的刺激作用。因此，会导致骨密度的生长也不一样。根据实验研究结果显示，投掷、摔跤等力量性项目的大学生体能训练者骨密度最高，而耐力性项目大学生体能训练者的骨密度最低。之所以会有这样的结论，主要是由于不同的运动负荷刺激对骨骼产生影响的途径不同，骨矿物质合成效应则不同。负荷强度与BMC/BW之间有密切的关系，力量型运动项目的负荷强度高于其他项目，所以BMC/BW处于较高水平。耐力运动还会对大学生体能训练者的激素产生一定的影响，从而影响骨密度的变化。比如，过量的耐力运动可使女大学生体能训练者血液中雌激素水平降低和男大学生体能训练者血中雄激素水平降低，导致骨代谢过程中骨的吸收大于骨的形成，从而使骨密度降低。除此之外，大学生体能训练者身体不同部位的骨密度具有训练部位的特异性，换句话说，就是在运动过程中，持续长时间处于运动或用力状态的部位，该部位的骨密度要高于其他非运动或用力状态的部位，如网球大学生体能训练者持拍手的骨密度高于非持拍手。

（2）骨骼肌

体能训练对骨骼肌的影响主要表现在肌肉的体积增大，横断面增大，肌肉力量增加。这是由于体能训练尤其是力量训练可以促进氨基酸向肌纤维内部的转运，使肌肉组织中收缩蛋白质的合成增加，从而引起肌肉肥大和肌力的增长。

通过体能训练能够较为显著地提高机体抗氧化能力。研究发现，耐力训练可以提高肌组织超氧化物歧化酶(SOD)和谷胱甘肽过氧化物酶(GPX)的活性。肌肉抗氧化酶活性的提高也是骨骼肌运动性适应的重要生物学特征之一。

除此之外，影响肌组织抗氧化能力的运动性适应的因素还有运动负荷、训练状态及抗氧化剂的补充等。根据相关实验研究证明，运动负荷大、训练状态良好以及抗氧化剂的外源性补充都对机体抗氧化能力具有重要的作用。因此，要想增强机体抗氧化能力，一定要注意做好这几方面的准备工作。

3. 神经系统的特征

系统训练对中枢神经系统机能产生良好的影响，优秀的短跑大学生体能训练者神经过程的灵活性高、反应时间短；而长跑大学生体能训练者神经过程的稳定性较高。此外，大学生体能训练者各种感觉器官的机能也有所提高。由此可以看出，安静状态下优秀大学生体能训练者在身体形态结构和生理机能等方面都表现出良好的适应性变化，能够为训练效果的评定提供参考和依据。

不仅在安静状态下，有训练的大学生体能训练者能够显示出良好的机能特征，在从事运动时也能够表现出机体机能的动员、生理反应程度以及运动结束后的恢复过程方面明显的优势与特征。由此可以看出，神经系统对于氧的运输具有非常重要的作用和意义。因此，在评定训练效果时，通常将大学生体能训练者在完成定量负荷和极限负荷运动时的生理指标作为评定的主要依据和标准。

(二)训练者在运动与恢复期的生理学特征

1. 训练者对定量负荷的反应特征

一种限定运动强度(一般低于亚极限强度)和运动时间的运动实验条件下的负荷，即为定量负荷。

(1)肌肉活动高度协调

肌电图研究显示，在完成相同的定量负荷时，有训练者肌肉活动程度较小，主动肌、对抗肌和协同肌之间高度协调，肌电振幅和积分值较低，且放电节律清晰，动作电位集中并发生在动作时相，在相对安静时动作电位几乎完全消失，表明有关中枢的活动高度协调。

(2)心肺机能变化较小

在心肺机能变化方面，有训练者和无训练者是有较为显著的差别的。其中，无训练者主要是靠加快心率和呼吸频率来增大每分心输出量和肺通气量。有训练者完成定量负荷时心肺机能的变化较小，心率和心输出量较无训练者低，心率增加的幅度较小，而每搏输出量增加较多；呼吸深度大，呼吸频率较慢。

2. 训练者对极限负荷的反应特征

在完成极限负荷运动时，要求机体充分发掘自身最大潜力，使相关的各器官系统机能达到最高水平。与无训练者相比,优秀的大学生运动员的生理功能水平高,机能潜力大,表现出非凡的运动能力和对极限负荷的适应能力。通常情况下,评定训练效果的指标主要是如氧脉搏、最大摄氧量、最大氧亏积累、最大做功量等的极限负荷运动时的生理指标(表 2-1)。下面将详细介绍这四项评定指标。

表 2-1　各项生理指标对训练效果的评定值

测试组	最大摄氧量 (毫升/分钟)	每搏输入量 (毫升/搏)	心率 (次/分钟)	动静脉氧差 (毫升/分钟)	氧脉搏 (毫升/搏)
无训练者	3 276	120	195	140	16.8
大学生长跑体能训练者	4 473	156	185	155	24.2

(1)氧脉搏

反映心脏工作效率的有效指标就是氧脉搏。研究表明,优秀耐力大学生体能训练者在极限负荷运动心率达 180～190 次/分钟时,摄氧量可达最大摄氧量的 90%～100%,氧脉搏平均达 23 毫升,相当于安静时的 6 倍。当心率进一步增加时,氧脉搏有下降的趋势。由此可以看出,尽管优秀大学生体能训练者表现出较高的氧脉搏,但是,他的心率水平却没有出现过高的现象,而是保持在相对比较适宜的状态。这就充分说明,运动训练具有增强机体氧运输系统功能的重要作用,进而使得心脏的工作效率也有一定程度的提高。

(2)最大摄氧量

最大摄氧量是反映心肺功能的综合指标,最大负荷运动时无训练者只有 2～3 升/分钟,而优秀大学生体能训练者可高达 5～6 升/分钟。

(3)最大做功量

最大做功量是指受试者在递增负荷达极量时所完成的功。有训练的大学生体能训练者最大做功量和做功效率都明显高于无训练者。

与无训练者相比,优秀大学生体能训练者在完成极限负荷工作时表现出较高的机能水平和运动潜力;并且在运动开始时,机体机能动员得快,运动结束后机能恢复得也快。

(4)最大氧亏积累

最大氧亏积累(MAOD)是指人体从事极限强度运动时(一般持续时间 2～3 分钟),完成该项运动的理论需氧量与实际耗氧量之差。衡量机体无氧工作能力的重要标志就是最大氧亏积累。根据相关实验研究证明,优秀短跑大学生体能训练者最大氧亏积累值明显高于耐力项目大学生体能训练者。因此,在进行不同的运动项目训练时,要注意最大氧亏积累的变化,避免对运动项目的训练效果产生消极的影响。

四、体能训练相关的生理学知识

(一)运动过程中的心率与最大吸氧量

1. 心率

在体能训练中,人体的心血管系统不断运转,心率便是反映这一运动对心血关系统影响的重要指标，它能够反映心脏功能强弱。心率是每分钟心脏搏动的次数。心率是运动生理学中最常用而又简单易测的一项生理指标，在运动实践中常用心率来反映运动强度和运动训练对人体的影响，并用于运动员的自我监督或医务监督中。健康成年男性的心率为65～75次/分；女性为70～80次/分钟，但随着年龄、性别、体能水平、训练水平和生理状况的不同而有所不同。当人体由卧位转为站位时、进食后、体温升高、情绪紧张、疼痛刺激、缺氧、运动或劳动等都可使心率加快。在肌肉活动时，心率的增加与运动强度有关，而且增加的幅度还与运动持续时间、体能水平、训练水平有关。一般来说运动强度越大，心率就越高，两者成正比例关系。但心率值是有极限的，正常人的心率最高值为180～200次/分钟（平均值为195次/分钟）。

人体运动时，循环功能的主要变化是心输出量的增加，各组织器官的血流量重新分配，特别是骨骼肌的血流量迅速增加，以满足其代谢增强时的能量供给。心脏具有一定的储备力，平日心输出量大约只有最大输出量的1/4。体能训练及平常的训练可增大这种力量，即增大心肌力量，进而增加心输出量，从而提高人体活动能力。运动训练引起的心率降低，是经过长期训练使心脏功能得到改善的良好反应。参与体能训练可以将心率值作为判断运动程度的参考指标。

2. 最大吸氧量

最大吸氧量是指人体在剧烈运动时，呼吸和循环系统功能达到最大能力时，人体每分钟所能摄取的氧量。它是衡量氧运输系统整体功能常用的的综合性指标。简单地说，就是运动时每分钟能够吸入并被身体利用的氧的最大量。最大吸氧量是个人的最大有氧代谢能力的直接反映，是一个人氧运输系统功能的强弱的重要标志。普通健康人最大吸氧量每分钟2～3升，而经常训练的人或运动员可达4～5升，优秀的耐力运动员甚至可达到6～7升，最大吸氧量受多方面因素的影响，随着年龄、性别、健康状况、训练水平、疾病以及遗传等的不同而不同。运动时，肌肉的激烈活动使得机体对氧的需要比平时大大增加。因此，在进行体能训练时，人体的最大摄氧能力的高低直接影响运动能力，尤其是以有氧代谢为主的耐力性运动与最大吸氧量关系更紧密。由此可知，经常参加体能训练的运动者，比不经常参加的人最大吸氧量要大，而在不同项目的运动中，耐力性要求越高的运动项目的运动员最大吸氧量越高。

（二）运动后的恢复与超量恢复

1. 恢复过程

恢复过程是指人体在体能训练结束后，各种生理功能和能源物质逐渐恢复到运动前状态的一段功能变化过程。运动时体内代谢过程加强，不间断地代谢以满足运动时能源的补充需要，在运动中及运动停止后能源物质都在不断进行补充和恢复，只不过运动中的能量消耗大于补充，运动后的体内能量消耗慢而小于补充。恢复过程主要分为三个阶段。

（1）首先，运动时消耗的主要是能源物质，体内能源物质逐渐减少，各器官系统功能逐渐下降。

（2）其次，随着运动停止消耗过程也逐渐减少，恢复过程占优势，能源物质和各器官系统的功能逐渐恢复到原来水平。

（3）再次，运动中消耗的能源物质在运动后一段时间内不仅恢复到原来水平，甚至超过原来水平，这种现象称超量恢复或超量代偿，保持一段时间后又回到原来水平。

2. 超量恢复过程

超量恢复是客观存在的规律。超量恢复现象并不是在恢复期始终存在,而是保持一段时间后又回到原有水平。超量恢复的程度和时间取决于消耗的程度,在一定范围内,肌肉活动量愈大,消耗过程愈剧烈,超量恢复愈明显。如果活动量超过了人体所承受的生理范围,恢复过程就会延缓。超量恢复出现的早晚,与运动量大小、疲劳程度以及营养供给有关,在身体训练中,运用人体超量恢复的规律来指导运动应注意三种情况的出现。

(1)一次身体训练时间较短且运动强度不大,不会引起机体较大的反应,超量恢复不显著。

(2)重复进行身体训练的间歇时间要掌握好,如果间歇时间过短,且身体又长期处在疲劳状态下,对健康是非常不利的。另外,两次练习之间的间歇应正确确定,一般是通过心率的测定来控制。

(3)要根据各自的身体条件、年龄和训练基础,合理地安排运动量和训练持续时间,这样既能引起机体超量恢复,又不要超过机体适应的界限。

第二节 运动心理学基础

一、体能训练的心理过程

心理过程是指人的心理活动从产生、发展、变化到完善的过程,具体可以分为认识过程、情感过程、意志过程三个阶段。

(一)认识过程

认识过程是指人在认识客观事物的活动中表现出来的各种心理现象。它包括感知觉、思维、表象、想象和记忆等过程。下面主要介绍一下前两个认识过程。

1. 感知觉

(1)感觉

感觉是在事物的直接影响下,脑对于事物个别属性的反映。例如,听声、看色、嗅味、感到凉爽、觉察运动等,都是感觉。

(2)知觉

知觉是在事物的直接影响下,脑对事物整体的反映。

对于个体而言,感觉和知觉是两种不同的认识过程,但它们有共同的持点,都是人脑对于直接作用于感觉器官的客观事物的个别属性和整体的反映,是认识的开端和起点。在运动过程中,掌握和发挥技术首先要有敏锐的感觉能力,即要有较高的感受性,才能更好地感知动作和各个动作之间的微小区别,及时发现细微的错误动作。例如,运动员在参加体能训练时,只有清楚地感知投进与投不进对有关肌肉和关节运动的极细微的差别,才能感受运动过程中迅速感知的外界刺激,从而加快反应速度,提高训练的质量和效果。

2. 思维

思维是事物的本质属性和内部规律性在人脑中的反映,是人脑对事物本质及规律性的认识活动,是一种很复杂的头脑加工过程,如对人的认识,感知觉只能反映出各种各样的、具体的活生生的人,而思维则能舍弃人的具体的形象、肤色、面貌、解剖构造等非本质特征,而把人的本质特征概括起来,即人是能够制造生产劳动工具、使用工具,进行社会生产活动,具有语言、思想意识和高级感情的动物。

在体能训练中,某名运动员可以很快地学会某一运动技能,但要提高这种运动技能的成绩,却必须通过思维掌握这种运动技能的本质和规律。在比赛时,由于比赛场面复杂纷繁,情况瞬息万变,所以运动员的思维要具有独立性、敏捷性和深刻性。方能随机应变,独立、迅速、正确地采取措施,才能取得比赛的胜利。因此,长期参加体能训练,对于活跃人的思维具有一定的意义和作用。

(二)情感过程

情感是人对客观事物是否符合自己的需要而产生的体验。情感主要包括积极和消极的两个方面。其中,积极的情感是指在生活实践中,客观事物能满足自己的需要,产生的愉快、高兴等肯定性质的情感,而消极的情感是客观事物不能满足自己的需要,便产生痛苦、忧愁等否定性质的情感。

以体育运动各个项目比赛为例,在比赛中,成功与失败经常转换,比赛双方都希望战胜对手这种十分重要的需要时而得到满足,时而不能满足,所以运动员的感情激烈变化,时而狂喜、时而沮丧,喜怒忧乐不断转换。另外,在比赛时,肯定性质的情感会使运动员力量倍增,否定性质的情感常使运动员消极乏力。强烈而短暂的激情,如狂喜、愤怒等有时成为克服困难、克敌制胜的巨大力量;有时也会成为引起肌肉痉挛、腹部疼痛,降低运动能力的原因。

长期参加体能训练,能让运动者充分体验到运动以及竞赛中情感的特点,从而学会控制调节自己的情感,胜不骄、败不馁,并将这种控制情绪的能力延伸到日常的生活中以及以后的工作中,始终保持愉快、乐观、积极向上的情绪。

(三)意志过程

意志是人为了实现确定的目的,而支配自己的行为,并在运动时自觉克服困难的心理过程。人在意志的激烈下能产生强大的动力,是体能训练员运动成绩提高的巨大精神力量。很多体能训练都是自始至终在意志的支配调节下进行的。

通常情况下,体能训练持续的时间都很长,运动强度较大,长时间的进行运动不但消耗人体巨大的生理能量,而且还由于运动所必需的注意力高度集中、紧张而迅速的思维、不断变化的强烈的情感体验等,消耗个体大量的心理能量。因此,在参加体能训练时,必须充分发挥自己的主观能动作用,培养自己的意志品质,勇于克服困难,只有这样才能促进技战术水平的提高。

二、体能训练与个性心理

个性是具有一定倾向性的比较稳定的心理特征的总和。个性心理是一个人在其心理活动中表现出的稳定的心理特点,包括能力、性格和气质。一个人的个性心理活动能对其参与运动训练产生多方面的影响。

（一）能力

能力是顺利完成某种活动必备的心理特征,包括观察力、记忆力、思考力、想象力和注意力等。能力是一个人掌握运动技能,提高运动成绩,强身健体的基础。

人与人之间的能力有很大差异,比如人的能力类型的差异(有人擅于形象思维,有人擅于抽象思维)、能力表现早晚的差异、能力发展水平的差异(如有人聪明、敏捷;有人愚笨、迟钝)。因此,在运动实践中,运动者必须根据自己的个人能力,科学合理地学习、掌握运动技能;反之,就会欲速则不达。

（二）性格

性格是个人对现实的稳定的态度和习惯化的行为方式。作为个体个性的一个方面,它跟能力一样都是人们之间存在着差别的比较稳定的心理持点,但性格特征又表现出以下特点。

首先,性格是现实社会关系在人脑的反映,个人对现实的稳固态度和采取某种行为方式,都是一定思想意识和行为习惯的具体表现。

其次,性格特征是一种比较稳定但又可变的倾向,它是稳定、经常、一贯的表现。性格又是可变的,如一个胆小、害怕改变和冒险的人,经过长时间的运动训练和多次比赛,很可能变成一个胆大、勇敢和富于冒险精神的人。

（三）气质

气质是人的心理活动的稳定的动力特征。不同气质类型会有不同的行为表现。了解或鉴定不同人的气质类型,对大学生参与体能训练的研究是十分重要的。气质类型是运动员进行体能训练的心理依据之一。

三、体能训练与动机

（一）动机的含义

动机是推动一个人进行活动的心理动因或内部动力。它能引起并维持人的活动,将该活动导向一定目标,以满足个体的念头、愿望或理想等。动机是个体的内在过程,行为是这种内在过程的结果。运动员参加体能训练的动机主要是增强自己的身体素质,为提高专项运动成绩打下良好的基础。

动机具有三大作用:①始发作用(动机可引起和发动个体的活动);②指向或选择作用(动机可指引活动向某一目标进行或选择活动的方向):③强化作用(动机是维持、增加或制止、减弱某一活动的力量)。心理学就是从"方向"和"强度"这两个角度理解动机问题。"方向"与一个人目标的选择有关,即人为什么要做某件事;"强度"与一个人激活的程度有关,即为了达到某一目标,人正在付出多大努力。例如,有的人选择并不擅长的体育作为奋斗的事业,这是动机的方向问题;又如,在相同条件下,有的学生能够长期坚持在一天中进行运动和训练,还要去补课,而有的学生却不能，这是动机的强度问题。

（二）动机的分类

根据划分标准的不同，动机可以分为以下几类。

1. 根据需要的性质分类

（1）生物性动机：以生物性需要为基础的动机称为生物性动机，如因饥饿、口渴而产生的动机。

（2）社会性动机：以社会性需要为基础的动机称为社会性动机，如成就动机、交往动机。

2. 根据兴趣及特点分类

（1）直接动机：以直接兴趣为基础，指向活动过程本身的动机。有的运动员对于自己所从事的运动本身感兴趣，认为它是对自己身体机能的积极挑战，从中可以最大限度地发挥和体现自己的潜力，体验到一种效能感和满足感，这种训练动机属于直接动机，即指向运动本身的动机。

（2）间接动机：以间接兴趣为基础，指向活动的结果的动机是间接动机。有的运动员对运动本身不感兴趣，仅认为它是为战胜对手所必须克服的困难，这样的动机属于间接动机，即指向运动结果的动机。

3. 根据情感体验分类

（1）缺乏性动机：以排除缺乏和破坏、避免威胁、逃避危险等需要为特征，它可理解为"厌恶的动机"，包括生存和安全的一般目的。缺乏性动机以张力的缩减为目的，一旦目标实现，这种动机就会明显减弱。

（2）丰富性动机：以经验享乐，获得满足、理解和发现，寻找新奇，有所成就和创造等欲望为特征的动机。它包括满足和刺激的一般目的。与缺乏性动机相反，它往往趋向张力的增强而不是张力的缩减。它是追求刺激，而不是逃避刺激。一旦需要满足，动机往往得到加强。因此，丰富性动机可以理解为"欲望的动机"。例如，人们做许多事情往往不能缓和任何已知的驱力，都是在追求刺激，期望得到兴奋、愉快、赏识和威望等，而不是避免刺激。有的运动员参加运动训练，在运动过程中和运动后都感到一种莫大的满足，心情愉快、舒畅，充满信心，这种运动动机就是丰富性动机。

4. 根据动机来源分类

（1）内部动机

一般来说，内部动机是以生物性需要为基础，通过积极参加某种活动，应付各种挑战，从中展示自己的能力，实现自己的价值，体验莫大的满足感和效能感。它是汲取内部力量的动机，是从内部对行为的驱动，如在活动中取得成功，则这种活动和成功本身就构成了一种内部奖励，对人起到激发作用。这种动机中，行为的动力来自内部的自我动员。

（2）外部动机

来源于客观外部原因的动机。外部动机以社会需要为基础，人通过某种活动获得相应的外部奖励或避免受到惩罚以满足自己的社会性需要。它是汲取外部力量的动机，是从外部对行为的驱动。个体行为的动力来自外部的动员力量。

（三）动机的条件

1. 内部条件

引起动机的内部条件是"需要"。"需要"是指个体因对某种东西的缺乏而引起的内部紧张状态和不舒服感，它能产生愿望和推动行为的力量，引起人的活动。动机就是由需要构成的。

2. 外在条件

引起动机的外在条件是"环境"。"环境"是指个体之外的各种刺激，包括各种生物性和社会性的因素，它是产生动机的外部原因，对人有着重要的影响和作用。

四、体能训练与应激

由于运动者之间存在着各种差异，如体能状况、运动技能的差异、团队合作、比赛失利等诸多问题，这些问题都会使人产生应激反应。因此，运动者在参加体能训练时，有效地控制应激，及时调整不良的态度和行为，保持身心平衡是非常重要的。

（一）应激的概念

应激是指个体对应激源或刺激所做出的反应。应激源是指那些唤起机体适应反应的环境事件与情境。应激反应是一种包含应激源、个体对应激源的评价及个体的典型反应等因素相互作用的过程。根据个体对应激的不同认知，应激反应也有积极的和消极的之分。

例如，比赛失利作为应激源可能会引起观赛者血压升高、心跳加快、情绪紧张、不安等应激反应。同样，赢得一场球赛为一种应激源则会引起观赛者的血压升高、心跳加快、心情高兴和情绪激动等应激反应。

（二）体能训练与应激控制

大量的研究表明，除了改变人们对事物的认识观念控制应激外，有规律的、低中等强度的体能训练也能有效地消除消极应激。

1. 适度的体能训练与积极应激

应激能引起人的机体的本能反应，当产生应激时，人体内动员能量的交感—肾上腺机制，血液中儿茶酚胺水平升高，所动员的能量就会得以释放。史前时代，我们的穴居祖先们在面临危及生命的情境时常常就是以"搏斗或逃跑"的方式做出反应。但在现代社会中的应激反应中，很少有可能进行这种类型的能量释放，这种能量被动员而无法释放的状况就会扰乱身心平衡的状态，从而损害机体。因此，释放能量就成为对抗应激的一种手段。

长期参加体能训练，既可以训练肌肉，提高心肺能力，促使内啡肽释放，又可以降低焦虑，改善心境，提高自尊水平，保持身心平衡。

2. 过度的体能训练与心理耗竭

心理耗竭最初是描述由于情绪和精神压力而形成的一种心理现象,该词主要用于那些由于应激和需要竭尽全力的领域,如在体能训练中,如果长期运动强度过大,运动不仅会损害身体,而且会给心理健康带来负效应。这种负效应主要表现在心理耗竭上。心理耗竭的生理症状主要有安静时心率增加,长期肌肉疲劳、失眠、体重减轻、感冒和呼吸道疾病增加等。而心理症状有精神上筋疲力竭感增加、自尊心下降、对日常应激的反应延长并消极堆积等。心理耗竭还直接导致运动员排斥体能训练。

因此,在参加体能训练时,选择适当的运动负荷和持续时间对保持身心平衡是至关重要的。研究表明,当人处于高应激时,应避免参加竞技性强的运动,因为该类运动会增加更多的应激源,容易受伤。

五、体能训练对心理健康的影响

生理健康和心理健康是构成人的身体健康的重要的两个方面,健全的精神寓于健全的身体,心理的健康有助于生理机能的发挥。许多心理问题能够直接引起某些疾病的发展。如果心理不健康,就会引起生理的不健康,使机体难进行各项活动,学习和工作就失去了基础。因此,运动员在进行运动训练的同时,还要加强和提高自己的心理素质水平。促进心理健康的方法有很多,在平时加强体能训练,体能素质得到提高了,对运动员的心理健康则会产生积极的影响。

(一)有效改善人的情绪状态

情绪状态是衡量一个人心理健康的主要指标。人生活在错综复杂的社会中,面对各种压力经常会产生忧愁、紧张、压抑等情绪反应。

参加一定的体能训练,可以将运动员从烦恼和痛苦中摆脱出来,还可以在一定程度上降低运动员的焦虑情绪,使其保持积极乐观的心态。

(二)有效提高智力

智力功能受非智力成分的影响很大,如一个人的身体状况不好,情绪不稳定,精神高度紧张,那么他的智力功能就会降低。

运动员经常参加体能训练,能使自己的记忆力、注意力、反应能力、思维能力、想象能力等各方面得到全面的提高,还可以使情绪稳定、性格开朗、积极乐观,提高智力功能。

(三)确立良好的自我概念

自我概念是个体主观上对自己的身体、思想和情感等的评价。它是由许多的自我认识所组成,包括"我是什么人""我喜欢什么""我不喜欢什么""我主张什么"等。坚持体能训练可使运动员精力充沛,改善其身体表象和身体自尊。首先,身体表象是指头脑中形成的身体图像。身体表象障碍在正常人群中普遍存在。其次,身体自尊主要包括一个人对自己运动能力的评价,对自己身体外貌(吸引力)的评价,对自己身体的抵抗力的评价,对自己身体健康状况的评价。

身体表象和身体自尊与整体自我概念之间有着密切的关系,运动者对自己身体表象的不满意会使个体自尊(自我概念的积极程度)变低,并产生不安全感和抑郁症状。一些运动方面的专家认为,肌肉力量与身体自尊、情绪稳定性、外向性和自信心相关,并且加强力量训练会使个体的自我概念显著增强。

(四)培养坚强的意志品质

意志品质指一个人的果断性、坚韧性、自制力以及勇敢顽强和主动独立精神,它主要是在克服困难的过程中培养和发展起来的。

运动者积极参与体能训练,不仅能在运动过程中学会克服各种困难,同时在克服困难的过程中也能培养良好的意志品质。在体能训练中培养起来的坚强意志品质能够充分运用到比赛中去,利于取得优异的比赛成绩。

(五)消除生理和心理疲劳

疲劳是一种综合性症状,与人的生理因素和心理因素都有着密切的关系。当一个人的情绪消极或任务超出人的能力时,生理上和心理上都会很快地产生疲劳。疲劳对人体危害很大,会严重影响人的机体健康。

面对各种各样的压力,运动者极易造成身心疲劳和神经衰弱,为此,运动者可以参加一些中等强度的体能训练,从而能达到放松身心,健康生活的目的。

(六)有效治疗各种心理疾病

运动被公认为是一种心理治疗方法。有研究表明,1 750 名心理医生中,80%的人认为运动是治疗抑郁症的有效手段之一,60%的人认为应将运动作为一种治疗方法来消除焦虑症。

发展到现在,体能训练越来越受到运动员及一般体能爱好者的欢迎和喜爱。另外,在大学校园中,也深受广大学生的喜爱。大学生在日常生活、学习、情感等方面会因面临着各种各样的挫折而引起焦虑症和抑郁症,而参与体能训练可以有效地降低大学生的焦虑情绪,促进其身心健康,避免一些心理疾病的发生。

第三节　运动生物化学基础

一、体能训练中的物质代谢

人是体能训练的活动主体。通过饮食和营养补充体内的糖、脂肪、蛋白质、维生素、无机盐、水等物质,通过在人体的物质代谢来为人体提供能量。合成代谢和分解代谢是物质代谢的两个相互联系的过程。体能训练的物质代谢主要包括糖代谢、脂肪代谢、蛋白质代谢和水盐代谢。人体消化吸收的糖、脂肪、蛋白质等营养物质经过一系列代谢过程,一部分构筑为人体的组成成分和更新衰老的组织,一部分经分解代谢释放出其中蕴藏的化学能,这些化学能量经过转化成为人体活动所需的能源。

（一）体能训练中的糖代谢

糖是人体细胞的重要组成部分，也是运动者所需能量的重要来源，可见，糖在人体内有着重要且不可替代的作用。一般情况下，糖为人体提供的能量占人体每天所需总能量的70％，并且与脂肪和蛋白质相比，糖在氧化时所需要的氧较少。因此，糖是人体最经济的能源物质，也是人体内为肌肉和大脑组织细胞活动供能的首选物质。糖在体内的代谢受体能训练负荷的影响，体能训练的负荷不同，糖在体内的代谢也不同。在通常情况下，糖在体内除供应人体所需能量外，还可以转变成蛋白质和脂肪。在人体内，肌糖原贮备最多，约为350～400克，因此当进行体能训练时，首先动用的是肌糖原。随着运动时间的延长，肌糖原耗尽，而且血糖下降，此时，肝糖原则被分解进入血液。肝糖原贮备与血糖有着密切的关系，肝糖原在体内的储备约为75～90克。

1. 糖在人体内的代谢过程

糖在摄入人体后，首先要在消化酶的作用之下，转变为可以被吸收的葡萄糖分子。然后葡萄糖分子经小肠黏膜的上皮细胞葡萄糖运载蛋白转运进入血液，成为血糖。血糖经过在人体进一步合成大分子糖，即糖原，是人体内糖能量的储存单位。在肝脏中合成并储存的被称为肝糖原，在肌肉中合成并储存的称为肌糖原。肝脏将体内乳酸、丙氨酸、甘油等非糖质物质合成为葡萄糖或糖原是糖的异生作用。合成糖原和糖异生就是糖合成代谢的过程。糖原和葡萄糖通过糖酵解、有氧氧化、戊糖磷酸和乙醛酸途径等生成乳酸，乳酸通过糖异作用生成葡萄糖或氧化分解。这就是整个糖分解被利用的过程。

2. 体能训练对血糖的影响

人体在安静状态时，血糖浓度的正常变化范围在3.9～5.9毫摩尔/升，经常进行体能训练的人与正常人没有区别。长时间、高强度的进行体能训练，可引起血糖水平下降，导致运动者的体能下降。对从事不同类别体能训练时血糖浓度的变化进行研究，结果表明，在不同类别的体能训练中血糖浓度的变化趋势是有区别的。由于训练内容、训练强度的不同，以及因此而引起的神经系统兴奋性的不同，从而造成了不同类别的体能训练前后产生血糖浓度的不同变化。

3. 补糖对体能训练的影响

在体能训练中，特别是力量和耐力训练，具有运动强度和运动量大，能量消耗多、消耗快等特点，所以必须在运动前和运动过程中，进行科学合理地补糖，来提高体能训练的效果。研究表明，在运动前的服糖时间对运动中的血糖水平变化有很大的影响。给人体补充糖的最佳时间是在运动前半小时或两小时服糖效果最好，在运动开始前补充进入人体内的糖可以直接随血液运送到肌肉组织或者已完成糖原的合成转化过程，在训练开始后，肌、肝糖原被动员进入血糖供给需要，可以保持较高的血糖水平。最好不要在开始运动前的一个小时进行补糖，因为此时补糖，血糖会迅速升高，引起胰岛素反应，大量分泌胰岛素，从而降低运动能力甚至会出现运动性低血糖等不良的训练效果。

在运动过程中，补充糖的周期是每隔半个小时补充一次浓度低的饮料，因为低浓度的饮料可促进渗透吸收，并且胃在短时间内只能排空少量的液体，而高浓度的饮料会对胃的功能造成一定的影响，会延长胃排空的时间，不利于人体对糖的吸收，从而影响运动效果。

（二）体能训练中的脂肪代谢

脂肪作为人体内主要的能量来源之一，大部分贮存在皮下结蹄组织、内脏器官周围、肠系膜等部位，同时它也是有氧代谢为主的训练中的主要能源物质。一般脂肪约占体重的 $10\%\sim20\%$，肥胖者可达到 $40\%\sim50\%$。人体脂肪主要来源是从食物中获得，主要是动物脂肪和植物油，也可以在体内由糖或蛋白质转变而成。脂肪除了是含能量最多的物质外，还可以起到保护器官、减少摩擦和防止体温散失等作用。身体内脂肪的贮存也会随着新陈代谢进行不断的更新。体能训练本身对人体脂肪的含量要求较高，因此我们要全面了解脂肪的代谢过程才能更好地进行体能训练。

1. 脂肪在人体内的代谢过程

首先，脂肪的疏水性可以借助机体自身以及机体摄入的各种乳化剂形成乳浊液，然后在机体的水环境中被酶解。脂肪可以分解形成甘油、游离脂肪酸和单酰甘油，少量的二酰甘油和未经消化的三酰甘油。然后，脂肪通过小肠上皮细胞直接吞饮脂肪微粒或脂肪微粒的各种成分进入小肠上皮细胞形成乳糜微粒被吸收。乳糜微粒和分子较大的脂肪酸进入淋巴管，甘油和分子较小的脂肪酸溶于水，扩散入毛细血管。脂肪进一步分解成二碳单位，最终生成二氧化碳和水。

2. 体能训练中的脂肪代谢

经过科学的研究，在体能训练过程中，进行长时间的有氧运动，运动时间越长，人体内动用的脂肪越多。体能训练作为一种有氧运动可以提高机体氧化利用脂肪酸供能能力，长期运动可以改善血脂升高，降低血浆中 LDL 含量，增加血浆中 HDL 的含量，长期坚持训练还可以减少体脂的积累，有效改善身体的成分，起到减肥塑身的功效。

（三）体能训练中的水盐代谢

1. 水代谢以及对体能训练中人体的影响和作用

水是人体组织和器官中含量最多的物质，是人体内重要的组成部分。水是生命之源，人体个组织、器官的活动都离不开水。在成人体内水的含量占到体重的 65% 左右，而在婴儿体内含水量达到体重的 80%。人体内水的代谢具有维持体温等很多重要的生理意义。水的比热高，温度不易改变，所以当进行体能训练时，体内产热量的增多或减少都会引起体温的显著变动。水的蒸发热高，所以蒸发少量的汗，就能消耗大量的热。能够迅速帮助机体排除多余的热量，保持内环境温度的稳定。

2. 无机盐代谢以及对体能训练中人体的影响和作用

无机盐在人体内具有维持渗透压，维持血液的酸度等多种功能，是人体细胞的重要成分。但在体能训练时，无机盐摄入的多少会影响人体的正常功能，如无机盐摄入过多，会导致血液稀释、血量增加，增加心脏的负担；同时大量的水进入胃中，会超过机体的吸收速度，贮留的水会稀释胃液，影响消化。如果在大量饮水的状态下，继续进行运动，会引起胃部不适，从而导致呕吐等情况的发生。因此，体能训练时饮水要遵循"少量、多次"的原则。一般在开始运动前 $10\sim15$ 分钟，可饮 400～600 毫升水，以增加体内水的临时储备，而运动中也可每 15～20 分钟饮 100～150 毫升水，这样既可以随时保持体内水的平衡，较好地维持运动中的生理机能，减轻心脏和胃的负担。

（四）体能训练中的蛋白质代谢

1. 蛋白质人体内的代谢情况

氨基酸是蛋白质的最小组成单位。蛋白质在人体中起着非常重要的作用，主要有建造、修补和重新合成细胞成分以实现自我更新，合成酶、激素等生物活性物质，作为机体的能源物质等。蛋白质在摄入人体后，进行代谢时，首先要在消化液作用下分解成氨基酸，被小肠吸收。然后经过毛细血管进入血液，在各种不同的组织中重新合成蛋白质。再经过人体的脱氨基作用等代谢过程，最终生成氨、二氧化碳和水。氨基酸在分解代谢过程中释放能量。在人体的代谢过程中，多余的糖和脂肪能够进行贮存，但是人体内蛋白质过多时，会经肝脏分解，由肾脏排出体外。因此，在日常生活中，人体每日摄入的蛋白质要保持一定量，不宜过多，也不宜过少，保持摄取量与每天消耗的量大致相等，以维持蛋白质平衡。

体能训练对蛋白质分解和合成代谢具有较好的促进作用。通过体能训练，部分的蛋白质被消耗掉了，许多组织细胞也必将被破坏，从而蛋白质的修补和再生过程得到加强。因此，要注意运动后，要及时补充蛋白质以保证体能训练的效果和体能训练者的肌肉质量。

2. 补充蛋白质对体能训练的影响

研究证明，当亮氨酸、异亮氨酸和缬氨酸比例为 2∶1∶1 的混合物时，它是促进肌肉力量的增长方面是最基本和最关键的物质，尤其可以满足大强度负荷后机体对蛋白质的需求，因此大强度体能训练后都将这种混合物作为理想的营养补剂。其中亮氨酸除了作为肌蛋白的结构分子之外，还能提升体内三大关键物质，促进合成激素的释放，同时还能抑制分解效应；其次，它还可诱发生长激素和胰岛素的分泌，创造良好的激素环境，并能抑制由于人体进行体能训练所诱发的不利于肌细胞的破坏因素；再者，它还能非激素式地促进肌纤维内主要蛋白的新陈代谢。因此，亮氨酸可以最大限度地减少蛋白质在体内的分解和破坏，从而大幅度增长体能训练者的肌肉力量。由于它主要是促进蛋白的合成作用，所以赋予亮氨酸的最佳时间是在运动后的恢复期。

肌肉力量与质量对于体能训练者是十分重要的，而谷氨酰胺充足与否是决定肌肉力量和质量的关键。因此，通过在体能训练过程中补充谷氨酰胺，可以提高运动的强度和质量。谷氨酰胺的生物价值很高，因为与几乎其他所有的氨基酸都仅含有一个氮原子不同，谷氨酰胺含有两个氮原子。肌肉内的谷氨酰胺含量在大强度运动后，会失掉 40% 以上，所以在超负荷运动后，使肌肉疲劳快速恢复的重要手段之一便是补充谷氨酰胺。总体来说，对于谷氨酸的补充，在运动前或运动后，都可以得到良好的效果。在谷氨酸补充方面，应该根据体能训练不同项目、不同性别、不同训练内容以及不同运动者的吸收情况，同时要与科研人员密切配合，加强重量指标的检测，有针对性地寻找到不同体能训练者补充营养补剂的数量和服用时间，以及与体能训练强度的关系，以确定谷氨酸的补充量。

值得注意的是，增加蛋白质营养不会促进肌肉组织的增长，许多体能训练者对此产生过错误的认识。大量实验证明，合理地补充蛋白质营养，必须在进行渐进性的力量训练前提下进行，才能使肌肉力量增长。而只在比赛前或赛前调整期才大量补充氨基酸，甚至静脉注射大量氨基酸，均会导致体内酸碱平衡失调,反而会引起运动者身体机能水平下降。

人体内有很多因素对蛋白质的代谢产生影响,其中人体内的多种激素对蛋白质的影响较大,如甲状腺素和肾上腺素能促进蛋白质的分解,表现为甲亢时,甲状腺素分泌增加,人体蛋白质分解增加,人体逐渐消瘦;当生长激素分泌增加时,会促进人体蛋白质的合成,从而让肌肉变的更加健壮。

二、体能训练与能量代谢

能量代谢与物质代谢紧密联系,是人体与外界环境之间进行能量交换和人体内能量转移的过程。能量代谢过程可使糖、脂肪、蛋白质等能量物质中蕴藏的化学能释放出来,供人们在体能训练时利用。体能训练时,训练的强度和持续时间以及体能训练的水平和对动作的熟练程度,对于人体的能量消耗具有明显的影响。下面介绍的是体能训练中的几种供能方式。

(一)体能训练中的磷酸原供能

三磷酸腺苷(ATP)是体能训练的直接能源来源,它是人体其他任何细胞活动(如腺细胞的分泌、神经细胞的兴奋过程中的离子运转)的直接能源,主要贮存在细胞。ATP的合成速度决定ATP主要作用的发挥,与其在肌肉中的贮存量没有直接关系。

ATP-CP合称为磷酸原,CP又称为磷酸肌酸是贮存在肌细胞中与ATP紧密相关的另一种高能磷化物,分解时能释放出能量。磷酸原供能系统就是指在机体内部,由ATP-CP分解反应组成的供能系统。

肌肉收缩时,ATP是将化学能转变为机械能的唯一直接能源,人们在进行体能训练时,ATP的转换率会随着训练强度的增加而加快,且与训练强度成正比。训练强度越大,ATP转换率越快,机体对骨骼肌磷酸原供能的依赖性越大。而当肌肉收缩且强度很大时,随着ATP的迅速分解,CP随之迅速分解放能。肌肉在安静状态下,高能磷化物以CP的形式积累,故肌细胞中CP的含量要比ATP多3~5倍。但是ATP在人体内的储存是有限的,人们进行体能训练时,它会随着运动时间的延长,必须有其他能源来完成供应ATP再合成,才能使肌肉活动持续下去。

CP在人体内具有快速可动用性,既不需氧,又不产生乳酸,因此CP供能对ATP再合成非常重要。但是由于CP和ATP的分子过大,不能被人体吸收,故不能直接作为营养补充。但是肌酸能够合成CP也能够被人体直接吸收,进而为合成ATP所用,因此在补充能量时可以适当补充肌酸。磷酸原供能系统中,水解分子内高能磷酸基团是ATP、CP的主要的供能方式,在体能训练开始时,磷酸原供能是机体首选的供能系统。

(二)体能训练中的糖无氧酵解供能

在强度较大的体能训练中,由于运动强度大,需要的能量多,人体内的磷酸原系统所能供给的能量远远不能满足机体所需要的能量,同时氧气的供应也满足不了机体的需要。这时,糖的无氧酵解供能系统就开始发挥作用。糖无氧酵解是指葡萄糖或糖原在无氧条件下分解为乳酸、同时生成少量ATP的过程。在缺氧条件下,丙酮酸在乳酸脱氢酶的催化下接受磷酸丙糖脱下的氢,被还原为乳酸。在氧供应充足时,无氧酵解所产生的乳酸,一部分在线粒体中被氧化生能,一部分被合成为肝糖原等。乳酸是一种强酸,当在人体肌肉中积累过多,机体内环境的酸碱平衡就会遭到破坏,使肌肉工作能力下降,造成肌肉暂时性疲劳。

经过科学研究,糖在人体内的无氧酵解过程主要分为两步:第一步,糖从葡萄糖生成 2 个磷酸丙糖;第二步,磷酸丙糖转化为丙酮酸,生成 ATP。在有氧的条件下,丙酮酸可进一步氧化分解生成二氧化碳和水。

在体能训练刚开始时,机体内的磷酸原系统开始供能,ATP 会在 ATP 酶催化下迅速水解释放能量。随着运动强度的增大和持续时间变长,一旦机体中 ATP 的浓度下降,CP 就会立刻分解释放出能量,以促进 ATP 的合成。糖酵解过程在肌肉利用 CP 的同时被激活,肌糖原迅速分解,提供运动中所需要的能量。这是一个连续的过程,在运动中糖无氧酵解有着重要的作用。

(三)体能训练中的有氧代谢供能

当人们在有氧条件下进行体能训练时,机体在经过磷酸原系统供能、糖无氧酵解系统功能之后,随着氧气摄入量逐渐满足机体的需要,在氧气供应充足的情况下,糖、脂肪、蛋白质会被彻底氧化成水和二氧化碳,我们把机体的这个反应过程称为"机体的有氧氧化",即为有氧代谢。有氧氧化能够提供大量的能量,从而能维持肌肉在较长时间进行工作。例如,由葡萄糖有氧氧化所产生的 ATP 为无氧糖酵解供能的 19 倍。ATP 和 CP 的最终再合成以及糖酵解产物乳酸的消除都要通过有氧氧化来实现的。在有氧条件下进行体能训练对于在无氧代谢过程中所产生的乳酸,延缓疲劳等方面具有更加快速、有效地的作用。

在体能训练过程中,机体的骨骼肌通过糖、脂肪、蛋白质三大能源物质的有氧代谢释放能量,合成 ATP,从而构成有氧代谢供能系统。在机体的有氧代谢供能系统中,首先,体内糖原储量较多,肌糖原耗尽需要大约 1～2 小时的小强度运动;其次,体内的脂肪储量丰富,是安静或低中强度运动下的主要供能基质。人体的有氧代谢供能方式对糖有依赖性,其供能的比例与运动强度成反比,与运动的持续时间成正比。最后,蛋白质的供能与肌糖原的储备有关,要在长于 30 分钟的大强度运动中才会参与,当糖原储备充足时,蛋白质的供能仅占总热能的 5% 左右,肌糖原耗竭时,蛋白质的供能达到总热能的 10%～15%。机体的很多因素都对有氧代谢系统供能的效果产生影响,氧气进入人体内所经过的每一个系统都会影响有氧代谢系统的功能。具体来说,主要由以下几个方面。

(1)有氧代谢供能受到呼吸系统的影响。在有氧运动中,通过加大呼吸频率或者呼吸深度,使得肺通气量增大,从而使机体获得更多的氧气摄入量。由于解剖无效腔的存在,在体能训练过程中主要以加大呼吸深度来消除解剖无效腔的影响,提高氧进入体内的效率。

(2)血液系统对有氧代谢供能的影响。血红蛋白执行氧运输任务,因此血红蛋白的数量会对有氧耐力产生很大的影响。血红蛋白的含量的降低,会对运动者的有氧代谢能力造成不利的影响。因此,在运动过程中进行定期的测量,监测血红蛋白含量的变化,防微杜渐。

(3)循环系统对有氧代谢供能的影响。心脏泵血功能对体能训练影响非常大,有研究表明,在运动的初期,通过增加心输出量,来提高有氧氧化能力。

三、不同训练方法的生物化学基础

(一)运动能力的遗传性

人的运动能力可以由一些生化指标反映出来,如骨骼肌中 ATP/CP,肌红蛋白的含量,血红蛋白含量以及最高血乳酸浓度等,它们的遗传度见表 2-2。

表 2-2　运动能力相关生化指标的遗传度

生化指标	遗传度
骨骼肌 ATP、CP 含量	60～89
骨骼肌细胞线粒体数目	70～92
肌红蛋白含量	60～85
血红蛋白含量	81～99
最大血乳酸浓度	60～81
血清睾酮	80

(二)耐力训练

耐力好的原因主要是有氧氧化系统供能能力高,因此提高耐力的训练方法应该是时间较长、强度不太高的运动。通常采用长跑、长距离游泳、骑自行车等运动方式,一次连续运动的时间应该在 30 分钟以上。对于专业性较强的运动者,还可以采用乳酸阈训练法,就是以使血乳酸达到 4 毫摩尔/升的强度进行运动训练。

(三)速度训练

由于速度主要取决于磷酸原和糖酵解系统的供能,因此提高速度的训练方法是要通过训练,使这两个供能系统发生适宜变化,并使其产生适应,进而达到其提高供能能力的目的。提高磷酸原供能能力的训练方法,原则上运动强度要达到最大,运动时间不要超过 10 秒。如果需要多次重复,每次运动时间应至少有 30 秒的休息,完成 10 次运动后,应有 3～4 分钟的休息。提高糖酵解系统的训练方法,原则上可采用 1 分钟全力运动、4 分钟休息的重复多次的训练方法,重复 5 次为一组,休息时间长些后再进行下一组的训练。这样可以有效地提高糖酵解系统的供能能力。

四、体能恢复的生物化学机理

训练的目的就是对机体施以刺激,使之产生疲劳,然后产生恢复和超量恢复,进而达到提高体能的效果。事实上,训练还可能有使能量代谢的能力提高到高于训练前水平的作用,这也是运动训练追求的目标。

(一)安排训练间歇

以发展速度、爆发力为目的的训练中,10 秒全力运动间的间歇时间不要低于 30 秒,60～90 秒比较适中,以保证磷酸原物质的数量有 50% 以上的恢复。重复几次后,可安排一次 2～3 分钟的休息。30 秒以内的全力运动训练之间,休息间歇应不少于 60 秒。1 分钟的全力运动训练间,休息间歇应为 4～5 分钟。跑完 4 组 400 米跑后,应该休息 15 分钟以上。这样的间歇安排,主要是考虑既可以使能源物质有一定程度的恢复,乳酸等代谢产物有一定程度的消除,又保证了训练时间的紧凑。

(二)安排训练后休息

在进行体能训练后,为了尽快消除体内的乳酸,可采取积极休息的手段。所谓积极休息就是在训练结束后,不要完全静止不动,而是进行低强度的运动,如可进行慢跑等放松性运动,来加快体内有害代谢产物。如果训练的时间长达数小时,则应考虑到肌糖原的恢复。在大强度重复多次的间歇运动训练后,肌糖原在 5～24 小时内可恢复,并且不受食物中糖含量的影响;但如果进行持续的大强度运动训练后,肌糖原的恢复时间就需要 48 小时以上,而且还需要配合膳食中的糖补充才能实现。否则,5 天以后肌糖原尚不能恢复到运动前的正常水平。一般认为补充糖的数量在 600 克比较适宜,同时,还要补充人体蛋白质的需求。

五、体能训练效果的生物化学评定

训练效果的评定主要包括运动能力的评定和运动员身体机能的评定两个方面的内容。前者主要就运动员物质代谢和能量代谢的能力进行评价,后者主要是应用一些血液和尿液指标对运动员的身体健康状况进行评价。

(一)60 秒最大负荷测试

这是评定最大糖酵解供能能力的一种方法。让受试者进行田径场 400 米全力跑,记录成绩。由于 400 米跑主要由糖酵解系统供能,所以 400 米跑的成绩可大致说明该系统的供能能力。有条件时,可在跑台上进行 60 秒跑,记录所跑的距离,分别测定运动前安静时血乳酸值和运动后血乳酸峰值。如果运动后血乳酸浓度在 14～18 毫摩尔/升左右,是糖酵解供能能力好的表现。如在 9～10 毫摩尔/升以下,是能力差的表现。在一个训练阶段结束后,如果伴随运动成绩的提高,血乳酸浓度也出现升高,是糖酵解供能能力提高、训练效果好的表现;如果成绩提高,血乳酸浓度仍为原水平,是有潜力的表现;如果血乳酸浓度不变或升高,但成绩下降,则表明训练效果差或机能水平下降。

(二)10 秒最大负荷测试

根据磷酸原代谢系统的供能特点,可采用 10 秒以内的最大负荷运动进行测试,如自行车功率计、活动跑台或 30～60 米跑,也可根据具体运动专项进行评定。有条件时可在评定时先测定安静时的血乳酸值,然后进行 10 内最大负荷运动,记录完成的功率或跑速,并测定运动后的血乳酸峰值,求出运动中血乳酸增值。完成功率大或跑速快,而血乳酸增值低者,磷酸原供能能力较强。没有条件测定血乳酸时,也可根据 30 米跑或 60 米跑的成绩评定运动者磷酸原系统的供能能力。

(三)最大吸氧量测试

这是一个能较好反映有氧代谢能力的指标。但其测定复杂,需要较昂贵的仪器设备,操作难度大,需时较长。因此,在实际工作中常常采用其他简单易行的方法来替代它进行有氧能力的测定。

（四）血红蛋白

血红蛋白俗称血色素，是红细胞的主要成分，血红蛋白值还可反映体内缺铁状况，是评定运动者营养和健康状况的基本指标。其主要功能是作为红细胞运输氧气和二氧化碳的载体，又有维持血液酸碱平衡和 pH 值恒定的作用，故直接影响人体的身体机能和运动能力，尤其对耐力运动员更为重要，是有氧代谢能力的重要指标。正常人每 100 毫升血液中血红蛋白含量，男性为 12～15 克，女性为 11～14 克。当持续的激烈运动或运动者机能状态较差时，可观察到血红蛋白值降低，甚至降至正常水平以下。这种由运动引起的血红蛋白低于正常水平的现象被称为运动性贫血，一般在全身激烈运动的项目中较多见。在贫血时，无论是极限运动还是有氧代谢运动，均导致运动能力下降。因此，常用早晨安静时血红蛋白值评定运动者身体机能状态，安排下周的运动负荷。

（五）血尿素

在正常生理状态下，尿素的生成和排泄处于动态平衡，血尿素浓度相对稳定，其安静值约在 4～6 毫摩尔/升。运动员安静时血尿素浓度偏高，为 5.5～7 毫摩尔/升，原因是训练者体内蛋白质代谢较旺盛。尿素是人体内蛋白质代谢的评定指标。

血尿素指标可用以评定运动训练的运动负荷。运动中血尿素浓度升高一般出现在运动后 30 分钟，绝大多数出现在 40～60 分钟左右。一次大运动量训练后，血尿素超过 8 毫摩尔/升，是训练负荷过大的表现。训练或比赛次日晨测定血尿素浓度，可以评定恢复状况，值达到或接近正常水平的，表示代谢平衡恢复，即运动负荷适宜，身体机能良好。运动次日晨或第三日晨仍超过正常值水平，则表示机体对负荷不适应，身体机能较差。在安排训练周期负荷时，血尿素浓度变化大致有三种情况：如在训练周期中基本不变，说明运动负荷小，未能引起机体足够的反应；在训练周期开始时上升，然后逐渐恢复正常，说明负荷足够大，但机体能适应；在训练周期中始终升高，说明运动负荷过大，身体还未恢复，这时应注意对运动负荷的控制，否则易造成过度疲劳。

六、体能训练中影响人体运动能力的生物化学因素

影响人体运动能力的因素主要有先天因素和后天环境因素等多方面因素的影响，存在明显的个体差异，如年龄、性别和训练水平差异等。影响运动能力的后天环境因素主要包括训练负荷的安排及训练环境、训练后的营养、恢复及其他物质手段。其影响效应包括两个方面，一是良性的影响即促进、提高机体的运动能力，产生适应；二是不良影响即限制、降低运动能力，产生疲劳，甚至过度疲劳。只有进行科学的训练和良好的恢复，不断提高代谢水平和调控能力，有效地避免运动负荷过大导致过度训练和运动损伤的发生，从而有效地提高运动能力。人体运动所需能量依赖于有氧代谢和无氧代谢两大供能方式，其中无氧代谢供能又可分为糖酵解无氧代谢供能系统和磷酸原无氧代谢供能系统。运动时能量的产生、转移、利用和运动后物质的再合成是影响运动能力的主要环节。因此，影响有氧代谢和无氧代谢供能系统的生化因素就是影响人体运动能力的生化因素。

（一）有氧代谢供能系统的生化影响因素

1. 机体转运氧的最大能力

（1）每分心输出量：每分心输出量是影响最大摄氧量的重要因素。增加每分钟流经肌肉的血容量，可使单位时间血液供氧增多，从而提高最大摄氧量。

（2）肺转运氧：安静时最大肺通气速率在 500 毫升/分以上，在最大强度运动时，优秀运动员的值上升到 180 升/分以上，并发现此时血氧量不下降或稍下降，故认为肺泡弥散氧的能力不限制最大摄氧量。

（3）血液携氧量：血液携氧量是血红蛋白浓度的函数。当采用血液兴奋剂或高原训练后使血红蛋白浓度上升时，最大摄氧量相应提高。由此推论，血红蛋自可能是最大摄氧量的限制因素。

2. 机体供能原料的储备

能源物质的储备量，尤其是与肌糖原储量直接影响机体的有氧代谢能力。在低强度和最大强度运动时，肌糖原的消耗不是限制运动能力的因素，但在 $60\% \sim 85\% \, VO_2 max$ 强度运动时，运动前肌糖原的储备量多少是有氧代谢运动能力的限制因素。长时间耐力运动中，脂肪的动员、游离脂肪酸的转运和利用也是影响有氧代谢能力的因素之一。

3. 线粒体的作用

（1）氧在线粒体内的供应

肌肉毛细血管密度，肌红蛋白含量，线粒体数目和体积，供能物质的选择性利用等因素，对线粒体获取氧的能力起到重要的决定作用。

（2）线粒体有氧代谢酶

线粒体有氧代谢酶活性的高低，直接影响到有氧代谢合成 ATP 的速度，其中，氧转运进入线粒体的速度是发挥酶最大活性的前提。在供氧充足、能量物质储备充足时，影响有氧代谢能力的主要因素是有氧代谢酶的活性，如促进长链脂肪酰辅酶 A 进入线粒体的肉碱酰基转移酶、脂肪酸 β-氧化的标志酶羟酰辅酶 A 脱氢酶、三羧酸循环酶（异柠檬酸脱氢酶、琥珀酸脱氢酶、苹果酸脱氢酶、α 酮戊二酸脱氢酶）的活性、呼吸链中细胞色素含量的高低也直接影响有氧氧化的效率。同时，激素、Ca^{2+}、代谢的关键酶、底物等还对糖和脂肪的动员和利用产生影响。

4. 高原和高原训练

高原世居者普遍存在着红细胞增多的现象，血液流变学多具有"浓"（血细胞压积增高）、"粘"（全血粘度增高）、"聚"（红细胞电泳时间延长）的典型特点。高原大气压和空气中氧含量下降，引起人体最大摄氧量下降，大约从 1 200 米海拔高度起，每上升 1 000 米，最大摄氧量下降 10%。高原训练提高有氧代谢能力的原因，可能是高原训练有利于氧的转运、释放和弥散，同时有利于机体利用氧的能力及氧化磷酸化能力增加，进而使机体的有氧代谢能力得到提高。人在高原环境对缺氧可以产生适应；而在高原上同时进行运动训练，承受双重应激获得的适应，更有利于人体呼吸和心血管系统功能得到增强，提高血红蛋白含量和肌肉的耐酸能力等。

（二）无氧代谢供能系统的生化影响因素

1. 糖酵解供能系统的生化影响因素

（1）限速酶在糖酵解过程作用

糖酵解过程有三步不可逆反应，催化这些反应的酶分别是已糖激酶（HK）、磷酸果糖激（PFK）、丙酮酸激酶（PK）。它们活性的高低直接影响糖酵解的速率和反应流量。其中，最关键的限速酶是PFK。某些激素和多种调节物通过浓度变化，激活和抑制限速酶的活性而影响糖酵解的速率。激活剂加速糖酵解过程，抑制剂降低糖酵解过程。

（2）乳酸对糖酵解系统的生化影响

在最大无氧代谢运动中，糖酵解供能很早启动，肌乳酸浓度明显上升，力竭时可高达32毫摩尔/千克湿肌。肌肉乳酸堆积可直接或间接引起肌肉工作能力下降，H^+竞争Ca^{2+}的结合位点，这使肌动球蛋白横桥循环的形成和运转速率受到阻遏，导致ATP水解速率减慢，肌肉收缩力下降。此外，pH下降又可以抑制糖酵解的三个限速酶，使糖酵解速率下降，输出功率降低，导致肌肉收缩能力下降。肌乳酸经过肌细胞膜进入血液，导致血液中的pH下降，使脑内的pH也下降，大脑神经的抑制过程也随之加强，导致运动能力下降。在局部肌糖原储备充足情况下，肌内H^+堆积是影响无氧运动能力的主要限制因素。

2. 磷酸原供能系统的生化影响因素

（1）ATP分解和再合成的速率

人体内ATP合成的基本途径是CP分解。在大强度的无氧代谢运动时，ATP生成速率依赖于CP分解的代谢能力。在骨骼肌内尤其是在快肌纤维内，肌酸激酶（CK）活性很高，对肌内CP浓度的变化具有高度应答能力。在极量运动中，快肌纤维有效募集，更能快速分解和再合成ATP。肌酸激酶（CK）是体内催化ATP和CP相互转化的一种重要的酶，其活性的高低决定运动中CP合成ATP的速率及恢复期CP再合成的速率。同时，代谢途径的效率也依赖参与高强度收缩肌纤维的特性和数目。

（2）ATP、CP在肌肉中的储量

肌肉做功所需能量的直接来源是由ATP提供的，CP作为肌肉细胞内的一种高能磷酸化合物，参与ATP的快速合成。肌肉中ATP含量约为4毫摩尔/千克湿肌，CP含量约为16毫摩尔/千克湿肌。运动强度越大，骨骼肌对磷酸原供能的依赖性也越大。ATP、CP和肌糖原是短时间全力运动时所需能量的主要来源。在短时力竭性运动时，ATP含量下降40%，CP含量下降94%，肌糖原含量消耗不到一半。因此，ATP、CP储量及其功能能力是以磷酸原系统功能为主的短时间运动项目无氧运动能力的限制因素之一。运动训练对骨骼肌内ATP储量影响不明显，但可以使骨骼肌CP储量明显增加。

（3）$Ca^{2+}-Mg^{2+}-ATP$酶

$Ca^{2+}-Mg^{2+}-ATP$酶是线粒体膜上调节胞浆Ca^{2+}浓度的酶，其活性能够反映线粒体摄入Ca^{2+}的能力，酶的活性越大，单位时间内线粒体通过$Ca^{2+}-Mg^{2+}-ATP$酶摄入的Ca^{2+}量越多，细胞浆中Ca^{2+}浓度持续升高刺激了线粒体对钙的摄取，过量的钙以磷酸盐的形式在线粒体中沉积，导致氧化磷酸化脱偶联。1965年Winelgrad利用示踪原子研究蛙肌发现：肌质网终池释放

Ca^{2+} 与骨骼肌细胞兴奋—收缩偶联有关,肌细胞舒张与钙泵经主动转运将 Ca^{2+} 重新摄取到肌质网内有关。肌质网由一些小管和囊泡组成,囊泡上 90% 以上的蛋白质是 $Ca^{2+}-Mg^{2+}-ATP$ 酶(即钙泵)。肌肉收缩时,肌质网释放 Ca^{2+},肌肉舒张时,Ca^{2+} 则须重新被摄回肌质网。

线粒体脂质过氧化一方面损伤线粒体膜,使膜的流动性降低,影响了膜上酶的功能,或是使酶因交联聚合而失去活性;另一方面短时间大负荷运动引起能源物质耗竭、代谢产物堆积等导致 ATP 含量减少,$Ca^{2+}-Mg^{2+}-ATP$ 酶活性降低,Ca^{2+} 重回肌质网障碍。此外,由于氢离子、镁离子浓度过高,对钙离子和调节蛋白结合过程产生竞争性以至细胞浆 Ca^{2+} 浓度达到的浓度,由于肌钙蛋白对 Ca^{2+} 敏感性下降,而不能维持原有的收缩力量。同时这种原因使骨骼肌在受到最大刺激时,由于横桥活化的数目减少,从而不能产生最大的收缩力量。

(4)$Na^{+}-K^{+}-ATP$ 酶

$Na^{+}-K^{+}-ATP$ 酶,又称为钠钾泵,是一种高分子蛋白质,镶嵌并贯通整个脂质双分子层,存在于多种生物膜。$Na^{+}-K^{+}-ATP$ 酶在骨骼肌的肌膜上含量高、活性高。在肌肉舒张过程中,可将进入胞内的 Na^{+} 排出,把逆出胞外的 K^{+} 泵回胞内。在骨骼肌中,$Na^{+}-K^{+}-ATP$ 酶可以在复极化过程中,快速恢复肌膜内外的离子梯度,即细胞内高 K^{+} 浓度,细胞外高 Na^{+} 浓度,保证肌细胞兴奋性和收缩能力。长时间运动,血浆中儿茶酚胺浓度升高,胰岛素浓度下降,肌细胞失钾、自由基的产生等都可以对 $Na^{+}-K^{+}-ATP$ 酶活性产生潜在的影响,细胞膜 $Na^{+}-K^{+}-ATP$ 酶活性降低,可能是导致运动性疲劳发生的重要因素之一。适当的运动训练可以增加细胞膜 $Na^{+}-K^{+}-ATP$ 酶的数量和活性,产生良性适应。研究表明,$Na^{+}-K^{+}-ATP$ 酶对肌膜调节 Na^{+}、K^{+} 离子平衡的能力是肌肉收缩耐力的决定因素。反复等长收缩时,$Na^{+}-K^{+}-ATP$ 酶活性下降,使骨骼肌细胞静息时的 Na^{+}、K^{+} 转换障碍、引起细胞内外 Na^{+}、K^{+} 浓度梯度降低,从而导致骨骼肌收缩能力下降。

第三章　体能训练的基本理念及程序

第一节　大学生体能训练的理念与方法

一、大学生体能训练的理念

（一）运动的系统控制理论

1. 系统控制的含义

系统控制具体是指运用系统原理，在某一事物系统中，从全局和微观入手，整体把握全局，协调系统中各要素，实现"整体大于要素之和"。

大学生参与体能训练时，要擅长对系统控制理论进行合理有效地利用，具体来说，在体能训练实践中运用时要以系统控制的基本理论以及运动的特点为依据，将运动训练系统明确化，接着从训练的实际出发，在训练系统中逐步有序地纳入训练方法与内容，然后充分发挥训练系统的控制作用，全面提高大学生的技战术能力、集体协作能力与竞赛能力，从而取得更好的训练与比赛成绩。

2. 训练系统控制的构成

对于大学生的个人训练系统来讲，训练中应注意对以下各要素的合理控制。

（1）身体素质训练

身体素质训练是体能训练的主要内容，大学生进行身体素质训练的过程是有目的、有组织、系统进行的。大学生要在运动训练过程中，要对各种有效的训练方法加以综合利用，从而大幅度地促进自身体质、体格、身体各素质以及基础运动能力的提高。

（2）心理素质训练

心理素质训练与体能训练之间的关系是相互促进的，在训练系统控制中，心理素质训练与身体素质训练同样占据着重要的位置，对大学生进行心理训练的目的是提高其的心理素质。主要包括大学生的动作感觉、时间与空间感、大学生训练情绪等。大学生的心理素质训练系统是完整有机的整体，科学的心理素质训练有利于提高大学生的参与具体的体育运动的技战术水平。

（3）技术训练

大学生在参与不同形式的运动项目时，需要采用一些专门动作进行进攻与防守，比赛中要采用基本比赛手段就是各种技术，因此比赛的核心就是技术，技术在一定程度上集中体现了大学生的才智、技能、反应与灵活能力以及心理素质,综合反映了大学生的竞技能力。

3. 系统控制的运用

(1)正确树立训练系统控制的理念

大学生要注意形成整体的训练意识,掌握系统的训练理论,正确树立训练系统控制的科学理念,训练过程中注意从整体进行具体把握,注重全局与整体的训练效益。训练系统控制理念的正确树立有利于大学生的科学培养,有利于利用最短的时间提高大学生的整体身体素质和参与一些运动项目所需的必要技战术能力。

(2)以系统控制原理为依据制定训练计划

将科学合理的系统控制理论运用到运动训练过程中时,要对训练的系统加以确定,确定时要以大学生的个体差异、运动水平、身心素质、运动项目特点等为依据,确立后要将科学的训练计划制定出来。然后对运动的训练方法进行科学合理地运用,对训练内容进行有针对性地安排。只有合理排列系统控制训练的子系统,才能有效提高大学生的身体素质和运动水平。此外,还要注意有意识地将心理素质训练、团队协作意识的训练贯穿其中,并且注意采用训练系统的指标评价和检验训练方法。

(3)重视全面系统的训练理论

理论与实践始终是要结合在一起的,运动训练实践需要充分发挥训练理论的指导作用。运动训练理论具有全面性与系统性,运动训练理论研究的全面性具体表现在对大学生的思想意识、技战术水平、身心素质等多方面进行的研究。技战术训练需要全面系统的训练理论提供一定的基础依据。

重视全面系统的训练在大学生专项体能训练中表现得十分明显,以篮球运动训练为例,训练实践中,运动训练方法与手段的科学选择需要大学生与教练员对能量供应系统及相互间的关系有所认识与掌握,大学生与教练员主要可以从研究训练系统能量供应的理论中获取这方面的相关知识,如有关专家系统地研究了篮球运动训练能量,结果表明,同时具备短时间内的快速移动能力与较长时间的耐力能力才是称得上是一名优秀的大学生篮球运动员。所以,大学生篮球运动员的能量供应属于混合型供能,主要的供能系统是磷酸原系统。

另有关学者研究了大学生篮球运动员的竞技能力,结果表明,身体形态与机能、运动素质、技战术以及心理素质等共同组成大学生的竞技能力。其中运动素质、技战术与心理素质是主要的组成部分。所以,在评价篮球技战术训练的过程中,主要的评价依据是大学生竞技能力的主要组成部分。大学生篮球运动员竞技能力各因素的评价结果有利于促进大学生篮球运动员竞技能力的提高与发展。教练员要认真分析与研究大学生篮球运动员在以往篮球比赛中存在的各种问题,并科学预测未来篮球比赛中可能出现的问题,这样有利于比赛问题的及时发现与解决,从而促进教练员比赛中指挥能力的提高。因此,对篮球训练理论的科学研究能够促进篮球运动训练水平的不断提高。

(二)技术实践性训练理念

1. 技术实践性训练理念的内涵

现代运动训练中要符合体育运动的一般规律。在体育运动中,运动者本身具有双重性,他们是技术的主体,同时又是技术的客体。技术的物质手段作为客体,与作为主体的主观精神因素是统一的。

2. 技术实践性训练理念的理论依据

技术实践性训练理念的理论基础是多方面的,为了能够更加全面、深入地了解技术性训练理念,将其理论基础分为两个方面。这两个方面同时也是对于大学生的基本要求。

(1)技术实践性理念要与事物的客观规律相符

技术实践性,即求真。所谓的求真,就是在运动训练的过程中,要以运动的本质特点和规律为主要依据,对训练进行科学的指导,力争做到结合实际,并且与事物的客观规律相符合。具体来说,大学生的技术应用应符合运动规律和项目的本质特征及规律。

(2)技术实践性理念要遵循从实际出发的原则

在现代运动训练中一切都要以符合实战为主,从实际出发和结合实战是训练最有效的方法。大学生通过不断的练习,才能熟练掌握各种技战术,并在具体的体育运动项目中有效运用,因此,要想提高专项运动水平,一定要做到积极进行训练,并且训练尽可能与专项比赛相协调,最大限度地、科学地进行专项训练。

(三)教育性运动训练理念

1. 教育性运动训练理念内涵

体育运动不单是身体方面的运动,还具有一定的教育性,运动训练中要充分把握教育性运动训练理念,以提高到学生体能运动训练的积极性、主动性和实效性。具体来说,在体能运动训练中,不仅要重视大学生的相关训练技能的掌握,同时对大学生在文化的教育和素质的培养方面也不能掉以轻心,并且对大学生要反复强调文化教育和素质培养所起到的重要作用,从而使训练和谐地与教育协调发展、相互促进。

2. 教育性运动训练理念的理论依据

就理论研究来讲,教育性训练理念涉及许多方面,因此要想更加深入、全面的对解教育性训练理念进行阐述,可以将理论基础分为以下两个方面。

(1)大学生的健康成长,与自身文化教育的水平相关

运动训练是涵盖在社会活动的范围内,而其顺利进行通常要依赖于运动训练参与者(包括教练员和大学生)的密切配合,才能最终实现,达到目的。从这一点上可以了解到,教练与和大学生这两个运动训练中的主体的知识水平是决定与制约着竞技运动的发展。由于对大学生文化素质的培养的重视程度不够,使得在以往的运动训练过程中存在着许多不科学的现象,具体表现为很大一部分的大学生在运动的体能训练中由于信念不够坚定而力不从心。这使得运动训练很难达到预期的目标。

(2)大学生的运动水平,与其自身的素质教育水平有关

现代的体育运动的较量,往往取决于体能、技能、心智能力等几大因素。在某些条件下,心智能力要较体能、技能更加重要,尤其是随着大学生年龄的增长,这方面表现得更为明显。一般情况下,具有较高运动智能的大学生,其之所以能够大幅度提高整体上的竞技能力,除了由于其能

够较为深刻地把握运动的特点和规律,并且能够更准确地认识运动训练理论和方法,自然运动水平的发展也会有显著提升。

(四)人文操作性训练理念

1. 人文操作性训练理念的内涵

人文操作性理念的内涵主要体现在以下四个方面:强调关注大学生的尊严与独立性、关注大学生的思想与道德、关注大学生的权利、关注大学生生存状况与前途命运。

2. 人文操作性理念的理论依据

人文操作性训练理念的理论基础同样是多方面的。为了能够更加全面、深入地了解教育性训练理念,理论基础可分为以下三个方面。

(1)行为受思想指导

人的行为的实施在一定程度上受到人的感知或信念体系的指导。人的行为在于一个人的感知或信念体系。从人文主义、感知经验主义的角度上来说,人之所以能够有行为,主要是因为有人的感知或信念体系的指导。

(2)运动训练应符合客观规律

运动训练水平的提高,基础性的要求是与自然规律和价值规律相符合。运动训练必须符合客观规律现代运动训练的基本要求。因此,为了取得理想的训练效果,在进行运动训练时,不仅要符合科学规律,还要在追求竞技水平提高的过程中符合人类正常的价值规律,并体现人文特征,实现科学性与人文特征的结合、统一,从而达到真与善统一的目的。

(3)训练应体现健康体育精神

人的主体性是人文的重点,这也使得人与技术的关系得到了进一步的明确。人是"技术"的实施者,这就明确了人的主体性以及人与技术的关系。运动训练的过程就是教育的过程,教育重视的是发展内在动力,行动力是由内在动力引导而来的。在运动训练中强调人文操作,能够摆脱金钱对体育运动的束缚,实现公平竞争,弘扬体育道德,培养人性,挖掘人的潜能的目的。除此之外,情感、责任感、态度、信念等,都在很大程度上决定着大学生的体能水平的发展,具有非常重要的现实意义。

二、大学生体能训练的方法

(一)重复训练法

所谓重复训练法,具体是指在不改变动作结构和运动量,在相对固定的条件下,对某种动作采用同一运动负荷和相同的间歇时间进行多次练习,以达到增加运动负荷和巩固技能的目的。

1. 重复训练法的分类

按练习时间长短,重复训练方法可分为短时间重复训练方法(不足 30 秒)、中时间重复训练方法(0.5~2 分钟)和长时间重复训练方法(2~5 分钟)。其中,短时间重复训练法主要用于训练各种基本技术、高难技术的组合练习,以及有关速度素质和力量素质的发展。中时间重复训练法主要用于整套技术动作的练习。

按训练间歇方式,重复训练法可以分为连续重复训练法和间歇训练法。重复次数不同,对身体的作用不同,对巩固机能的作用也不同。

2. 重复训练法的作用

重复训练法有利于大学生掌握和巩固技术动作,使机体产生较高的适应机制,有利于发展和提高大学生的技术水平和机体机能。

3. 重复训练法的应用

在大学生体能训练实践中,重复训练法主要是通过同一动作或同组动作的多次重复来实现的,大学生在训练中经过不断重复动作来强化运动的条件反射。

（二）循环训练法

所谓循环训练法,具体是指根据训练的具体任务,把按预先设计的多项活动内容设计成若干个站,让队员带有一定顺序一站一站地进行练习,运用循环练习的方式周而复始循环往复地进行练习的方法。该方法对初练者较为适宜。

1. 循环训练法的分类

根据不同训练之间的运动负荷特征,可以将循环训练法分为以下类型。

（1）循环重复训练法。在训练开始前,对各训练站点之间的具体间歇时间不做特殊的安排和规定,其目的在于使大学生的各项生理功能和器官得到全面的恢复,通常用于大学生提高竞技能力（体能素质和技术）的训练。

（2）循环间歇训练法。按照间歇训练法的要求对各个连续站的间歇时间作出特殊规定,目的在于使大学生机体在不完全恢复的状况下进行下次练习,通常用于发展大学生的体能、技术、战术以及上述内容的综合训练。

（3）循环持续训练法。根据训练要求,在训练中各个训练站点之间不安排间歇时间,用较长时间进行连续练习。该法在竞技运动训练中的应用广泛。

2. 循环训练法的作用

大学生采用循环训练法开展体能训练,有三个优点和作用,首先,循环训练法可消除枯燥感,机体肌肉的局部负担不重,不易疲劳,能调动大学生的积极性;其次,循环训练法有利于增强大学生的肌力、增强心肺机能、发展身体素质;最后,循环训练法可因人而异地区别对待和解决负荷量问题,避免运动者过度紧张状况的出现。

3. 循环训练法的应用

（1）训练应突出重点,因人而异地确定循环训练的负荷,如赛前训练要以套路训练为主,以基本功和基本动作训练为辅,而素质训练只能因人而异,同时要防止局部疲劳积累而产生劳损。

（2）训练应根据阶段训练任务的变更及时进行调整或变换。

（3）一般的，开始时先练一个循环，过 2～3 周再增加一个循环，逐渐增加到 3～4 个循环，但最多不得超过 5 个循环。一次循环中应包括 6～14 个不同的练习，每个练习间歇为 45～60 秒钟，每个循环间歇为 2～3 分钟。

（三）间歇训练法

所谓间歇训练，具体是指重复练习之间按严格规定的间歇时间休息后再进行练习的方法。训练中练习间歇时间的长短，取决于训练的目的、训练的强度、大学生的训练水平和身体状况。间歇训练法由五个基本要素构成，主要包括每次练习的数量、每次练习的负荷强度、重复次数（组）、间歇时间和休息方式。

1. 间歇训练法的分类

结合运动负荷及训练目的，间歇训练法具体可分为以下几类。

（1）高强性间歇训练法。该方法适用于体能主导类速度性和耐力性运动项群的素质、技术及技能主导类对抗性运动项群中的攻防训练，有助于发展大学生的糖酵解供能系统供能能力、磷酸盐与糖酵解供能混合代谢系统供能能力。

（2）强化性间歇训练法。通过强化大学生间歇来控制训练，在运动训练实践中，一切需要通过混合系统供能能力一级良好心脏功能的竞技运动项目的技术训练、战术训练及素质训练都可采用该训练方法。

（3）发展性间歇训练法。该方法通常用于减少人数且比赛时间分解成阶段性的连续攻防训练。此外，表现难类性运动项群中的各种低强度的技术动作也同样适用该训练方法。

2. 间歇训练法的作用

间歇训练法的作用主要表现在两个方面。一方面间歇训练法能有效地提高呼吸机能，提高机体糖酵解能力和耐乳酸能力，另一方面间歇训练法在练习期间及中间间歇期间均能使大学生的心率保持在最佳范围之内，有助于改善大学生的心泵功能。

3. 间歇训练法的应用

（1）根据超量负荷的原理，训练中可提高每次练习的强度，增加练习的重复次数和调整间歇时间。在规定间歇时间上必须做到科学、合理，训练负荷要符合运动者承受负荷的能力，过大或过小都不利于良好训练效果的实现。

（2）大学生必须在机体尚未完全恢复时就进行下一次练习。

（四）变换训练法

所谓变换训练法，具体是指有目的地变换练习负荷、动作组合，以及变换练习环境、条件等情况进行训练的方法。可分为连续变换与间歇变换两大类。

1. 变换训练法的分类

（1）内容变换训练法。技能主导类运动项群是内容变换训练法应用的主要对象，具体来说，变换训练训练内容的合理安排可使大学生的不同运动素质、运动技能得到系统训练和协调发展。

（2）形式变换训练法。形式变换训练方法的训练要求主要体现在大学生在训练场地、线路、落点和方位等条件或环境的变换上。

（3）负荷变换训练法。负荷变换训练方法适用于多种练习，如体能训练、技战术训练等。由于负荷强度与负荷量的变化具有不同的搭配形式，所以负荷变换的训练方式是具有多样性。负荷变换训练方法的作用主要体现在两个方面：第一，能降低负荷强度，对学习和掌握运动技术能够起到有效的促进作用；第二，有利于负荷强度及密度的提高，使机体适应比赛的需要。

2. 变换训练法的作用

在大学生体能训练实践中，如果训练的动作组合、动作形式、运动量、环境条件等变化了，对机体的影响也必然随之而变化，可使机体产生各种适应性变化，改善大学生中枢神经系统的协调性和机体调节的灵活性，从而提高承受专项比赛时不同运动负荷的能力。具体来说，变换训练训练内容的合理安排可使大学生的不同运动素质、运动技能得到系统训练和协调发展，从而使之具有更接近实际比赛需要的多种运动能力和实际应用的应变能力。

3. 变换训练法的应用

变换训练法对大学生的身体素质要求较高，一般来说，变换训练法用于项目技术训练时，主要是改进、提高和巩固技术。

（五）比赛训练法

所谓比赛训练法，具体是指组织竞争性的、有胜负结果的、以最大强度完成练习的训练方法。比赛训练能有效提高大学生的专项体能水平。

1. 比赛训练法的分类

根据比赛性质，可将比赛训练法分为教学比赛、检查性比赛、适应性比赛等。

（1）教学性比赛。在体育运动教学中，在体育教学规律或原理的指导下，以训练条件为基础通过组织专项比赛的基本或部分规则，进行训练的方法即为教学性比赛法。

（2）模拟性比赛。模拟性比赛训练是最近接比赛实践的一种比赛训练方法，主要是通过对真实比赛环境（包括对手状况、教练员、场地环境、观众情况等）的模拟，营造真实的比赛环境，使大学生严格按照比赛规则进行比赛训练。一般来说，技能主导类对抗性的运动项群中，模拟性比赛训练方法被经常采用。

（3）检查性比赛。在模拟或真实的比赛条件下，对大学生的比赛严格要求，训练的重点在于检验大学生在赛前训练的训练质量。该训练方法主要用于重大比赛前，适用于各种训练内容，对大学生在赛前的体能素质、运动技术水平、比赛承受能力以及专项运动成绩水平进行检查。

（4）适应性比赛。适应性比赛训练的比赛环境是真实的，是在正式比赛的环境下进行的。目的在于使大学生尽快适应重大比赛环境。例如，在重大比赛前组织的邀请、访问赛、对抗赛、表演赛等均属于适应性比赛。

2. 比赛训练法的作用

比赛训练法具有重要的作用，具体表现在两个方面，一方面，它能结合实战提高大学生的技术、战术、身体训练水平和心理素质;另一方面,它能调动大学生训练和比赛积极性的有效手段,它可以激发大学生的斗志,促进大学生积极向上、克服困难,从而创造优异成绩。

(六)完整训练法

所谓完整训练法,具体指的是训练的过程从开始到结束完整进行训练的方法。完整训练法适用的范围很广,具体应用如下。

(1)在运动训练中,对于单一动作的练习建议使用完整训练法,不至于破坏单一动作各个动作细节之间的逻辑关系和动作关联,训练中要逐步提高运动负荷,以促进动作技术的不断提高。

(2)组合动作的训练。组合动作的完整训练关键在于有助于大学生掌握多个动作之间的串联和衔接,但需要在大学生熟悉单个动作的基础上进行。

(3)个人成套动作的训练。在完成单个动作训练、组合动作训练的基础上进行,同时结合训练目的合理安排运动负荷。

(4)集体配合动作的训练。通常用于技战术的配合训练,训练中要将技战术的最终效果作为训练效果的评价标准,以使大学生将技战术有效、灵活使用。

(七)分解训练法

分解训练法,它是与完整训练法相对应的训练方法,具体是指在运动训练中,将技术动作或战术配合分解成几个具有独立性的完整的小环节,使大学生逐一完成并掌握这几个环节,在此基础上完成对运动训练的全部训练任务。分解训练法对大学生加强主要技术动作的训练、大学生之间的战术配合的掌握等具有良好的训练效果,有助于大学生在训练过程中集中精力完成专门训练任务。

实践证明,分解训练法通常适用于动作技术比较复杂的训练过程,以及战术配合比较复杂的训练环境,要求大学生应熟悉掌握每一个技术或战术细节,因此需要将整个训练对象分解开来,进行较为细致的、专门的训练。

(八)模拟训练法

模拟训练是用一种模型去模拟另一系统,并借助模型,通过训练实践进行方案比较的一种"逐次逼近"最佳化的训练方法。模拟训练法主要适用于赛前训练。

(九)持续训练法

训练实践表明,持续训练法对负荷强度低且细腻的技术动作的完善十分有益。持续训练法的优点在于以下两个方面:一方面可以通过长时间低负荷的刺激使大学生产生稳定的机体适应,有助于机体各器官及系统的适应性变化;另一方面,可有效提高大学生的有氧代谢系统供能能力,为大学生的无氧代谢能力及无氧工作强度的提高奠定良好的基础。

根据训练持续时间,持续训练法主要应用如下。

(1)短时间持续训练法。适用于体能主导类项目的运动素质训练,技能主导类运动项群的体能及技战术训练。

(2)中时间持续训练法。具有两种形式:第一,变速持续训练。对大学生的运动强度要求比较高,在训练中重视负荷强度和运动速度的变化,运动过程持续进行,人体能量消耗相对较大。

第二,匀速持续训练。其主要特点包括运动强度低,负荷强度变化较小,运动速度均匀,运动过程持续,练习动作稳定,大学生的能量消耗较小。

(3)长时间持续训练法。适用于体能主导类耐力性运动项群的训练十分有效,有显著作用。长时间持续训练方法在实践中有三种典型的变化形式:第一,法特莱克训练;第二,变速持续训练;第三,匀速持续训练。

(十)综合训练法

所谓综合训练法,具体是指把重复训练、循环训练、变换训练等各种训练法结合起来运用,或者在一组训练中安排各种技术训练、灵敏训练、力量训练等多种内容的训练方法。

在大学生一般体能训练及专项体能训练实践中,以上的各种训练方法并不是单一的存在和使用的,因此需要通过综合训练来灵活地调节大学生的训练负荷与休息,使其更圆满地达到训练要求,从而有效地发展大学生的运动素质,提高其运动技术水平。

随着现代科学技术的进步,运动训练方法从理论到实践不断推陈出新、日新月异。目前,改变传统经验的训练法已经受到了社会各界有识之士的重视,借助新的科学理论(如系统论、控制论、信息论等),运用新的模式的训练方法正在不断被尝试和创新。

当前,随着竞技体育运动的发展和科学技术的不断进步以及人们认知的提升,训练方法正在向着多样化的方向发展,训练方法日益多样化得益于大学生和教练员在体能训练方面积累了丰富的经验,因此他们总结了多种多样的训练方法来指导体能训练。现代体育发展和提高大学生的体能,以"速度"和"力量"为核心,更加注重实效性和技术完善。传统训练方法在运动训练中得到了保存,同时电刺激法、计算机训练法等新的训练方法因高科技手段的引进在体能训练中得到了应用,新的训练方法与传统的训练方法相结合,使得体能训练更加科学、有效。

(十一)高频重复训练法

高频重复性训练是指大学生在规定的时间内高速度重复具体动作的训练。如果说高速度训练是提高大学生速度素质的一般训练的话,那么高频重复性训练是针对提高具体动作的速度训练,

高频重复性训练要求教练员规定具体动作训练时间,要求大学生以重复速率的提高为标准提高大学生的具体动作的运动速度。重复性训练并不是对质量没有严格要求,而是强调每次重复都应该使大学生在原有的基础上通过对动作技术和对运动路线的熟悉,最终达到高质量自动化完成。

(十二)核心稳定训练法

核心稳定训练法是一种新型的体能运动训练方法,其发展与功能性训练具有一定的相似性。在20世纪90年代初,主要应用于康复训练和健身之中,之后逐渐被应用于竞技体育领域。

对于想提高运动水平和提高专项体能训练水平的大学生来讲,核心稳定训练法较为适用。具体来说,该方法有不同的训练阶段安排,具体如下。

1. 初级训练阶段

核心稳定性训练的初级阶段,在第一周主要针对大学生的肌肉力量和稳定性进行练习;第二

周主要针对大学生的肌肉耐力和控制性进行练习;第三、四周则是对前两周的基础训练进行相应的综合性练习,使得大学生的综合素质得到相应的提升。

2. 中级训练阶段

中级训练阶段是核心稳定训练的适应阶段,这一阶段是为更高级的训练打下基础的阶段。在中级训练阶段,第一周的训练主要是对大学生的肌肉力量稳定性和稳定控制能力的训练;第二周的训练主要是针对大学生的肌肉耐力和稳定控制能力进行的训练;第三、四周的训练是对前两周训练的综合、提高,最终使得大学生的肌肉力量和控制能力得到相应的提升。

3. 高级训练阶段

高级阶段是核心稳定性训练的强化阶段,这一阶段是在上两个阶段的基础上,对综合器械进行的训练,以进一步提高大学生的综合素质。本阶段的训练具有一定的针对性,根据大学生的特点展开训练,女大学生动作难度可适度减小。

对于大学生来讲,合理运用核心稳定训练,不仅要合理划分和安排不同训练阶段的任务及内容,还需要指出的是,核心稳定性训练需要制定更为科学、严密的训练计划,同时也应长期坚持,这样才能够保证训练效果的实现。在训练过程中,应根据大学生的实际情况来制定相应的训练计划。应在对核心稳定性训练有充分了解的基础上,更加广泛地应用核心稳定性训练理论。在核心稳定性训练过程中,应结合不同体育运动项目的专项训练特点,提升训练的质量。

(十三)表象训练法

所谓表象训练,又被"念动训练",或是回忆训练、想象训练等,是在动作技术和知识的学习过程中较常采用的一种方法。表象训练法是训练者在相应的训练暗示语的指导下,有计划地在头脑中再现相应的运动表象、运动场景以及运动情绪等方面的内容,以更好地促进相应的动作技术的掌握,提高其运动水平和比赛成绩的过程。通过运用表象训练法,能够使得训练者更好地记忆相应的技术动作,并且更易于形成正确的动力定型,对技术动作的学习和训练具有积极的促进作用。因此,在运动训练中,应合理运用这一训练方法。

1. 表象训练的作用

表象训练是促进相应的知识和运动技能更好地掌握的一种重要的心理学训练方法。表象训练强调训练者的自我表象,让训练者通过在大脑中进行回忆、完善,从而对其行为产生一定影响。对于大学生而言,表象训练的作用主要体现在以下几方面。

(1)有助于动作掌握和运动技能的形成

大学生的一般体能运动训练中,运动技能的形成有多种方式和环节,而运动表象训练法是其一项重要的训练方法。如果大学生没有很好地掌握这一训练和学习的方法,则对于其运动技能的形成会产生一定的不利影响。在运动训练实践中,很多大学生在初始学习和训练阶段,往往能够掌握相应的技术动作,但是当其单独进行训练时,则往往会出现遗忘和动作不连贯的现象。在运动训练过程中,如果大学生能够更好地发挥和运用表象训练法的作用,其在新技术动作的学习过程中,通过对各项技术动作进行回忆和思考,在头脑中形成清晰的动作表象,在此基础上再进行相应的动作技术训练,这将更加有助于动作的掌握和运动技能的培养。

（2）有利于纠正大学生的错误技术动作

大学生在掌握了相应的技术动作之后，并且建立的相应的动作技术的表象，可通过对表象的自我感知来发现自身所掌握的动作技术的不标准和错误之处，这对于错误动作的纠正具有重要的意义。训练过程中，教练员应引导大学生通过观看和思考来记忆相应的技术动作。大学生在进行训练时，可通过观察其他人的练习纠正自己容易做错的技术动作。大学生在学习完一段动作技术时，可以采用表象训练法，通过报出相应的动作技术的名称，而后大学生在头脑中进行技术动作的回忆，并对各个技术动作之间的顺序、路线和方向等进行更进一步的熟悉和掌握。

应该认识到，在运动训练过程中，思维和动作之间是密切联系的，而思维则与人的记忆有着千丝万缕的联系。通过表象训练能够使得动作与记忆、思维之间建立相应的联系，有助于启发学生的思维，进而提高训练质量。

（3）有利于运动训练水平的良好发挥

运动比赛对大学生的心理、注意力以及情绪等方面具有较高的要求。而表象训练方法对于运动者心理、情绪以及注意力等方面均具有一定的控制和改变作用，从而使得其在运动比赛过程中能够以更加积极的心理状态来进行比赛，从而有利于运动水平的发挥。

总的来说，表象训练可以帮助大学生更好地获得相应的运动技能和相应的知识等，帮助其巩固对相应的动作的记忆和改善，促进动力定型的最终形成。

2. 表象训练的应用

在运用运动表象法进行训练时，首先教练员对相应的动作技术进行讲解示范；其次，大学生根据讲解对技术动作进行首次学习，即为动作的表象，并在动作表象之后，进行动作的练习；第三，进行第二次动作表象，并进行第二次练习；第四，教师和教练员根据大学生的动作表现来纠正其动作的错误之处；第五，大学生进行正确动作的练习；最后，大学生对自身的学习进行回顾，对所学内容进行念动回顾，增加对所学技术动作的印象。

具体来说，大学生体能运动训练中，合理运用表象训练应注意以下几点。

（1）视觉表象要准确

视觉表象是动作技术的表象形式的前提，在动作技术的初学阶段，只有让大学生建立正确的视觉表象，大学生才能够将其在外界接收到的各种信息转化为身体运动的各方面信息。大学生根据相应的动作分析和动作示范，借助于相应的感官，将各种信息转化为身体运动的信息，并结合动作技术训练的实际情况，来进行相应的动作训练。教练员在组织大学生进行动作技术训练时，一定要对各项动作技术进行详细的分析和讲解，保证新来者所掌握的技术动作的正确性。在初始学习和训练过程中，应注意动作示范的正确性和标准性，使得大学生能够形成正确的动视觉表象和正确的动作定型。

（2）语言诱导要及时、准确

研究表明，语言诱导能够帮助个体更好地完成连贯性动作。因此，在运动训练中应及时、准确的应用语言诱导。诱导性语言是对相应的技术动作的重点、动作衔接的相关知识进行的提示和引导，具有准确、清晰、生动、简练等方面的特点。在训练过程中，为了促进大学生对各项技术动作的学习和掌握，教练员应多运用一些暗示语，促进大学生对技术动作的掌握。

（3）时机把握要准确

不管是何种方法，都有其一定的适用条件，表象训练法也不例外。在运动训练过程中，运用表象训练法时应注意把握时机,确保方法运用时能够起到最佳的效果。在进行动作表象法进行训练时,首先应建立正确的动作表象,之后才能够对相应的动作表象进行回忆和排练。

(4)训练计划要适宜

运动训练过程中,为了更好地发挥训练表象训练法的作用,在制定相应的训练计划时,应科学开展、实事求是,制定适宜的训练计划。具体而言,训练计划要做到系统性、循序渐进性和针对性。

(十四)程序训练法

所谓程序训练法,具体是指在运动训练中侧重于通过对训练内容的系统性安排和强调训练过程的时序性,来科学控制运动训练过程的训练方法。在训练过程中,训练程序指的是将训练过程的时序性与训练内容的逻辑性融为一体的有序集合体,作为程序训练法的控制依据,其体现了大学生在训练过程中的不同时期、阶段中的具体训练内容间的关系,程序训练法要求大学生科学编制训练程序。

1. 程序训练法的构成

程序训练法有四种构件组成:一是训练程序;二是检查手段;三是评定标准;四是训练方法。与模式训练法相比,在检查手段、评定标准及训练手段等三大构件构件方面,程序训练法的组成特点、具体功能等内容都大同小异。这两种训练法在结构角度上最大的不同就是程序训练法的控制依据是训练程序,而模式训练法是以训练模型为控制依据。

2. 程序训练法的应用

(1)认真讲解。随着现代竞技体育运动的不断发展,运动训练方法也在不断创新,但无论如何创新,教练员都应在运动之初,就做到详细讲解、仔细分析,使大学生在训练开始就掌握正确的技术动作、训练方法、训练要点。在训练过程中,通过对这些方面的讲解,能够使得大学生树立正确的目标和方向,同时对各项技术动作的正确的用力情况,各种动作练习的感受等方面形成更加深入的了解。

(2)正确复习和回忆。大学生在技术动作正确的基础上,教练员再引导其进行技术动作的回忆,这样才能够使得该种训练方法起到良好的作用。对于复杂而不能很快掌握的技术动作,教师和教练员应耐心进行引导和讲解,循序渐进地开展训练活动,让大学生分清训练的重点、难点,对各种需要追忆的材料进行合理、科学分类整理,最终掌握各种形式的技术动作。

(3)科学训练、寻求创新。教练员组织开展训练时,还应向大学生充分阐述训练的目的、意义以及训练原理,使运动训练方法能在保证科学、合理、正确的基础上再寻求创新发展。

(十五)功能性训练法

功能性训练是一种为提高专项运动能力,通过加强核心力量并能使神经系统更加有效训练的方法。功能性训练包括了动作衔接的加速度、稳定性及减速等练习在内的多关节、整体性、多维度的动作。

1. 功能性训练的特点

(1)功能性训练是一种训练"动作"或"姿势"的控制力和精确性活动,强调多关节、多平面的训练。

（2）功能性训练强调全身动作的一体化和控制下的平衡性。其训练的核心是训练技术动作的整体性和神经肌肉系统的本体感觉。

（3）功能性训练同竞技比赛密切结合，同一般体能训练相比，它使训练更服从于比赛的需要，更有助于大学生专项竞技能力的提高。

（4）功能性训练中对静力姿态和动力链的效果评估，以及对阻力训练效率的结构设计等，可用于纠正代偿、功能障碍和核心稳定性。

2. 功能性训练的应用

功能性训练在确保大学生具备扎实的基础体能后，然后再为提高大学生的专项竞技运动能力设计专门的体能活动。功能性训练中有氧和无氧运动的强度、持续时间、频率应依据专项对其不同要求而确定；而阻力训练的运动形式、负荷和练习的时间都应取决于专项对大学生的需求。

（十六）体能康复训练法

1. 康复训练的理念与设计

体能康复训练结合了康复医学和体能训练的理论和方法，是近年来比较流行的关于体能训练的新理念与新方法。它可以让处在亚健康的大学生向着良好的状态过渡。

大学生长期从事运动训练，身体状况会发生一系列的不良变化，如由于肌肉力量的不均衡，容易造成大学生机体关节不稳或关节位置偏离，使关节受伤或使原有损伤加剧，而伤痛又会造成大学生的体能下降，导致恶性循环。如果不采取积极的措施进行治疗，后果将不堪设想，如游泳大学生由于长期划水而造成肩关节前后部肌肉力量和张力的不平衡，使得肩关节易发生运动损伤，如果单纯的采用医疗手段治疗伤痛部位而不去解决肩关节前后部肌肉力量和张力不平衡的问题，并不能达到最终排除伤病的目的，大学生很可能会因伤病的反复而影响正常训练。因此，为了提高大学生的健康和运动水平状态，康复性体能训练结合康复医疗就可以让大学生向最佳状态过渡。

体能康复训练要重视预防，以预防为主、康复治疗为辅。具体来说，不要等到大学生出现运动损伤后再进行被动的康复性体能训练，而应该时刻观察和检测大学生的身体状况，通过有针对性的功能练习去主动减少和避免损伤。体能康复训练包括运动康复和体能训练，具体内容如下。

（1）在大学生处于良好的身体状况下提高其身体素质和运动能力。

（2）当大学生出现伤病和运动机能下降时，通过检查、诊断、评估，将有关运动训练的功能性障碍找出来，并正确辨别、诊断大学生功能上的障碍和伤病问题，以便更好地进行下一步的体能训练。

（3）通过物理疗法和各种体能训练的手段和方法帮助大学生解除或减轻伤痛，恢复其机能状态、达到保持系统训练的目的，并把运动能力恢复过来。

2. 体能康复训练的方法

（1）避免加重伤痛训练

大学生体能训练中出现伤病，不可避免，当出现运动性伤病时，一定要注意避免加重原有的伤痛，否则就会严重影响大学生的持续性训练。例如，一个患有膑骨软骨病的大学生要发展股四头肌的力量时，选用开放性的动作（如负重踢腿）可能就会比闭合性的动作（负重下蹲）要痛。这样在进行体能训练时就必须根据大学生的伤痛而选用尽可能使其不痛或少痛的动作来练习。在具体的训练中,患有髌骨软骨病的大学生应当选择足固定位的闭链练习方式,踝关节应处于微外翻位以缓解髌骨轨迹异常引起的疼痛。另外,膝关节与脚趾应保持在一条垂直线上,以避免出现膝内扣的现象。

(2)肌肉力量训练

①助力运动。包括两种,徒手助力运动:不借助其他治疗器械,治疗者帮助病人进行的主动运动。悬吊助力运动:利用绳索、挂钩、滑轮等装置悬吊即将训练的肢体,以减轻肢体的自身重量,然后在水平面上进行主动运动。

②主动运动。肌力在3级或以上时,病人可进行主动运动。可悬挂肢体,或把肢体放在平板上,在水平面上运动,或在温水中运动,利用水的浮力消除部分肢体自身的重力,使运动易于完成。

③抗阻运动。当肌力3级以上时,进行抗阻运动训练,根据肌肉收缩类型分为等张抗阻运动、等长抗阻运动和等速抗阻运动。

(2)平衡训练和关节稳定性训练

平衡训练和关节稳定性练习有利于防止关节的扭伤,对防止运动性损伤具有重要的作用。由于关节稳定性主要取决于关节的本体感觉,关节的本体感觉在及时调节关节位置、防止拉伤中起到关键的作用,如一个在训练中发生踝关节韧带损伤的大学生,在以后的日常生活和训练中往往会出现习惯性的崴脚,这是由于本体感觉的反应能力降低的结果。而平衡训练和关节稳定性练习常采用一些不稳定的平面来锻炼和恢复本体感觉的能力,如健身球平衡板、记忆海绵垫、半圆形软球、半圆球和滑雪平衡板等,以此设计出各种难度的平衡训练方法。这些练习可有效地防止和治疗运动性损伤,另外,对提高大学生的身体能力也有一定的作用。

(3)拉伸训练

准备活动和整理活动是大学生进行体能训练前一个非常重要的步骤,而在准备和整理活动中一个不可缺少的内容就是拉伸练习。拉伸练习对促进大学生训练水平的发挥以及防止运动损伤都具有重要的作用。它是体能训练课的有机组成部分。

准备活动采用的是主动拉伸练习,预防肌肉或软组织在训练中拉伤。训练后采用被动拉伸,放松训练中疲劳僵硬的肌肉,加速肌肉代谢物的排出,有利于大学生尽快恢复体能。[①]

第二节　大学生体能训练的基本任务与手段

一、大学生体能训练的任务

现代体能训练的任务可以大致归纳为三个方面,即改善身体结构、提高生理机能、发展身体素质,具体如下。

(一)改善身体形态结构

该类训练任务的主要对象为一些面对体重过轻、对抗能力不足等问题的大学生,可通过加强

---

① 邓运龙,张海忠. 论现代体能训练新理念新方法. 军事体育进修学院学报,2009(4)

力量素质训练、调整饮食结构等来增加体重,改善身体形态。

（二）提高生理机能

众所周知,机体的生理机能是运动能力的基础,任何一项运动能力都是由某一系统的机能所决定的,如力量的大小既取决于肌纤维的收缩能力,又取决于神经系统的协调能力。因此,在进行体能训练时,就要全面地提高人体各器官系统的生理机能,以促进运动能力的发展和提高。

（三）发展综合素质

身体素质是现代体育运动的基础,没有良好的身体素质,再好的技战术也难以在比赛中得到有效的发挥。

二、大学生体能训练的手段

根据不同的划分标准,可以对现代体能训练的手段进行不同的分类。

（1）以其与专项成绩的密切程度为主要依据,可以将体能训练的手段分为一般体能训练的手段和专项体能训练的手段。

（2）以其所要完成的训练任务为主要依据,可以将体能训练手段分为改善身体形态的训练手段、提高生理机能的训练手段和身体素质训练手段等。

（3）以训练所凭借的内容属性为主要依据,可以将体能训练的手段分为身体练习性手段、环境刺激训练手段以及融合物理学、营养学、生物化学等学科的综合训练手段。

现阶段,大学生体能训练的基本手段如图 3-1 所示。

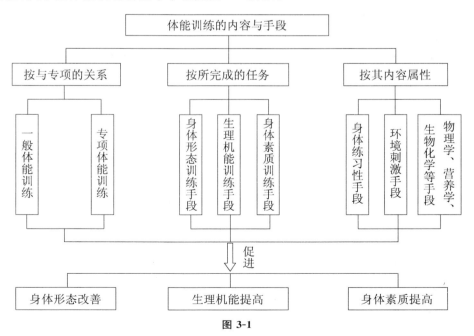

图 3-1

第三节 大学生体能训练的基本过程

体能训练的过程是依据身体变化规律,让大学生体能由现实状态向目标状态转移的过程。按照运动训练的周期性变化的一般规律,可将大学生从开始训练到退役的整个体能训练过程视为由若干阶段过程串起来的完整过程,如多年训练过程、年度训练过程、阶段训练过程以及周训练过程等。每个阶段的内容都包括大学生(或运动队)现状诊断、确定训练目标、制定训练计划、实施训练计划、检查评定等基本内容(图 3-2)。

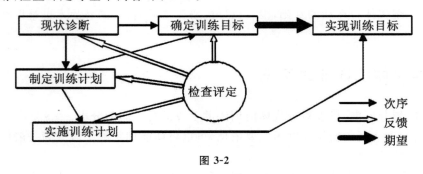

图 3-2

一、大学生体能现状诊断

(一)现状诊断的必要性

大学生的现实状态是运动训练过程的出发点,是有效组织运动训练过程的基本依据之一。对于大学生现实状态的诊断是非常重要的,它可以对大学生的身体状况有一个大体的了解,对于下一步体能训练计划的制定有着较大的帮助。大学生体能的现实状态诊断内容主要包括身体形态、机能、身体素质以及大学生身体对负荷的承受能力等方面。

(二)诊断方法

通常情况下,对大学生体能现实状态的诊断,通常需要通过对大学生进行身体检查、体能测试以及训练监控等途径获得其体能现状的全面信息,并对其进行全面分析和判断才能完成。需要注意的是,要严格按照运动项目的特点来将大学生体能的测试和训练监控的内容确定下来。

此外,也可采用问卷调查的形式或个别交谈的形式,调查内容主要包括:询问有无病史及健康状况、了解运动史、了解体能训练的目的和了解其社会环境条件等。

(1)了解有无病史及健康状况。了解有无病史及健康状况的具体内容应包括:既往有无病史,家族病史,学生年龄、性别、身高、体重,目前的健康状况,对女生要了解其月经史等状况。

(2)了解运动史。主要包括:了解学生的运动经历、运动爱好和特长,目前体能情况(是否经常参加训练、重要运动项目、运动量、运动时间、运动中后期的身体反应等),在运动中是否发生过不适或运动损伤等。

(3)了解参加体能训练的目的。应了解学生参加体能训练的明确目的及通过训练提高体能的期望等。

（4）了解社会环境条件。对学生社会环境条件的了解，主要是了解参加体能训练学生的家庭生活条件（营养、住房和学校距离），街道的体育设施条件和学校可利用来训练的运动设施及条件、有无体能训练的同伴及指导等。

（三）诊断要求

（1）及时性要求学生体能的现实状态是在不断发展变化的，诊断必须在训练全过程各个训练阶段的开始、进行、结束等关键时刻进行。以便于对训练计划及其实施情况做出准确的判断与评价。

（2）有效性要求诊断的有效性主要是指所选择的指标要能反映所检测的内容和任务，长跑训练主要选择反映心肺功能的有氧代谢的指标，而短跑训练则应选择无氧代谢功能的指标。

（3）客观性要求诊断的客观性是提高诊断信度的重要保证。在诊断中必须排除主观因素，以客观真实的表现为依据进行评价。

（4）可靠性要求可靠性主要指测量评定的精确性，主要取决于测试手段、工具、测定条件的精确度和一致性。

总之，诊断的结果一定要及时运用于训练之中，并据此发现和调整训练中存在的问题。

二、确定体能训练的目标

（一）训练目标确定的必要性

在制定体能训练的目标时，确保目标的完整性是非常重要且必要的。大学生进行体能训练一定要有一个切实可行的训练目标，训练目标向训练参与者描绘出了一个运动训练过程的目标状态，全部训练活动都要围绕这一终极目标来进行。这一终极目标的确定，使得训练过程的每一个环节、每一次训练活动都围绕着目标状态的实现而全面展开，从而为在训练过程中训练计划和比赛计划的制定与实施提供了依据。

此外，对训练目标的确定对于训练活动主体的责任感和进取精神的激发也起到积极的推动作用。

（二）训练目标的层次划分

一个完整的体能训练目标最大的特点就是具有多层次性，属于一个多层次性的系统。这个系统应包括整个训练过程体能发展的最终目标和各阶段训练目标；身体形态、生理机能以及身体素质等各项目标，还包括达到目标状态身体承受运动负荷的能力目标等。

三、训练计划的制定和实施

体能训练计划的制定是根据体能的现状诊断和确定的体能训练的目标，并根据体能发展的内在规律，制定的保证大学生体能由现实状态向目标状态有效转移的理论上的行动方案。运动训练计划的制定与实施，是运动训练过程的中心环节，贯穿于教练员与大学生的全部训练实践活动之中。

通常情况下，体能训练计划中主要包括以下几个方面的内容。

(1)大学生体能状态的初步诊断。

(2)体能训练的目标。

(3)体能训练的阶段及任务。

(4)实现体能目标的对策。

(5)规划体能训练负荷的动态变化趋势。

(6)体能训练的具体方法和手段。

(7)体能训练的负荷要求。

(8)评价体能训练效果的方式、时间及标准等。

以时间跨度为主要依据,可以将体能训练计划分为多年计划、年度计划、阶段计划、周计划、课计划等。下面就对这些具体训练计划的确定与实施进行详细介绍。

(一)多年训练计划

1.多年体能训练计划的内容

多年体能训练计划是学生多年训练过程的总体规划。由于多年训练时间跨度从两年到十几年不等,因此计划只是宏观的、战略的,计划内容也只能是框架式的。在制定多年训练计划时,不仅要准确地估计学生的个人特点、年龄、身体发育、道德品质,考虑学生的运动成绩和竞技能力水平,确定学生的特长及发展目标,还要清楚学生训练水平方面的弱点和努力方向,并根据学生训练达到的水平,确定每年提高运动成绩的幅度、竞技能力及身体训练水平的指标;根据主要目的,确定每年训练的主要任务和手段。其任务和手段必须以全面的身体训练原则为出发点,广泛采用促进机体良好生长发育和保证全面身体发展的练习手段。在计划中要将主要任务和手段按年度分配,并定出年训练量、训练时数、身体训练与技术训练比例等等,逐年加大训练的量和强度,逐年提高对学生的身体机能水平的要求。

实践证明,学生只有通过多年训练逐步具备了良好的身体能力,掌握了运动专项的完善技术,才能在比赛中创造优异成绩。一般来说,多年训练计划的主要内容,分为准备性部分(学生基础情况分析、训练目标的确定)和指导性部分(阶段划分、各阶段任务、训练内容安排、训练指标确定)。

多年训练计划各阶段的一般身体训练、专项身体训练和技术训练的比例,主要取决于学生的训练水平。因为随着学生训练水平的提高,一般身体素质与专项成绩的相关性也随之降低,而专项身体训练和技术训练的比例随之提高(表 3-1)。

表 3-1　各阶段身体训练和技术训练的比例

比例 阶段 训练内容	一般身体训练	专项身体训练	技术训练
基础训练阶段	60%	20%	20%
初级训练阶段	40%	30%	30%
专项训练阶段	30%	35%	35%
高级训练阶段	20%	40%	40%

2. 多年训练计划的目标

训练目标是为了掌握训练全过程发展而专门设计的理想模式,是制定多年训练计划任务和评定训练效果的主要依据。训练目标是一个多层次、多指标、多阶段的系统。一个完整的训练目标一般包括专项训练的总目标、各阶段的专项成绩目标和与专项相关的竞技能力目标。

确定多年训练总目标时,应综合考素项目特点、竞赛任务和分析学生现实状态、竞技潜力、未来所能提供的训练条件等因素。也可以采用一些数理统计方法建立训练目标的预测公式进行预测。

3. 多年训练计划的任务

以《全国田径教学训练大纲》多年训练阶段为例。

初级训练阶段的主要任务是进一步全面发展各专项身体素质,发展并提高专项素质,在继续从事多项训练的基础上,进行初期的专项训练,掌握合理的专项技术,提高专项训练水平。

专项训练阶段的主要任务是继续加强全面身体训练,进一步提高专项素质,巩固和完善专项技术,提高专项技能和训练水平,通过比赛提高适应能力及心理素质,学习专项理论知识。

高级训练阶段的主要任务是强化各项身体素质、专项素质和专项能力,进一步完善完整技术,充分挖掘潜力,较多地参加国内外各级比赛以保持高水平的运动成绩。其他专项的阶段划分和各阶段的任务可根据项目的特点和要求进行各阶段划分和各阶段任务的制定。

4. 多年训练各阶段的训练指标

多年训练的各个阶段都应提出相应的训练指标,即各阶段的运动成绩指标和竞技能力指标,并作为评价训练状态的依据。各阶段训练指标是以整个训练过程最终的运动成绩指标和竞技能力指标为依据,并结合不同阶段的训练任务而制定的。

在多年训练计划安排中,要科学地掌握学生竞技状态的发展变化规律,系统地安排各阶段训练指标,使竞技状态高峰在高级训练阶段出现。因此,各阶段训练指标应采用开始幅度较小的渐进式提高,到专项训练阶段时,训练指标提高加快,出现成绩的突变式上升,在高级训练阶段达到最高水平。

5. 多年训练计划的记录

多年排球训练计划可以用表格方式列出或用文字阐述。制定多年排球训练计划要明确目的和任务,步骤与时间安排要适当,各项训练指标、测验手段、负荷安排要科学合理,应尽可能用数据或百分比标明。

(二)年度训练计划

年度训练计划是组织运动训练过程的最主要的计划,起着承上启下的作用,结构是由气候、环境和体能发展的阶段性所决定的。年度计划一般适用于学校教育中的体能训练。体能训练也结合有测试,体能测试可以结合体育课,一般以学期为单位,在学期末安排考试或测试,在寒暑假也可以根据阶段任务安排训练内容。此外学生的基本情况及其训练水平以及考虑训练场地、器材等客观条件等是确定年度训练计划的确定的主要依据。

1. 年度训练计划制定的依据

为了保证训练计划制定的科学性和有效性,在制定计划时,必须依据以下几点。

训练目标:为了实现学生由起始状态向目标状态的转移这一运动训练的根本任务,要选择最适宜的训练方案,来实现本年度的训练目标。

起始状态:学生训练的起始状态是运动训练过程的出发点,要根据学生上一年度的基本情况及其训练指标的现有水平来制定本年度的训练计划。

2. 年度训练计划的分类及时期划分

一般来说,年度训练计划主要有以下 3 种类型。

(1)以全年为一个大训练周期的单周期训练计划,包括准备期、竞赛期和过渡期。

(2)全年分为两个大训练周期的双周期训练计划,包括两个准备期、两个比赛期和一个过渡期。

(3)在全年中设有多次比赛的年训练计划,在两次比赛的间歇期,应进行保持训练水平的训练或安排积极性休息。

3. 年度训练计划各阶段内容

目前,根据我国体育教育特点,可将年度训练计划分为三个时期,即秋冬时期、春夏时期和两个假期。具体的实施内容如下所述。

(1)春夏时期(3 月—7 月)的训练实施

春夏时期是测试的集中期,在测试中达到最好水平是这一时期的主要任务。因此,这就要求这一阶段要以发展专项身体训练水平为主,完善专项技术,多进行完整专项技术练习,同时要培养锻炼者的战术思维能力,提高其比赛能力和自信心,形成最佳的竞技状态,在测试中创造好成绩。此阶段的负荷总量要稳定,负荷强度增加并达到最高点且保持稳定。为了保持最佳竞技状态,训练的量和强度还可以根据测试的需要进行适当的调整。

(2)秋冬时期(9 月—下年的 1 月)的训练实施

提高一般身体训练水平,进一步发展力量和其他身体素质,改进技术,是这一时期的主要任务。在安排训练时,还应根据南北方的不同特点,科学筹划,合理安排。例如,北方的气温太低已经不适合进行大强度的测试,应进行一些有氧运动,发展综合运动素质,促进锻炼者体能积累和提高。在技术训练上应注重基本技术的训练同时改进明显的技术缺陷。南方可以根据自身的地理及气候条件在此期间进行一次测试,使教练和学生双方在进入到后期的体能训练前有全面的了解,更好的制定训练计划。

此时期的负荷应以大运动量练习为主,各种练习要数量多、范围大,但强度较低。如果学校在此期间安排测试,在测试前应适当加大负荷强度,测试结束后再进行身体训练。

(3)假期的训练实施

假期的训练主要包括两个部分,一个是暑假,一个是寒假,两者的具体训练实施有着较大的不同之处。

暑假时期(8 月—9 月)的训练实施:由于前段时间测试比较集中,身心上都比较疲劳,因此此时期的任务是使锻炼者的身心从测试的压力中恢复过来,消除身心的疲劳。此时期的训练应以积极性休息为主,如慢跑、游泳、娱乐游戏。尽可能减少专项身体训练,使身体充分恢复以便进入到新的训练。

寒假时期(1月—2月)的训练实施:寒假阶段的任务是为进行测试做好充分准备。训练内容中逐渐加大专项素质和技、战术的训练,加大心理训练成分,让锻炼者在此期间做好测试的心理准备。负荷安排是逐渐减少一般身体训练的负荷量,加大专项训练的负荷量和强度。

(三)阶段训练计划

阶段计划通常是由数周至数月组成,也被称之为中周期。它由若干个同一目的的小周期组成,同时又是构成大周期的基本单位。因此,年度训练计划实际上已对阶段训练的任务、时间跨度、负荷水平等有了基本安排。在具体制定阶段训练计划时,很重要的一点是根据项目的特点和该阶段的主要训练任务,确定小周期之间的序列和节奏。

1. 阶段训练计划负荷安排

在大学生体能训练实践中,不同训练水平、不同项目的训练者,在阶段训练安排中负荷的变化是不统一的,阶段训练计划中负荷的具体安排如图 3-3 所示。

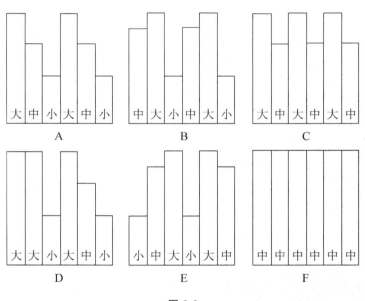

图 3-3

图 3-3 中 A、B 两种组合实际上是前后两个小阶段的重复,C、D 两种组合的特点为前半段负荷大于后半段,适合强化训练。E 虽然总负荷与前三种相等,但变化节奏不同,由小负荷递增是其主要特点,因此对于需承受大运动负荷的训练较为适用。F 则为负荷不变,实际上是通过负荷量与强度的对比关系和小周期内的负荷节奏来调整。

2. 阶段训练各阶段训练特点

大学生专项体能训练中,阶段训练计划的实施主要分为引导阶段、一般准备阶段、专门准备阶段、赛前准备阶段和比赛阶段的训练。每个阶段的目的和特点都有一定的差异性,具体如下。

（1）引导阶段：指主要用于过渡期以后的年度训练之初。其特点是训练量和强度逐渐上升。持续时间为2～3周。

（2）一般准备阶段：目的是努力提高机体机能的总体水平，全面发展身体素质和运动技能。持续时间为4～8周。

（3）专门准备阶段：目的是提高专项训练水平和改进专项技术，提高训练强度。持续时间为4～8周。

（4）赛前准备阶段：是准备阶段与比赛阶段之间的过渡。其目的是提高竞技状态。持续时间为3～6周。

（5）比赛阶段：是在主要比赛期间的一种训练形式。它包括为比赛打基础的小周期、直接参加比赛的小周期和恢复训练的小周期等。其目的是巩固最佳竞技状态和力争创造优异成绩。比赛阶段小周期的数量和持续时间取决于竞赛日程和比赛规模。比赛阶段又包括早期比赛阶段、主要比赛阶段和获得最佳竞技状态阶段。

（6）恢复阶段：组织运动员积极休息，为新的周期训练作好准备，训练课的次数和时间相对减少，注意发展一般素质与专项素质的训练。

（四）周训练计划

由数次训练课组成的，它是训练过程中相对完整而又经常重复的单位，就是所谓的周计划。周计划对于学校体育教学训练较为适用。课余训练时期和假期训练时期以及短期训练的训练任务、运动量、强度等要求是确定周训练计划的主要依据。

1. 周训练计划制定的依据和任务

周训练计划的制定主要依据年度训练计划中的训练时期和训练阶段所规定的任务、负荷等的要求，以及实现训练目标的需要和不同负荷后机体的反应和恢复状况。

周训练计划制定的任务，依据训练基本训练周训练、赛前诱导周训练、比赛周训练和恢复周训练的周训练类型各有不同。各训练期的主要任务如下。

（1）基本训练周训练的主要任务是通过改变负荷引起新的生物适应现象，提高运动员的竞技能力。基本训练周训练可以分为加量周训练和加强度周训练，在大学生全年训练中采用最多的周训练的类型是基本训练周训练。

（2）赛前诱导周训练的主要任务是使运动训练员的机体适应比赛的要求，把训练过程中所获得的竞技能力集中到专项上去。赛前诱导周训练主要用于比赛前的专门训练准备。

（3）比赛周训练的主要任务是为运动训练员在各方面达到最佳竞技状态作准备，并进行最后的调整训练和参加比赛，力求创造优异成绩。比赛周训练一般以比赛日为训练周的最后一天，前数一个星期予以计算。

（4）恢复周训练的主要任务是通过降低运动负荷及采用各种恢复措施消除运动训练员生理上和心理上的疲劳，以求尽快地实现能量物质的再生，促进恢复。

周训练要在完成主要任务的同时考虑训练的系统性和各训练周之间的相互关系。周训练的不同内容及不同负荷要合理交替安排。

2. 不同训练周的类型

周训练计划在各类训练计划中起着"承上启下"的作用,是落实短期训练计划、全年训练计划和多年训练计划,以及规定各次训练课的任务、内容、方法的重要环节。人们把周训练作为组织训练活动极为重要的基本单位。周期学说中的小周期也基本上持续一周时间,但是,为了比周训练周期更为灵活,时间一般可在4~10天之间,或表示为7±3天。

周训练分为基本训练周训练、赛前诱导周训练、比赛周训练和恢复周训练四种基本类型(表3-2)。同时,为适应不同任务而制定的各种相应的周训练计划,表现出的负荷变化特点也有显著的不同。

表3-2　不同训练周型及其主要任务

周型	主要训练任务
基本训练周	通过负荷的改变引起新的生物适应现象,提高锻炼者的竞技能力
赛前诱导训练周	使锻炼者的机体适应比赛的要求和条件,把各种竞技能力集中到专项竞技中去
比赛周	为锻炼者在各方面培养理想的竞技状态做直接的准备和最后的调整,并参加比赛,力求实现预期的目标
恢复周	消除锻炼者生理上和心理上的疲劳,促进超量恢复的出现,准备投入新的训练

3. 周训练计划安排用表

周训练计划安排用表如表3-3所示。

表3-3　周训练计划安排

时间：　　年　月　日　至　　年　月　日			周次：	
训练阶段：			训练类型：	
主要任务：				
星期	任务	内容手段	负荷	恢复措施
周一				
周二				
周三				
周四				
周五				
小结：				

(五)课训练计划

周训练计划规定的各个课次的训练任务,以及当日锻炼者机能情况、场地器材、气候等实际情况是制定课时训练计划的重要依据。课计划的内容包括对锻炼者提出的完成练习内容、数量、质量的具体要求。

1. 训练课的类型

通常情况下,可以以课的基本任务为主要依据,将训练课分为两种类型,一种是单一训练课,一种是综合训练课,具体如下。

（1）单一训练课

一次训练课集中发展大学生的某一种能力,或集中时间和精力完成某一项训练任务,即是一堂单一的训练课。单一的训练课在准备期的训练中安排得较少。但在各个项目的训练中,有时都会组织一些发展本项主导因素的单一的训练课。如中长跑锻炼者的耐力课、跳高锻炼者的跳跃力量课、乒乓球锻炼者的基本技术课等。在比赛期的训练中,由于训练的目标更加集中,训练的课时缩短,课的训练负荷量相对减少,所以单一训练课的比例比准备期略多一些。

（2）综合训练课

综合地发展多种竞技能力的课程,就是所谓的综合训练课。但是,一堂综合课的训练任务,以选定2～3项训练内容较为适宜,过多则容易分散精力,不易取得满意的效果。

制定综合性训练课计划时,要注意合理安排训练任务和内容的顺序。凡是需要锻炼者精力充沛时才能完成好的训练任务,一般应安排在训练课的前半部分;而在一定疲劳或深度疲劳下仍然可以完成的训练任务,则可安排在训练课的后半部分进行。

2. 训练课的结构

不论是综合课还是单一课,一堂课都是由准备部分、基本部分和结束部分组成的。

（1）准备部分是让机体逐步进入工作状态,并从心理和生理两个方面做好承受计划负荷的准备。

（2）基本部分是课的主要部分,按照训练任务及训练内容的安排顺序进行。其间,运动负荷必须有一次或者几次达到高峰。

（3）结束部分要逐渐降低运动负荷量,使机体进入接近安静时的状态。

对单一训练课而言,其基本部分是完整的;而对综合训练课来说,其基本部分又可根据训练内容的不同而分为几个小段,每当训练由一个内容转向另一个内容时,需在两段之间安排适当的专项准备活动,为新的内容的训练活动做好必要的准备。

第四节　大学生体能训练与心理调节

一、大学生心理素质构成

（一）运动知觉

运动过程中,客体的感知主要是通过视觉、听觉、动觉和触觉等方面的器官和系统的感知来实现的。在运动过程中,大学生通过对各种感觉和感知器官搜集和分析人体和物体运动的各种信息,从而对自身和物体运动的方向、快慢、位置等方面进行正确的感知。

(二)注意力

稳定的注意力是在竞技运动过程中大学生所应具备的又一项重要心理竞技能力。在竞技运动中,大学生只有保持高度集中的注意力,才能够准确掌握体能训练的技术、方法,才能不断提高训练效果。

(三)思维能力

良好的思维能力有助于大学生正确理解体能训练的相关理论,优秀的大学生往往能够通过多方面的经验和知识解决体能训练中的各种问题。在这一过程中,大学生能够尽快摆脱早先建立的联系,建立新的联系。

大学生通过运动训练能够学会某一运动技能,但要提高这种运动技能的成绩却必须通过思维掌握这种运动技能的本质和规律。比赛时,场面复杂纷繁,情况瞬息万变。所以在参加运动训练时,运动员的思维要具有独立性、敏捷性和深刻性。

(四)意志品质

意志品质指一个人的果断性、坚韧性、自制力以及勇敢顽强和主动独立等精神,意志品质既是在运动训练中克服困难的过程中表现出来的,又是在运动训练克服困难的过程中培养起来的。大学生长时间的运动训练过程,不但消耗巨大的生理能量,而且还由于运动所必需的注意力高度集中、紧张而迅速的思维、不断变化的强烈的情感体验等,消耗大量的心理能量。

运动训练中,大学生只有不断地克服这些困难,充分发挥自己的主观能动作用,才能很好地学习掌握运动技能,完成体能训练任务。

(五)情绪

情绪对人具有重要的影响,对人的生理活动密切相关。在运动过程中能够保持积极良好的状态,则大学生能够正常发挥出其能力水平,如果处于消极的情绪状态,则会导致运动能力失常,甚至出现失误状况。

二、心理调节与体能训练的关系

大学生的心理能力构成各要素,运动知觉、注意力、思维能力、意志品质、情绪等对大学生的体能训练过程都会产生重要的影响,如果大学生在运动训练中能保持良好的心态和情绪,并保持高度集中的注意力、敏捷的思维能力、敏锐的运动知觉,那么,对于大学生的体能训练无疑具有重要的促进作用,而如果大学生的各项要素都不在良好、积极的状态上,不但会影响体能训练的顺利完成,甚至还会因理解有误、操作不当造成运动损伤。

因此,大学生体能训练中,实施必要的心理调节,使大学生始终保持良好的训练状态是十分重要和必要的。

三、大学生心理调节的目的与任务

（一）大学生心理训练的目的

大学生心理训练的目的在于发展大学生进行训练和参加比赛所必需的心理品质，使大学生对高强度的训练和竞争激烈的比赛具有良好的心理准备，从而形成相对稳定的训练和比赛心理。

具体而言，包括以下几个方面。

（1）培养大学生足球运动中所需要的个性心理特征、完善心理品质和提高心理能力，促进其最佳竞技状态的形成。

（2）加速养成对良好的训练态度，创造适宜的心理状态，学会在千变万化的比赛情况下保持积极稳定的心理状态，提高适应比赛的能力，促进最佳竞技状态的形成。

（3）改善大学生的知觉过程，发展注意力、记忆力、想象力和思维能力，加速运动技能的形成，提高技术熟练程度和战术运用水平。

（4）促使大学生掌握和运用具体的心理训练方法，控制和调节自己的心理状态，克服各种心理障碍，保证正常地参与训练和比赛。

（5）激发比赛动机，树立取胜信心。

（6）促使大学生疲劳尽快消除。

（二）大学生心理训练的任务

主要包括培养大学生专项运动所需的兴趣、能力、气质、性格等个性心理特征；发展专项大学生所需的感知觉、运动表象、形象思维、想像力以及情感和意志品质等心理过程；培养注意品质，包括注意的稳定、注意的集中、注意的范围、注意的转移、注意的分配等。

四、大学生心理调节的具体方法

（一）激发动机

1. 设立心理训练目标

设立目标是激发动机的有效方法。教练员带领一支球队训练、比赛，首先要设立目标，具有挑战性、可行性的目标是激发全队和个人动机的最有效方法之一，它可使教练员和大学生对实现目标的动机和行为有高度的责任感，它可使教练员和大学生之间实现良好的沟通与交流，实现彼此之间的相互了解、信任和促进。

大学生心理训练目标的设定主要有以下要点。

（1）心理训练目标的设定要建立在对整体和个人全面、深入地了解与沟通的基础上，既具有实现的难度和挑战性又具有实现的可能性。

（2）心理训练的目标要对整体和个人有明确、具体的标准，并且能够便于检查和总结；要有适当的灵活性，可以更改、修定，但必须要有明确的阶段时间和完成时间。

(3)心理训练的目标一般分为短期目标、中期目标和长期目标。短期目标要专门化、具体化，要设定实现目标的期限；中期目标是短期目标的阶段延伸，应涵概各阶段的短期目标，并以各阶段短期目标的实现，积累为中期目标的实现；短期、中期目标应该是长期目标的分期阶段目标。

2. 激发、诱导个人动机

使大学生的动机达到最佳水平是心理训练的主要任务之一，只有使大学生的个人动机达到最佳水平，才能使其训练效率达到最高值。

（二）端正态度

1. 控制消极情绪

心理态度的训练主要是让大学生学会控制消极情绪，始终保持对比赛的积极性和乐观态度。一般来说，当大学生对某种情景感到忧虑或缺乏安全感时，他就会产生焦虑的情绪。这种焦虑会有许多种表现方式。在心理方面，大学生会表现出比平常更大的精神压力，头脑中会闪现出自我否定的话语，他们往往担心自己表现不好，容易产生失误。

在帮助大学生建立克服紧张情绪的某种应对机制的心理训练过程中，会受到许多可变因素的影响。长期有意识进行情绪控制是大学生需要掌握的一种重要方法。

2. 理性分析法

教练员要帮助大学生认清比赛形势，引导大学生在场上产生不安情绪时尽量深呼吸，排除杂念，享受比赛的过程而不是只看重比赛结果。

3. 身心放松法

如仰卧在草皮上、沙滩上，利用自我暗示的语言，促使呼吸放慢从而对心率、血压等植物性神经系统机能产生良好影响，借助积极、愉悦、轻松的自我暗示语言，如"环境太美了！""天气太好了！""太放松了！""太舒服了！"等，使自我思想意念集中到轻松、安静、愉悦的感觉上，达到身心放松的效果。

4. 自我暗示法

自我暗示心理训练法是借助思想和语言的暗示，对自己施加影响的方法，如大学生在训练或比赛前，运用语言、默念、提示等方法对自我心理施加影响，以调整和控制情绪、意志、注意力等心理活动。又如用"我准备好了，我的状态很好！""不能急，要沉住气！""我有能力，比赛能打好！"等语言和默念来提示自己，目的是调节植物性神经系统机能，加强自我心理调控能力，使大学生处于最佳心理状态。

（三）树立自信心

在运动训练中，大学生的自信心是在长期的训练实践中，通过教练员的辛勤培养和自身的努力进取，帮助队员认真分析胜负的主客观原因，使大学生个人能力得到进步与提高的过程而逐步树立起来的。安排训练时要针对每个人的实际情况,切实可行、循序渐进、稳步提高,不能要求过高无法达到,以免挫伤自信心。

1. 鼓励法

当大学生出现失误、受到挫折、技术水平停滞不前等情况时,不要讽刺、挖苦、训斥、责骂、处罚,要耐心帮其分析原因,找出解决问题的办法。对其刻苦努力和良好的表现要给予充分的肯定和鼓励,以使其相信自己的能力重新树立自信心。

2. 念动法

念动法,也称"心理回忆训练"。大学生在训练前,对即将运用的技术、战术的要领、要求、方法、技巧等做系统的回忆,可以默想,也可以通过观看图片、影象资料等进行。在回忆过程中,要把完成动作的感觉和体验结合起来,以达到强化动作概念、改进和完善技术、战术的目的。

3. 用积极的思维、成功的经历和体验激励自信心

思维是自我想象空间的自我对话,用积极的话语、积极的心态进行自我对话,对增强自信心十分有益。训练中,每个大学生都有成功的经历和体验,深贮内心的成功喜悦和美好回忆是激励自信心水平的动力。特别在赛前用成功的经历和体验来激励自信心水平是非常有效的。

(四)提高意志力

大学生意志力的培养和提高是靠潜移默化、渐进积累的过程,培养意志力的方法是多种多样的,教练员要随时在日常生活、训练、比赛中注意对大学生意志力的培养。

1. 在日常生活中培养意志力

教练员要善于对日常生活中的一些困难、矛盾的启发、诱导,使大学生克服困难、解决矛盾,并积累解决困难和矛盾的能力和经验,使其树立信心,逐步养成坚强不屈的品质。

2. 在训练和比赛中培养意志力

(1)在艰难的环境中进行训练

如在酷暑、严寒、大风、雨雪中进行训练和比赛是对大学生意志品质的磨练,教练员要提出严格、明确的要求,以达到良好效果。

(2)在困难的情况下坚持训练

如在身体感到疲劳的情况下,仍能坚持完成训练和比赛任务,特别是大负荷、高强度的训练或对抗激烈、拼抢凶猛的比赛,是对意志品质非常好的磨练。再如在身体带有伤病不能正常训练时,能够在教练(或医生)的指导下,进行其它有助于伤病恢复、保持体能和状态的训练,也是对意志品质的考验。

总之,对于体能训练中大学生遇到的各种困难情况,教练员都要给予关心、支持和鼓励,同时要特别注意休息和恢复。

（五）集中注意力

1. 在讲解的方法上培养注意力集中

在平时的训练中或是在比赛前、中场休息、赛后总结，教练员在讲解上都要注意培养大学生的注意力集中，如教练员的语言准确、简练、形象生动，使队员感到既有兴趣又有新鲜感，吸引其全神贯注倾听，以集中其注意力。

2. 在训练方法上培养注意力集中

（1）游戏法

①在放松跑时听教练员喊出的数字结组，教练员喊出"3"就三人结成一组，教练员喊出"4"就四人结成一组等。

②在一臂间隔列队时，要求按教练员口令的反意执行，教练员喊出"立正"，队员做"稍息"，教练员喊出"起立"，队员做"下蹲"等。

③队员在运控球练习时，听教练员的哨声看教练伸出的手指数或手势，并大声报出数字或按手势要求做出各种运控球动作等。

（2）结合技术训练的方法

结合专项运动的技术、战术的训练，提高难度以培养注意力集中。

以足球运动为例，如三人颠两球，要求逆（顺）时针轮转，一次触球；6～10人站成圆形，同时用两球做传球练习，要求用脚内侧（脚弓）一次触球，球不能互相碰撞、也不能两球同时传到一人脚下；如10～20人在中圈做运控球、过人，要求不能碰到别人的球和身体等。再如，后卫线制造越位战术一在对方持球队员即将传空挡或传身后球时，后卫线听口令统一前压制造越位；或在本方防守中当球被向前踢出时，后卫线听口令统一前压，迫使对方后撤等；攻方制造反越位战术在上述两种后卫线制造越位战术时，由附近一名不处于越位位置的进攻队员听口令快速插上接球，制造反越位战术等。

心理调节和训练的方法多种多样，且不同的大学生在不同的训练时间有各自特有的方式，训练所要达到的目的和需要解决的问题也各不相同，进行专门训练时可参考运动心理学等书籍，灵活把握心理训练方法，进而不断提高大学生的自我心理调节能力。

第四章 体能训练的医务监督

第一节 体能训练的疲劳与恢复

大学生在进行体能训练的过程中,受各种因素的影响,常会发生一定的运动性疲劳,这是正常现象。发生运动疲劳后,大学生不要产生过多的心理压力,要在对运动损伤正确判断的基础上,采取的一定的手段和方法加以恢复。

一、运动疲劳的概念及判断方法

(一)运动疲劳的概念

关于运动疲劳的概念,国际上一直也没有一个统一的定论。1983 年第 5 届国际运动生化会议对运动疲劳作出了以下这样的解释:运动疲劳是指运动机体不能将它的机能保持在某一特定水平,或者不能维持某一预定的运动强度。这一定义得到了国内外许多专家、学者的认可,并被许多教科书和科研论文所采用。

随着时间的推移,关于运动疲劳的概念也发生了一定的变化。目前,运动疲劳是指在运动持续一段时间之后,人体的工作能力及身体机能就会产生暂时降低的现象。这种现象只是暂时的,对人体是一种保护性抑制。运动性疲劳出现后,只要不使疲劳积累而产生过度疲劳,它便不会损害人体的身体健康和影响运动训练,反而通过疲劳的产生及恢复和不断强化的训练,使人体的身体机能及运动能力达到超量恢复,更有利于大学生训练水平和运动成绩的不断提高。

在竞技体育运动中,各种运动项目的体能训练不断冲击着人体的生理极限,机体功能水平在不断被打破而又不断建立新平衡的动态变化中发展提高。因此,运动性疲劳是人体进行连续多次的大负荷运动,机体不能在"预定和/或特定"时间、空间里重新建立适应性平衡的、复杂的机能变化过程。

(二)运动疲劳的判断方法

大学生进行体能训练,发生运动疲劳的现象是非常常见的,而为了及时地洞察疲劳的出现,以便采取最佳的措施对待,就需要对运动疲劳进行准确的判断,其判断的方法主要有以下两种。

1. 观察法

所谓观察法,是指指导参加体能训练的大学生所采用的观察学生在体能训练中是否有疲劳表现的方法,其通过观察大学生在训练中的外在表现,如是否出现脸色苍白、反应迟缓、情绪改变等现象。在运动状态上还可以观察大学生技术动作是否出现了做不到位、动作衔接脱节等情况。当出现上述情况时,则可判断其出现了运动疲劳。

2. 感觉法

大学生在体能训练期间,最了解自身的实际情况,因此依靠他们的主观感觉判断疲劳产生的准确率较高。当大学生自我感觉疲乏、心悸、头疼、恶心、四肢无力等,则几乎可以被判定为运动疲劳。

一般来说,运动性疲劳,往往最先表现为心理上的疲劳,其实身体还没有真正疲劳,可以再坚持一段时间,表现为自我感觉到疲倦或者疲怠,主观上要求休息。当大学生自我感觉到有运动积极性下降,呼吸紊乱、口干舌燥、心悸、恶心、头部昏沉、动作迟钝、脚步沉重等症状时,说明已处于疲劳状态。

大学生在体能训练的过程中,可以根据自觉症状的多少来初步判断疲劳的性质和程度,一般来说,上述症状表现越多,疲劳程度越深。一旦出现疲劳的现象,大学生应及时调整运动训练计划和内容,将身体机能状态调整至最佳时再进行运动训练。

二、运动疲劳恢复的手段

(一)劳逸结合

大量的事实证明,劳逸结合的方式能有效地消除大学生体能训练中产生的疲劳。劳逸结合手段的运用要结合不同大学生的身体状况进行,其中应重视以下几点要求。

1. 增加睡眠

事实证明,良好的睡眠可以有效消除大学生体能训练中产生的疲劳,这是因为,人体在睡眠状态下,各器官、系统活动会下降到最低水平,这时,机体的物质代谢减弱,能量消耗也维持在最低水平,合成代谢有所加强,可有效恢复机体消耗的能源物质。在体能训练后,保证良好而充足的睡眠是使身体得到恢复的重要措施。充足的睡眠可以有效缓解运动性疲劳。参与体能训练的大学生必须要遵守一定的作息制度,从而保证睡眠的时间和质量,并讲究睡眠卫生。

2. 要做好热身和整理活动

首先,在体能训练前,做好充分的热身准备,可以充分发挥大学生的机体适应能力,提高大学生身体各项运动能力对负荷的适应和机体活力,可有效延缓运动疲劳的产生。

其次,在体能训练后,做好放松与整理活动。放松与整理活动是消除运动中疲劳、促进体力恢复的一种有效地主动恢复手段。大学生参加体能训练后,进行一定的放松与整理活动能够使呼吸系统、神经系统、心血管系统和内分泌系统等从适应运动的状态慢慢地恢复到安静状态。另外,大学生还可以通过慢跑和呼吸体操消除运动疲劳,或在体能训练后通过做肌肉、韧带拉伸等放松练习来消除运动疲劳。

3. 积极休息

所谓积极性休息，即活动性休息，它是消除运动性疲劳的有效方法之一，这种方法能够起到有效促进全身血液循环，加速乳酸的消除的目的。大学生在参加体能训练后，可进行一些轻微的运动，如散步、慢跑等。

（二）饮食营养

1. 合理饮食

合理安排饮食营养，不仅可以有效的增进大学生的身体健康，改善其内环境，增大体内能源物质的贮备。这一方法对推迟参加体能训练的大学生的运动疲劳具有非常重要的意义。

2. 补充营养

根据前面的疲劳产生机制中的能源物质衰竭导致疲劳说，营养物质的消耗会导致疲劳产生，因此，适当补充营养物质自然可以减缓和预防运动性疲劳，并促进疲劳的恢复。大学生健康体质的养成以及运动水平的提高，进行适当的营养补充是必不可少的。进行合理的营养补充能够使机体消除疲劳并恢复到最佳生理状态。

大学生在体能训练中，可结合自身情况适当地补充营养，以此来补充机体生理活动所消耗的物质，并且修复体内结构受损以及消除疲劳。通常，在体能训练期间，大学生应及时补充的物质包括糖、蛋白质、矿物质以及各类维生素（如维生素 A、维生素 B_1、维生素 B_2、维生素 C 和维生素 E 等）。

（三）物理康复

物理康复疗法，主要包括水疗、光疗、蜡疗、电疗等，运用这些方法能够对身体局部或全身的疲劳肌肉的代谢过程有非常好的促进作用。同时促进血液循环、改善血液供应，有利于营养物质的吸收，促进代谢产物的排泄，从而达到消除疲劳的目的。

一些物理疗法对缓解大学生的运动性疲劳具有良好的作用，虽然大学生不能全面掌握这些知识，但是通过简单的按摩或者求助于医师，都可以实现运动性疲劳的恢复。常见的物理疗法主要有以下几种。

1. 水疗法

水疗法就是利用水的温度、静压、成分、浮力等机械刺激的不同方式作用于人体各部位达到治疗目的的方法。

（1）温水浴。温水浴是非常有效的消除运动疲劳的方法。在进行温水浴时要注意水温适当，具体来说水温应以 40℃ 左右为宜，温度不宜过高，时间为 10 分钟左右。

（2）淋浴。淋浴是最简单的手段，它不仅有水温的作用，还有水的机械作用。

（3）盆浴。盆浴或浸浴普遍受大学生欢迎，方法简单，全身放松效果也好。一般先在热水中浸浴 10 分钟，然后淋浴。热冷水交替浸浴，促进代谢的作用比热水沐浴更好。

（4）涡流浴。顾名思义，涡流浴就是如洗衣机一样搅动，强度可以调节，造成明显的水温与水流冲动刺激,也可称为水按摩。

（5）桑拿浴。桑拿浴,又称"热空气浴""芬兰式蒸气浴",是在特别的小屋内用电炉加热空气,造成高温干燥的环境。除有镇静、使肌肉关节组织充血的作用外,还可促使大量排汗。因而也有利于体重控制。

2. 电疗法

用各种电流预防和治疗疾病称为电疗法。电疗法主要包括直流电离子导入疗法、感应电疗法和超刺激电流疗法等。电疗法应用不同电流对神经和肌肉产生刺激,使血管扩张,血液循环改善,减轻疼痛,防治肌萎缩,治疗腰部扭伤,对神经炎、神经痛、神经根炎、颈椎病、挫伤、肌肉劳损等均有很好的治疗效果,较广泛应用于临床疾病的治疗。

3. 光疗法

光疗法是利用阳光或人工光线,防治疾病、消除疲劳和促进机体康复的方法。

在医疗中,应用波长 0.76～400 微米红外线的不可见光线来治疗疾病的方法称为红外线疗法,应用紫外线防治疾病的方法称为紫外线疗法。利用紫外线的生物学作用的光谱曲线,可有杀菌作用及促进维生素 D 形成作用和皮肤红斑形成的作用。另外,紫外线照射后可增强防卫功能,提高机体抵抗力和杀菌作用。

激光疗法是利用激光器发出的光进行治疗疾病的一种方法。组织吸收激光能量之后,可产生光化学反应、光学效应,可造成组织分解和电离,最终影响受照射组织的结构和功能。

4. 吸氧

吸氧能够促进新陈代谢,改善体内的微循环,有助于消除疲劳。对于大学生来说,在参加体能训练后可采用高压氧治疗,对消除疲劳具有明显的效果。

大量的实践表明,在参加体能训练后,当大学生的身体处于疲劳状态时,在 2～2.5 个标准大气压下的高压氧舱内吸入高压氧对疲劳症状的消除效果非常明显。其原理是通过吸氧能够使血氧含量增加,血液中的二氧化碳浓度下降,pH 值上升,提高组织氧的储备量。因此,可以通过吸氧的方法来调节机体运动训练后的酸碱平衡失调、肌肉僵硬、酸痛等疲劳问题。

5. 空气负离子疗法

空气负离子能改善肺的换气功能,增加氧吸收量和二氧化碳排出量,改善大脑机能,刺激造血机能,使红血球、血红蛋白、血小板增加,血流速度加快,心搏输出量加大,扩张毛细血管,加速乳酸的代谢,消除疲劳。

（四）中医康复

掌握简单的疲劳恢复的中医疗法有助于大学生在体能训练后有针对性地消除疲劳。常见方法如下所述。

1. 按摩

按摩,是疲劳消除的很好方法。用推拿按摩消除毽球运动中的疲劳是经济简便的,既不需要特殊医疗设备，又可以避免时间、地点和气候等因素带来的限制，随时随地都可实施。常见的按摩的方法主要有人工按摩、机械按摩、水力按摩以及气压按摩等，大学生可结合自身经济条件进行选择。

按摩的手法要以揉捏为主，并且交替使用按压、扣击等手法。以消除疲劳为目的的按摩要在运动后方可进行，按摩时间根据疲劳程度通常设定在30～60分钟之间。

根据具体的体育运动训练安排，可以选择在不同的运动阶段进行按摩，具体如下。

（1）运动前按摩

大学生在参加体能训练前进行按摩，有助于促使人体的神经、肌肉、关节、内脏器官和心理情绪的积极动员，使大学生尽快适应将要面对的机体和心理的负担，让大学生保持良好的身体状态，从而预防运动疲劳的产生，具体来说，运动前按摩能提高人体的肌肉机能，增强肌腱、关节、韧带的柔韧性，预防运动损伤，加大关节运动幅度，提高运动能力。一般情况下，运动前按摩应与准备活动结合进行，选择在训练前15分钟内进行为宜，即按摩后间隔5分钟左右即开始训练，按摩时间大约10分钟左右，手法要按大学生自身具体实际而定（表4-1）。

表 4-1　运动前的有效按摩手法

按摩手法	适用情况	具体按摩方法
兴奋性手法	大学生精神不振，兴奋性不高时	一般选择重推摩、擦摩、揉捏、叩打等手法
抑制性手法	大学生兴奋性过高、紧张过度	一般选择轻推摩、揉捏等手法
提高局部温度的手法	适用于寒冷天气时训练	一般选择推摩和擦摩等手法

（2）运动中按摩

按摩目的：缓解体能训练中出现的肌肉僵硬、疲劳或关节无力。

按摩手法：揉捏、扣打、抖动，关节部位用擦摩。按摩时间3～5分钟即可。

（3）运动后按摩

大学生在进行一段时间的体能训练后，其机体内环境会发生一系列的变化，例如导致神经、体液、循环、呼吸、消化、代谢和酸碱平衡等方面，主要表现在精神过度紧张、失眠、肌肉紧张、疲劳等。运动后按摩可以使内环境在短时间内达到新的平衡，恢复体力，提高运动的负荷能力。

体能训练后的按摩所用手法、按摩力量及时间等应根据运动后大学生的机体体质、运动项目等特点，并根据运动后机体的表现来决定，总的说来，运动后按摩以全身按摩为主，同时结合局部重点。按摩部位以四肢、项背为主，头部、胸腹为辅，关节部位以摩擦为主，穿插使用按压、被动活动，按摩开始及结束时用推摩。肌肉部位以揉捏为主，揉捏时间占按摩总时间50%～70%较合理；交替使用按压、抖动、扣打等手法。按摩部位要根据运动项目的特点和疲劳情况而定，负担量大的部位是按摩的重点。

针对预防运动疲劳的按摩应注意以下几点要求：第一，身心放松。按摩时思想要集中，尤其要心平气和，全身都不要紧张，要求做到身心都放松。第二，按摩要有秩序地进行（表4-2）。第三，取穴准确。掌握常用穴位的取穴方法和操作手法，以求取穴准确，手法正确。第四，用力恰当。过小起不到刺激作用，过大易产生疲劳，且易损伤皮肤。第五，循序渐进。推拿次数要由少到多，推拿力量由轻到重，推拿穴位可逐渐增加。第六，持之以恒。无论用按摩来保健或治疗慢性病，都不是一两天就有效的，须积以时日才能逐渐显出效果，所以应有信心、耐心和恒心。

表 4-2　全身按摩顺序和时间分配

卧位	顺序	部位	时间（分）
俯卧位	1	足跖	2～4
	2	小腿	3～5
	3	大腿	3～5
	4	臀部	4
	5	腰背部	8
	6	上肢	3
	7	颈部	3～5
仰卧位	1	足背	1～3
	2	下肢	2～4
	3	上肢	6
	4	上下肢抖动、运拉	2～4

2. 拔罐

拔罐法是一种典型的中医疗法，主要是针对运动后局部严重疲劳并伴有损伤的局部性疲劳的恢复。拔罐法的原理在于，在拔罐时，身体的局部负压作用能够使组织内的淤血散于体表，使组织代谢产物的排泄更加顺畅，从而可以有效消除疲劳。

3. 针灸

针灸是传统中医疗法的一种，它主要是针对不同的疲劳程度进行的治疗，在相应的疲劳位置进行相应的针灸方法是非常有效的。对于肌肉疲劳可采用穴位针刺的方法。消除全身疲劳，则主要采取针扎强壮穴足三里的方法。

艾灸是中医针灸的一种，产生于中国远古时代，它的作用机理和针疗有相近之处，点燃用艾叶制成的艾炷、艾条为主，熏烤人体的穴位以达到机体恢复的效果。

（五）运动康复

1. 长期参加运动锻炼

延缓运动疲劳的最简单办法就是让大学生坚持进行一定的体育锻炼，通过经常参加运动，保持自身的身体素质。较为出色的身体状态是推迟运动过程中疲劳产生的最好方式。反之一旦暂停运动一周或更长时间，身体对于再次参加到运动锻炼中时就没有处在较好的状态之中，如此自然会使疲劳感猛增。

2. 合理安排运动内容

大学生在进行运动锻炼时,要根据自身的能力合理安排运动锻炼的内容,力求做到科学化与合理化,这样可以有效地避免因局部的负担过重而产生局部疲劳,过早的造成该部位工作能力的下降。为避免这种情况发生,可以尝试利用多种不同运动项目结合锻炼,使不同部位交替获得锻炼,使身体各部位活动负荷合理变换,这样可以很大程度上减缓运动疲劳的产生。

由于各种运动项目供能特点的不同,使得其练习方法上也出现较大差异,如大学生运动锻炼中被选择较多的慢速中长跑的供能主要是乳酸能系统或有氧代谢系统。这种供能方式也与大学生身体特点的消耗需求相近,如此一来再加上带有针对性的供能补充,就会对极大延缓疲劳产生的时间,进而对运动锻炼的效果起到事半功倍的作用。

(六)心理康复

1. 加强心理因素

心理作用也是疲劳产生的原因之一。在有些环境下,心理作用甚至成为疲劳的主要产生因素。为此,就需要在日常加强意志品质的训练,提高大学生心理素质,如此可有效改善他们的精神状态,延缓运动疲劳产生的时间和堆积速度。

2. 心理调节

实践证明,运用心理学对大脑皮层的技能来调节和消除机体疲劳十分有效。心理学方面消除疲劳的方法只要环境温暖、舒适、安静,没有直射的阳光即可,受到的限制很小。具体来说,采用心理调节是通过一系列引导词来帮助大学生做一些适当的放松练习,练习时间以持续20~30分钟为宜。具体方法如下所述。

(1)表象和冥想:每天睡前、醒后都像过电影一样回忆想象运动过程及轻松的画面。

(2)自我积极暗示:大学生在体能训练中产生疲劳后可以自己对自己默念"自己没问题""还可以更好""不能放弃"等语言。

(七)音乐疗法

音乐是一种震动,而且是有规律的波动,思维也是一种波动,情绪也是。音乐可以影响人的心理活动,对人的神经系统可产生刺激作用,因此大学生可以通过听音乐的方法来消除机体疲劳。在长时间的运动训练后,舒缓的音乐可以帮助中枢神经系统的疲劳得到极大的缓解,同时还能够调节循环、呼吸系统和肌肉的功能。

第二节　体能训练中的营养补充

大学生参加体能训练会消耗掉大量的能量,因此进行营养补充是非常有必要的,补充的营养物质主要有蛋白质、糖、脂肪、维生素、矿物质和水等。不管是哪一种营养物质的补充,大学生都要结合自身的具体实际进行。

一、体能训练中补充营养的作用

（一）为大学生提供适宜的能量

人体通过摄入适宜的能源物质能够保证机体的各种生理活动的正常开展，促进人体消耗的各种能源物质得到及时的补充。大学生在体能训练中，通过摄入富含糖类的食物，能够保证体内有充足的肌糖原和肝糖原储备，保证运动所需的能量的持续供应。在能源物质分解释放能量时，需要相应的辅酶的催化作用，摄取充分的维生素和微量元素营养，可促进大学生的机体代谢并提高抗氧化能力，满足运动中水分和电解质的生理需要，有助于改善个体的运动能力。

（二）延缓和减轻大学生的疲劳

人体在进行一段时间的运动之后，会产生一定的运动疲劳，从运动生理学来看，产生运动疲劳的原因主要有以下几方面：脱水引起体温调节障碍所致的体温增高，酸性代谢产物堆积，电解质平衡失调造成的代谢紊乱，能源储备耗竭等。大学生在体能前后针对这些状况进行合理的营养补充，能够使得其机体保持良好的机能状态，延缓疲劳的产生，并且有利于疲劳的恢复。

（三）防止运动损伤的物质保证

大量的事实表明，人体肌纤维中的糖原储备水平的高低与其运动损伤的发生率之间具有一定的关系。据研究发现，当人体的糖储备较高时，其耐力素质就会相对较高，糖储备较高时，其运动能力也会相对较高；并且，当人体的肌糖原储备降低时，其发生运动性损伤和运动性疲劳的几率会增加。当大学生进行长时间的体能训练后，其肌纤维中的糖原大量消耗，从而使得运动能力降低，运动外伤发生的可能性增加。所以，通过合理的营养补充，能够在一定程度上预防外伤。

（四）促进运动后的疲劳恢复

大学生在进行体能训练后，采取一定的措施促使疲劳的恢复不仅可以使人体机能恢复到正常水平，其生理功能、代谢水平等方面甚至会超过原先的水平，这一现象被称为超量恢复。一般运动后的恢复包括：身体的能量供应及其储备（包括肌肉和肝脏糖原）、代谢能力（包括有关酶的浓度，如维生素和微量元素）、体液（保证体内的血容量和微循环体液量）、元素平衡及细胞膜的完整性（如铁、锌、钠、钾、镁等）。通过相应的营养补充，能够实现机体更好的恢复。

二、体能训练营养补充的基本要求

（一）注意营养成分的全面性

大学生在参加体能训练的过程中，要想实现膳食营养的科学性和合理性，必须做到营养成分全面均衡,营养搭配因人而宜,营养过程要持之以恒,久而久之,才能从营养学角度提高体质健康水平。日常的饮食中应包括人体所需要的各种营养素,即蛋白质、脂肪、糖类、膳食纤维、矿物质、维生素和水等7大营养素,以维持人体的正常生理功能的需要。自然界中没有任何一种食物能够满足人体所需的各种营养素,所以就必需充分利用自然界的各种食物,组成营养素种类齐全、比例合适、数量充足的完全饮食。同时,营养成分的全面性还要求各种营养素之间应有适当的比例关系。

(二)注意营养成分的互补性

营养成分的互补性要求我们在选择食物时应尽量多样化。自然界中各种食物的营养成分与生理功能不尽相同,5大类食物各有各的特点,同一类不同种食物之间也各有差异,任何一种食物均不能代替其他食物。例如,肉类不能代替鱼类,绿叶蔬菜不能代替白色蔬菜,尽管绿叶蔬菜含有丰富的维生素、矿物质,但白色蔬菜如萝卜、花菜等在抗癌、抗突变方面有其独特的作用。同时世界上也没有任何一种食物能够满足人体所需的各种营养素,所以就必需充分利用自然界的各种食物,合理搭配,不能长期单吃一类或一种食品。

我国目前谷类食物仍为人们的主要食物。作为主食的植物性食物,虽含有一定数量的蛋白质,但质量较差,构成蛋白质的氨基酸也不全面,利用率不高。所以,在制作时,应把几种不同的含蛋白食物按比例混合在一起,取长补短,起互补作用,提高蛋白质的利用率。例如,谷类中蛋白质的赖氨酸、色氨酸不足,如与豆类食品混合制作或与动物蛋白质同吃,就可增加谷类蛋白质的利用率。

(三)注意营养补充的阶段性与特殊性

人生的各个时期对营养的需求是不同的,无论是从种类上,还是数量上,都有着明显的不同。在青少年时期人处于生长发育阶段,对各种营养成分的摄取,在种类数量上要有充分的保障,做到高蛋白、高热量、高维生素、适量脂肪,全面而均衡;老年人为延缓衰老、健康长寿,强调高蛋白、高维生素、低脂肪、低热量,为防治骨质疏松、高血压等老年退行性疾病,要补充钙质,限制钠盐,形成对某些营养成分的特殊选择。

而且,日常膳食可满足一般体能消耗,但对那些有特殊体能消耗的人应予区别对待。如参加比赛的大学生,因大量排汗而造成蛋白质大量消耗及矿物盐、维生素及水的大量丢失,这就要在膳食及饮料中给予特殊补充。对参加运动的人,应根据其年龄、性别、活动项目、运动强度、季节温度等因素,对某种营养成分给予适度强化,超量补充锻炼过程的特殊消耗,为实现锻炼效果提供必要的物质基础。

(四)注意饮食制度的合理性

一般来说,合理的饮食是指在遵循人体生理活动的基本规律的基础上,适合自身的身体发育、发展和自己的饮食习惯。例如,一般来说,三餐热能的分配是早餐30%,午餐40%,晚餐30%。但是,在现实生活中,很多人的早饭质量较差,甚至很多人不吃早饭。这是一种不好的现象。对于参加体能训练的大学生来说,尤其要注意饮食制度的合理性,这对于预防体能训练产生的疲劳具有重要的作用。

三、体能训练中各种营养素的补充

（一）蛋白质的补充

成年人蛋白质需要量以每日每千克体重 1.2 克为宜。婴幼儿、青少年、怀孕期间的妇女、伤员和大学生通常每日需要摄入更多蛋白质。早餐必须摄取充分的蛋白质。

一般来说，人体每日蛋白质的需要量是 1.0～1.8 克/千克体重。随着运动训练的进行，机体需要的量增加越多。连续数天大负荷耐力运动时，每日补充蛋白质 1.0 克/千克体重，身体仍然出现负氮平衡，这表明体内蛋白质分解多于补充；而以 1.5 克/千克体重摄入蛋白质时，身体处于正氮平衡。

（二）糖的补充

由于大学生的生活习惯、饮食结构和劳动强度存在着不同，因此糖的食用量也不相同。大学生在体能训练过程中应根据机体的状态和需要合理的补糖。具体内容如下所述。

（1）运动前补糖。可在参加运动前的数日增加膳食中的糖类食物，也可在参加体能训练前的 1～4 小时每千克体重补糖 1～5 克。但应避免在运动前 30～90 分钟补糖，以防止运动时血中胰岛素升高。

（2）运动中补糖。大学生在体能训练过程中，应每隔 20 分钟补充含糖饮料或容易吸收的含糖食物，补糖量一般不大于 20～60 克/小时或 1 克/分钟，通常采用少量多次饮用含糖饮料。

（3）运动后补糖。大强度的体能训练后，大学生补糖的时间越早效果越好。理想的方法是在运动后即刻补糖、运动后 2 小时内补糖、每隔 1～2 小时连续补糖。补糖量以 0.75～1.0 克/千克体重为宜。

（三）脂肪的补充

正常人每日膳食中摄入 50 克脂肪即可满足日常活动需要，大学生在参加体能训练时可适当增加脂肪的摄入。一般来说，人体每日所需热量的 20%～30% 来自脂肪，而在花生、玉米、大豆、芝麻、橄榄、豆腐等素食中含有丰富的不饱和脂肪酸。

（四）维生素的补充

维生素在人体内不能合成，一般情况下储存量较少，因此，人体必需要从食物中摄取维生素。在食物供应充足的情况下，大学生就不必从药物中补充维生素。进行大强度运动时，或是摄入控体重膳食，或饮食无规律，或吃偏食的大学生出现维生素缺乏时，应及时检查，适时适量进行维生素补充。各种维生素的补充应结合运动项目、运动强度、运动时间等合理进行。

（1）维生素 A。维生素 A 是形成眼视网膜中视紫质的原料，具有保护角膜上皮防止角质化的作用。维生素 A 不足会影响大学生的运动能力，因此一定要在体能训练补充充足的维生素 A。

(2)维生素 B_1。维生素 B_1 是糖代谢中丙酮酸等氧化脱羧所必需的辅酶的组成成分,并与神经递质乙酰胆碱的合成与分解有关。维生素 B_1 缺乏时,运动后的丙酮酸及乳酸堆积,使机体容易疲劳,并可引起乳酸脱氢酶活力减低,影响心脏和骨骼肌的功能。

(3)维生素 B_2。维生素 B_2 是构成体内多种呼吸酶的辅酶的成分,与体内的氧化还原反应和细胞呼吸有关。大学生缺乏维生素 B_2 时,肌肉无力,耐久力受损害,容易产生运动疲劳。

(4)维生素 B_6。维生素 B_6,又叫磷酸吡多醛。它是氨基酸脱羧酶的辅酶,参与蛋白质的分解与合成。它与运动能力,特别是力量素质有关。

(5)维生素 B_{12}。维生素 B_{12} 是一组合钴的钴胺素生理活性物质,参与同型半胱氨酸甲基化转变为蛋氨酸和甲基丙氨酸—琥珀酸异构化过程。维生素 B_{12} 缺乏的人较少见。维生素 B_{12} 参与细胞的核酸代谢,与机体的造血过程有关,当维生素 B_{12} 缺乏时,血红蛋白浓度下降、细胞的平均容量增加,可诱发巨幼红细胞贫血,使氧的运输能力下降,影响最大有氧能力和亚极量运动能力,同时也可引起神经系统损害。

(6)维生素 C。维生素 C 具有很强的还原性,参与氨基酸和蛋白质的代谢。运动使机体的维生素 C 代谢加强,短时间运动后血液维生素 C 的含量升高,但长时间运动后下降。不同的运动负荷后,不论血中维生素量是升高还是下降,组织维生素 C 均表现为减少。运动机体维生素 C 不足时,白细胞的吞噬功能下降。大学生在过度训练时,血液维生素 C 的水平和白细胞吞噬功能都下降。维生素 C 还有提高耐力、消除疲劳和促进创伤愈合作用。

(7)维生素 E。维生素 E 具有抗氧化作用,促进蛋白质的合成和防止肌肉萎缩等生物学作用,可提高肌肉力量。

(8)维生素 PP。维生素 PP 又叫尼克酰胺,它是构成脱氢酶的辅酶的成分,在机体代谢中起重要作用的辅酶 I(NAD+)和辅酶 II(NAD+)的组成成分中就含有尼克酰胺。其在机体内的有氧和无氧代谢,脂肪和蛋白质代谢中起重要作用,与大学生的有氧和无氧耐力有关。

(五)矿物质的补充

(1)铁的补充。一般情况下,正常成人身体铁的含量为 3.5~4.0 克。大学生在进行大强度长时间的体能训练时,机体对铁的需要量更高,铁丢失严重,再加上摄入不足,就会导致铁营养状况不良的现象。因此,大学生在日常膳食中应加强铁的摄入。

(2)锌的补充。锌与运动能力之间的关系非常密切,它是多种酶的组成成分和激活剂,能调节体内各种代谢。机体中,红细胞的含锌量约为血浆的 10 倍,主要以碳酸酐酶和其他含锌金属酶类的形式存在。另外,锌还可以影响睾酮的产生和运输。

(3)硒的补充。硒与运动也有着非常密切的关系。硒是谷胱甘肽过氧化物酶的辅助因子,由于具有消除过氧化物,增强维生素 E 的抗氧化能力等作用,大学生在进行大强度的体能训练时,硒的摄入量应为平时的 4 倍,以每天约 200 微克为宜。

(4)钾的补充。一般的,成人体内总钾量为 117 克左右。正常钾大部分存在于细胞内液,只有约 2% 存在于细胞外液。当血钾浓度降低时,脑垂体生长素输出下降,造成肌肉生长减慢。运动中补钾可迅速恢复生长素水平和促胰岛素样生长因子的水平。

(5)铜的补充。铜是很多金属酶,如超氧化物歧化酶(SOD)等的辅助因子,参与多种代谢反应。运动中补充铜可提高和动员机体内铁的运输,防止运动中贫血。

（六）补液

1. 补液的原则

重预防：避免脱水的发生，防止运动能力下降。

少量多次：避免一次性大量补液，以免对胃肠道和心血管系统造成的负担加重。

补大于失：为了在体能训练过程中能保持最大的运动能力和最迅速地恢复体力，补液的总量一定要大于失水的总量。

2. 补液的措施

运动前补液：运动前，补充的饮料中可含有一定量的电解质和糖，补充的量应根据具体情况而定，如在运动前 2 小时可以饮用 400～600 毫升的含电解质和糖的运动饮料。每次可摄入饮料100～200 毫升。

运动中补液：大学生在体能训练过程中出汗量大，为预防脱水的发生，有必要在运动中补液。运动中补液应采取少量多次的方法，可每隔 15～20 分钟，补充含糖和电解质的运动饮料 150～300毫升。注意补液的总量不超过 800 毫升/小时。

运动后补液：也称复水。运动后的补液切忌暴饮，补充的液体以含有糖和电解质的运动饮料为宜。运动后的体液恢复以摄取含糖和电解质饮料效果最佳，饮料的糖含量可为 5%～10%，钠盐含量为 30～40 毫摩尔/升。

第三节　体能训练中的运动伤病及处理

长时间、大强度的体能训练容易导致运动伤病的发生，这是不可避免的，参加体能训练的大学生一定要意识到这一点。为了更好地预防和处理体能训练中所发生的运动伤病，大学生要学会处理运动伤病的方法。

一、运动损伤及处理

（一）擦伤

1. 概念

擦伤就是皮肤受外力摩擦所致的皮肤出血或组织液渗出。按损伤面积的大小，擦伤可分为小面积擦伤和较大面积擦伤。

2. 处理方法

小面积擦伤处理方法：如果是表皮擦伤，可用碘酒或碘伏局部涂擦，不需包扎。如果是关节及其附近的擦伤，则在局部消毒后，再涂以消炎软膏，以免局部干裂而影响运动。另外，要注意运动卫生,以免感染。

较大面积擦伤处理方法:先应以生理盐水或 0.05% 的新洁尔灭溶液清洗创面,然后进行局部消毒。最后盖以消毒凡士林纱布和敷料,并包扎。如有需要,可加服抗生素预防感染。

(二)拉伤

1. 概念

拉伤是由于外力的作用,肌肉过度主动收缩或被动拉长致伤。拉伤的原因有很多种,如运动前的准备活动不充分,动作不协调,训练方法不得当等。发生拉伤后,伤处会出现肿胀、压痛、肌肉痉挛等症状,诊断时可摸到硬块,肌肉断裂是比较严重的拉伤,要给予及时的治疗和处理。

2. 处理方法

拉伤轻者可立即冷敷,局部加压包扎,抬高患肢。24 小时后可实施按摩或理疗。病情严重者急救后,应立即送医院治疗。

(三)挫伤

1. 概念

挫伤是指在钝器直接作用下,人体皮肤或皮肤下组织所受的伤,如运动时相互冲撞、踢打所致的伤。挫伤以四肢多见,可伴有功能障碍。发生挫伤后会出现局部青紫,皮下淤血肿胀、疼痛的现象。严重者可发生肌肉断裂、骨折、失血、内脏损伤和脑震荡等。

2. 处理方法

单纯性挫伤在局部冷敷后外敷新伤药,加压包扎、抬高患肢。有肌肉、肌腱断裂者,应将肢体包扎固定后,送医院治疗。头部、躯干挫伤休克症状者应首先进行抗休克处理方法,保温、止痛、止血、矫正休克后,立即送医院治疗。

(四)皮肤撕裂伤

1. 概念

皮肤撕裂伤是指皮肤受外力严重摩擦或碰撞所致的皮肤撕裂、出血。

2. 处理方法

轻者,在进行消毒后,以胶布黏合或用创可贴敷盖即可;撕裂面积较大者,则需止血缝合和包扎。如有必要可酌用破伤风抗毒素肌内注射,以免引起破伤风。

(五)刺伤

1. 概念

刺伤的伤口较小但较深,如果不做处理可能伤及深部组织器官,或将异物带入伤口深处,容易引起感染。

2. 处理方法

轻者先用碘酒、酒精将伤口周围消毒。然后在伤口上撒上消炎粉,用消毒纱布覆盖,再加以包扎。被不洁物刺伤的,要注射破伤风抗毒素,预防破伤风。

(六)切伤

1. 概念

切伤伤口边缘整齐,出血较多,但周围组织创伤较轻。深的切伤可能切断大血管、神经、肌腱等组织。

2. 处理方法

轻者先用碘酒或酒精消毒。然后在伤口上撒上消炎粉,用消毒纱布覆盖。较重者,应彻底止血,缝合伤口。伤情和污染较重者应该注射抗菌药,预防感染。被不洁物切伤的,要注射破伤风抗毒素,预防破伤风。

(七)踝关节扭伤

1. 概念

踝关节扭伤属于关节韧带损伤,在体能训练中最为常见。造成踝关节上扭伤的原因踝关节过度内翻或外翻而导致的踝关节内、外侧韧带受损。发生扭伤时,伤者伤处疼痛、肿胀,韧带损伤处有明显压痛,皮有下淤血。

2. 处理方法

暂停运动,冷敷,加压包扎,抬高患肢。24小时后可以进行热敷和按摩。严重的扭伤或怀疑有韧带撕裂时应及时求医。

(八)肘关节损伤

1. 概念

肘关节损伤是由于运动技术不合理、运动方法不得当而发生的损伤。在进行体能训练时也会发生肘关节损伤。

要避免肘关节损伤的发生,大学生在进行体能训练前,就应该做好充分的准备活动,合理安排运动量与负荷。在运动结束后,要做好整理活动,按摩肘部,以促进疲劳的恢复,加强保护。

2. 处理方法

(1)急性肘关节损伤,要对伤肘进行特殊处理,要进行适当的休息制动,以促进恢复。

（2）损伤发生后，可以局部冷敷，加压包扎，外敷新伤药。24小时之后，可进行理疗、按摩、外敷中药。

（3）可采取局部封闭注射肾上腺皮质激素类药物的方法，对慢性伤者，应以理疗、按摩、针灸治疗为主。

（4）对有肌肉韧带断裂或伴有撕脱骨折者，宜进行手术缝合术等。

（5）发生急性损伤后，在治疗期间要禁止参加大强度的体能训练，以免加重损伤或出现新的损伤。

（6）经过一定的处理后，如果伤者损伤部位没有疼痛，即可进行运动，但需要注意的是，要合理地安排运动的负荷量与强度，负荷量与强度要逐渐增加。

（7）伤者在练习与康复时，要佩戴必要的保护装置，如护肘、弹力绷带等，以免加重机体的负担，造成其他的运动损伤。

（九）肌肉拉伤

1. 概念

肌肉拉伤是指在外力直接或间接作用下，使肌肉过度主动收缩或被动拉长所致的肌肉纤维损伤或断裂。发生肌肉拉伤时，会出现疼痛、压痛、肿胀、肌肉紧张、发硬、痉挛等症状。其中，有些损伤还伴有闪痛、撕裂样感，肿胀明显及皮下淤血严重，触摸局部有凹陷及一端异常隆起者，可能为肌肉断裂。

2. 处理方法

伤势轻者可停止参加任何体能训练活动，应立即休息，抬高患肢，局部冷敷并加压包扎。疼痛严重者，可酌情给止痛药。24小时后进行理疗和按摩，对于肌肉断裂患者，应加压包扎并立即送往医院处理。

（十）胫骨痛

1. 概念

胫骨痛在运动医学中又称为胫腓骨疲劳性骨膜炎。长期参加体能训练可能会发生此损伤。长期的运动训练可使大腿屈肌群不断收缩，而过度牵扯其胫腓骨的附着部分，致使骨膜松弛，骨膜下出血，产生肿胀、疼痛等炎症反应，导致出现此病。胫骨痛时骨膜松弛，骨膜下出血，并产生肿胀、疼痛等炎症反应。

2. 处理方法

大学生在发生胫骨痛后，要注意足尖跑、跳的运动量，不要加重下肢的负担，可以进行少量的运动以促进慢慢恢复。在进行体能训练前一定要做好充分的准备活动，运动后做好整理活动，可进行局部按摩。伤势严重者，立即就医。

（十一）肩袖损伤

1. 概念

肩袖损伤是指肩袖肌腱或合并肩峰下滑囊的损伤性炎症病变。发生肩袖损伤时,肩外展会感到些许疼痛,有时会向上臂、颈部放射。肩外展或伴内、外旋时,疼痛加重,压痛局限于肩峰与肱骨大结节之间。肩袖损伤可分为急性损伤和慢性损伤,急性损伤期间常伴有三角肌痉挛疼痛,慢性损伤期间继发三角肌萎缩乏力。

2. 处理方法

大学生在发生肩袖损伤后,可适当进行休息、调整,可采用物理治疗、针灸、按摩等方法治疗。除此之外,还可活动运拉肩关节和上肢,以促进恢复。如果发生肌腱断裂,则要立即就医。

（十二）髌骨劳损

1. 概念

髌骨具有保护股骨关节面、维护关节外形和传递股四头肌力量的作用,是维护膝关节正常功能的主要结构。髌骨劳损一般是膝关节长期负担过重或反复损伤积累而成的。髌骨劳损是膝关节酸软疼痛,髌骨压迫痛,单足半蹲的时候有痛感。少数患者因长期膝关节疼痛不敢用力而肌肉萎缩或有少许关节积液。

2. 处理方法

大学生发生髌骨劳损后,可采用按摩、中药外敷,针灸等方法处理;加强膝关节肌群力量练习,比如采用高位静力半蹲,每次保持3～5分钟即可,每日进行1～2次。

（十三）腰部扭伤

1. 概念

腰部扭伤是腰部软组织的损伤。有明确的外伤史,伤后立即或一、二日后发生腰痛,为急性腰部扭伤,亦称"闪腰"。肌肉轻度扭伤伤后疼痛显著,脊柱不能伸直;因肌痉挛而引起脊柱生理曲线改变者为较重的扭伤。如是棘上韧带与棘间韧带扭伤,则受伤当时感到局部突然撕裂样疼痛,过度前弯腰时疼痛加重,腰伸展时疼痛较轻,棘突上或棘突之间有局限而表浅的明显压痛点。若是筋膜破裂,则多发生在骶棘肌鞘部和髂嵴上、下缘,伤处有明显的压痛点,弯腰和腰扭转时疼痛较重,腰伸展时疼痛较轻。如果是小关节交锁,受伤当时即有腰部剧烈疼痛;呈保护性强迫体位,不敢做任何活动,亦惧怕任何搬动,尤其不能做腰后伸活动,疼痛位置较深,不易触到压痛点,但叩击伤处可引起震动性剧烈疼痛。

2. 处理方法

（1）休息。发生腰部扭伤的大学生可仰卧于垫子或木板床上休息,腰部垫一薄枕以便放松腰肌,活动时要避免受伤组织受到牵拉。轻度扭伤可休息2～3天,较重扭伤需休息一周左右。

(2)按摩。进行穴位按摩。取人中、扭伤、肾俞、大肠俞、委中等穴,手法强度应使病人有较强的酸麻胀感为宜。

(3)其他疗法。如外贴活络止痛膏,内服活络止痛药,火罐疗法、针灸疗法、局部注射强的松龙、理疗等。

(十四)关节脱位

1. 概念

大学生在体能训练中,因受外力的作用,使关节失去正常的连接关系叫关节脱位,又称脱臼。发生关节脱位时,大学生会感到剧烈的疼痛,关节周围出现显著肿胀,关节功能丧失。有时还发生肌肉痉挛,严重时会出现休克。

2. 处理方法

大学生在发生关节脱位后,切不可随意做复位动作,以免加重伤情。用夹板或三角巾固定伤肢,并尽快送医院治疗。

(十五)骨折

1. 概念

骨折是指在运动时,大学生身体某部受到直接或间接的外界力量撞击而造成的损伤。常见的骨折有肱骨骨折、尺桡骨骨折、手指骨折、小腿骨折、肋骨骨折等。骨折发生时伤者可感到明显的疼痛,患处出现肿胀的现象,肢体失去正常功能。严重时还伴有出血和神经损伤,甚至发烧及突发休克等现象。

2. 处理方法

大学生在发生骨折后,切忌随意移动肢体,应用夹板或其他代用品固定伤肢;如出现休克,应对患者实施人工呼吸。对于有伤口出血的患者,要采取止血措施,并送往医院治疗。

二、运动疾病及处理

(一)过度紧张

1. 病因

(1)身体及心理素质较差。
(2)运动水平不高。
(3)机体出现过度疲劳现象。
(4)伤病中断训练后突然参加剧烈活动。

(5)患有某些心血管疾病的患者,突然参加剧烈运动,易导致过度紧张。

2. 症状

(1)头晕、眼前发黑、面色苍白、全身无力、站立不稳。

(2)有恶心呕吐,脉搏快速细弱,血压明显下降的现象。

(3)严重者会出现嘴唇青紫,呼吸困难,右季肋部疼痛,肝脏肿大,心前区痛,心脏扩大等急性心功能不全等症状。

3. 预防

(1)大学生进行体能训练前,应做好充分的准备活动,身体训练要全面,训练方法要得当,运动新款要循序渐进的进行。

(2)伤病初愈重新进行体能训练时,要注意运动负荷量与强度的安排,应逐步增加运动强度和运动量。

(3)大学生在进行大强度的体能训练前,应做好体格检查,高血压、心脏病患者切忌参加。

(4)身体素质较差者应根据个人具体实际合理选择运动手段和方法,切不可勉强参加训练。

(5)要注意运动训练中的安全与卫生,加强营养补充。

(6)运动训练要进行必要的医务监督,将运动疾病的风险降到最低。

4. 处理

(1)轻度的过度紧张,可安静的仰卧在垫上,短时间休息后可恢复。

(2)发生脑缺血时,应将患者平卧休息,头稍低,给以热糖水或镇静剂以促进恢复。

(3)对于严重的心功能不全的患者,应保持安静,平卧,指掐"内关"和"足三里穴"。如果昏迷,可指掐"人中穴"。

(4)对于呼吸困难或心跳停止者,应施以人工呼吸,然后去往医院治疗。

(二)运动中腹痛

1. 病因

运动性腹痛发生的原因有很多,主要有以下几种。

(1)准备活动不充分。

(2)大学生身体素质较差,训练水平较低。

(3)运动负荷过大。

(4)呼吸与动作之间的节奏配合不良。

(5)精神紧张,过度疲劳。

(6)膳食不合理,营养不良等。

2. 症状

(1)在进行小负荷强度运动时,腹痛不明显。负荷强度增加后,腹痛逐渐加剧。

(2)腹痛部位,常为病变脏器所在。

①左上腹痛,多为脾淤血。

②左下腹痛,多因宿便引起。

③右上腹痛,多为肝胆疾患、肝脏淤血。

④右下腹痛,多为阑尾炎。

⑤中上腹痛,多为急性或慢性胃炎。

⑥腹中部痛,多为肠痉挛、蛔虫病。

3. 预防

(1)运体能训练前要做好充分的准备活动,运动时注意呼吸的节奏。

(2)采取各种训练方法,全面发展身体素质,提高人体的生理机能水平。

(3)体能训练要科学,循序渐进地增加负荷量与强度。

(4)合理安排膳食与营养。饭后切忌参加剧烈运动,运动前不宜过饱或过饥,也不要饮水过度。

4. 处理

(1)患者用手按压疼痛部位,或弯腰跑一段距离,一般疼痛即可减轻或消失。

(2)降低运动强度,调整呼吸和运动节奏。

(3)病情加重时应停止运动,口服止痛药物,点掐或针刺足三里、内关、三阴交等穴位,并进行腹部热敷。

(4)经过治疗如果还没有效果,则立即就医。

(三)岔气

1. 病因

岔气是指运动时发生与腹痛位置不同的突然性胸壁或上腹近肋骨处的疼痛现象。"岔气"出现的原因主要有以下两个方面。

(1)进行体能训练前没有进行充分的准备活动。

(2)体能训练中大学生的呼吸节奏紊乱或心肌功能不佳。

2. 症状

(1)患者胸壁或上腹近肋骨处出现明显的疼痛。

(2)说话、深呼吸或咳嗽时局部疼痛。

(3)按压疼痛部位有明显压痛,但无红肿现象出现。

3. 预防

(1)运动做好充分的准备活动,使身体适应逐步加大的运动量。

(2)没有特殊情况不要中断锻炼,运动锻炼中要掌握好呼吸的方法和节奏。

4. 处理

(1)深吸气后憋住不放,握拳由上到下依次捶击胸腔左、右两侧,亦可用拍击手法拍击腋下,再缓缓做深呼气。

(2)深吸气憋住气后,请别人捶击患者侧背部及腋下,再慢慢呼气。

(3)连续做深呼吸,同时用手紧压疼痛处可有一定程度的缓解。

(4)用食指和拇指用力捻捏内关和外关穴,同时做深呼吸和左右扭转身躯的动作。

(5)可深吸气后憋住不放,用手握空拳锤击疼痛部位。

(四)低血糖症

1. 病因

(1)体能训练前体内肝糖原储备不足,训练过程中没有及时补充血糖。

(2)长时间、大运动量的体能训练导致大学生体内血糖量的大量减少。

(3)中枢神经系统功能紊乱,导致胰岛素分泌量增加。

(4)患者没有遵医嘱而继续参加体能训练。

2. 症状

(1)轻者感到饥饿、疲乏、头晕脑涨、心悸、面色苍白、出冷汗。

(2)重者可出现神志模糊、语言不清、四肢发抖、呼吸短促、烦躁不安或精神错乱,甚至惊厥、昏迷。

(3)脉搏快而弱,血压偏高或无明显变化,或昏倒前升高而昏倒后降低,呼吸短促,瞳孔扩大。

(4)血糖呈明显降低症状。

3. 预防

(1)在进行大运动量的体能训练时,应事先准备一些含糖的饮料。

(2)缺乏锻炼或体能素质较差者,不宜参加长时间的体能训练。

4. 处理

(1)低血糖患者应平卧,注意保暖。

(2)较轻者可饮浓糖水或吃少量食品,一般短时间内即可恢复。

(3)可静脉注射 50% 葡萄糖 $40\sim100$ 毫升。

(4)昏迷不醒者,可针刺人中、百会、涌泉、合谷等穴,并及时就医。

(五)运动性贫血

1. 病因

运动性贫血是由各种原因引起的,如果大学生的生理负担量过大而参加体能训练就很有可能导致贫血现象的发生。

2. 症状

(1)血液检查时,血红蛋白的含量减少,男性低于 120 克/升,女性低于 105 克/升。

(2)头晕、乏力、易倦、记忆力下降、食欲差,发病缓慢。

(3)运动训练中常伴有气促、心悸等症状。

(4)皮肤和粘膜苍白,心率较快,心尖区可听到收缩期吹风样杂音等。

3. 预防

(1)合理安排体能训练的负荷,运动的量与强度要循序渐进增加。

(2)根据个人具体实际,贯彻个别对待的基本原则。

(3)多食含蛋白质丰富的食物,尽力改掉偏食的不良习惯。

(4)补充身体必需的铁元素。

4. 处理

(1)发生运动性贫血时,要适当减少运动的量与强度,必要时可停止参加体能训练。

(2)服用维生素 C 和胃蛋白酶合剂,以促进铁的吸收。

(3)口服硫酸亚铁片剂,可治疗缺铁性贫血。

(4)合理膳食,补充营养,多食用富含蛋白质和铁的食物。

(六)运动性疲劳

1. 病因

运动性疲劳是指由于长期练习的方法不当、疲劳积累所引起的一种病理状态。运动负荷过大、缺少必要的调整是过度疲劳产生的主要原因。除此之外,违反循序渐进原则和系统性原则,没有合理、科学地进行锻炼;身体状况不佳,大学生没有针对性地进行体能训练;在急性疲劳状态下强行训练等也容易发生过度疲劳。

2. 症状

发生运动性疲劳时,患者常感到浑身乏力、精神不振、头昏脑胀,不愿参加任何活动。

3. 预防

(1)进行体能训练前要做好充分的准备活动。

(2)缺乏运动锻炼者要选择较低的量与负荷,避免长时间的剧烈运动。

4. 处理

(1)调整训练计划和项目,减少运动量,并注意休息,保证充足的睡眠时间,2~3 周以后即可恢复正常。

(2)如未能早期发现,过度练习发展到中、后期,病情进一步发展,必要时应立即停止技术动作的练习,调整生活制度,并加强营养。

(3)根据病情进行药物治疗,如服用维生素 C、维生素 B_1、维生素 B_6、维生素 B_{12}、葡萄糖、ATP 等。

（七）运动性血尿

1. 病因

（1）肾缺氧。运动时血液重新分配,肾脏缺血缺氧,影响肾脏正常功能,以致红细胞渗出。

（2）肾静脉高压。大学生肾周围脂肪组织较少,长时间跑跳时,身体震动可使肾脏下垂,使静脉血流受阻,肾静脉压增高,从而导致红细胞渗出。

（3）肾损伤。运动时腰部的猛烈屈伸或蜷缩体位可使肾脏受到挤压,肾内毛细血管损伤,从而引起肾出血。

（4）膀胱损伤。在膀胱排空的情况下跑步,脚落地震动时膀胱后壁与膀胱底部互相触碰,而使该部位损伤,引起血尿。

2. 症状

（1）参加体能训练后即刻出现血尿。

（2）停止体能训练后,血尿则迅速消失,一般不超过 3 天。

（3）无其他症状出现,血液化验、肾功能检查、腹部 X 线平片等均正常。

3. 预防

（1）运动前后做好必要的准备活动和整理活动。

（2）合理膳食,注意营养补充。

（3）饭后切忌立即进行剧烈运动。

4. 处理

（1）对身体进行全面的检查,排除病理性血尿,以免误诊。

（2）出现肉眼血尿时,应立即停止运动。

（3）对出现少量红细胞而无症状的大学生,应减少运动量,继续观察。

（八）肌肉酸痛

1. 病因

大学生在运动时肌肉活动量过大,而引起局部肌纤维及结缔组织的细微损伤,以及部分肌纤维的痉挛所至。

2. 症状

（1）局部肌肉纤维细微损伤及痉挛。

（2）整块肌肉运动时存在酸痛感。

3. 预防

（1）做好充分的准备活动,注意体能训练中有关局部肌肉的活动锻炼要充分。

（2）科学、合理地安排运动负荷。

（3）避免长时间锻炼身体某一部位，以免加重局部肌肉的负担，造成额外的运动损伤。

（4）运动结束后，要做好整理运动，可采用一般放松练习和肌肉伸展牵引练习。

4．处理

（1）对酸痛局部进行静力牵引练习，保持拉伸状态2分钟，然后休息1分钟，重复练习。

（2）对酸痛的局部肌肉进行热敷，促进血液循环及代谢过程，有助于损伤组织的修复及痉挛的缓解。

（3）对酸痛局部进行按摩，使肌肉放松，促进肌肉血液循环，有助损伤修复及痉挛缓解。

（4）口服维生素C。维生素C有促进结缔组织中胶元合成的作用，能加速受损组织的修复和缓解酸痛。

（5）补充微量元素锌元素，锌元素有利于损伤肌肉的修复。

（九）肌肉痉挛

1．病因

肌肉痉挛（俗称抽筋），是指肌肉发生的不自主的强直性收缩的现象。人体的小腿腓肠肌、足底的屈拇肌和屈趾肌是最容易发生肌肉痉挛的部位。发生肌肉痉挛的原因有很多，主要是大学生体内失盐过多；冷刺激；肌肉收缩与舒张失调等原因所致。

2．症状

（1）患者全身肌肉强直，双眼上翻或凝视，神志不清。

（2）出现局限性抽风现象，仅局部肌肉抽动，如仅一侧肢体抽动，或面肌、手指、脚趾抽动等。

3．预防

（1）体能训练前后要做好充分的准备活动和整理活动。

（2）体能训练前对可能发生肌肉痉挛的部位做适当的按摩。

（3）冬季参加体能训练时要注意保暖，夏季要注意盐分、水及维生素的补充。

（4）在疲劳或饥饿时不宜参加长时间或大运动量、大强度的体能训练。

4．处理

大学生在发生肌肉痉挛时，牵引机体痉挛的肌肉常可使之缓解。例如，小腿后面群肌痉挛可伸直膝关节，用力将足背伸；足底部屈肌、屈趾肌痉挛，可用力使足和足趾背伸。此外，还可采用按摩的方法促进机体的恢复，如推摩、揉捏、点穴等手法，可促使缓解。

（十）中暑

1．病因

中暑是热射病、热痉挛和日射病的总称，一般发生在炎热的夏天，尤其是在烈日的直接照射下多发生中暑现象。

2. 症状

(1)身体发热、四肢乏力、头晕脑涨、恶心呕吐、胸闷等。

(2)烦躁不安、脉搏细速、血压下降。

(3)重症患者还会出现头痛剧烈、昏厥、昏迷、痉挛等症状。

3. 预防

(1)在夏天进行体育运动锻炼应尽量避开炎热的时间段。

(2)在高温天气下进行体能训练时,最好戴上遮阳帽,以防日光直射;衣服的选择要合理,以浅色或白色为宜。室内运动场地应有良好的通风、降温设备。另外要要准备大量补充水分的饮料。

(3)中暑早期会出现一定的先兆症状,如发现大学生出现大量出汗、恶心、头昏等现象时,应立即停止运动。

(4)选择阴凉的地方进行体能训练,训练中应增加休息的次数。

(5)夏天进行体能训练时,消耗的水分较多,应及时补充水分。

(6)体能训练后切忌用冷水浇身,要用温水洗澡,可有效地避免中暑的发生。

4. 处理

(1)对轻度中暑患者,应将其迅速移至阴凉通风处休息,解开衣领,并给予清凉饮料、浓茶、淡盐水和人丹、解暑片(每次 1~4 片)或藿香正气丸(每次 1 粒)等解暑药物。

(2)对病情较重的患者,应立即移到阴凉处,让其平卧(或抬高下肢),采取的措施如下:中暑痉挛时,服用含糖、盐饮料,并在四肢作重推摩、按摩,头部用冰袋或冷水湿敷;中暑高热时,应迅速降温,如用冷水或冰水擦身,或在额、颈、腋下和腹股沟等处放置冰袋,也可用 50% 酒精擦浴;症状重或昏迷者,可针刺人中、涌泉等穴,并应立即送往医院接受治疗。

(十一)冻伤

1. 病因

冻伤是机体的某一部分组织因寒冷侵袭而出现血循环障碍,如水肿、水泡、坏死等局部损害的症候群。

冻伤发生的原因是人体长时间暴露在寒冷环境下,体温过度下降,血液循环障碍和细胞代谢不良,导致手、足、面颊、耳、鼻等局部发生损伤。

2. 症状

受冻部位无痛感,变得苍白或蜡黄,有红斑和水肿、水疱和大疱、浅表坏疽、深部坏疽以及肌肉、肌腱组织、骨膜和神经损伤。

3. 预防

(1)多在室外进行体能训练,以增强机体的耐寒能力和免疫力。

(2)大学生在进行体能训练时,着装要合理,衣服、鞋袜要温暖而合适,防止过紧而影响血液循环,运动后要及时更换鞋袜。

(3)在气候寒冷时,身体外露的部分采取必要的保暖措施,如手套、耳套等。

4. 处理

(1)第1度冻伤:禁用火烤或热水烫,也不要用雪水摩擦,应迅速放在38℃～40℃的温水复温,但水温不可超过45℃,以免发生烫伤。复温后,局部可涂冻疮膏。也可用酒精棉球经常轻轻揉擦,使局部皮肤微红即可。注意患部保暖和清洁,避免因痒搔破。

(2)第2度冻伤:小水泡不要弄破;较大的水泡,在局部消毒后用针头刺破,然后进行包扎。若已溃,可搽紫药水或消炎软膏后再包扎。

(3)第3度冻伤:及时去医院接受治疗。

(十二)休克

1. 病因

(1)运动量过大。
(2)身体生理状态不良。
(3)肝脾破裂大出血、骨折和关节脱位的剧烈疼痛等。

2. 症状

(1)早期常有烦躁不安、呻吟、表情紧张、脉搏稍快、呼吸表浅而急促等症状。
(2)发作期,表现为精神萎靡不振、面色苍白、口渴、畏寒、头晕、出冷汗、四肢发冷、脉速无力、血压和体温下降。
(3)严重者出现昏迷。

3. 预防

(1)对有可能发生休克的大学生,要采取相应的预防措施。如活动性大出血者要确切止血;骨折部位要稳妥固定;软组织损伤应予包扎,防止污染等。
(2)对严重感染的病人,要采用敏感抗生素,静脉滴注,积极清除原发病灶,以免发生感染。
(3)充分做好严重患者的术前准备。

4. 处理

(1)使患者安静平卧于床上,并注意保暖。
(2)可给服热开水及饮料,针刺或点人中、足三里、合谷等穴。
(3)由骨折等外伤的剧痛而引起的休克,应给以镇痛剂止痛。
(4)急救的同时,应立即送医院。

(十三)昏厥

1. 病因

(1)长时间站立或过久下蹲后骤然起立,使脑部缺血,容易引起昏厥。
(2)跑动后立即停止,由于下肢血管失去肌肉收缩的挤压作用,加上血液本身的重力关系,大量血液积聚在下肢舒张的血管中,造成回心血量减少,因而心输出量减少,使脑部突然缺血,而发生晕厥。这种昏厥也叫"重力性休克"。

(3)神经类型欠稳定的人,一旦受惊、恐惧、悲伤,或者看到别人出血,都可反射地引起广泛的小血管急性扩张,血压下降,从而导致脑部血液供应不足而发生血管抑制性昏厥。

2.症状

(1)昏厥前,病人面色发白,感到头昏眼花,全身软弱无力。
(2)昏厥时失去知觉,突然昏倒。
(3)昏倒后,面色苍白、手足发凉、出冷汗、脉搏慢而弱、血压下降、呼吸缓慢。
(4)经过短时间的平卧休息,脑缺血消除,知觉迅速恢复,但精神不佳,仍有头昏,全身无力的感觉。

3.预防

(1)当有昏厥的前期症状时应立即平卧,或由同伴扶着走一段路,可使症状减轻或消失。
(2)坚持锻炼,增强体质。
(3)久蹲后要慢慢站立起来。
(4)跑后不要立即站立不动,应继续慢跑并做深呼吸。

4.处理

(1)让患者平卧,头部稍放低,松解衣领,注意保暖。
(2)用毛巾擦脸,自小腿向大腿做重推摩和揉捏。
(3)患者没有苏醒,则用指针掐点人中穴。
(4)禁止给任何饮料饮用或服药。有条件的话,应给氧气和在静脉注射 $25\%\sim50\%$ 葡萄糖 $40\sim60$ 毫升。
(5)如呼吸停止,应立即进行人工呼吸,醒后可给以热饮料,注意休息。
(6)急救同时,应该尽快联系医生。

第四节　体能训练的自我监督

大学生体能训练中的自我监督是指大学生对自身的健康状况、身体反应、功能状况等进行自我观察和检查的方法。自我监督有利于参加体能训练的大学生对运动量大小做出间接评定,从而合理安排运动负荷,避免运动性损伤和运动性疾病的发生。大学生体能训练的自我监督主要分为以下两大部分。

一、主观感觉

(一)精神状态

体能训练中的大学生的精神状态主要包括两个方面,即正常感觉和不良感觉。前者主要表现在体能训练后疲劳消除较快,功能恢复较快,精神饱满,无全身不适感;后者主要表现在体能训练后四肢无力、肌肉酸痛、关节疼痛、头痛、恶心,甚至呕吐、头晕、气喘、心前区憋闷、上腹部疼痛等,这多是身体健康状况不良或运动量过大的表现。

(二)运动心情

一般来说,运动心情可分为渴望锻炼、愿意锻炼、不愿意锻炼三种,主要反映有无训练欲望。如有训练的欲望则表明身体的机能状况良好。当身体机能正常时,机体状况表现为精神饱满,体力充沛,渴望训练。如果健康状况不佳或过度训练时,就会出现心情不佳、厌烦情绪。面对训练有惧怕心理时,就表明大学生的运动心情不好。

(三)睡眠

睡眠是反映神经系统功能状态的指标。睡眠状态良好,表现为入睡快,醒后精力充沛。睡眠状态不好,表现为入睡迟、夜间易醒、失眠,醒后仍有疲劳感。长期睡眠不好,说明运动负荷已超过了机体的负担能力,或机体已过度疲劳,应及时对训练进行调整。

(四)食欲

食欲是反映中枢神经系统是否疲劳的重要指标。如果大学生体能训练适当,运动后能量消耗大,食欲良好,想进食,食量大。训练过渡,运动后不想进食,食量减少,并在一定时期内不能恢复食欲,则表明大学生的中枢神经系统已经疲劳。

(五)出汗量

运动时,出汗量的多少与运动量、训练程度、饮水量、空气温度、湿度、衣着厚薄以及个体的神经系统状况密切相关。在观察出汗时,应特别注意是否有盗汗。

盗汗即夜间睡眠中出大量冷汗的现象,是植物神经系统功能紊乱或身体疲劳的表现,也是内脏器官患病的征兆,应予以高度注意。一般来说,大学生在体能训练期间,如果其他条件相同,出汗多则表明其技能水平呈下降趋势。

总之,体能训练中的自我感觉是观察者在训练中最直观的反应,有利于大学生及时发现训练中存在的问题,尽早查明原因,及时采取有效措施。在体能训练中,大学生的主观感觉可根据具体情况填写并做好记录,为体能训练计划的调整提供充足的依据(表4-3)。

表 4-3　自我感觉填写表(周表)

项目/时间	训练心情	排汗状况	食欲状况	睡眠状况	营养补充状况	对训练负荷的承受力	有无运动性疾病	有无训练损伤发生
周一								
周二								
周三								
周四								
周五								
周六								
周日								

二、客观感觉

(一)脉搏

在现实生活中,正常人的脉搏和心跳是一致的。脉搏的频率与年龄、性别、运动、情绪、休息和睡眠密切相关。一般说来,脉搏与训练水平有关。

早晨安静时(平卧或静坐),健康青少年的脉搏为 68~82 次/分钟。经过一段时间的体能训练后,心脏机能增强,脉搏可逐渐减少,一月后可减少到 65~72 次/分钟。运动量适宜时,体能训练后一小时内脉搏即可恢复到锻炼前水平;运动量较大时,经过一夜的休息,次日凌晨脉搏可恢复正常;运动量大时,运动过程中脉搏可达到 140~180 次/分钟,运动结束一小时后恢复为 90~100 次/分钟,次日可恢复到 80~90 次/分钟,以上三种情况都属于生理性疲劳。若次日早晨脉搏仍维持在 90~100 次/分钟或者更高,则说明前一天的运动量过大,机能反应不良,疲劳未能消除或存在感染,应适当减少运动量。

(二)体重

体重可以综合反映人体肌肉、脂肪、内脏器官及骨骼等的生长发育情况,是评定学生身体发育的基本标准之一。健康青少年的体重是相对稳定增长的,健康成人的体重是相对稳定的,一个月内体重增减不超过 3 千克。运动训练或比赛后,体重会有一定程度的下降。体重下降的幅度与运动强度、运动持续时间成正比。一般的,经过系统的体育运动后,体重变化呈现以下三个特点。

(1)第一阶段:大学生经过一段时间的体能训练,机体会因失去过多的水分和脂肪而导致体重有逐渐下降的趋势,一般下降 2~3 千克。持续下降 3~4 周。体型较胖或参加系统训练较少者,体重下降的幅度可能更大一些。

(2)第二阶段:体重处于稳定时期。运动后体重减轻,但在 1~2 天内得到完全恢复。这个阶段持续 5~6 周以上。

(3)第三阶段:大学生坚持长期体能训练会使肌肉等组织逐渐发达,体重有所增加,并保持在一定的水平上。如果发现体重减轻了 2~3 千克以上,则可能是运动量太大。如果减少运动量,体重仍不能回升,应去医院检查。

大学生在体能训练期间,如果出现体重持续下降的情况,并伴有其他异常情况,如睡眠失常、情绪恶化等,很有可能是早期过度训练、身体患有慢性消耗性病变(如肺结核、甲状腺机能亢进)或热能不足等因素引起的。进行大运动量体能训练的大学生停止训练后体重增加是正常的生理反应,但如果体重呈逐渐增加的趋势,则表明运动量小、热量累积过多。

(三)运动成绩

进行科学合理的体能训练,大学生的身体素质会得到明显的提高,并维持在较高的水平。从运动医学的角度来看,运动成绩长期不提高或下降,主要反映了身体机能状况不良和早期过度训练两个方面的问题。

第五章　大学生体质测评的内容与方法

第一节　体质测量与评价概述

一、大学生体质测评概述

(一)体质概述

1. 体质的概念

所谓体质,是人体在先天遗传性和后天获得性的基础上形成的,在形态结构、生理生化功能、适应能力和心理因素等方面表现出来的,综合的、不断发展的、相对稳定的特征表现。人体的先天条件,也即为遗传因素对体质的强弱具有重要的影响。但是,需要注意的是,先天因素只是为体质的发展提供了一种可能性,决定体质强弱变化的重要因素是后天条件,包括生活环境、营养卫生、行为方式等。

简而言之,体质能够在一定程度上反映出人体的两个不同的层面:其一是其能够在一定程度上反映人体的运动水平;其二是其反映着人体的生命活动水平。人体的各种生命活动是人得以生存发展的基础,也是身体运动的基础;而身体运动则能够在一定程度上促进人体各项机能的发展,促进生命活动的增强。人体运动具有着社会属性,而生命活动则具有着自然属性,两者相互联系、相互统一。

如果满足于生命活动的自然发展,则可能在一定程度上限制身体运动的发展水平;而如果违背人身体运动的发展,则可能损害人体的生命活动,这是两者相互矛盾的一面。

通过上述分析,我们认为,体质反映着人体的生命运动和身体运动,而这两方面是对立统一的关系。因此,在对其进行分析和研究时,首先应科学地把握两者的对立统一性,这样才能达到身体发展的极致。需要注意的是,一个人的体质强弱要从形态、功能、身体素质对因素、气候适应能力和抗病能力等多方面进行综合评价。身体健康状态来良好的人,其体质状况可能会有很大的区别。

目前,关于体质与健康之间的关系的研究相对较少,因此在一定程度上造成了人们对这两词的混淆使用。随着人们的健康观念的不断发展,有必要将这两者之前的关系进行界定。尤其是随着人们对生活质量和健康的追求不断增长的今天,更应该加强体质与健康关系的研究。

有学者认为体质是人体的一种特质,它侧重于从"外观"方面对人体进行研究;而健康则侧重于人体"内部"的研究,是人体体质状况的反应和表现,是一种人体状态。在对体质和健康进行评价时,很难确定一些指标到底属于体质指标还是健康指标,因此,在评价人体健康状况时,总是将两者结合起来,进行综合的评价。也有学者认为,体质是健康和体力的综合,这两方面组合在一起才能够反映出人们的体质状态。

有学者通过通俗的例子来说明体质与健康之间的关系:将人体比作各种各种的电视机,电视机质量各有不同,一般而言,名牌电视机的质量要比杂牌电视机的质量要好很多,但是当两台电视机都处于来良好的工作状态("健康"状态)时,都能接收电视信号,都能看电视节目,我们说这两台电视机都处于"健康"状态,都是"健康"电视;但是,这两台电视机在质量上却有着显著的差别,名牌电视在使用寿命、清晰度、稳定性、用户体验方面都要明显优于杂牌电视机。健康状态的人体质也会有很大的差别,经常进行体育锻炼的人体质要相对较好,其就是"名牌电视机",并且其健康的状态也是相对较为稳定的;而不进行体育锻炼的人则其体质要相对较差。

健康在一定程度上来说是人体的一种动态的状态,在一些条件下,人体可能出现非健康的状态。而具有良好的体质的人能够更好地维持人体的健康状态。因此,有学者也将体质的概念定义为:维持良好的健康状态的能力。

2. 体质的构成因素

不同的体质表现为不同的特点。一般体质包含五个方面的具体影响因素,即为:体格、生理功能、身体素质和运动能力、心理发育以及适应能力。具体而言,其具体内容如下。

(1)体格

体格是指身体的形态和结构的发育水平,如人的高低、胖瘦等。一般体格包含三方面的内涵,分别为:身体形态、身体姿态和生长发育等。对其进行评价时,评价指标主要包括身体、体重、腰围、臀围等方面。通过这几方面的测定能够对人体的体格状况进行一定的评价。

(2)生理功能

生理功能即为人体的各器官系统的生理功能和状况,它同时还包括人体的新陈代谢水平。对人体的器官系统的生理功能进行测量和评价时,其主要的指标有血压、脉搏、肺活量等。脉搏和血压是检测心血管功能的建议的指标,并且在进行运动健身过程中,其也是较为简单的负荷评价指标;肺活量能够反映肺的容积和肺的扩张能力。

(3)体能

体能即为人体的运动能力和各方面的身体素质的综合,运动能力包括走、跑、跳等方面的能力,身体素质包括力量、速度、耐力等方面的素质。也可将体能理解为人体的各器官和系统在肌肉活动过程中所表现出来的能力。

(4)心理发育水平

人的生长发育是生理和心理方面的共同发展,心理发育水平是体质的重要方面,其主要包括人的心理品质、心理过程以及直觉能力、判断力和个性等方面的内容。

(5)适应能力

一般适应能力包括人对社会和自然环境在心理和生理方面的适应能力,这里的适应能力主要是指生理方面的适应能力,即为人体对疾病的抵抗能力。

(二)大学生体质测试内容的演变与完善

随着科学研究的不断深入,人们对如何通过体育锻炼提高体质健康水平在理念和认识上都有了进一步的提高,手段和方法上也有所改进和创新,在体质的测量与评价方面也已发生了一些不小的变化。人们开始对通过身体运动素质测试来反映学生的体质水平产生了怀疑。专家认为,心血管系统功能是体质的重要指标,它与有氧耐力关系密切,而身体成分又对前两者发生着重要的影响作用,腹部肌肉力量差、腿后部肌肉的伸展性差是引起腰背部疼痛的主要原因。由于对影响体质要素认识的提高,体育课程的着眼点开始从"身体运动素质"向"身体健康素质"转化,课程评价也随之发生了重大的变化。

目前,世界大多数国家都认为:身体成分、心血管系统的功能水平、肌肉的力量和耐力、肌肉和关节的柔韧性是影响人体体质水平的主要因素,也是影响人们学习和工作乃至提高未来生活质量的重要条件。目前,健康身体素质这一概念及评价指标已被世界大多数国家的有关专家所认同,并被广泛地应用于这些国家学生体质的评价之中。因此,在不同的历史发展阶段,教育的发展水平、社会对受教育者的要求、学生体质健康状况的变化、科学研究的新成果等,都会影响学生体质标准的制定和评价内容的选择,同时也必然会对标准的制定和评价内容的选择起到一定的制约作用。为此,体质测试内容也将发生变化(表5-1)。

表5-1　体质测试内容演变一览

标准名称	测试内容	评价领域
劳卫制	100米或60米跑	速度素质
	400米或800米跑或1 500米、3 000米跑(男)	速度耐力素质
	跳远或跳高	爆发力素质
	爬绳(竿)或俯卧撑(女)或举重(男)或引体向上(男)	力量素质
	射击或手榴弹掷远或垒球掷远或行军	军事技能
	游泳、体操、滑冰(少年组除外,各省规定项目)	运动技能
国家体育锻炼标准	50米或100米或25米往返跑	速度素质
	800米(女)、1 000米(男)跑	速度耐力素质
	跳远或跳高或立定跳远;掷实心球或推铅球	爆发力素质
	引体向上(男)、1分钟仰卧起坐(女)	力量素质和技能
国家学生体质健康标准(2014年之前)	身高标准体重	身体成分
	台阶试验或耐力跑(男1 000米、女800米)	心血管系统机能
	肺活量体重指数	呼吸系统机能
	50米跑或立定跳远	速度、爆发力素质
	坐位前屈或握力体重指数或屈腿仰卧起坐(女)	柔韧、耐力素质
国家学生体质健康标准(2014年修订)	体重指数(BMI)	身体成分
	肺活量	呼吸系统机能
	50米跑	速度素质
	坐位体前屈	柔韧素质
	立定跳远	爆发力素质
	引体向上(男)/1分钟仰卧起坐(女)	力量素质和技能
	1000米跑(男)/800米跑(女)	心血管系统机能

《劳卫制》《国家体育锻炼标准》在不同的历史时期内,在贯彻落实《学校体育工作条例》,促进和保证了体育课教学,以及早操和课外活动的开展;促进学生积极地参加体育锻炼,身体素质得到了一定程度的发展与提高,有利于学生健康行为和习惯的养成;在促进和评价学校体育工作等方面发挥了积极的作用。它们的颁布实施,为我国学生体质评价工作积累了丰富和宝贵的经验,新颁布的《国家学生体质健康标准》绝不是无中生有,也不是对原有《国家学生体质健康标准》的否定,而是在新的历史条件下,根据社会发生的急剧变化,面对随之而来的新矛盾、新问题所采取的积极的应对措施,是对原有"标准"的修订、补充与完善。《国家学生体质健康标准》是《国家体育锻炼标准》的组成部分,是《国家体育锻炼标准》在学校的具体实施。《国家学生体质健康标准》是激励学生积极参加身体锻炼,评价学生锻炼效果和体质健康状况的有效手段,也是在学校落实《体育法》的基本措施。

《国家学生体质健康标准》(以下简称《标准》)的贯彻实施,强调的是促进学生身体的正常生长和发育、形态机能的全面协调发展、身体健康素质的全面提高和激励学生主动自觉地参加经常性的体育锻炼的功能;淡化的是测试的甄别和选拔功能。它有利于促进学生、家长乃至全社会对"健康"概念的重新认识;有利于目的明确地帮助和督导学生实现健康目标;有利于促进学校在"健康第一"思想指导下的体育课程全面改革;有利于课程结构和成分的转变,激励学生上好体育课,全面实现体育与健康课程目标;有利于科学、综合地评价学生的体质与健康状况,对学生的体质与健康状况进行监控和及时反馈,激发学生自觉参加体育锻炼,一生追求健康生活方式的行为和习惯;有利于减轻学生的负担,减轻由于测试给学校人力、财力和物力带来的负担;有利于行政部门和学校的管理。因此,深刻领会、全面理解和贯彻落实《标准》的现实意义和深远的历史意义是我们做好工作的前提,每一位体育教师应从全面提高中华民族素质的高度出发,自觉积极地在体育与健康课教学、课外体育活动等方面加强对学生进行《标准》的宣传和教育,提高学生对《标准》目的、意义的理解和认识,激发学生积极锻炼身体的主动性和自觉性,不断提高他们的身体健康素质,使《标准》的贯彻能够落到实处,收到实效,为中华民族素质的全面提高做出应有的贡献。

二、体质测评的原则

(一)简洁性原则

简洁性原则是健身性体能训练测评应遵循的原则之一。测评报告的内容应遵循简洁性原则,即报告所展现的内容尽可能做到逻辑清晰、简捷明了,以便于迅速了解受试者的现实状况。

(二)及时性原则

健身性体能训练测评报告结果的反馈应充分体现及时性原则。对于所做出的结论与建议应尽快反馈到受试者和健身指导员手中,使他们对所采用的健身方法的效用有正确的认识,为科学的制定下一阶段的锻炼计划提供重要依据。

(三)实用性原则

健身性体能训练的测评必须遵循实用性原则。实用性原则要求健身性体能训练所选择的方法与指标一定要具有实用价值,既有利于数据的收集,又便于理解、掌握和使用。虽然检查与评定的方法和指标有许多种,但应用于实践时必须因地制宜,根据实际情况选择检查、评定方法,不要为追求新颖而使用非常难操作和应用价值很小的方法与指标。

(四)可靠性原则

健身性体能训练的测评必须遵循可靠性原则。可靠性原则要求健身性体能训练所用的方法必须科学、得出的结论必须准确可靠。这是健身性体能训练的检查与评定的科学基石和根本保障。为了确保分析数据及所做出结论的可靠性,对受试者的机能状态、训练内容与条件、数据采集等关键环节必须高度重视。

三、高校体质测评的意义

(一)有利于提高学生的健康水平

由于忽视体育卫生工作,使学生的健康水平有所下降。通常而言,健康不仅与人的生物因素相联系,而且与人的心理因素相联系。目前,我国高校学生普遍存在着健康状况不佳的现象:如体检合格率低;体形偏瘦,耐力有所下降;耐力素质下降;以及心理承受能力较差等等。以上现象反映出两个重要问题,一是学生身体健康上的问题,另一个是学生精神健康上的问题。引起学生健康下降的原因包括社会、学校、家庭等多方面原因,但缺乏对学生身体健康状况的监督还是主要原因。而体能是健康的综合表现,学生体能的提高显然有助于学生健康水平的提高,随着对体能认识的不断深入,对体能与健康之间的密切关系的论证,学校体能训练评价也必将直接反映学生健康状况,从而督促学生进行体育活动,提高体育水平。

(二)适应素质教育和体育改革的需要

我国学校教育史上的一个重大历史事件就是"应试教育"向"素质教育"的转变。素质教育强调突出以人为本的教育思想,是以人的发展为目标的教育,这就使得发展学生体能的重要性更为突出。由于学生体能训练评价的信息功能,因此为素质教育的进行和体育教育改革提供现实的依据。

首先,为科学地制定教学和训练提供依据。在教学和训练开始之前,只有对学生的情况进行全面了解,才能制定切实可行的教学和训练计划。它不仅关系到教学内容、教学方法、训练方法及手段的选择,而且还关系到能否顺利地达到既定目标。在教学和训练开始之前的学生体能训练的诊断评价是这些信息获得的途径,只有这样,才能使教师对每个学生的特长、弱点有一个全面的了解。

其次,为主动改善和调控教学训练过程提供依据。在某个阶段性的教学和训练开始后,以及在执行计划和目标的过程中,随教学和训练的进行,每个对象的情况都会生不同的变化。如由于不具备掌握该项技术所必需的有关素质,某些学生不能很好地掌握某项技术;由于基本技术掌握不熟练,有的学生在训练中某些战术练习完成不好等。因此,借助于体能训练的形成性评价,才能从学生那里得到反馈信息,及时调整教学和训练的内容、方法、手段和计划,更有效地改善和调控教学训练过程,以便实现预期的目标。

最后,为修订教学和训练大纲提供依据。在阶段教学的训练工作结束后,总结大纲、计划及其目标的完成情况是非常必要的工作。诸如技术技能掌握的程度;身体机能能力改善情况等。有关这些信息的获得,只有通过阶段教学和训练结束后的综合测量与评价才能实现。这些信息,又为进一步修订教学和训练大纲提供了科学的依据。只有如此,才能不断地总结经验,教学与训练的效果和质量也才能提高。

通过学生体能训练的评价,可以对学校体育进行全面改革、促进人的全面发展,推动素质教育的开展。

(三)有助于实施全民健身计划

全民健身计划和奥运争光计划着眼于增强国民体质和提高竞技运动水平,是我国发展体育事业的一项重大举措,具有全局性、战略性意义,为我国体育事业的发展插上了腾飞的翅膀。在全国体育人口中,我国高校学生占有较大的比重,我国体育事业腾飞也要以他们为根本。学生体能的发展不仅对群众体育的开展有着重要作用,同时也是我国竞技体育的一个巨大的人才库。

学生体能训练评价对提高学生身体健康,起指导和促进作用,通过评价学生体能的发展水平,来引导学生采用适于自身的训练方法,进行身体锻炼以增进学生的体能训练,从而促进全民健身运动的开展。

学生体能训练评价同时也具有甄别与筛选的功能,更多的竞技体育人才可以通过评价学生体能训练状况得以发现。同时,对学生进行科学地体能训练评价,可以对学校的业余训练进行有效地监督,使对竞技人才的培养更为有效,从而减少体育人才的浪费。

(四)有利于体育科学研究和部门决策的制定

在体育教学和训练的实践中,对学生体能的训练进行有目的、有计划、周密地设计并有效地使用各种方法和手段进行评价,既可以提高教学和训练的科学性,又可以从长期积累的数据资料中总结和发现一些规律,以此来提高体育教师的业务水平和科研能力,加强学校体育科学研究工作。例如,体育教学和运动训练过程中对体能评定的各种考核标准的制订、评价模式的建立、运动成绩的预测和选材等,都必须借助于各种评价方法和手段,才能获得科学的评价结果,在这个过程中大大提高了教师或教练员的科研能力。

如果采取全国范围的标准化、规模化的测量和评价,则可以了解和掌握全国高校学生体能中的生长发育状况、特点和规律,了解其生长发育的速度和身体素质的现有水平,以及与经济发达国家的差距,预测未来的发展趋势和可能达到的水平等。这样,学校、地区、省市,乃至国家的有关部门,都可以从中得到各种有价值的信息,以致在制定学生体能训练的规划时,减少主观性和盲目性,提高决策的正确性和科学性。

(五)对大学生进行体育锻炼的意义

对高校健身运动锻炼效果进行测评有着十分重要的意义。根据评价结果,可以及时地反馈健身运动锻炼的效率与具体的成效,提供一些有参考价值的意见和建议。高校健身运动锻炼效果测评的意义主要表现在以下几个方面。

1. 健身运动锻炼前进行体质测评,避免盲目锻炼

大学生在进行系统的健身运动锻炼前,应进行严格的身体检查,这样可以预先了解身体是否

患病或有患某种疾病的风险,明确健身运动锻炼的禁忌症,以帮助健身者有针对性地做好必要的医疗保健措施,克服锻炼不当而所造成的不良后果。

2. 可为健身运动锻炼效果提供基础指标

在各个健身运动锻炼阶段开始前进行的身体状况的测定和评价,可以明确健身者在身体各机能、身体素质和运动能力等方面的基础条件,以利于科学地确定健身运动锻炼的内容、方法和负荷量度,并为阶段健身运动锻炼结束后评价健身运动锻炼效果提供较为客观的基础指标。

3. 可为健身运动锻炼提供阶段性的改善资料

健身运动锻炼过程中或健身运动锻炼结束后进行的测定与评价,有利于分析健身者在健身运动锻炼时身体受到刺激的程度和"阶段性"锻炼效果,为健身运动锻炼过程的负荷控制积累资料,为健身运动锻炼的整体过程提供阶段性的改善资料。

4. 可调动健身者的积极性与兴趣,提高健身运动锻炼效果

健身运动锻炼效果评价中的良性结果,对提高健身者的积极性和兴趣具有重要的促进作用,而健身运动锻炼效果评价中的不良结果则为改进健身运动锻炼手段和方法敲起了警钟。因此,健身运动锻炼效果测评为促使健身运动锻炼的科学化,提高健身运动锻炼的效益提供了基本保证。

四、体能训练测评的方法

体能训练的应用方法种类较多,为明确说明此问题,便选择其中较有代表性的定量指标应用和定性指标应用两种方式进行分析。

(一)定量指标应用

定量指标,是指可以用一定计量单位进行定量描述的一些应用指标。

在体能训练中,对定量指标可以借助仪器测量获取数据,然后应用数理统计来分析所获取的数据信息。这种定量应用的优点在于可以使测评具有极高的客观性和准确性。

在一般的体能训练应用指标中,定量指标包括人体的外在形态、内在机能、身体素质和运动能力等。

1. 形态和机能发育水平的应用方法

针对人体形态和技能发育水平的测量应用方法较多,较为流行的方法主要有离差法、指数法、普通相关法和百分位法四种,具体分析如下。

(1)离差法

离差法,是指以大数量的横剖面调查资料的平均数为基准值,以标准差为离散距,分等应用身体发育水平的一种应用方法。使用离差法时,先必须具备指标应呈正态分布或基本上近似于正态分布的前提。指标呈正态分布(或基本呈正态分布)时,平均数位于正中,其余值较对称地分布于平均数的两侧。分布的范围与平均数和标准差呈一定的数量关系。

（2）指数法

指数法，是指根据人体各部分之间的比例及相互关系，并借助于一定的数学公式，将两项或两项以上的指标联系起来并结合成某种指数，用以应用身体发育水平的一种应用方法。体能训练应用中，这是非常实用的一种方法。

（3）普通相关法

普通相关法，是指先用离差法（或百分位法）对身高作分等应用，再以身高为自变量，分别以体重、胸围为因变量的回归直线为基准值，以其标准估计误差为离散距，对身高、体重、胸围等项发育指标进行综合应用的一种身体发育应用方法。这也是体能训练应用的常用方法之一。

（4）百分位法

百分位法指以大数量横剖面调查资料的中位数（即第50百分位数）为其准值，以其余各百分位数为离散距分等应用身体发育水平的方法。

2. 对身体素质和运动能力的测评应用方法

身体素质和运动能力，是指人体各器官系统在肌肉活动中所表现出来的机能能力。

人体身体素质主要包括力量、速度、耐力、灵敏协调和柔韧等五大要素；运动能力主要以走、跑、跳、投、攀爬等能力组成。对体能训练进行应用中，身体素质和运动能力多采用各种形式的评分方法，具体为标准百分法、分组指数法和综合应用法等。每种评分方法的具体分析如下。

（1）标准百分法

标准百分法是利用离差法原理来制订评分标准的应用方法，与离差法相比，不同之处在于应用等级分得更为详细。

（2）分组指数法

大学生在身体素质和运动能力方面，不同年龄、性别、身高、体重，以及同年龄、同性别中的不同个体都会存在一定差异。所以身高和体重是对大学生体能训练身体素质和运动能力进行测评的重要参考因素。

（3）综合应用法

一般应用大学生身体素质的全面发展水平，需要进行全面的综合应用。但各项目和指标的计量单位各不相同，不能简单的相加，所以应用方法必须标准化。国外通常将测验成绩转换成标准分，我国体能训练应用可以借鉴。其主要有 Z 标准分和 T 标准分两种，具体如下。

①Z 标准分

一个 Z 分表示一个测验成绩得分在平均数之上或之下相当于多少个标准差。Z 分的平均数为 0，标准差为 1。Z 分有可能是负数或分数。

②T 标准分

T 分为正数，小数可四舍五入为整数。在采用 T 标准分进行综合应用时，将各项指标的 T 分累加成 T 总分，便可对多项综合水平进行应用。

（二）定性指标应用

定性指标与定量指标有较多不同，它本身的客观性和科学性较之定量指标较弱，这是由于定性指标主要依据专家、教师多年积累的实践经验应用而成的，因此，这种方法又被形象的称为"经验应用法"。

尽管定性指标的应用看起来拥有更多的"经验主义"意味,但是这种经验必须是经过长期积累的,具有一定说服力的才行。具体应用时,还要对体能训练身体素质和运动能力的全面发展水平进行综合考量,如要依据被应用者的性别、年龄来查相应的单项评分表,并将各单项得分合计成总分;而对集体的身体素质和运动能力进行综合应用时,一般按集体的平均总分进行直接比较,也可将每个集体中每个大学生总分按综合价标准查出所属应用等级,然后按照 5、4、3、2、1 的方式计算集体总分进行比较(人数应相等)。此外,还可用量表测试的方式测试学生的心理发展水平及其对环境的适应能力,然后进行集体综合应用。

第二节　身体形态测评

一、身体形态指标

关于身体形态的测评标准,按照"国际体力测定标准化委员会"(ICPFR)和"国际生物学规划"(IBP)的测定方案,可将身体形态指标分为体脂成分指标、体格指标、体型指标、身体姿势指标等几种。

(一)体脂成分指标

通过对一个人的体脂成分测量,可观察出其营养状况和体质水平。根据相关研究发现,如果体脂成分过少,说明营养不良或患有某种疾病;反之则说明营养过剩或内分泌系统有疾病。体脂成分的测量可利用皮褶厚度法和水下称重法来进行。其中,皮褶厚度测量法是一种较为常用的测量方法。

皮褶厚度测量主要是测量皮下脂肪的厚度,根据皮下脂肪厚度与体内脂肪量成比例原理,通过回归公式来计算体脂的百分比。皮褶厚度的测量方法:准备好皮脂钳、软尺、水笔、记录表及测试表等器材。受测者站立,测量身体右侧,男士为胸部、腹部及大腿正中,女士为肱三头肌、腰侧及大腿正中。测试员以左手拇指及食指捏起受试者的正确皮折位置上 1 厘米(确定无捏起肌肉),然后右手持皮脂钳置于正确的皮褶位置,钳入的深度约是捏起皮褶高度的一半左右(图 5-1),而右手在钳住皮褶后可稍放开 2 秒,使读数稳定后,记录该读数。

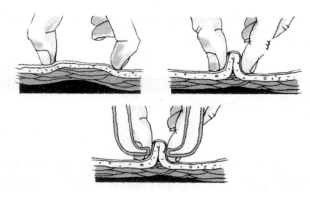

图 5-1

注意以上三个位置要重复测量2次,若两次读数差距不超过2毫米便可接受,取其平均数作为该位置的正确读数。若多于2毫米,便需再测量第三次,然后看是否有其中两个读数相差少于2毫米,若有的话将此两读数平均便可,否则需测量第四次,依此类推。

在测定出以上三个位置的皮褶厚度之后,取其总和,并于表5-2(a)、表5-2(b)中对照性别及年龄对应的脂肪含量百分比,便可计算出体脂百分比。在计算出体脂百分比之后,便可对照表5-3对受试者的体脂含量类型进行评价。

表 5-2　男士和女士依皮脂总厚度及年龄因素估计体脂%

(a)

皮褶总厚度（毫米）	男士脂肪(%)	女士脂肪(%)
13～17	1.1	6.2
18～22	2.7	8.1
23～27	4.2	9.9
28～32	5.8	11.9
33～37	7.3	13.7
38～42	8.8	15.5
43～47	10.3	17.2
48～52	11.7	18.9
53～57	13.2	20.6
58～62	14.5	22.3
63～67	15.9	23.9
68～72	17.3	25.4
73～77	18.6	26.9
78～82	19.9	28.4
83～87	21.1	29.8
88～92	22.4	31.2
93～97	23.6	32.5
98～102	24.7	33.8
103～107	25.9	35.1
108～112	26.9	36.2
113～117	28.1	37.4
118～122	29.1	38.5
123～127	30.1	39.5
128～132	31.1	40.5

(b)

年龄	男士脂肪(%)	女士脂肪(%)
17—19	2.1	1.1
20—22	2.4	1.3
23—25	2.8	1.5
26—28	3.1	1.7
29—31	3.5	1.9
32—34	3.8	2.1
35—37	4.2	2.3
38—40	4.5	2.4
41—43	4.9	2.6
44—46	5.2	2.8
47—49	5.6	2.9
50—52	5.9	3.2
53—55	6.3	3.4
56—58	6.6	3.6
59—61	6.9	3.8
62—64	7.3	3.9

脂肪含量百分比的计算,即把测量到的皮褶总厚度推算出的脂肪%加上年龄因素的脂肪%即可得出。

表 5-3　身体脂肪含量标准

性别	年龄	很低	低	平均	稍高	高
男士	20—29	≤7	8~12	13~16	17~20	≥20
	30—39	≤11	12~16	17~19	20~22	≥22
	40—49	≤14	15~18	19~21	22~24	≥24
	50—59	≤15	16~20	21~23	24~26	≥26
	60+	≤15	16~20	21~24	25~27	≥27
女士	20—29	≤15	16~19	20~22	23~25	≥25
	30—39	≤16	17~20	21~23	24~27	≥27
	40—49	≤19	20~24	25~26	27~30	≥30
	50—59	≤22	23~27	28~30	31~34	≥34
	60+	≤21	22~28	29~31	32~34	≥34

（二）体格指标

体格是指人体外部形态、结构、发育状态和体能水平的重要手段。其主要包括长度、围度、宽度和体重等几个方面。

长度主要包括：身高、肢长（包括指距、手长、上肢长、下肢长、小腿加足高、小腿长、足长）、坐高；围度主要包括上臂紧张围和上臂放松围、胸围、腰围、大腿围、小腿围、踝围等；宽度主要包括肩宽、骨盆宽等；体重是指整个人体的重量。

通过测定学生的身高和体重，然后将具体数值代入公式：身体质量指数（BMI）＝体重（千克）/身高（平方米），即可得到该名学生的身体质量指数，从而得到学生的身高标准体重（表 5-4、表 5-5）。

表 5-4　高校男生身高标准体重（体重单位：千克）

身高段 （厘米）	营养不良	较低体重	正常体重	超重	肥胖
	50 分	60 分	100 分	60 分	50 分
144.0～144.9	<41.5	41.5～46.3	46.4～51.9	52.0～53.7	≥53.8
145.0～145.9	<41.8	41.7～46.7	46.89～526	52.7～54.5	≥54.6
146.0～146.9	<42.1	42.1～47.1	47.2～53.1	53.2～55.1	≥55.2
147.0～147.9	<42.4	42.4～47.5	47.6～53.7	53.8～55.7	≥55.8
148.0～148.9	<42.6	42.6～47.9	48.0～54.2	54.3～56.3	≥56.4
149.0～149.9	<42.9	42.9～48.3	48.4～54.8	54.9～56.6	≥56.7
150.0～150.9	<43.2	43.2～48.8	48.9～55.4	55.5～57.6	≥57.7
151.0～151.9	<43.5	43.5～49.2	49.3～56.0	56.1～58.2	≥58.3
152.0～152.9	<43.9	43.9～49.7	49.8～56.5	56.6～58.7	≥58.8
153.0～153.9	<44.1	44.2～50.1	50.2～57.0	57.1～59.3	≥59.4
154.0～154.9	<44.7	44.7～50.6	50.7～57.5	57.6～59.8	≥59.9
155.0～155.9	<45.2	45.2～51.1	51.2～58.0	58.1～60.7	≥60.8
156.0～156.9	<45.6	45.6～51.6	51.7～58.7	58.8～61.0	≥61.1
157.0～157.9	<46.1	46.1～52.1	52.2～59.2	59.3～61.5	≥61.6
158.0～158.9	<46.6	46.6～52.6	52.7～59.8	59.9～62.2	≥62.3
159.0～159.9	<46.9	46.9～53.1	53.2～60.3	60.4～62.7	≥62.8
160.0～160.9	<47.4	47.4～53.6	53.7～60.9	61.0～63.4	≥63.5
161.0～161.9	<48.1	48.1～54.3	54.4～61.6	61.7～64.1	≥64.2
162.0～162.9	<48.5	48.5～54.8	54.9～62.2	62.3～64.8	≥64.9
163.0～163.9	<49.0	49.0～55.3	55.4～62.8	62.9～65.3	≥65.4

身高段 （厘米）	营养不良 50分	较低体重 60分	正常体重 100分	超重 60分	肥胖 50分
164.0～164.9	<49.5	49.5～55.9	56.0～63.4	63.5～65.9	≥66.0
165.0～165.9	<49.9	49.9～56.4	56.5～64.1	64.2～66.6	≥66.7
166.0～166.9	<50.4	50.4～56.9	57.0～64.6	64.7～67.0	≥67.1
167.0～167.9	<50.8	50.8～57.3	57.4～65.0	65.1～67.5	≥67.6
168.0～168.9	<51.1	51.1～57.7	57.8～65.5	65.6～68.1	≥68.2
169.0～169.9	<51.6	51.6～58.2	58.3～66.0	66.1～68.6	≥68.7
170.0～170.9	<52.1	52.1～58.7	58.8～66.5	66.6～69.1	≥69.2
171.0～171.9	<52.5	52.5～59.2	59.3～67.2	67.3～69.8	≥69.9
172.0～172.9	<53.0	53.0～59.8	59.9～67.8	67.9～70.4	≥70.5
173.0～173.9	<53.5	53.5～60.3	60.4～68.4	68.5～71.1	≥71.2
174.0～174.9	<53.8	53.8～61.0	61.1～69.3	69.4～72.0	≥72.1
175.0～175.9	<54.5	54.5～61.5	51.6～69.9	70.0～72.7	≥72.8
176.0～176.9	<55.3	55.3～62.2	62.3～70.9	71.0～73.8	≥73.9
177.0～177.9	<55.8	55.8～62.7	62.8～71.6	71.7～74.5	≥74.6
178.0～178.9	<56.2	56.2～63.3	63.4～72.3	72.4～75.3	≥75.4
179.0～179.9	<56.7	56.7～63.8	63.9～72.8	72.9～75.8	≥75.9
180.0～180.9	<57.1	57.1～64.3	64.4～73.5	73.5～76.5	≥76.6
181.0～181.9	<57.7	57.7～64.9	64.9～74.2	74.3～77.3	≥77.4
182.0～182.9	<58.2	58.2～65.6	65.7～74.9	75.0～77.8	≥77.9
183.0～183.9	<58.8	58.8～66.2	66.3～75.7	75.8～78.8	≥78.9
184.0～184.9	<59.3	59.3～66.8	66.9～76.3	76.4～79.4	≥79.5
185.0～185.9	<59.9	59.9～67.4	67.5～77.0	77.1～80.2	≥80.3
186.0～186.9	<60.4	60.4～68.1	68.2～77.8	77.9～81.1	≥81.2
187.0～187.9	<60.9	60.9～68.7	68.8～78.6	78.7～81.9	≥82.0
188.0～188.9	<61.4	61.4～69.2	69.3～79.3	79.4～82.6	≥82.7
189.0～189.9	<61.8	61.8～69.8	69.9～79.9	80.0～83.2	≥83.3
190.0～190.9	<62.4	62.4～70.4	70.5～80.5	80.6～83.6	≥83.7

注：身高低于表中所列出的最低身高段的下限值时，身高每低1厘米，实测体重需加上0.5千克，实测身高需加上1厘米，再查表确定分值。身高高于表中所列的最高身高段时，身高每高1厘米，实测体重需减去0.9千克，实测身高需减去1厘米，再查表确定分值。

表5-5　高校女生身高标准体重(体重单位:千克)

身高段 (厘米)	营养不良 50分	较低体重 60分	正常体重 100分	超重 60分	肥胖 50分
140.0~140.9	<36.5	36.5~42.4	42.5~50.6	50.7~53.3	≥53.4
141.0~141.9	<36.6	36.6~42.9	43.0~51.3	51.4~54.1	≥54.2
142.0~142.9	<36.8	36.8~43.2	43.3~51.9	52.0~54.7	≥54.8
143.0~143.9	<37.0	37.0~43.5	43.6~52.3	52.4~55.2	≥55.3
144.0~144.9	<37.2	37.2~43.7	43.8~52.7	52.8~55.6	≥55.7
145.0~145.9	<37.5	37.5~44.0	44.1~53.1	53.4~56.1	≥56.2
146.0~146.9	<37.9	37.9~44.4	44.5~53.7	53.8~56.7	≥56.8
147.0~147.9	<38.5	38.5~45.0	45.1~54.3	54.4~57.3	≥57.4
148.0~148.9	<39.1	39.1~45.7	45.8~55.0	55.1~58.0	≥58.1
149.0~149.9	<39.5	39.5~46.2	46.3~55.6	55.7~58.7	≥58.8
150.0~150.9	<39.9	39.9~46.6	46.7~56.2	56.3~59.3	≥59.4
151.0~151.9	<40.3	40.3~47.1	47.2~56.7	56.8~59.8	≥59.9
152.0~152.9	<40.8	40.8~47.6	47.7~57.4	57.5~60.5	≥60.6
153.0~153.9	<41.4	41.4~48.2	48.3~57.9	58.0~61.1	≥61.2
154.0~154.9	<41.9	41.9~48.8	48.9~58.6	58.7~61.9	≥62.0
155.0~155.9	<42.3	42.3~49.1	49.2~59.1	59.2~62.4	≥62.5
156.0~156.9	<42.9	42.9~49.7	49.8~59.7	59.8~63.0	≥63.1
157.0~157.9	<43.5	43.5~50.3	50.4~60.4	60.5~63.6	≥63.7
158.0~158.9	<44.0	44.0~50.8	50.9~61.2	61.3~64.5	≥64.6
159.0~159.9	<44.5	44.5~51.4	51.5~61.7	61.8~65.1	≥65.2
160.0~160.9	<45.0	45.0~52.1	52.2~62.3	62.4~65.6	≥65.7
161.0~161.9	<45.4	45.4~52.5	52.6~62.8	62.9~66.2	≥66.3
162.0~162.9	<45.9	45.9~53.1	53.2~63.4	63.5~66.8	≥66.9
163.0~163.9	<46.4	46.4~53.6	53.7~63.9	64.0~67.3	≥67.4
164.0~164.9	<46.8	46.8~54.2	54.3~64.5	64.6~67.9	≥68.0
165.0~165.9	<47.4	47.4~54.8	54.9~65.0	65.1~68.3	≥68.4
166.0~166.9	<48.0	48.0~55.4	55.5~65.5	65.6~68.9	≥69.0
167.0~167.9	<48.5	48.5~56.0	56.1~66.2	66.3~69.5	≥69.6
168.0~168.9	<49.0	49.0~56.4	56.5~66.7	66.8~70.1	≥70.2
169.0~169.9	<49.4	49.4~56.8	56.9~67.3	67.4~70.7	≥70.8

身高段 （厘米）	营养不良 50分	较低体重 60分	正常体重 100分	超重 60分	肥胖 50分
170.0～170.9	＜49.9	49.9～57.3	57.4～67.9	68.0～71.4	≥71.5
171.0～171.9	＜50.2	50.2～57.8	57.9～68.5	68.6～72.1	≥72.2
172.0～172.9	＜50.7	50.7～58.4	58.5～69.1	69.2～72.7	≥72.8
173.0～173.9	＜51.0	51.0～58.8	58.9～69.6	69.7～73.1	≥73.2
174.0～174.9	＜51.3	51.3～59.3	59.4～70.2	70.3～73.6	≥73.7
175.0～175.9	＜51.9	51.9～59.9	60.0～70.8	70.9～74.4	≥74.5
176.0～176.9	＜52.4	52.4～60.4	60.5～71.5	71.6～75.1	≥75.2
177.0～177.9	＜52.8	52.8～61.0	61.1～72.1	72.2～75.7	≥75.8
178.0～178.9	＜53.2	53.2～61.5	61.6～72.6	72.7～76.2	≥76.3
179.0～179.9	＜53.6	53.6～62.0	62.1～73.2	73.3～76.7	≥76.8
180.0～180.9	＜54.1	54.1～62.5	62.6～73.7	73.8～77.0	≥77.1
181.0～181.9	＜54.5	54.5～63.1	63.2～74.3	74.4～77.8	≥77.9
182.0～182.9	＜55.1	55.1～63.8	63.9～75.0	75.1～79.4	≥79.5
183.0～183.9	＜55.6	55.6～64.5	64.6～75.7	75.8～80.4	≥80.5
184.0～184.9	＜56.1	56.1～65.3	65.4～76.6	76.7～81.2	≥81.3
185.0～185.9	＜56.8	56.8～66.1	66.2～77.5	77.6～82.4	≥82.5
186.0～186.9	＜57.3	57.3～66.9	67.0～78.6	78.7～83.3	≥83.4

（三）体型指标

体型是指人体某个阶段形态结构及组成成分的描述。人的体型受多种因素的影响，主要影响因素有性别、年龄、营养、生活环境以及遗传等。在某种意义上来说，体型在很大程度上决定着人体的体能。体型可分肥胖型、瘦长型和匀称型三种类型。一般来说，肥胖的体型体力较差，体能较弱，瘦长的体型则无力。因此，具有较高体能的体型当属正常体型。

（四）身体姿势指标

身体姿势是指人体各部分在空间的相对位置或存在于空间的状态。对人的身体姿势的评价主要用两种方法进行，即整体姿势测评和局部姿势测评。不同的身体姿势会对人体的体能均能产生不同的影响，如"O"型腿、驼背、扁平足等都不利于人体运动能力的发挥，因此，大学生在进行健身性体能训练时一定要掌握好基本的身体姿势，并对不良的身体姿势进行及时纠正。

除以上几种测评标准之外，心理发育水平（健全心理素质、意志力）指标和对特殊环境的适应能力（学生健康行为方式习惯、挫折承受力及遇险自救能力等）指标等，也是测量和评定身体形态的指标。

二、体形态评价

健身性体能训练效果的身体形态评价内容主要包括身高、体重、坐高、胸围、胸围以及呼吸差、皮褶厚度等基本评价指标，与此同时，由上述单一指标派生出的复合指标，对健身性体能训练效果的测评会更为客观和准确。

（一）身高评价

身高是指人站立时头顶正中线上最高点到地面的最大垂直距离。它是反映人体骨骼的发育状况和人体纵向发育水平的重要指标。测量身高可采用身高计。人的身高在重力的作用下，一天内的变动在±1.5厘米左右，清晨起床时最高，夜晚最低。因此，测量身高的时间最好在上午10时。人在一生中，30岁时，身高最高；40岁时，身高减低0.5厘米；60岁时，身高减低2厘米；70岁时，身高减低3厘米。

身高测量时需要的测量工具是标准身高计。测定方法是让受测者赤脚以立正姿势（躯干挺直，上肢自然下垂，足跟并拢，足尖分开成60°）站于身高计的底板上，头部保持正直，两眼平视，足跟、骶骨和两肩胛之间与立柱接触。检测员站在受测者的右侧，调整受测者头部，使其耳屏上缘与眼眶下缘最低点保持在同一水平线上，然后下移水平板，轻轻压在受测试者的头顶。记录数值时，以厘米为单位，精确到小数点后1位。

（二）体重评价

体重是人体横向发育指标。它反映人体骨骼、肌肉、脂肪及内脏器官重量的综合情况和肌肉发育程度。体重大小受年龄、性别、身高、季节、生活条件、体育锻炼、疾病等因素的影响。在测量体重时，男子只穿短裤，女子穿短裤、背心，并应在测量前排空大小便。

体重测量时所需要的测量工具是标准体重计或台秤。测量前要将体重计放在平坦地上，调整为零点（旋转右侧螺旋调节）。测量方法是让受测者自然站立在秤台中央并静止不动。移动游码至刻度尺平衡后并记录此时数值。记录数值时，以千克为单位，精确到小数点后1位。

（三）坐高评价

坐高测量时所需要的测量工具是标准身高坐高计。测量前要认真检查坐板是否水平，高度（成人40厘米，儿童25厘米）、前后宽度是否合适。测量方法是让受测者坐在身高坐高计的坐板上，骶骨、两胛之间及头部位置、姿势与测量身高时的方法相同。将水平压板轻轻下压。记录数值时，以厘米为单位，精确到0.5厘米。

（四）胸围与呼吸差评价

胸围大小的及其对该项数值测量的意义在于它可以反映人体胸廓大小以及胸部、背部肌肉的发育情况，进而对人体呼吸系统机能做出初步的判定。由此可见，胸围是人体测量中较为重要的指标之一。

由于呼吸不断地进行，因此对于胸围的测量要更加细致和严谨。首先在测量前要求被测者自然站立,放缓呼吸。然后测试人员将带尺绕过被测者胸廓一周,在背部置带尺上缘于肩胛下角的下缘,在胸部置带尺下缘于乳头上缘。需要特别说明的是已发育成熟的女性的胸围测量方法,对此类人群的测量需要将带尺置于乳头上方第四肋骨与胸骨连接处。从侧面看,带尺应呈水平。读数的时机也需要特别注意,应该在一次呼气的结束和下一次吸气的开始之间的时间内读取。胸围的通常的表述单位为厘米,数值应精确到小数点后1位,测量误差不得超过±1厘米。

(五)皮皱厚度评价

在健身性体能训练效果的身体形态评价中,皮皱厚度的测量结果也是评定身体成分的一项重要指标。此外,根据某些身体形态学指标还可派生出一些复合指标,这些复合指标对准确地评价身体生长发育情况具有重要作用,其评价方法如下。

1. 身高体重指数表示每厘米身高的体重值

$$身高体重指数=体重(千克)/身高(厘米)×100\%$$

身高体重指数因受身高的影响较大,身体越高,评价的准确性就会相对较低。

2. 身高坐高指数

$$身高坐高指数=坐高(厘米)/身高(厘米)×100\%$$

身高坐高的测量结果显示,身高坐高的指数越大,则表示躯干越长。

3. 身高胸围指数表示胸围占身高的百分比

$$身高胸围指=胸围(厘米)/身高(厘米)×100\%$$

4. 身高、体重、胸围指数

$$身高、体重、胸围指数=[体重(千克)+胸围(厘米)]/身高(厘米)×100\%$$

身高、体重、胸围指数包含了身体的长、宽、围以及密度,能较为客观地反映出体格的实际情况。

(六)腰围一臀围比例测试

腰围一臀围测试的基本原理是:过多的腹部脂肪与疾病(如心脏病和高血压等)发生是直接相关的。因此,腹部有大量脂肪堆积的人腰围一臀围比例高,他们比腰围一臀围比例低的人更容易患心脏病和高血压。测量腰围一臀围比例的步骤如下。

(1)测量工具为无弹性的卷尺。站立,不要穿宽大的衣服,否则,会使测量结果产生偏差。测量时,卷尺紧紧地贴在皮肤上,但不能陷入皮肤,测量数值应精确到毫米。

(2)测量腰围时,把卷尺放置于肚脐水平处,并在呼气结束时测量。

(3)测量臀围时,把卷尺放在臀部的最大周长处。

(4)完成测量后,用腰围除以臀围,得出腰围一臀围比例。根据表5-6评定腰围一臀围比例的等级。

表 5-6　腰围—臀围比例的等级评定

等级(病的危险)	男	女
高危险	＞1.0	＞0.85
较高危险	0.90～1.0	0.80～0.85
较低危险	＜0.90	＜0.80

第三节　身体机能测评

一、身体机能测评的指标

身体机能水平是指机体新陈代谢的功能和各器官、系统的工作效能。身体生理机能水平指标主要包括呼吸机能(肺活量、最大摄氧量等)、心血管机能(脉搏、血压等)等。

(一)呼吸系统

呼吸系统由呼吸道和肺组成,是人体和外环境之间进行气体交换的器官。呼吸活动使人体不断获得维持生命活动所需要的氧,同时从机体排出二氧化碳。

1. 呼吸道

呼吸道自上而下由鼻、咽、喉、气管和支气管组成,是肺和外界环境气体交换的通道。

鼻是呼吸道的起始部分,也是嗅觉器官。它由外鼻、鼻腔、副鼻窦 3 部分组成。鼻腔被鼻中隔分成左右两腔。鼻腔有鼻前孔和外界相通,鼻腔黏膜有丰富的血管和黏液腺,对空气有湿润和加温作用,还有粘附灰尘的作用。副鼻窦是在鼻腔周围骨壁内含气的腔。有小孔与鼻腔相通。副鼻窦有额窦、上颌窦、蝶窦、筛窦。副鼻窦参与湿润和加温吸入的空气,并对发音起共鸣作用。

咽是一个前后略扁的漏斗型肌性管道,由黏膜和咽肌组成。咽的前上部与鼻腔相通,称鼻咽部;前中部与口腔相通,下部与喉咽部及食管相通。

喉是呼吸气体的通道,又是发音器官。喉上方与咽相连,下方与气管相连。喉结构复杂,由软骨、韧带、喉肌和黏膜组成。喉软骨是喉的支架,它包括甲状软骨、环状软骨、会厌软骨和成对的环状软骨等。

2. 肺

肺位于胸腔内两侧,左右各一。肺由支气管树和肺泡组成。肺组织呈海绵状,富有弹性。左右肺均近似圆锥形,上端为肺尖,下端为肺底。左肺分上、下两叶,右肺分上、中、下三叶。纵膈面中间有肺门,是支气管、肺血管、神经等出入肺处。支气管经肺门进入肺后,反复分支,管腔由粗到细呈树状,称支气管树,最后连于肺泡。在细支气管处,平滑肌较多,这些平滑肌受交感神经和副交感神经的双重支配。交感神经兴奋时平滑肌舒张,管腔扩大,气流阻力下降。副交感神经兴奋时作用相反。所以,细支气管具有调节进出肺泡气流量的作用。肺泡是半球形的囊泡,成人肺泡约有 3～4 亿个,面积约 100 米^2。肺泡壁表面分布有丰富的毛细血管网,肺泡的结构非常有利于肺泡内和血液中的氧和二氧化碳的交换。

(二)心血管系统

1. 心脏

心脏位于胸腔内,膈肌上方,两肺之间,2/3 偏于躯体正中线左侧。心脏外形呈倒置的锥体形,圆锥的底朝右后上,叫心底。圆锥的尖朝左前下,叫心尖。通常在锁骨中线内侧第五肋间隙可以触及心尖搏动。心脏为一中空的肌性器官,由中膈分为不相通的左、右两半。后上部为左心房和右心房,两者间以房中膈分开;前下部为左心室和右心室,两室间以室中膈分开。正常情况下,心脏左、右两半不直接交通,但心房可经房室口通向心室。房室口的边缘附有瓣膜,左房室之间为左房室瓣,右房室之间为右房室瓣。右心房有上下腔静脉口及冠状窦口,右心室发出肺动脉。左心房有 4 个静脉口与肺静脉相连。左心室发出主动脉。在肺动脉和主动脉起始部的内面,都有 3 个袋状瓣膜,分别称为肺动脉瓣和主动脉瓣(半月瓣)。心脏内的瓣膜只能朝单方向打开,起到了防止血液倒流的作用。

2. 血管

血管分为动脉、静脉和毛细血管三种。

动脉管壁较厚,分内、中、外三层,分别叫内膜、中膜和外膜。内膜由结缔组织构成,内表面覆盖一层光滑的内皮(单层扁平上皮细胞);中层较厚,由平滑肌和弹力纤维构成。越是接近心脏的大动脉(如主动脉和头臂大动脉起始部)中膜里弹性纤维越多,越能承受心室收缩时强大的血压,当心室舒张时利用弹力回缩保持一定的血压和血液持续流动,故将这种动脉称为弹性动脉。中动脉和小动脉里弹性纤维逐渐减少,平滑肌纤维较多。平滑肌受交感神经支配,借以调节动脉口径,分配供血量,又称肌性动脉。动脉的外膜为结缔组织。

静脉壁较薄,也分内、中、外三层,但都不发达。静脉汇集毛细血管的血液,由小静脉逐渐汇集为中静脉和大静脉,属支较多,例如四肢的静脉多与动脉伴行,一条动脉旁有两条静脉相伴(借动脉搏动推动血液回流)且分深静脉和浅静脉。由于四肢(尤其是下肢)静脉血液向心回流要对抗重力作用,所以静脉内膜形成许多成对的半月形皱褶防止血液逆流,叫静脉瓣。头颈部静脉缺乏这种瓣膜,所以"手倒立"时头面潮红。

毛细血管是连接于小动脉和小静脉之间的最小血管,管径小到只能通过一个红细胞,仅由一层内皮细胞组成。内皮细胞之间有间隙,便于营养物质、氧气和二氧化碳、代谢废物在此进行交换。全身各组织器官除软骨、眼角膜和晶体、毛发和表皮等外,遍布毛细血管网。毛细血管虽细,但其总面积超过全身大、小动脉和静脉面积的总和。越是代谢旺盛的器官(如骨骼肌、肝脏、肾脏等内脏、腺体等)毛细血管分布越密集。

(三)身体机能的评价指标

1. 呼吸机能

呼吸机能主要包括肺活量、最大摄氧量等方面。对呼吸机能指标的测定可采用 5 次肺活量试验、定量负荷后 5 次肺活量试验、闭气试验等。

2. 心血管机能

心血管机能主要包括脉搏、血压、耐力指数以及贝拉克能量指数等。此外,还有运动负荷下的心血管机能,其可以通过 20 秒 30 次蹲起、哈佛式台阶试验等测量方法进行测定。

二、身体机能测评的手段

(一)肺活量

肺活量是指一个人全力吸气后所呼出的最大气量。肺活量是一种常用的反映呼吸机能的指标,它和身高、体重、胸围成正相关。用公式表示为肺活量＝潮气量＋补吸气量＋补呼气量。这是一种常用的反映呼吸机能的指标,测试人体呼吸的最大通气能力,反映了肺的容积和扩张能力。

一般情况下,体重和胸围大的人,肺活量也大。测量肺活量时,受试者取站立姿势,然后手握住肺活量计的吹气嘴,做最大吸气后对准肺活量计的吹气嘴做最大的呼气,直到不能再呼气为止。测试者按指示器或显示器读数。每人可测量 3 次,每次间隔时间为 15 秒,选最大值记录,精确到十位数,误差不得超过 200 毫升。肺活量反映的是静态气量,与呼吸的深度有关。正常成年人肺活量,男性为 4 000～4 500 毫升,女性为 2 600～3 200 毫升。

一般而言,大学生男生的肺活量在 4 800 毫升以上则为优秀;大学女生的肺活量在 3 300 毫升以上则为优秀。不同年级的学生,其评分标准会有一定的差别。

在测试时,需要注意的事项有以下几方面。

(1)电子肺活量计的计量部位的通畅和干燥是仪器准确的关键,吹气筒的导管必须在上方,以免口水或杂物堵住气道。

(2)每测试 10 人及测试完毕后用干棉球及时清理和擦干气筒内部。严禁用水、酒精等任何液体冲洗气筒内部。

(3)导气管存放时不能弯折。

(4)定期校对仪器。

(二)12 分钟跑

运动生理学研究表明,在 12 分钟内心肺功能适应能力强的人比适应能力弱的人跑的距离更长。心肺功能适应能力也表示全身耐力的水平。

受测试者者在进行 12 分钟跑测验时,可选择在室内或室外的跑道上进行。受测试者需要做好准备活动,特别注意下肢关节的活动要充分。测试方法:受测试者要在规定的 12 分钟时间内,尽最大力量跑(或走跑交替)到终点。在跑的过程中受测者应尽全力,最好用匀速跑完全程。如跑中感到呼吸困难,可稍放慢速度,使呼吸恢复正常。再根据相应的评分表评价身体耐力水平。检测者将受测者所能达到的最大距离记录下来,以合理评定受测试者的成绩。

测试最好安排在田径场跑道上进行,并且每隔 10 米或 20 米设一明显标志。被测试者根据自身的体质状态和运动反应,在 12 分钟内可以随时调整速度、强度和呼吸。评价标准见表 5-7。

表 5-7　12 分钟跑测试评价心肺适应水平的参考标准（千米）

适应能力等级	年龄（岁）					
	13—19	20—29	30—39	40—49	50—59	60＋
男						
很差	＜2.08	＜1.95	＜1.89	＜1.82	＜1.65	＜1.39
较差	2.08～2.18	1.95～2.10	1.89～2.08	1.82～1.99	1.65～1.86	1.39～1.63
一般	2.19～2.49	2.11～2.39	2.09～2.32	2.00～2.22	1.87～2.08	1.64～1.92
较好	2.50～2.75	2.40～2.62	2.33～2.50	2.23～2.45	2.09～2.30	1.93～2.11
良好	2.76～2.97	2.63～2.82	2.51～2.70	2.46～2.64	2.31～2.53	2.12～2.49
优秀	＞2.98	＞2.83	＞2.71	＞2.65	＞2.54	＞2.50
女						
很差	＜1.60	＜1.54	＜1.50	＜1.41	＜1.34	＜1.25
较差	1.60～1.89	1.54～1.78	1.50～1.68	1.41～1.57	1.34～1.49	1.25～1.38
一般	1.90～2.06	1.79～1.95	1.69～1.89	1.58～1.78	1.50～1.68	1.39～1.57
较好	2.07～2.29	1.96～2.14	1.90～2.06	1.79～1.98	1.69～1.89	1.58～1.74
良好	2.30～2.41	2.15～2.32	2.07～2.22	1.99～2.14	1.90～2.08	1.75～1.89
优秀	＞2.42	＞2.33	＞2.23	＞2.15	＞2.09	＞1.90

（三）台阶试验

台阶试验是一种简易的评价心血管系统机能的定量负荷实验。研究表明，心肺功能强的人比心肺功能弱的人在运动后 3 分钟恢复期内心跳频率低。

男子试验台阶高度为 40 厘米，女子试验台阶高度是 35 厘米，根据男女身高的不同，台阶还可做适当的调整。测试可按下列步骤进行。

（1）测试时可找一个同伴，帮助自己保持适当的踏跳节奏。节奏为每分钟踏 30 次（上、下），共 3 分钟，可以让同伴用节拍器或声音提示自己。因此，需要 2 秒上、下各踏一次（也就是说，把节拍器设置为每分钟 60 拍，每响一下踏一次）。在测试时，应左右腿轮换做，每次上下台阶后上体和腿必须伸直，不能屈膝。

（2）测试后，应立即坐下，并测量运动后 60～90 秒、120～150 秒、180～210 秒三个恢复期的心率。

让同伴帮助自己计时，并记录运动后的心跳次数。测试的准确性在于你必须每分钟踏完 30 次，这样运动后恢复期内的心跳频率测量才是有效的。根据测试的记录，按照下列公式计算评定指数：

评定指数＝踏台阶上、下运动的持续时间（秒）×100/2×（3 次测定脉搏数之和）

表 5-8 为 18—25 岁年龄段台阶测试的参考性标准。例如一位男性评定指数为 52.5 次，他的心肺功能适应能力属于较差（即 2 分）。

表 5-8　台阶测试评价心肺功能适应能力的参考标准

适应能力等级	三分钟台阶测试的评定指数	
	男	女
1 分（差）	45.0～48.5	44.6～48.5
2 分（较差）	48.6～53.5	48.6～53.2
3 分（一般）	53.6～62.4	53.3～62.4
4 分（较强）	62.5～70.8	62.5～70.2
5 分（强）	＞70.9	＞70.3

注:选自中国成年人体质测定组《中国成年人体质测定标准手册》,1996 年。

（四）50 米跑

50 米跑是国际通用的位移速度测试项目,通过短距离的高强度跑测试学生的速度素质。该项测试还能够体现学生的快速反应能力。速度素质的测试可以反映人体中枢神经系统的机能状态和神经与肌肉的调节机能,也可以综合地反映人体的爆发力、灵敏、反应、柔韧等素质。同另外,50 米跑还可以反映人体无氧代谢的能力和水平。一般而言,大学男生 50 米成绩在 6.8 秒以上则基本可被评为优秀;女生 50 米跑在 7.6 秒以上则基本可被评为优秀。不同年级的学生,其评分标准会有一定的差别。

在进行测试时,注意事项为:受试者不得穿钉鞋、皮鞋、塑料凉鞋,发现有抢跑者要当即召回重跑,遇顺风时一律顺风跑。

第四节　身体素质测评

一、身体素质评价的指标

（一）力量素质

肌肉力量,简称肌力,是指肌肉收缩时依靠肌紧张来克服和对抗阻力的能力。肌力的表现形式与肌肉的收缩形式有关,如果肌肉收缩时长度不变且产生的张力等于外部阻力,此种形式的肌肉收缩叫等长收缩;如果肌肉收缩时长度变短,但肌肉的张力保持不变,叫等张收缩;如果肌肉在其活动范围内以恒定速度进行最大收缩,叫等速收缩。等长收缩、等张收缩和等速收缩条件下肌肉克服和对抗阻力的能力被定义为等长肌力、等张肌力和等速肌力,它们是肌肉收缩功能评价的主要生理学指标。

（二）速度素质

速度是指人体(或身体的某部位)进行快速运动的能力。它包括三个方面,即对各种刺激快速反应的能力、快速完成动作的能力和快速通过某一距离的能力。速度是运动员的基本素质之一，在体能训练中占有重要地位。有些运动项目（如100米跑）本身就是运动员比快速运动的能力。有些运动项目本身虽不是比速度，但速度对运动成绩有着直接影响。速度还是很多项目选材的重要指标。速度素质主要分为反应速度、动作速度以及位移速度三种。

反应速度是指人体对各种刺激迅速作出反应的能力，通常以反应时的长短来表示，如听到枪声完成起跑等；动作速度是指人体或人体的一部分完成单个动作或成套动作的快慢以及单位时间内重复动作次数多少的能力，如投掷运动员掷出器械的速度、排球运动员的扣球速度、跳高运动员的起跳速度、体操和武术运动员完成成套动作的速度以及拳击运动员在单位时间内的出拳速率等；而位移度是指在周期性运动中，单位时间内人体快速位移的能力。通常以通过一定距离的时间或单位时间内所通过的距离来表示，如短跑运动员的跑速、跳高运动员的助跑速度等。在大多数运动项目中，上述速度素质的三种表现形式都会综合表现出来，但在不同项目中，三者的表现各有特点。

（三）耐力素质

耐力是指人体持续运动的能力，它是人体健康和良好体能的重要标志，同时也是影响生活质量和众多竞技项目尤其是耐力性项目运动成绩的重要因素。耐力的分类方法多种多样，按照耐力与运动专项间的关系，通常分为一般耐力和专项耐力；按照耐力运动所涉及的人体主要器官和系统，可分为肌肉耐力和心肺耐力；此外，按照运动时供能代谢的特点，可分为有氧耐力和无氧耐力等。

耐力评价指标通常依照耐力分类方法的不同而有所不同。一般耐力通常以持续完成运动的时间或距离加以判断，如常用的耐力跑的时间或12分钟跑的距离等；有氧耐力和心肺耐力通常与个人的最大吸氧量和无氧阈有密切关系，因此常以该两项指标进行评价；无氧耐力一般以无氧性运动的成绩结合血乳酸浓度的变化加以评价；而肌肉耐力通常依据肌肉完成规定强度的练习次数、平均做功能力或者表面肌电信号平均功率频率变化斜率等物理和生理指标进行检测与评价。

（四）灵敏性素质

所谓灵敏素质，是指人体在各种突然变换的条件下，快速、协调、敏捷、准确地完成动作的能力。灵敏素质是神经反应、运动技能和各种身体素质等方面的综合表现。在运动训练过程中，每一项运动的动作都体现着力量、速度、灵敏和柔韧等各方面的素质，这些素质的综合运用保证了动作的熟练程度，而中枢神经系统的支配和控制对动作的熟练程度具有重要的影响。神经反应的快慢决定了反应速度的快慢，也决定了判断的准确性。因此，灵敏素质是神经反应、运动技能和各种身体素质的综合表现。

由于灵敏素质的上述特性，该项素质并没有客观的衡量标准，它只能够通过运动员迅速、准确、协调地完成动作的能力来衡量。例如，运动员的躲闪动作能够在一定程度上体现其身体的灵敏程度，但是躲闪动作是以各项身体素质为基础的，运动员的速度、力量以及反应快慢均影响着其躲闪动作，如果运动员没有做出躲闪动作，则无法衡量其在躲闪方面的灵敏素质。

根据与专项运动的关系，灵敏素质可分为一般灵敏素质与专项灵敏素质。所谓一般灵敏素质，是指人体在进行各种运动活动中，在各种突然变换的条件下，迅速、合理、准确地完成各种动作的能力，它是专项灵敏素质发展的基础。所谓专项灵敏素质，是指人体在专项运动中，迅速、准确、协调地完成专项运动各种动作的能力。它是在一般灵敏素质的基础上，多年重复专项技能和技术环节训练的结果。

灵敏素质的发展水平高低主要从以下几方面进行衡量。

(1)是否具有快速的反应、判断、躲闪、转身、翻转、维持平衡和随机应变能力。

(2)在完成动作时,是否能自如地操纵自己的身体,在任何不同的条件下是否都能准确熟练地完成动作。

(3)是否能把力量(爆发力)、速度(反应速度)、耐力、柔韧、协调性、节奏感等素质和技能,通过熟练的动作表现出来。

值得注意的是,在不同的运动项目中,对人体的灵敏素质还有着不同的要求。例如:球类和其他一些对抗性项目要求反应、判断、躲闪、随机应变方面的灵敏素质;体操、跳水等需要身体位置迅速改变及空中翻转方面所表现的灵敏素质;滑雪、滑冰要求迅速调整身体位置平衡、迅速改变运动方向等方面的灵敏素质。

(五)柔韧素质

柔韧素质是指人体各个关节的活动幅度以及肌肉、肌腱和韧带等软组织的伸展能力。它包括两个方面的含义,一是关节活动幅度的大小,二是跨过关节的肌肉、肌腱、韧带等软组织的伸展性。关节的活动幅度主要取决于关节本身的装置结构。跨过关节的肌肉、肌腱、韧带等软组织的伸展性,则主要通过合理的训练获得。

柔韧素质在运动中具有重要意义。它是有效改进技术的必要基础,也是保证提高运动技术水平的基本因素之一。如果一个人的柔韧性较差,其掌握动作技能的过程会立即缓慢下来,并变得复杂化,而其中某些对完成比赛动作十分重要的关键技术往往难以学会。关节柔韧性差还会限制力量及速度、协调能力的发挥,使肌肉协调性下降,工作吃力,并影响到其他运动素质的发展。而且往往还会成为肌肉、韧带损伤的重要原因。

柔韧性可从其外部运动形式分为动力性柔韧性和静力性柔韧性。前者指肌肉、肌腱、韧带根据动力性技术动作需要,拉伸到解剖学允许的最大限度能力;后者指指肌肉、肌腱、韧带根据静力性技术动作的需要,拉伸到动作所需要的位置角度,控制其停留一定时间所表现出的能力。从一个人完成柔韧性练习的表现上看,柔韧性又分为主动柔韧性和被动柔韧性两种。主动柔韧性是指人主动运动中表现出来的柔韧素质水平;被动柔韧性则是指一个人在一定外力协助下完成或在外力作用下表现出来的柔韧水平。主动柔韧性不仅反映对抗肌的可伸展程度,而且也可反映主动肌的收缩力量。一般来说,主动柔韧性比被动柔韧性要差,这种差距越小,说明柔韧性的发展水平越均衡。此外,从柔韧性在身体不同部位的表现,还可分为上肢柔韧性、下肢柔韧性、腰部柔韧性、肩部柔韧性等。

二、身体素质评价

(一)力量评价

在体质评价中,力量评价是一项重要的评价内容。力量评价常用的评价手段包括测量握力、背力、仰卧起坐和俯卧撑等。

1. 握力

握力测量主要包括对手指和上肢力量的测量,弹簧式握力计或电子握力计是握力测量是需要的测量工具。测试方法:让受测者两脚自然分开约一脚宽的距离,身体直立,手心向内持握力计,握力计指针朝外。先将指针调整至零位,然后转动握距调节钮,使食指第二关节屈指成直角,用最大力紧握上下两个把柄。用力手测两次,取最大值。

2. 背力

背力测量是背肌力量的主要评价手段,其所用测量工具是背力计。受测者站在背力计底盘上,两脚尖分开约 15 厘米,膝关节伸直不动,上体前倾约 30°,两手正握背力计的把柄,伸直背上体抬起,由缓慢用力至全力拉。进行两次背力测量,取其中最好成绩。

3. 1 分钟仰卧起坐

1 分钟仰卧起坐是大学女生力量测评的有效手段,主要用于锻炼和评价腹肌力量。测试方法是让受测者仰卧于垫上,两腿稍分开,屈膝成 90°,两手交叉置于脑后,一人压住受测者两踝关节处,起坐时以两肘触及或超过两膝为完成一次,仰卧时,两肩胛必须触垫。检测者在发出开始口令的同时开表计时,以记录受测者 1 分钟内完成的次数。

腰腹肌力量素质的强弱对于女生将来生育等方面有着十分重要的作用。通过仰卧起坐的练习,可以促使女生在青少年时期积极发展腰腹力量。女生 1 分钟做仰卧起坐 52 个以上则可被评为优秀,高年级的学生其标准要相对较高。

4. 俯卧撑

在健身性体能训练效果的体能测评中,俯卧撑是力量测评常使用的一种测评方法。测量上肢肌力量和肩带肌力量是俯卧撑测量的主要目的。俯卧撑测定时需要一块普通平坦的场地。测定方法:让受测者手掌与脚尖在同一平面上,要求受测者双手按地,手指向前,两手距离与肩同宽,两腿向后伸直,身体挺直,然后屈臂使身体平直下降,至肩与肘成平面,此时两肘和头的投影线成正三角形,躯干、臀部和下肢都要挺直,然后再撑起。两臂伸直为一次。

5. 引体向上

男生通过引体向上测量能够测量其上肢悬垂力量、肩部力量、握力以及耐力。另外,经常进行引体向上练习也是一种良好的身体锻炼手段,对于发展相关肌肉的力量以及耐力具有重要的作用。一般而言,大一大二男生,其做 17 个以上的引体向上,则可被评为优秀;大三大四男生,其做 18 个以上才能被评为优秀。

在测量引体向上时,学生两手用宽握距掌心向前握住单杠,两脚离地,两臂和身体自然伸直,屈膝、双脚交叉于身后。上引时,下颌应超过横杆上缘,静止一秒,然后徐徐下降至身体完全下垂。引体向上时,身体不得做大的摆动,也不得借助其他附加动作撑起。两次引体向上的间隔时间超过 10 秒终止测试。

6.1RM 测试(一次重复最大量测试)

1RM 测试肌肉力量的方法已被广泛接受。其评价的根据是受试者能成功举起一次给予的最大重量,称"一次测试值"。测试方法如下。

(1)仰卧推举

仰卧在平的卧推凳上,两脚平踏在地上。两手掌心向上握住横杠,两手间距比肩稍宽,两臂伸直支撑住杠铃位于胸的上部,使两直臂向两侧张开,两臂慢慢弯屈,杠铃垂直落下,直到杠铃触及胸部(大约接近乳头线上方),然后向上推起至开始位置。

(2)负重屈肘

自然站立,掌心向前,两手间距与肩同宽。在整个动作过程中,两上臂始终紧贴于体侧,杠铃下垂在腿前,以肘关节为支点,前臂由腿前向上呈半圆状慢起至肩前,然后慢慢地循原路下至腿前。

(3)肩上举

两手握住横杠,间距与肩同宽,把杠铃提起至肩上,掌心向上。把杠铃贴肩上推至两臂伸直在头顶上方,然后慢慢循原路放下至肩上。

计算测试成绩的方法是:受试者的 1RM 重量除以体重再乘以 100,即为其肌肉力量。评价标准见表 5-9。

表 5-9　一次重复最大量测试中肌肉力量得分的参考性标准

练习方式	力量等级					
	很差	较差	一般	较好	好	优秀
男						
仰卧推举	<50	50～59	100～110	110～130	130～149	>149
负重屈肘	<30	30～40	41～54	56～60	61～79	>79
肩上举	<40	41～50	51～67	68～80	81～110	>110
女						
仰卧推举	<40	41～69	70～74	75～80	81～99	>99
负重屈肘	<15	15～34	35～39	40～55	56～59	>59
肩肌力	<20	20～46	47～54	55～59	60～79	>79

注意事项:①充分做好准备活动,以防损伤;②需经过 1～2 周的力量训练方可参加测试;③相邻关节保持相对固定,不得借助其他力量。

7. 立定跳远

立定跳远简单易操作,通过该项测试能够在一定程度上反映人体下肢肌肉力量水平(主要是肌肉的爆发力),并能够在一定程度上反映人体协调工作的能力。一般而言,大学男生的立定跳远成绩在 263 厘米以上则可被评为优秀,女生在 195 厘米以上则可被评为优秀。需要注意的是,高年级的学生,也即大三大四的学生,其评分标准相对要高一些。

受试者两脚自然分开站立,站在起跳线后,脚尖不得踩线(最好用线绳做起跳线)。两脚原地同时起跳,不得有垫步或连跳动作。丈量起跳线后缘至最近着地点后缘的垂直距离。每人试跳三次,记录其中成绩最好一次。以米为单位,保留两位小数。一般在沙坑测量,有条件的学校可用立定跳远测量仪进行测量。将学生的成绩与表3-9的评分表进行对比,则可对其等级进行评定。

在进行测试时,应注意以下两方面。

(1)发现犯规时,此次成绩无效。三次试跳均无成绩者,再跳至取得成绩为止。

(2)可以赤足,但不得穿钉鞋、皮鞋、塑料凉鞋测试。

(二)速度评价

1. 反应时

在健身性体能训练效果的体能评价中,反应时也是速度测评的一种重要手段。测量枢神经系统的反应能力和神经肌肉的协调能力是测量反应时的主要目的。测量方法:受测者坐在桌旁,受测臂放松平放在桌子上,手指伸出桌边约10厘米,拇指与食指上缘呈同一水平,做好充分的准备。检测人员抓住反应尺的上端,置反应尺的下端于受测者拇指与食指之间(不要碰到手指),反应尺的零点线与拇指上缘呈同一水平。受测者两眼凝视反应尺的下端,听到"开始"的口令后,反应尺下落时迅速将反应尺捏住,记录拇指上缘处反应尺的刻度。反复测量5次,然后去掉5次测量结果中的最高值和最低值各1次,计算中间3次的平均数。记录数值时,以秒为单位,精确到小数点后2位。

2. 短距离跑

在采用短距离跑测试反应时时,常采用50米。短距离跑主要用来锻炼和评价身体的位移速度。测定方法是受测者在听到"预备"口令后采用站立式姿势起跑,听到"跑"的口令或鸣枪声后,迅速沿跑道线跑出,检测者在运动员到达终点线时记录下其所用时间。记录数值时,以秒为单位,精确到小数点后1位。

(三)耐力评价

在大学生体质测评中,定距离跑是耐力测评的主要方法,该测试方法在使用时较为灵活方便。其中,库珀2 400米跑是最典型的定距离跑测量方法。我国学生体质测常采用的定距离跑测验是1 000米(男子)和800米(女子)跑。测验时可选择在室内或室外的跑道上进行。

男生通过1 000米跑、女生通过800米跑,能够测试学生的耐力素质的发展水平,包括其心血管呼吸系统的机能以及肌肉的耐力水平。1 000米跑(男)和800米跑(女)是测试人体持续工作能力即耐力水平的项目。由于耐力是衡量人的体质健康状况和劳动工作能力的基本因素之一,是从事各项运动必不可少的一种运动素质,因此测试耐力水平对于评价学生体质健康状况而非常重要的意义。对于男生而言,大一大二学生其1 000米跑成绩在3分27秒以上,则可被评为优秀,大三大四学生其评价标准要相对较高;女生大一大二成绩在3分30秒以上也可被评为优秀,大三大四女生的评价标准相对较高。

学生在测量时,受测者至少两人一组进行测试,一般采用站立式起跑方式。在进行该项测试时一般采用匀速跑的形式。受测者做好充分的准备活动后,要尽最大力量快跑,力争在尽可能短的时间内跑完预定的距离。对受测试者的耐力状况的评价,应根据时间长短进行。

学校在开展测量工作时,应避免在大风天气情况下进行。当听到"跑"的口令后开始起跑。计时员看到旗动开表计时,当受试者的躯干部到达终点线垂直面时停表。以分、秒为单位记录测试成绩,不计小数。

在具体的操作过程中,需要注意以下几方面。

(1)如果在非 400 米标准场地上测试,测试人员应向受试者报告剩余圈数,以免跑错距离。

(2)测试人员应告知受试者在跑完后应保持站立并缓缓走动,不要立刻坐下以免发生意外。

(3)受试者不得穿皮鞋、塑料凉鞋、钉鞋参加测试。

(四)柔韧评价

1. 坐位体前屈

坐位体前屈是测量人体在静止状态下躯干、腰、髋等关节可能达到的活动幅度,反映身体柔韧素质的发展水平。主要反映这些关节,韧带和肌肉的伸展性和弹性,反映身体柔韧素质的发展水平。

在体质评价中,坐位体前屈是大学生进行柔韧素质评价的主要方法。在进行坐位体前屈测量时,测量计是必不可少的测量工具。测定方法:受测者坐在平坦垫物上,两腿伸直,脚跟并拢,脚尖分开约 10～15 厘米,踩在测量计平板上,然后两手并拢,两臂和手伸直,逐渐使上体前屈,用两手指尖轻轻推动标尺上的游标前滑,直到不能继续前伸。连续测量两次,取其中最好成绩,记录数值时,以厘米为单位,精确到小数点后 1 位。

女生的柔韧素质相对男生要好,在进行坐位体前屈测试时,男生成绩在 21.3 厘米以上则基本可被评为优秀;女生成绩在 22.2 厘米以上则可基本被评为优秀。高年级的学生其评分标准相对要比低年级的学生要高一些。

在坐位体前屈测试过程中,需要注意,学生身体前屈,两臂向前推游标时两腿不能弯曲;受试者应匀速向前推动游标,不得突然发力。

2. 站位体前屈

站位体前屈也是评价柔韧素质的一种重要手段。测量工具是设一平面方凳,在凳子侧面安装一把刻度尺,台面处刻度为"0",往上 25 厘米,往下 40 厘米。测定方法:让受测者双脚靠拢站立于方凳上,两腿伸直,上体前屈,两手臂尽量下伸,两手指尖(要齐)伸向标尺,努力使指尖触到最下端的刻度。如指尖达不到"0"点,则其成绩前加负号。记录测试的最好成绩,精确到小数点后 1 位。受测试者在测量时应注意动作轻缓,不应用力过猛,在测量过程中受测者应注意动作不要过猛,头要置于两臂中间,两手并直。

第六章 大学生力量素质训练

第一节 力量素质概述

一、力量素质的概念

力量素质指的是人体—肌肉系统工作时克服或者对抗内外阻力的一种能力。内部阻力主要包括肌肉的粘滞力、关节的加固力以及各肌肉间的对抗力等;外部阻力指的是物体的重量、支撑反作用力、摩擦力、空气或水的阻力等。其中,外部阻力产生的作用是发展人体力量素质的重要动力来源,它促使人体在克服阻力过程中不断提高和发展自身的力量素质。

对于所有运动项目而言,力量素质都是最基本的身体素质,它同时也是大学生掌握运动技能、技巧以及提高运动成绩的非常重要的基础。

二、力量素质的分类

根据不同的划分标准,力量素质可划分为不同的类型。依据力量与运动专项之间的关系,力量素质可以分为一般力量与专项力量两种类型;依据力量表现形式的不同,力量素质可分为最大力量、速度力量以及力量耐力三种类型;依据力量与体重之间的关系,力量素质可以分为绝对力量与相对力量;依据肌肉收缩的不同形式,力量素质又可以分为静力性力量与动力性力量。

一般来讲,现代大学生运动者所需的力量素质主要包括最大力量、力量耐力以及速度力量等。

（一）最大力量

最大力量也称"绝对力量",指的是肌肉在随意一次性最大程度收缩中神经肌肉系统所能够产生的最大的力。通常来讲,运动者在竞技运动中的最大力量常常处于动态的变化之中,这就要求现代大学生运动者不断发掘自身能力的极限。竞技运动的最大力量往往表现在可能克服和排除的外阻力的大小上。最大力量常用于投掷、举重、摔跤等运动项目中。

（二）力量耐力

力量耐力指的是肌肉长时间克服阻力的能力,是肌肉在静力或动力性工作中长时间保持肌肉紧张用力,而不降低工作效果的能力。在耐力性运动项目中,力量耐力具有非常重要的作用。

（三）速度力量

速度力量又称"爆发力",指的是神经肌肉系统以尽快的速度发挥最大力量的能力,也可以说是在最短的时间内最大用力的能力。速度力量是速度与力量的有机结合,肌肉的收缩速度与最大力量对速度力量的水平具有决定作用。其中,爆发力、起动力以及弹跳力是速度力量的三种特殊表现形式。

1. 爆发力

爆发力是速度力量的有机组成部分,是神经肌肉系统以最短的时间最大的加速度爆发出最大的肌肉力量的能力。爆发力是利用肌肉弹性能的一种力量,即在爆发力之前的一瞬间有一个极短暂的肌肉预拉长瞬间产生弹性能(大约为原肌肉长度的 5%),迅速向相反方向用力收缩的动作过程,通常用力的梯度和冲量来表示,在 150 毫秒之内达到最大力值。在速度力量运动项目中,爆发力对运动成绩起着至关重要的影响。

2. 起动力

起动力是速度力量中收缩时间最短的力,它是一种突出表现在对信号作出快速反应的运动项目上的力量能力,是神经肌肉系统在很短的时间内发展尽可能高的力量能力,即用力开始后约50 毫秒就可以达到较高力值的能力等。

3. 弹跳力

弹跳力同样是速度力量的重要组成部分,是神经肌肉系统在触地前瞬间被拉长,之后在自动(触地)转化为缩短的过程中以非常高的加速度向相反方向运动,从而使身体产生跃起的一种能力。与爆发力相比,弹跳力具有一个触地的动作过程。弹跳力的特点主要表现在以下三个方面。

(1)通过触地制动与地面的反作用力增加蹬伸力量以及起跳的高度。

(2)利用肌肉的弹性将肌肉拉到适宜的长度(大约为原肌肉长度的 5%)积累弹性能。

(3)肌肉的牵张反射是通过刺激肌梭感受器完成的(肌梭是按比例反映肌肉伸展程度与速度的感受器),由于肌肉被快速拉长,导致肌梭产生强烈的神经冲动,传到中枢,中枢会产生更加强烈的冲动,为肌肉收缩募集更多的运动单位,从而增强肌肉的收缩力量。

第二节　影响力量素质的因素

力量素质的训练受到多种因素的影响,主要包括身体发育情况、肌肉形态结构、中枢神经系统的调节机能、营养系统功能能力以及训练相关的因素的影响。各种因素对于力量素质训练的影响具体如下。

一、身体发育情况

(一)性别

在运动者身体发育的过程中,性别因素对力量素质的发展有着非常重要的影响。一般来说,男子的力量要比女子的大,这主要是由于肌肉大小的差异所造成的。例如,一般成年男子肌肉重量约占体重的 40％～45％,而女子则占 35％。研究证明,女子的力量平均约是男子的 2/3。但是并不是所有肌群都呈现出这种比例,如果男性力量为百分之百,那么女性的伸肌、髋关节屈、小腿屈肌、咀嚼肌约为男性的 80％;手指内收肌、小腿伸肌约男性的 65％;前臂屈、伸肌群大约为男性的 55％。

（二）年龄

年龄同样是人体生长发育过程中影响力量素质的重要因素。随着人体的生长发育,男孩和女孩在 10 岁之前的力量都会呈缓慢平稳的趋势进行增长,两者并没有明显的区别。

从 11 岁开始,男孩和女孩的最大力量的差异逐渐显露,女孩的最大力量增长缓慢,而男孩增长得稍快,青春期过后力量仍在增长,但增长速率较低。男性一生中的最大力量约在 25 岁左右出现,而女性达到最大力量约在 20 岁左右,而后随着年龄的增长而速率减退。13～16 岁是力量素质发展的敏感期,13～16 岁时最大力量进入快速增长的第一个高峰。这个年龄段力量的增长与体重的增长同步,而且最大力量增长快,相对力量却增长不大。此时的肌肉向长度增长比向横度增长要快,因为此时也正是身高的快速增长期。力量的增长在 18～25 岁变得缓慢。此后,如果不坚持锻炼,那么力量就会随着年龄的增长而逐渐减小,如果坚持良好的训练,男子的力量增长可以达到 35 岁左右。

从大学生的力量增长情况来看,其主要特点表现为:最大力量先于相对力量;快速力量先于最大力量;躯干肌肉力先于四肢肌肉力;长度肌肉力增长先于横度肌肉力。

（三）身高与体重

在人生长发育的过程中,身高与体重对力量素质也有着很大的影响。通常而言,体重较重的人其力量也相对较大,体重较轻的人其力量也相对较小。体重增长,则其最大力量也随之增长。身高与力量的关系比较复杂,二者之间似乎必然联系不大。如果某人身高又壮实,那么其力量也相对较大;但如果其身高但是却细长,那么其力量就不会太大。如果某人身材较矮且体型粗壮,那么其力量也不会太小;但如果某人又矮又瘦,那么其力量会更小。

（四）体型

在人体生长发育过程中,体型与人的力量大小之间也有着密切的联系。实践表明,体格健壮的粗壮型的人由于肌肉较发达,其力量就会相对较大;体型匀称型的人力量次之,这种体型的人肌肉线条比较清晰,一般比较精干,往往具有比较好的速度力量;体型细长的人力量较差;肥胖型的人似乎最大力量较好,但是如果从相对力量的角度来看,那么其力量水平就不高了。

（五）脂肪

在人体生长发育过程中,脂肪也会在一定程度上影响人的力量素质。人体内脏的四周、骨骼肌表面(肌肉与皮肤之间)以及骨骼肌中都聚集着脂肪组织,肌肉中的脂肪不仅本身不能收缩,而且在肌肉收缩时还会产生摩擦,而降低了肌肉的收缩效率。此外,脂肪太厚还会影响肌肉的发展。有的专家认为,青少年肥胖,脂肪太厚,会影响自身的睾丸酮激素的发展。通过运动训练可以使肌肉内脂肪减少,从而提高肌肉收缩效率,增强力量。脂肪的多少与相对力量的大小有着密切的关系,脂肪减少就会使体重减轻,因此相对力量也会在一定程度上也会获得提高。

（六）睾丸酮激素

相关研究表明,睾丸酮激素水平的高低对于人体力量的大小有着非常显著的影响。一般情况下,睾丸酮激素水平越高的人,其力量也相对较大。另外,由于"肌肉肥大"主要受体内睾丸酮激素的调节,正常男子的这种激素通常会比正常女子要多,因此无论肌肉力量增加多少,女子的"肌肉肥大"均不如男子。女子力量的增长和肌肉体积的增大在力量训练的影响下都较男子慢。

二、肌肉的形态结构

（一）肌肉的生理横断面

肌肉的生理横断面对于肌肉绝对力量具有决定作用。肌肉的生理横断面与肌肉收缩时产生的力接近正比例关系。肌肉的生理横断面为该肌所有肌纤维横截面的总和。肌纤维增粗造成了肌肉横断面的增大。肌纤维的增粗表明肌纤维中的能源物质磷酸肌酸（CP）和三磷酸腺苷（ATP）增加,肌结缔组织增厚,肌糖原含量增多,毛细血管开放密度加大,肌凝蛋白质含量增多,提高了肌纤维的质量,使每根肌纤维的负力大大提高,因此,可有效提高肌肉的最大力量。

（二）肌纤维的类型

人体肌肉力量的大小受不同类型肌纤维百分比的影响。肌纤维包括三种类型,即白肌纤维（快肌纤维）、红肌纤维（慢肌纤维）与中间纤维。其中,白肌纤维无氧代谢能力比红肌纤维大得多,因此白肌纤维决定着力量的大小。白肌纤维百分比高,则力量较大。无论男女老少,其肌肉中均含有白肌纤维和红肌纤维,其区别仅仅是白肌纤维和红肌纤维的比例不同而已。在竞技体育中,从事强度低、时间长的耐力性运动者肌肉中含红肌纤维较高,而从事强度大、时间短的运动项目的运动者肌肉中含白肌纤维较高,这是因为与红肌纤维相比,白肌纤维的无氧代谢能力要大得多。虽然白肌纤维和红肌纤维均含有促使 ATP-CP 系统快速作用的酶,但白肌纤维中酶的活性要比慢肌纤维中酶的活性大 3 倍;同样,白肌纤维和红肌纤维都含有促使糖酵解的酶,但与慢肌纤维相比,白肌纤维中此种酶的活性要高 2 倍以上。由于白肌纤维中支配其运动的神经元传导速度较快,所以白肌纤维达到最大张力的时间只需红肌纤维的1/3。由此可见,快肌纤维更加适合于短距离、高强度的运动项目。红肌纤维的有氧代谢能力较白肌纤维强,它更适合于强度小、工作时间长的耐力性运动项目。

（三）肌肉收缩的形式

肌肉力量的大小在很大程度上受肌肉收缩形式的影响。肌肉收缩主要有四种形式,即动力性向心克制性收缩、动力性离心退让性收缩、静力性等长收缩以及等动性收缩。

1. 动力性向心克制性收缩

肌肉动力性向心克制性收缩是力量训练的一种主要形式,其主要特点是肌肉工作时,肌肉长度逐渐缩短。肌肉在缩短过程中张力随着关节角度的变化也发生改变。无论进行何种运动项目，在发展运动者的力量素质时，掌握好发挥最大肌力的关节角度，可以获得事半功倍的效果。

2. 动力性离心退让性收缩

动力性离心退让性收缩的特点主要表现为肌肉收缩时，张力增加的同时肌肉的长度也在增加。一些国内外学者研究认为，肌肉在做离心退让性收缩时可以产生更大的张力。实验证明，与同一肌肉做向心收缩肌肉相比，做离心收缩时所产生的张力要大40%左右。

3. 静力性等长收缩

静力性等长收缩的特点主要表现为肌肉收缩时，其张力发生变化，但其长度基本不变，在整个动作过程中肢体不会产生明显的位置移动。肌肉极限或者次极限负荷的静力性收缩比动力性收缩能够动员更多的肌纤维参与工作，可以有效发展最大力量和静力性耐力。

4. 等动性收缩

等动性收缩的特点主要表现为在整个关节活动范围内肌肉始终以某种张力收缩，而收缩速度始终恒定。等动性收缩的优点是集等长收缩和等张收缩的优点于一身，使练习者肌肉在各个关节角度上用力基本均等，并产生足够的刺激。

（四）肌肉内肌纤维的数量

肌肉内肌纤维的数量对肌肉收缩时产生的力量大小也有重要影响。肌肉由许多肌纤维构成，肌肉内肌纤维的数量越多，其收缩力量就会越大。肌肉收缩时并非所有的肌纤维都能被同时动员起来参加活动，动员参与活动的肌纤维数量越多，则收缩时产生的力越大。

当前，关于肌肉内肌纤维的数量有两种不同观点：一种观点认为，人在出生后4～5个月，肌肉内纤维的数量就已确定；另一种观点认为，训练后导致肌肉肥大，除肌纤维增粗外，还由于肌纤维的纵向分裂，造成肌纤维数量增多。而力量训练能否使肌纤维增多，目前尚无定论。

（五）肌肉的初长度

根据相关研究显示，肌肉力量的大小在一定程度上受肌肉体积的影响，而肌肉的长度（即肌肉两头肌腱之间的长度）对肌肉体积的发展潜力具有决定作用。肌肉拉长时，肌梭将感知肌维长度变化产生冲动，会提高肌纤维回缩力来对抗拉力，当长度拉到一定程度将引起牵张反射，可提高肌力的发挥效率。因此，在一定范围内，肌肉的初长度长或者肌肉弹性拉长后，肌肉收缩时所产生的张力和缩短的程度就越大。

（六）肌肉的牵拉角度

人体的力量素质与完成技术动作用力正确与否在一定程度上受肌肉牵拉角度的影响。肌肉收缩牵拉骨骼进行运动时，肌肉在不同位置的不同角度上牵拉，其力量大小是不同的。例如，当负重屈肘作弯举时，肘关节角度在30°时，肱二头肌张力最小，在115°～120°时，肱二头肌的张力最大。屈膝低于130°时，腿的力量则下降，膝关节弯曲在164°和130°时，腿部肌肉力量的表现几乎相同。

三、营养系统的供能能力

对于大学生运动者来说，力量素质的发展受营养系统功能能力的影响较大。当肌肉处于工作状态时，营养的供应对肌肉力量的发挥具有直接的影响。最大力量的增长、速度力量的提高以及力量耐力的持久将取决于 ATP-CP 供能系统，糖酵解供能系统，有氧供能系统的供能能力，即无氧非乳酸性供能，无氧乳酸性供能，有氧供能。从运动生物化学的角度分析，肌肉收缩的直接能源是 ATP，CP、糖的无氧、糖的有氧及脂肪的有氧供能都必须以 ATP 的形式供肌肉收缩。当人体处于激烈活动的状态时，肌肉中的 ATP 首先能起发动作用，促使 CP 同步分解，再合成 ATP 供能，同时为了补充肌肉中的 ATP 的浓度，磷酸立即参与糖的无氧快酵解，而产生 ATP。当 ATP-CP 系统供能接近生理允许的极限消耗时间，即 5.66 秒～5.932 秒时，就开始启用无氧糖酵解提供的 ATP 与 ATP-CP 系统消耗的能力共同供能，直到糖的无氧酵解供能占优势，但运动强度在此时已经下降。极限运动 8 秒钟后，开始糖的有氧慢酵解生成丙酮酸进入三羧循环氧化生成 ATP 补充肌肉中 ATP 的浓度。当运动时间持续 30 秒左右时，由于糖的无氧酵解被抑制，迫使运动强度降低，乳酸作为有氧供能的衔接能源供能。糖的有氧及脂肪的有氧供能会随着运动时间的延长而维持肌肉长时间的活动。

在营养供能系统中，无氧非乳酸性供能对力量素质的发展具有非常重要的作用。这是由于力量增长在较短时间内，以较快的速度完成技术动作的效果最佳。由于进行力量练习时肌肉活动的强度很大，工作时间很短，又常伴有憋气，尤其是静力练习时肌肉持续紧张，血管被挤压，血液流动不畅通，常常造成缺氧。在这种情况下，主要依靠能源物质的无氧分解为肌肉收缩提供能量供应，磷酸肌酸大量消耗、肌糖原生成乳酸和血液中乳酸也升高是其表现特征。由此可见，肌肉的无氧代谢能力对于力量素质起着非常重要的作用。

四、中枢神经系统的调节机能

（一）神经中枢对肌肉活动的支配与调解

人体肌肉群受到神经中枢协调支配的影响，如果不同神经中枢之间的协调关系获得改善，就能够使主动肌同协同肌、对抗肌、固定肌之间的协调能力提升，使各个肌肉群在参加工作时能可以协调一致、各尽其责。相关研究表明，肌肉收缩的最佳效果不是由于肌肉，而是由于神经冲动的合理频率的提高，促进运动者的情绪高涨，从而引起调动肌肉工作能力的较多肾上腺素、去甲肾上腺素、乙酰胆碱及其生理活性物质的释放，导致力量增大。由此可见，神经中枢机能状态对肌肉力量及其发展起着非常重要的影响。

（二）神经过程的频率与强度

力量素质在一定程度上也受神经过程的频率与强度的影响。神经传导电脉冲引起肌肉的收缩，一次脉冲可以引起肌肉收缩一次。如果新的脉冲信号在肌纤维还没有完全松弛时又传来，就会出现肌肉的重叠收缩,可以产生更大的力量。科学系统的训练可促使大学生运动者中枢神经系统传出的神经冲动频率高、强度大,从而更加有效地促进力量素质的发展。

五、与力量训练相关的其他影响因素

除了以上因素会对大学生运动者力量素质的训练产生影响外,还有其他的一些影响因素如运动者的训练基础、完成技术动作的速度、每组练习重复的次数与负荷强度、训练方法等。

(一)运动者的训练基础

训练基础好的运动者,力量增长速度就比较快;而训练基础较差的运动者,在开始训练后,力量增长得就会很快;力量训练如果停止,增长的力量就会逐渐消退。力量消退的速度大约是提高速度的1/3。也就是说,力量提高得快,停止训练后消退得也就快。经过长时间训练逐渐提高的力量,停止训练后,保持的时间也较长。有的专家研究,如果每1~2周进行一次最大力量训练,那么就基本可以保持所获得的力量。只要每6周进行一次力量训练,就可以使力量的消退速度得到延缓。

(二)技术动作的完成速度

动作速度是与力量训练相关的主要影响因素。在力量素质训练中,完成技术动作速度的快慢对发展力量的特性有着十分重要的影响。例如,练习时既注意加快单个动作速度,也注意加快动作的频率(重复若干次数),可以发展一般速度力量;练习时尽量加快动作的速度,尤其是单个动作速度,可以有效地发展爆发力。对动作的速度一般不作过多要求强调,如果强调每次练习的负荷量或者次数,最大力量或者速度力量就可以得到一定程度的发展。

(三)每组练习重复的次数与负荷强度

每组练习重复的次数与负荷强度也是影响力量素质的重要因素。实践证明,如果训练时负荷重量大,重复次数少,发展最大力量的效果就比较好;特别是在肌肉群受到超负荷训练后,力量素质会得到有效的发展;如果重量小,重复次数多,那么主要发展肌肉耐力;如果重量与次数都适中,那么可以明显增大肌肉体积。

如果每组练习的间歇时间较短,机体消耗的能量得不到恢复就进行下一组的练习,机体生理、生化等指标就会下降,肌肉力量的发挥也呈下降趋势;反之,每组练习的间歇时间较长,使机体消耗的能量得到恢复再进行下一组练习,那么发展力量素质的效果就更加明显。

(四)力量素质的训练方式

力量素质训练的方式同样是影响力量素质发展的因素之一。不同的训练方式对于力量的大小与特性会产生不同的影响。等张收缩的动力性练习能够显著提高肌肉的爆发性力量和灵活性,等长收缩的静力性练习可以提高静止性用力的力量。

第三节　力量素质训练的方法

一、大学生力量素质训练的基本方法

（一）最大力量的训练方法

最大力量指的是运动者以最大肌肉力量与意志收缩对抗一种刚好能够克服的阻力时所发挥的最高力值。所有的或者大多数的运动单位都参加运动是最大力量的训练特点。最大力量的力值主要取决于肌肉的生理横截面和及时动员尽可能多的肌纤维参加用力的能力，以及最大意志紧张的能力。同时，最大力量的力值还随工作肌的关节角度而变化。

发展最大力量的训练方法主要包括重复法、强度法、静力练习法、极限强度法和电刺激法等。

1. 重复法

重复法就是持续不断地重复用力的方法。重复法的负荷特征表现为：以 65%～90% 的强度进行练习，每组重复 3～6 次，每组间歇 3 分钟，随着肌肉力量的增加，负重量的大小逐渐加大。由于训练时增加试举重量和重复次数是力量提高的标志。因此，当运动者能重复更多次数时，便表明力量有了提高，即应增加负荷重量。重复法不仅可以加强新陈代谢，活跃营养过程，引起工作肌群增长，并迅速有效地提高肌肉的力量，而且还可以有效地发展运动者的爆发力，改进用力技术的协调性，加强支撑运动器官的机能。目前，重复法多与极限重量相结合进行训练。

2. 强度法

强度法能够保证神经肌肉用力的高度集中与绝对肌力的发展，可以让运动者的相对力量在肌肉体积没有特殊增加的情况下得到显著的提高。强度法的特点是以大的、亚极限和极限重量（即 85%～100% 的强度）进行优势工作，训练时逐渐达到用力极限，以后继续用对体力来说是强的、中上的和中等强度的负荷量，直到对这种刺激产生劣性或者接近劣性反应时为止。实践表明，大学生运动成绩的提高可通过提高强度（尤其是 90% 以上的强度）实现。但是强度法需要较大的体力和心理准备，并对中枢神经系统的要求较高，如果长期使用会在运动者心理上引起较大的疲劳。因此，这种训练方法对于大学生运动者来说不宜长期使用。

3. 静力性练习法

静力性练习法也是大学生运动者用以提高最大力量常采用的训练方法之一。静力练习又称"等长收缩"，是肌肉在紧张用力时其长度不发生变化的一种力量练习。静力性力量训练不仅对提高最大力量作用较大，它还可以发展静力性耐力和静力性力量。生物学研究证实，静力性练习是发展静态力量的有效手段之一，静态力量是动态力量（包括快速力量）的基础。

研究表明，静力性练习有助于运动者肌肉力量的发展。这是由于肌肉在进行静力性练习时的长度基本不变，肌肉收缩所产生的能量基本上表现为肌肉张力增大。由于完成最大紧张度的静力练习时肌肉强直收缩,即运动单位工作同步化,因此能够培养与发展极大的张力。由于静力性练习的特点是工作时处于无氧条件下,这就造成了能量储备的快速消耗,从而导致了疲劳的迅速出现。静力性力量训练一般采用较大重量的负荷以递增重量的方法进行练习。静力性练习除了可以用于发展最大肌肉力量外,主要用于加强某些薄弱肌肉群的力量,也可以用于技术训练。此外,运动者在受伤之后的恢复时期也可以采用静力练习的方法进行训练。

采用这种训练方法的目的在于克服某些肌群力量发展中的不足和适应某些静止用力动作的需要。由于各种运动项目的绝大多数动作都要求快反应、高速度、爆发式地完成以及高度的灵活性和机动性。因此,过多地使用此法就会对动作速度与协调性的发展产生消极作用。在进行静力性力量练习时,需要注意与动力性练习相结合进行,并与技术动作相一致,练习中应注意呼吸,即在练习前应做一次深吸气坚持数秒,然后慢慢呼出。也可以先吸半口气进行极限用力,然后在短促呼吸与短促憋气相交替中完成练习。

4. 极限强度法

极限强度法指的是运动者在条件允许的情况下可采用的一种训练方法。极限强度法也称"阶梯式训练法"或者"保加利亚法",其特点表现为强度突出,几乎每周每天每项都要求达到、接近甚至超过本人当天的最高水平,之后减 10 千克做两组,再减 10 千克做两组。然后开始递增重量,直到当天最大重量,之后接着递减重量。在计划规定的时间内要求组数越多越好,组与组之间的间歇以可以休息过来为准,整个训练全年基本都是如此安排,不会进行大的调整与变动。

这种训练方法对于发展最大力量具有非常明显的效果,但是这种方法对运动者的中枢神经系统、营养的补充、恢复措施与医务监督等均有很高要求,因此不宜长时间采用此法,应该结合其他的训练方法并注意训练周期与训练的节奏。

5. 电刺激法

电刺激法是近些年来被运动者用以提高最大力量的一种常见训练方法。电刺激是一种可以引起肌肉产生收缩的技术,它使大脑发出的中枢神经冲动被一种迫使肌肉收缩的电刺激所取代。电刺激引起的肌肉收缩本质上与训练时的肌肉收缩是相同的,即消耗能量并产生代谢产物,引起相同的内环境改变,获得的力量一样。一定强度的电刺激获得的力量也能促进运动成绩的提高。电刺激分为直接刺激法和间接刺激法两种,直接刺激法在将两个电极固定在肌肉末端,频率为2 500 赫兹时,收缩最为强烈;间接刺激法使用电脉冲电流仪,通过两个趋肤电极传输到肌肉,不同的电极可以放置在与其有关的运动神经部位,频率为 1 000 赫兹是肌肉收缩最为理想的状态。

电刺激法一般作为力量训练的一种辅助手段,其适用于因创伤而不能正常训练同时又需要保持竞技状态的运动者。

(二)力量耐力的训练方法

力量耐力是力量与耐力的综合素质,它是在静力性或动力性工作中能够长时间保持肌肉的工作能力而不降低其工作效果的一种能力。根据肌肉工作方式,力量耐力可以分为静力性力量耐力与动力性力量耐力两种类型。静力性力量耐力又可以细分为最大静力性力量耐力和接近最大静力性力量耐力两种。动力性力量耐力又可以细分为最大力量耐力(重复发挥最大力量的能力)和快速力量耐力(重复发挥快速力量的能力)两种。

根据肌肉物质交换的关系,发展力量耐力可以采用等动训练法、循环训练法、极限用力法等进行训练。

1. 等动训练法

等动训练法是大学生运动者发展力量耐力常采用的一种训练方法。等动训练法指的是利用一种专门器械(等动练习器)进行力量训练的方法。等动练习器的基本结构是在一个离心制动器上连结一条尼龙绳,拉动尼龙绳时的力量越大,由于离心制动作用,器械所产生的阻力也就越大。因此,器械所产生的阻力总是与用力大小相关。在进行等动训练时,人体肌肉一直以某种张力进行收缩,并且收缩速度始终恒定。肌肉用力大小与骨杠杆位置存在着密切的关系,即要受到肌肉群的牵拉角度及每个杠杆的阻力臂与力臂的相对长度的影响。用等动练习器进行训练时,当骨杠杆处于不利位置时,力量小,器械产生的阻力也就小;当骨杠杆处于有利位置时,如果肌肉使劲,用力比较大,器械所产生的阻力也大。这样实际上就等于在肘关节的整个活动范围内,给予了屈肘肌群以不同的负荷,即不同的外加阻力,只要练习者尽力去拉,就可以保证肌肉在整个活动范围内都可以受到最大负荷。该训练方法较适用于发展力量耐力,如果改变负荷要求,其他类型的力量素质也可以通过这种方法获得提高。

2. 循环训练法

循环训练方法同样是发展力量耐力的一种有效方法。根据训练的具体任务建立若干个练习站或者练习点,运动者按照规定的顺序、路线、依次完成每组所规定的练习和要求,周而复始地进行训练的方法即为循环训练法。该训练方法它可以系统地、有序地进行两臂、肩带、两腿以及腹部肌肉的练习,因此,对于于发展人体的多个部位的力量耐力具有重要的作用。循环训练的内容组织需根据练习的设想以及训练目的而定,同时根据"递增负荷"和"渐进负荷"的原则安排训练。循环训练法的负荷强度可以依据个人的实际情况来制定。

3. 极端用力法

极端用力法对于发展力量耐力能够起到非常显著的作用。极端用力法要求训练时做极限数量的重复,即每组试举允许重复 10~12 次,直到完全不能做为止。即使参加训练的肌肉再也不能收缩,肌肉越来越疲劳,需要从大脑皮层发出补充的神经冲动去激发新的运动单位,才能把每块肌肉充分地调动起来,并去激发新的肌群——即兴奋过程的扩散。实践表明,极端用力法对于力量耐力的发展具有非常显著的效果,同时还有助于发展运动者的最大力量以及提高其心理稳定性。

(三)快速力量的训练方法

快速力量是速度与力量的综合表现,因此快速力量的发展会受速度素质和力量素质两种因素的影响。研究表明,运动速度和负荷对肌肉收缩时缩短的程度有一定影响:负荷较大,则肌肉缩短较少,而且速度较慢;当负荷达到肌肉刚刚不能承担时,速度变成零,从而产生最大等长收缩的张力;当负荷为零时速度最大。因此,要想在各种外部负荷的情况下使动作速度得到提高就必要要使速度和最大力量两方面都得到提高。实践证明,力量素质易于提升,而速度素质的提高则相对困难。

对于速度力量而言,肌肉收缩速度对其大小起着决定作用。许多运动项目都是在快速节奏或爆发用力的情况下完成的。大学生运动者可通过以下几种训练方法发展快速力量。

1. 起动力的训练方法

在最短的时间内最快地发挥下肢的肌肉力量,即起动力。实践证明,最大力量水平是起动力的基本成分。起动力的训练方法有多种,以下几种练习对发展起动力具有良好的促进作用。

(1)利用同伴的各种加阻力(助力)的加速跑、牵引跑、听信号改变起跑的准备姿势跑等。

(2)利用器械、仪器的各种跑的练习,如加速跑突然改变动作方向跑、计时短跑、穿加重背心的起跑加速、系铅腰带的加速跑、负轻杠铃短跑等。

(3)利用地形地物的各种短跑练习,如上(下)坡跳、跑阶梯、沙地跑等。

2. 爆发力的训练方法

爆发力就是指以最短时间、最大加速度克服一定阻力的能力。爆发力在速度力量运动项目中对运动者的运动水平起着决定作用,其大小是由参与活动的所有肌肉群的协同用力决定的。爆发力的提高也同样有赖于最大力量水平的发展。如果最大力量发展不够,爆发力则不能达到很高水平。爆发力训练的主要特点是,用于训练中的主要刺激,与完成动作的类型及发力的大小密切相关。其中,超等长训练法和快速用力法是发展爆发力的两种主要训练方法。

(1)超等长训练法

超等长训练法是一种将退让练习和克制练习结合在一起的训练方法。使纯力量转变成爆发力是这种练习的目的。超等长训练法的生理机制是牵张反射,即肌肉在退让工作时,肌肉被拉长得超过自然长度,于是引起牵张反射,从而可以产生一种更强有力的克制性收缩,以有效地发展爆发力。超等长练习的内容、组数和次数,可以根据训练要求和运动者个人的具体情况选定。其中,跳深练习和各种跳跃练习是该训练方法发展爆发力的主要训练方法和内容。

(2)快速用力法

这种训练方法的特征是以最快的收缩速度,克服一定的器械重量,以发展大学生运动者的爆发力。快速用力法的原理在于,速度的增长就是力量增长的标志。快速用力法有利于培养大学生运动者的速度意识及快速运动反射的传播。其通常采用小强度快速用力法和中等强度快速用力法两种训练形式来发展运动者的爆发力。

①小强度快速用力法

小强度快速用力法的特点是采用30%~60%的强度,练习3~6组,每组练习5~10次,进行专门发展练习,并使练习的结构和肌肉工作方式尽量接近比赛的动作。

②中等强度快速用力法

中等强度快速用力法的特点是用60%~85%的强度,用最大速度练习4~6组,每组重复3~6次。这种方法对提高肌肉力量的爆发性发挥极为有效,特别是采用抓举、挺举等形式发展爆发力时更是如此。

3. 弹跳力的训练方法

力量素质的发展与弹跳力存在着一定的关联。弹跳力本身就是一种弹跳反应力量或者快速力量。远度跳跃与高度跳跃是竞技体育中的两种跳跃形式,这两种跳跃形式不仅要求神经肌肉系统以最快速度发挥出尽可能大的力量,同时还要求神经肌肉系统在极短的时间内完成拉长、缩短周期的弹跳反应力。发展快速力量和发展最大力量是弹跳力训练的两个主要方面。

（1）发展快速力量

大学生运动者发展快速力量,可有效提高自身在高度和远度方面的跳跃能力。

快挺、蹲跳、负重提踵、抓举是发展快速力量的主要训练内容。

发展快速力量的训练方法是以重量小、计时计次数、次数较多、爆发式完成动作。

（2）发展最大力量

发展最大力量,就是发展大学生运动者跳跃能力所需的最大力量的练习。该训练方法是通过增加中枢神经系统发放冲动的频率来提高最大力量的。其负荷强度应尽可能达到本人能力的上限,重复次数少,能够避免过分发展肌肉横断面,要求完成动作速度是爆发式的。

其中,深蹲、高翻或者半蹲是发展最大力量的主要训练内容。

发展最大力量的训练方法是进行 80％的大阻力训练 5 组,每组 6 次;进行 90％～100％的最大阻力训练 4～8 组,每组 1～4 次。

二、大学生力量素质训练的具体手段

力量素质训练的手段多种多样,下面主要从不同身体部位的一般力量素质训练手段与专项力量素质训练两个方面进行介绍。

（一）一般力量素质的训练手段

一般力量素质训练是基本素质训练的重要方面。以下主要介绍不同身体部位的力量素质训练手段。

1. 躯干力量训练的基本方法

（1）杠铃练习

①负重转体（图 6-1）

运动者身体保持直立,双膝向前和身体外侧微屈双脚左右开立约一肩半宽。肩负轻杠铃,微仰头,尽量向身体一侧转体至最大限度,约 180°,再向身体另一侧转体体直至最大限度,重复练习。

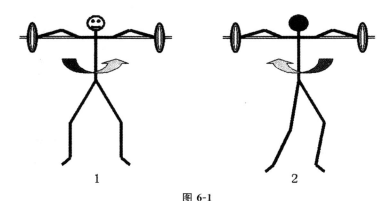

1　　　　　　　　　2

图 6-1

在训练过程中,运动者应该注意躯干保持正直,双脚保持固定。以下肢带动骨盆和躯干完成动作。

②负重体侧屈(图 6-2)

运动者身体保持直立,双脚左右开立约一肩半宽,肩负轻杠铃,微仰头。尽量向身体一侧屈上体,然后向身体另一侧屈上体直至最大限度,重复练习。

在训练过程中,大学生应注意只在腰部完成躯干侧向屈伸,膝关节保持伸直。躯干向左屈时呼气,向右屈时吸气。

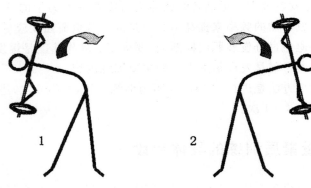

图 6-2

③负重体前屈(图 6-3)

运动者保持身体直立,双脚左右开立约一肩半宽,肩负轻杠铃,微仰头。前屈身体直至与地面平行姿势,然后伸背、伸髋恢复直立姿势,重复练习。

在训练过程中,大学生应注意背伸直,膝关节保持伸直。躯干前屈时呼气,上伸时吸气。

图 6-3

(2)哑铃练习

①持哑铃体前屈转体(图 6-4)

运动者双脚约以两倍肩宽间距左右开立,掌心向内持哑铃,另一只手扶在腿上。持哑铃体前屈,使哑铃尽量接触对侧脚尖,然后竖直躯干。重复练习。

在训练过程中,大学生应注意只使用躯干完成体前屈和转体动作,肘、膝关节固定。

图 6-4

②持哑铃体侧屈（图 6-5）

运动者双脚约以肩宽间距左右开立，一只手掌心向内持哑铃，另一只手扶腰。向持哑铃一侧尽量屈体，然后竖直躯干并尽量向反方向屈体。重复练习。

在训练过程中，大学生应注意保持背部伸直，只在腰部完成侧屈动作。髋和膝关节固定。

图 6-5

（3）瑞士球和实心球练习

①仰卧起坐（图 6-6）

运动者双脚支撑地面仰卧于瑞士球上。连续进行仰卧起坐练习。

在训练过程中，大学生应注意仰卧时背部全部贴在瑞士球上。动作过程中颈部保持正直，不要收紧下颌。动作结束时躯干与水平面约呈 45°夹角。为了加大难度，动作过程中也可以持重物，或扭转躯干进行练习。

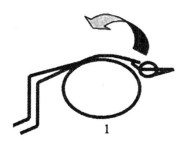

图 6-6

②俯卧伸背(图 6-7)

运动者将瑞士球放在宽长凳上,在瑞士球上俯卧,双手握住长凳两侧,双脚离地。头和颈保持自然姿势,以臀部肌群发力。提起双腿至与膝、髋、和肩成为一线的高度。

在训练过程中,大学生应注意将背部和下肢作为一个整体进行练习。在伸展膝、髋关节前挤压球。

图 6-7

③仰卧双腿提球(图 6-8)

运动者在地面仰卧,双腿放在球上,在双踝系一条带子固定住球。双臂向体侧斜下方向伸展贴在地面上,双手掌心向下。将双膝向胸部拉引,直至大腿与地面的夹角稍微超过 90°,重复练习。

在训练过程中,大学生应注意练习过程中腰部不得离开地面。随着能力的提高,可以采用实心球练习。

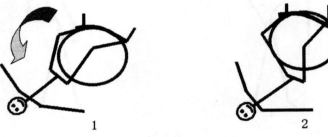

图 6-8

④仰卧转体(图 6-9)

运动者将瑞士球放在一个方形台面上,练习者在瑞士球上仰卧,臀部和大腿后部支撑体重。采用适宜方式在踝部固定双脚(肋木或由同伴帮助)。双臂伸直,双手持实心球于胸前,左右方向转体。高水平运动者也可以与同伴配合进行实心球侧向抛、接练习。

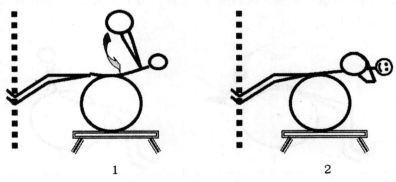

图 6-9

在训练过程中,大学生应注意以腹部和腰部发力开始动作。大幅度、快速地完成动作。

⑤双脚抵墙体侧起(图6-10)

运动者将球放在离墙壁约1米的地方。一侧髋部支撑侧卧于瑞士球上。下方腿在前,上方腿在后,双脚贴地面前后分开,并利用地面墙根固定。双臂胸前持实心球,或交叉抱胸,进行侧向抬起躯干的重复练习。

在训练过程中,大学生应注意侧卧时躯干充分伸展,全部贴在瑞士球上。动作过程中颈部保持正直,动作结束时头部为正直姿势。在躯干、骨盆和双腿充分稳定的姿势下开始练习。

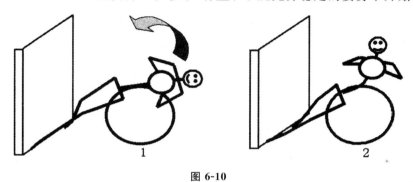

图6-10

(4)其他辅助练习

①背肌转体(图6-11)

运动者身体伸展俯卧在山羊上,腿部固定在肋木上或由同伴帮助固定,上体下屈。双手交叉贴在头后,伸展身体至水平位置转体。身体左右方向重复练习。

在训练过程中,大学生应注意膝关节伸直。用背部肌群力量完成动作,如加大难度可以手持重物固定在头后。

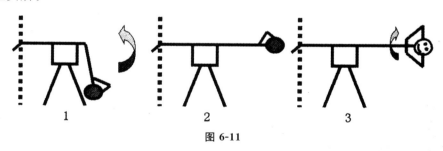

图6-11

②侧卧腿绕环(图6-12)

运动者身体伸展侧卧在斜板上,上侧腿做绕环动作。尽量大幅度完成动作,换腿重复练习。

在训练过程中,大学生应注意膝关节伸直,只用髋部肌群力量完成动作。

图6-12

③侧卧提腿(图 6-13)

运动者身体伸展侧卧在斜板上,上侧脚的踝关节固定系在拉力器绳索或橡胶带上。拉力方向向靠近身体斜下方,尽量快速向上提腿。重复练习。

在训练过程中,大学生应注意膝关节伸直,只用髋部和躯干两侧肌群力量完成动作。

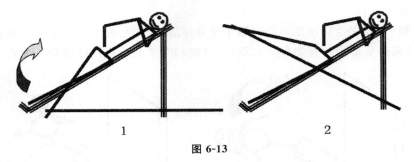

图 6-13

④仰卧转髋(图 6-14)

运动者仰卧在垫子上,双手握在头后固定横杆上,收腹屈膝。快速向身体两侧转髋,使腿贴在垫子上。重复练习。

在训练过程中,大学生应注意双脚并拢,贴在垫子上。只用腰部完成动作。

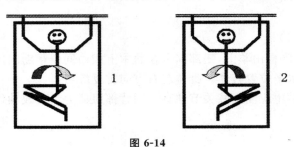

图 6-14

2. 上肢力量的训练方法

(1)杠铃练习

①屈肘(图 6-15)

运动者身体保持直立,双手约以肩宽间距反握杠铃于身体前部。用力屈双臂向上提升杠铃,然后伸臂放下杠铃于原处,重复练习。

在训练过程中,大学生应注意快速完成动作,且动作过程中身体要保持稳定。

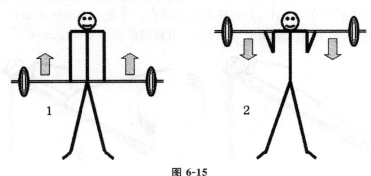

图 6-15

②颈后伸臂(图 6-16)

运动者身体保持直立,双手约以肩宽间距反握轻杠铃于头后部。用力伸双臂向上提升杠铃,然后屈臂放下杠铃于原处,重复练习。

在训练过程中,大学生应注意尽量快速完成动作。动作过程中略微低头。

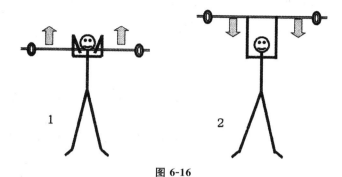

图 6-16

③屈腕(图 6-17)

运动者双手持轻杠铃坐在凳子上,膝部支撑肘部。连续进行手腕屈伸动作。

在训练过程中,大学生应注意肘关节大约 90°夹角,只用腕部完成动作。前臂与地面约保持 45°夹角。

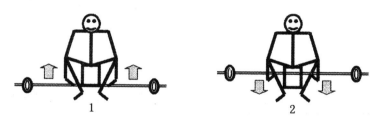

图 6-17

(2)瑞士球和实心球练习

①瑞士球俯卧撑(图 6-18)

运动者双手撑在球上,双脚掌撑地,身体成一斜线。向身体下方屈肘,使前臂"包"在球上,而后撑起身体,重复练习。

在训练过程中,大学生应注意以肘部下降引导身体下降。全身充分伸展,保持平衡。

图 6-18

②实心球移动俯卧撑(图 6-19)

运动者俯卧,一手撑在球上,一手和双脚掌撑地,身体成一线。把两只手都放在实心球上,完成俯卧撑,换另一只手撑地。身体左右移动,两只手轮流撑在球上,重复练习。

在训练过程中,大学生应注意双手放在实心球两侧,以肘部下降引导身体下降。尽量快速完成练习,全身充分伸展,保持平衡。

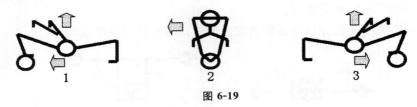

图 6-19

③仰卧伸臂(图 6-20)

运动者双手持哑铃,仰卧在球上,双臂向上伸直。保持上臂固定下降哑铃至头两侧的球上。充分伸展练习臂后进行屈肘练习,重复练习。

在训练过程中,大学生应注意伸臂过程中肘部始终指向上方。背和臀部贴紧球。

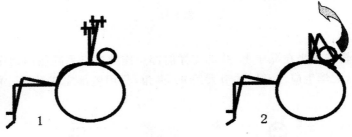

图 6-20

(3)其他辅助练习

①双杠臂撑起(图 6-21)

运动者双手掌心向下,约以肩宽为间距直臂在双杠上支撑身体。屈肩和肘关节向下降低身体高度,然后在撑起身体,重复练习。

在训练过程中,大学生应注意由直臂支撑身体姿势开始,向下降低身体使双手接近肩部。尽量用肩、臂力量完成动作。

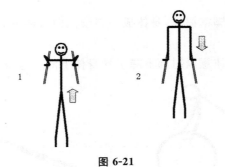

图 6-21

②引体向上(图 6-22)

运动者双手掌心向前,约以肩宽为间距直臂握住单杠。屈肩和肘关节向上拉引身体,重复练习。

在训练过程中,大学生应注意由直臂身体悬垂姿势开始,向上拉引身体至下颌接近单杠。尽量用肩、臂力量完成动作。

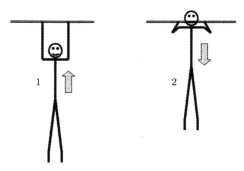

图 6-22

③倒立走(图 6-23)

运动者成倒立姿势用双臂向前移动身体。同伴可帮助扶住双腿维持平衡。

在训练过程中,大学生应注意在安全的地面或垫子上练习。如果加大难度可以向各个方向以动身体。

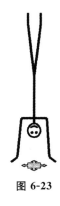

图 6-23

3. 全身力量的训练方法

(1)踩"T"形板传接实心球

运动者双脚以肩宽站在"T"形板上手持实心球,与同伴相距约 2 步相对站立。保持屈膝、收腹身体姿势。两人相互传接实心球,接球后在"T"形板上保持平衡 2 秒钟再传出(图 6-24)。

在训练过程中,大学生应注意保持膝关节在踝关节垂直上方。加大难度可持重球,改变多种动作方向或加快动作节奏。

图 6-24   图 6-25

（2）持实心球侧蹲

运动者双脚以肩宽左右开立,向左侧分步进入侧蹲姿势,重心移到左腿上。充分前伸双臂前送实心球,保持此姿势2秒钟。右腿蹬离地面形成开始姿势,左右腿交换重复练习。

在训练过程中,大学生应注意躯干不得扭转。加大难度可持重球或加快动作节奏（图6-25）。

（3）肩上侧后抛实心球

运动者双手持实心球于胸前,背对投掷方向,双脚以肩宽左右开立。保持屈膝、收腹身体姿势。抛球前下蹲,将球沿身体一侧转到身后,然后以下肢发力带动躯干回转实心球,将球从身体另一侧肩上向后抛出（图6-26）。

在训练过程中,大学生应注意注意身体环节自下而上的用力顺序。加大难度可以持重球,改变多种动作方向或跳起抛球。

图 6-26

4. 爆发力的训练方法

爆发力训练的目的在于刺激神经肌肉系统的快速交替,即在最短的时间内完成从拉伸肌肉（离心收缩）到收缩肌肉（向心收缩）。其训练方法有包括以下几种。

（1）杠铃练习

①高拉（图6-27）

运动者将杠铃放在身体两侧40～50厘米高的支撑物上,双手宽间距握住杠铃杆。之后,由半蹲姿势开始,腿、髋发力尽量向上提拉杠铃,返回开始姿势重复练习。

在训练过程中,大学生应注意快速完成动作过程。腿、髋发力带动躯干和肩部用力,完成动作脚跟尽量提起。

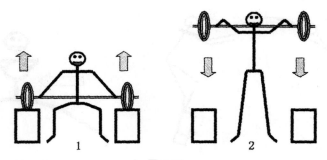

图 6-27

②连续高抓(图 6-28)

运动者将杠铃放在身体两侧 40～50 厘米高的支撑物上,双手宽间距握住杠铃杆。由半蹲姿势开始,腿、髋发力尽量向上提拉杠铃。当杠铃接近最高点时降低身体重心,翻肩、翻腕上推,并移杠铃到头后上部。然后,举起杠铃成直立姿势,然后返回开始姿势重复练习。

在训练过程中,大学生应注意快速完成动作过程,掌握好翻肩、翻腕上推杠铃的时机。腿、髋发力带动躯干和肩部用力,完成动作脚跟尽量提起。

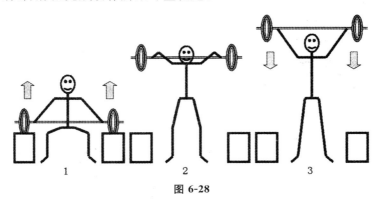

图 6-28

③高翻(图 6-29)

运动者将杠铃放在地面上,双手以肩宽为间距握住杠铃杆。由下蹲姿势开始,腿、髋发力尽量向上提拉杠铃。当杠铃接近胸上部时降低身体重心,翻肩、翻腕支撑,固定杠铃在胸上部。身体成直立姿势,然后返回开始姿势重复练习。

在训练过程中,大学生应注意快速完成动作过程,掌握好翻肩、翻腕支撑杠铃的时机。腿、髋发力带动躯干和肩部协调用力,上拉动作过程中脚跟尽量提起。

图 6-29

④抓举(图 6-30)

运动者首先下蹲,双手宽间距握住杠铃杆,用腿、髋发力尽量向上提拉杠铃。当杠铃接近最高点时降低身体重心,翻肩、翻腕上推,并移杠铃到头后上部。然后举起杠铃成直立姿势,返回开始姿势重复练习。

在训练过程中,大学生应注意快速完成动作过程,掌握好翻肩、翻腕上推杠铃的时机。腿、髋发力带动躯干和肩部协调用力,上拉动作过程中脚跟尽量提起。

(2)球类练习

①上步推实心球(图 6-31)

运动者双脚以肩宽左右开立面向同伴,同伴手持实心球。同伴将球传向一侧肩部,当球接近身体时向前跨一步单手接球。接到球立即将球推出,再传给同伴,恢复开始姿势重复练习。

在训练过程中,大学生应注意身体环节以自下而上的顺序用力,快速完成动作过程。

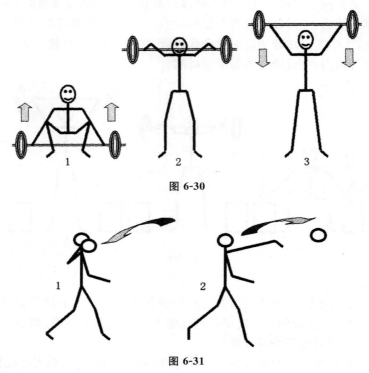

图 6-30

图 6-31

②弓箭步传接实心球(图 6-32)

运动者与同伴保持 3～4 步的距离相对站立。一人双手持实心球,一条腿屈膝、屈髋前迈并缓缓落地。前面腿的大腿与地面平行,膝关节弯曲 90°,且不超过脚尖的垂线。在脚落地前把实心球传给同伴,接球时前面的脚蹬地恢复开始姿势。

在训练过程中,大学生应注意保持弓箭步姿势,维持好身体平衡。

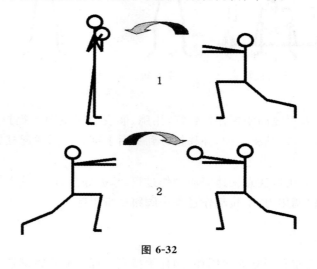

图 6-32

③蹲跳传接实心球(图 6-33)

运动者双手持实心球,与同伴相距约 6 步相对站立。在传球前下蹲使球接触地面。腿、髋和躯干依次发力,人体爆发式地跳起双手向前方推出实心球。

在训练过程中,大学生应注意同伴在球落地反弹后接球。加大难度可以持重球,改变多种动作方向或加快动作节奏。

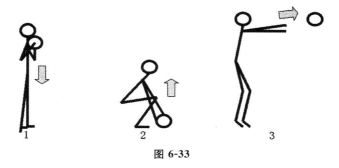

图 6-33

(3)其他辅助练习

①力卧撑(图 6-34)

运动者由站立姿势开始,下蹲身体前倾双手撑地。双脚离地向身体后方伸直双腿,然后快速收腿身体再成下蹲姿势。双手快速推起上体,下肢迅速蹬伸并跳起。身体落下后重复练习。

在训练过程中,大学生应注意身体跳起时身体充分伸展,尽量快速完成练习。

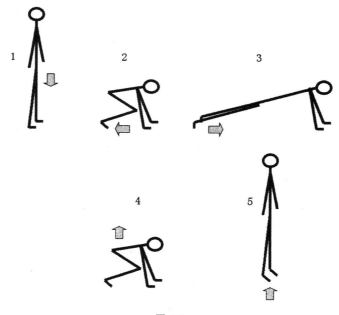

图 6-34

②前抛铅球(图 6-35)

运动者面对抛掷方向,双脚左右开立约一肩半宽,直臂双手持铅球举过头顶。向身下摆铅球至两小腿间并接近地面。迅速蹬腿、挺身、挥臂向身体前上方抛出铅球。

在训练过程中,大学生应注意身体环节用力顺序自下而上,迅猛完成动作。

图 6-35

③跳起手触脚(图 6-36)

运动者由站立姿势开始,垂直向上跳起直腿收腹、身体前倾,双手触摸脚尖。身体落下后重复练习。

在训练过程中,大学生应注意身体跳起时,只进行屈髋动作,膝关节充分伸展。可以根据项目需要跳起后可以向身体前方或两侧分腿,尽量快速完成练习。

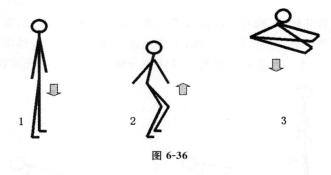

图 6-36

(二)专项力量素质的训练手段

1. 手指手腕力量素质训练手段

(1)手指用力屈伸练习。

(2)手持哑铃做腕绕环练习。

(3)手指用力做握网球练习。

(4)手指撑地做俯卧撑练习。

(5)身体离墙 1 米左右,用手指做推撑墙的动作。

(6)手指手腕力量素质训练手段示例:

①训练动作:指尖俯卧撑。

②训练目的:发展指尖支撑,手腕和胸肌、肱三头肌的力量。

③训练方法:俯卧撑姿势,手指向前,以指尖支撑身体。身体保持平直,下降身体直到胸部接触地面,稍停顿后迅速用双臂撑起。下降时吸气,上撑时呼气,重复练习(图 6-37)。

图 6-37

2. 手臂力量素质训练手段

(1) 肩上单手或头上双手掷实心球练习。

(2) 双手持哑铃肩后屈肘上举。

(3) 俯撑，脚尖固定，两手交换支撑绕圆圈移动。

(4) 俯撑，手足同时离地做向侧跳跃移动。

(5) 双手或单手持球上举，立姿或跪姿、坐姿，直臂或屈臂做向前、向后抛掷实心球练习。

(6) 双手持哑铃做前平举、侧平举和臂绕环练习。

(7) 手臂力量素质训练手段示例：

① 训练动作：坐凳屈肘。

② 训练目的：发展肱二头肌的力量。

③ 训练方法：一只手掌心向上持哑铃，坐在凳子上，双脚牢固支撑地面。上体微前屈，另一只手扶在同侧膝关节上。持哑铃的臂肘关节顶在同侧大腿内侧，沿半圆运动路线屈肘，抬起哑铃至肩的高度。向上运动时吸气，向下运动时呼气，双臂交替重复练习(图 6-38)。

图 6-38

3. 腰腹肌、背肌力量素质训练手段

(1) 做抓举杠铃的练习。

(2) 斜板仰卧持壶铃或杠铃片做收腹练习。

(3) 肩负杠铃或手持壶铃做上体屈伸练习。

(4) 双手持实心球或双脚夹实心球，在垫上做仰卧收腹或俯卧折体起。

(5) 双手置于头上，上体做前后屈、左右屈或大绕环练习。

(6) 双脚夹实心球球跳起，将球向前、向上或向后抛出。

(7) 站立或分腿坐地，双手持实心球做体转和上体大绕环练习。

(8) 仰卧两头起。仰卧，两手臂和两腿伸直，同时向一起靠拢，手指尖触脚背为一次。

(9) 仰卧起坐、俯卧体后屈、侧卧抱头侧上屈、仰卧举腿、肋木举腿等。可徒手或负重练习或者仰卧元宝收腹。

(10) 一人仰卧于垫上，在其脚部稍远处站一同伴。同伴把实心球传给仰卧者，仰卧者接球坐起,同时将球用双手回传给同伴。

(11)腰腹肌、背肌力量素质训练手段示例:

①训练动作:拉举杠铃。

②训练目的:发展三角肌前部的力量。

③训练方法:直立、抬头、直背,双臂下垂,在大腿上部高度,双手约肩宽间距握住杠铃杆。沿半圆运动路线,尽量向上提拉杠铃,并举杠铃到头上部。举起杠铃成直立姿势,然后返回开始姿势。杠铃提升时吸气,下降时呼气,重复练习(图6-39)。

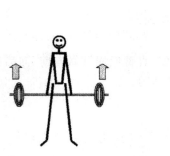

图 6-39

4. 下肢力量素质训练手段

(1)站立,两脚交替上踢,膝触胸。

(2)"矮子"步行走,要求双手摸脚后跟,行走距离视能力的提高而逐渐增加。

(3)跑台阶或双脚连续跳台阶。

(4)杠铃负重半蹲快速提踵。

(5)连续蛙跳、跨步跳、多级跳、单足跳练习。

(6)脚挂壶铃,做小腿屈伸练习。

(7)肩负杠铃坐在凳上,站起,连续做若干次。

(8)肩负队员半蹲起、全蹲起或左右脚交替做高凳上下练习。

(9)双脚夹球,跳起小腿后屈向上抛球后用手接球。

(10)下肢力量素质训练手段示例:

①训练动作:仰卧拉腿。

②训练目的:发展下肢屈髋肌群力量。

③训练方法:仰卧在垫子上,踝关节上固定阻力滑轮拉力带,拉力方向向脚下。双手掌心向下,在臀部下稳定上体,双腿交替快速进行抬腿练习(图6-40)。

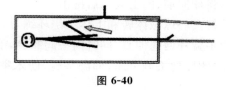

图 6-40

第四节　力量素质训练注意事项

大学生应该科学、系统地进行力量素质训练，才能获得更好的训练效果。在进行力量素质训练时，大学生应注意以下几个方面的问题。

一、做好充分的准备活动

在力量素质训练之前，大学生运动者首先应该做好充分的准备活动。力量练习可以采用慢跑、伸展体操和轻重量练习进行准备活动，从而使血液流向需要工作的肌肉群。如果训练时的天气比较寒冷，或者存在之前训练课所造成的肌肉酸痛，就需要进行更为充分的准备活动。头和脚是身体的"温度调节"部分，在寒冷天气要注意这些身体部位的保暖。

大学生在进行力量素质练习之前还应该进行一些伸展练习，从而有利于增加关节和肌肉的活动幅度，从而避免运动损伤的发生。在力量素质练习之后，还应该注意进行伸展练习，从而有利于缓解肌肉的紧张、减少酸痛以及帮助恢复。

二、保持高度的精神集中

大学生在进行力量素质训练时应该保持精神的高度集中，从而有效避免运动损伤的发生。为了使肌肉力量获得更好发展，在进行力量训练时一定要做到全神贯注，练习哪里就想到哪里，使意念活动与练习动作紧密配合保持一致。特别是在进行大运动负荷练习时绝对不能不专注，保持注意力的高度集中，因为笑的时候肌肉最容易放松，而力量练习的负荷又大，不当心就易造成损伤。另外在力量素质的训练过程中，大学生还应加强自我保护以及与同伴之间的相互保护意识。

三、把握正确的呼吸方法

呼吸方法的正确与否对于力量素质训练的效果有着很大的影响。憋气有助于固定胸廓，提高腰背肌紧张的程度，因此有助于提高练习时的力量。有学者进行背力测定研究发现，一人在呼气时背力最大为 129 千克，憋气时背力最大为 133 千克。憋气虽然能够提高练习时的力量，但用力憋气会引起胸廓内压力的提高，导致动脉的血液循环受阻，从而造成脑贫血，甚至会发生休克。为了避免产生不良后果，大学生在进行力量素质练习时需要注意：对刚开始训练的人，所给予的极限和次极限用力的练习不要太多，并让其学会在练习过程中完成呼吸，以避免用憋气来完成练习；用狭窄的声带进行呼气，几乎也可以达到与憋气类似的力量指标，所以做最大用力时可以采用慢呼气来协助完成最大用力的练习；当最大用力的时间很短，并且有条件不憋气时就应尽量不要憋气，尤其是在重复做用力不是很大的练习时；由于力量练习时间短暂，吸的气并不会立即在练习中产生作用，相反，深度吸气增加了胸廓内的压力，此时如果再憋气就可能产生不良变化，所以在完成力量练习前不应做最深的吸气。总而言之，大学生在进行力量素质训练时应该注意保持正确的呼吸方法。

四、结合专项特点发展力量素质

大学生应该结合运动专项特点来发展自身的力量素质,这样有助于实现理想的训练效果。首先,力量素质训练应该根据专项技术的动作结构来选择恰当的练习,从而发展有关的肌肉群力量,其次要通过肌电研究了解主要肌群用力特点、用力方向、工作方式、关节角度等,来对力量训练的方法进行确定。大学生只有按照技术规格要求开展力量素质训练,才能够真正发展肌肉群的力量。否则,技术动作变了形,参与活动的肌群也发生了变化,这就会对力量素质训练的效果产生消极的影响。

五、做到科学、系统、连续地训练

大学生在进行力量素质训练时应该严格遵循科学、系统、连续的训练原则,只有这样才能获得更好的训练效果。相关科学研究表明,力量增长得快,停止训练后消退得也快。力量素质训练应全年系统、科学安排,不能无故中断。力量素质练习应该因人、因项、因不同训练周期以及训练任务而异,负荷的安排应是周期性、波浪式的。力量训练课的次数取决于训练课的主要任务,训练课处于的阶段和周期,各力量素质的发展水平及训练特点,运动者的性别、年龄、健康状况、身体素质能力及训练水平等一系列因素。其中,运动者的训练水平是一项重要因素。

力量素质训练的强度、运动负荷以及训练频率一定要符合年度训练计划以及运动比赛的要求。根据相关理论研究显示,在年度周期计划中,准备期的力量训练最大,训练强度较低;比赛期的力量训练量减少,训练强度增大。

由于大学生大肌肉群的工作能力恢复得相对较慢,因此在比赛前7～10天的训练中不宜安排用极限负荷进行较大部位肌肉群的练习。在力量训练中,可以先安排发展最大力量、速度力量的练习,最后安排发展力量耐力的练习。在每个小周期中,尽量使各种不同性质的力量训练交替进行。在力量素质训练中,安排发展某些肌肉群练习时,应该先促进大量的肌肉群投入工作,之后才可以起动部分或者局部肌肉群投入工作,同时保证各肌肉群的交替训练。

六、全面并有侧重地发展力量素质

全面而又有所侧重地发展力量素质也是大学生在力量素质训练中应该遵循的原则。体育运动中的许多动作是比较复杂的,需要运动者身体各部位许多大小不同的肌群协同工作才能最终完成。因此,在力量素质发展的过程中不仅要使腰、腹、背、四肢、臀等部位的大肌肉群和主要肌肉群得到锻炼和提高,同时也要注意发展那些薄弱的小肌肉群的力量。

但是,发展不同类型的力量素质并不表明平均发展、面面俱到,应该针对项目的特点在全面发展的基础上有所侧重。

七、合理控制运动负荷量与负荷强度

大学生应该做到合理控制力量训练的负荷量与运动负荷的强度，这对力量训练效果的实现具有非常重要的作用。在素质训练中，大负荷指的是训练的负荷强度与训练总量，由于采用大负荷可以迫使肌肉进行最大收缩，能够刺激人体产生一系列的生理适应性变化，从而导致肌肉力量的增加，因此通常要用大学生所能承受的最大负荷或者接近最大负荷来进行训练。

力量素质训练的负荷量（练习量）、负荷强度（练习强度）及练习密度等负荷因素都会对训练效果产生一定的作用与影响。因此，大学生在制定训练计划时应综合考虑以上各个方面，同时还要根据专项比赛的机能和心理特点，制定出符合运动者自身个体特点的训练计划。

大学生在力量素质训练的过程中应该保持一定的训练强度，或者要保持较大的数量（次数和组数），以达到大负荷。大学生在力量训练过程中，当力量增长后，原来的负荷（主要指重量）就逐渐地变为小负荷。因此，大负荷训练量的保持一定要遵守循序渐进的原则。

大学生的力量素质还可以通过合理采用超负荷训练方法来发展。"超负荷训练"就是要求肌肉完成超出平时的负荷，它常常会引起肌肉成分特别是肌蛋白的分解，因此应该不断有目的、有计划地安排"超负荷训练"，从而引起超量的恢复，达到迅速发展力量素质的目的。高效率的力量素质训练是建立在"超负荷训练"的基础之上的。

八、多进行与力量训练相反的肌肉动作训练

大学生可通过做一些与力量训练相反的肌肉动作训练，以帮助充血而肿胀的肌肉达到尽快放松、消除疲劳的目的。由于肌纤维被拉长后可以增大收缩的力量，同时又可保持肌肉良好的弹性和收缩速度。所以肌肉每次练习时应先充分伸展拉长，然后再收缩，动作的幅度要大。力量训练以后，肌肉经常会充血，胀得很硬，此时应做一些与力量练习动作相反的拉长动作，或者做一些抖动、按摩的动作，以帮助肌肉获得充分的放松。

在大学生进行力量素质练习时，越是困难的练习动作越是要更好地完成。这是由于肌肉越是工作到接近疲劳时，其放电量就会越大。此时，肌肉受到了比较强烈的刺激，这种刺激能够促使机体产生很好的生理与生化反应，有助于超量恢复并实现力量素质的增长。

第七章 大学生速度素质训练

第一节 速度素质概述

一、速度素质的概念

速度素质是指人体或者人体的某个部位快速运动的能力,也就是人体或者人体的某个部位快速做出运动反应、快速完成动作、快速移动的能力。因此,速度素质主要包括三个方面,即对各种刺激的快速反应能力、快速完成动作的能力以及快速通过某一距离的能力。这些能力对高校大学生具有非常重要的作用。速度素质训练不仅能够促进身体健康,而且有利于运动能力的提高。

二、速度素质的分类

速度素质主要分为三类,即反应速度、动作速度以及移动速度。

(一)反应速度

反应速度是指人体对各种信号刺激(光、声、触)的快速应答能力。例如,短跑运动员从听到发令到起动时间,球类和击剑运动员在瞬间变化情况下做出反应的快慢等。信号通过反射弧(反射弧是参与反射的全部结构,它由感受器—传入神经—中枢神经—传出神经—效应器五个环节构成)所需的时间即反应时的长短决定了运动员反应速度的快慢。反应时越长,反应速度越慢;反应时越短,反应速度越快。例如,乒乓球运动员在很短时间内(120毫秒),根据对方的击球动作(通过视觉)和击球的声音(通过听觉),非常迅速、准确地判断出球的落点和旋转性能,并做出相应的技术动作。另外,反应时的长短还与刺激信号的强度以及注意的方向性有关。反应速度受遗传因素影响较大,有高达75%以上的遗传率,后天的训练只是把受遗传因素决定的反应速度表现出来,并稳定下来。

(二)动作速度

动作速度是指人体或人体的某一部分快速完成单个动作或成套动作的能力,通常以时间长短予以表示。例如,跳跃运动员的踏跳速度,投掷运动员掷出器械的速度,体操和武术运动员完成成套练习的速度,排球运动员的扣球速度等。单位时间内所完成动作的数量也能够对动作速度进行衡量,数量多则动作速度快,数量少则动作速度慢。在技术动作中,动作速度还可以分为瞬时速度和角速度。动作速度与准备状态、动作协调性、熟练程度、快速力量及速度耐力水平等有关。

（三）移动速度

移动速度是指周期性运动中，在单位时间内人体快速位移的能力。从物理学上讲，移动速度是表示物体运动快慢的物理量，它是距离(s)与通过该距离所有的时间(t)之比，可用公式 $v=s/t$ 表示。在体育运动中，通常以人体通过固定距离所用的时间来表示。例如，男子 100 米跑 9 秒 76，男子 100 米自由泳 50 秒等。在技术动作中，移动速度可分为加速度、平均速度和最高速度。以最高速度为例，目前世界上优秀短跑运动员的 100 米最高速度男子为 12.04 米/秒，平均值为 11.76 米/秒；女子为 10.98 米/秒，平均值为 10.60 米/秒。移动速度与步长、步频及两者的比例，肌肉放松能力及运动技能巩固程度等有关。移动速度要受遗传因素影响，如 50 米短跑的遗传力为 0.78。

运动员的移动速度良好，并不意味着其反应速度也是良好的。例如，在 1980 年莫斯科举行的第 22 届奥运会男子 100 米决赛中，金牌获得者是英国运动员威尔斯，成绩为 10.25 秒，但他的起跑反应速度为 0.193 秒，是参加决赛的 8 名选手中最慢的一位，而获第 8 名的法国选手潘卓，起跑反应速度高达 0.130 秒，是 8 名运动员中最好的一位。

三、速度素质训练的要求

（一）训练负荷要适度

在进行速度素质训练时，训练内容的安排要充分考虑大学生训练水平和身体状态的可接受程度，在速度练习之间要保证大学生身体疲劳完全恢复。注意采用正确的技术动作，练习内容之间循序渐进的衔接顺序，先慢后快，先易后难。

（二）全面发展学生素质

大学生的整个身体或者关节运动速度都是实现理想运动成绩的决定因素。而运动项目所要求的最佳运动速度经常是由于关节协同发力的结果，但是速度和力量并不同步发展。在一些速度能力起决定性作用的运动项目训练中，较早地进行技术动作的速度训练是很重要的，但是这些训练不一定必须遵照基本的技术模式。在一些项目中，速度与体能训练有密切联系，因为速度可能与耐力、力量和灵活性紧密相关。而且，速度训练还可能与复杂的技术训练有关，因为速度训练需要针对项目的专门要求来安排，此外，根据项目中所参与的有关力量、耐力和灵活性，以及项目所要求的最佳/最大速度和关节运动速度变化之间的协同配合程度的不同，这些专门要求也有所不同。

（三）保证运动训练安全

在进行速度素质训练的过程中，必须要保证训练环境是安全的，这就要求大学生做到以下几个方面的要求。

（1）速度训练前进行充分的准备活动，训练间歇要保证充分的休息。

（2）进行速度练习时，如果所发出的力量以及动作频率、动作幅度等等超过了最大的限度，并可能会给训练者造成巨大的受伤危险性，那么就应该及时调整训练计划。

（3）在气温较低的天气里，应当选择恰当的服装（径赛服）。还应该采用按摩和放松练习等训练手段，如果在皮肤上涂擦强力的物质来促进血液循环，必须使用经过有关医疗卫生部门批准的物质。

（4）在早晨的训练时间里应该注意不要安排最大强度的速度练习。如果肌肉出现疼痛或痉挛等迹象，就应该停止训练的原有负荷。

（5）针对一些运动损伤容易发生的原因，如训练手段缺乏变化、负荷过大、在气温较低或运动员疲劳的情况下运动负荷的安排不当，或是速度训练所要求的直接准备（准备活动）不充分而引起的肌肉放松能力下降等，在训练前要做好预防措施。

（6）在保障场地设施安全的条件下进行速度训练，注意穿透气良好、宽大的运动服和适宜的鞋袜。

第二节　影响速度素质的因素

速度素质包括反应速度、动作速度与移动速度。三者之间既有联系又有区别，特别是在内部机制方面，反应速度、动作速度、移动速度具有较大的差异，反应速度着重表现在神经活动方面，动作速度、移动速度则着重表现在肌肉活动方面。

一、影响反应速度的因素

决定反应速度快慢的基础是反应时。反应时也称"反应潜伏期"，是指运动者进行速度素质训练时接受刺激与作出肌肉动作之间的应答时间。反应时间的长短主要取决于以下几方面的因素。

（一）效应器的兴奋性

在速度素质的训练过程中，运动的效应器主要指的是肌纤维，有材料表明，肌肉紧张时比放松时反应时要缩短 7% 左右，另外，肌肉疲劳时反应时间明显延长。

根据以上分析，注意力的集中程度与指向，疲劳程度与反应过程的巩固程度对反应速度有相当大的影响，在速度素质中的反应速度的训练中要给予充分的重视。

（二）中枢神经系统机能

中枢延搁是大脑中枢对刺激信号分析的结果。刺激信号的选择性越大，反射活动就越复杂，历经的突触也越多，分析的时间也就越长。中枢对刺激信号的分析时间主要和两个因素有关：其一是中枢神经系统的兴奋性，其二是条件反射建立的巩固程度。

例如，中枢系统兴奋性高时反应时就缩短，疲劳时反应时则延长。又如，随着动作技能的日益成熟，反应时就会明显缩短，简单反应时平均可以缩短 11%～18%，而复杂反应时则平均可以缩短 15%～20%，并且反应的稳定性也有很大程度的提高。

（三）感受器的敏感程度

感受器越敏感,越能缩短对各种信号刺激的感受时间。感受器的敏感程度在相当程度上受到注意力集中程度与指向,以及感受器疲劳程度的制约。例如,当运动者在参加某一项目运动时感觉疲劳就会延长反应时间。

二、影响动作速度、移动速度的因素

在速度素质的训练过程中,动作速度与移动速度的主要特点都是通过肌肉系统最大限度的快速活动形式,在最短的单位时间内完成动作。由于人体肌肉活动的形式与质量受到形态、生理、心理、力学、技术等方面的影响,因此影响动作速度、移动速度的因素也表现为多方面,具体如下。

（一）神经的灵活性

神经活动过程的灵活性主要指运动神经中枢兴奋与抑制之间快速的转换能力以及神经与肌肉之间的协调能力。在进行速度素质的训练过程中,人体部位各种形式的快速运动,都是神经中枢活动高度协调的表现。只有这种高度协调,才能保证在快速运动时,迅速地吸收所有必要的肌肉协作参与活动,并抑制对抗肌的消极影响,发挥出最高速度。另外,神经活动过程的灵活性不仅能影响肌肉的猛烈收缩,而且对肌肉随意放松的能力也有直接的作用。随意放松肌肉是神经中枢合适的抑制状态造成的。大学生在训练位移速度时,如果能充分放松肌肉,就能较长时间维持高速运动。

中枢神经系统兴奋与抑制转换的持续时间,与转换速度的快慢有关,转换速度越快,转换持续时间越短。在进行高速度活动时,中枢神经很快就会疲劳,从而降低运动速度,甚至会使运动完全停止。所以,发展最高速度时,要对中枢神经系统的特点进行考虑,注意时间不能过长,否则就会适得其反。

（二）人体形态特征

通过分析人体的形态特征得出,四肢的长度会对动作速度和移动速度产生重要的影响。在其他条件相等的情况下,上、下肢的长度与该部位的运动速度成正比。上下肢的长度越长,该部位的运动速度就越快。人体四肢的运动形式是肢体绕关节轴的转动,效应部位（手或脚）离轴心的距离越远,运动速度就越大。所以,对运动速度要求较高的体育竞技项目,都将人体形态作为一个重要的选材指标。

（三）力量素质与技术基础

在体能训练中,力量素质的发展水平与技术动作因素是影响动作速度和移动速度的重要因素。从力学公式中可以知道,力量等于人体质量与加速度的乘积,力量是引起人体加速度的原因,力量越大则加速度也越大,加速度越大,人体运动速度就越快。由于人体质量与人体加速度成反比,故要最大限度地提高人体加速度,对力量的要求更偏重于相对力量。相对力量越大,肌肉就能越容易在运动时克服内、外部阻力,产生快速的收缩速度。

另外,动作速度和移动速度往往也要受到技术的影响,运动员的快速能力在很大程度上取决于完善的运动技术。动作的幅度与半径大小、工作距离的长短与时间、动作的方向、角度及部位等均与速度的快慢有密切关系。合理、有效的技术可以通过缩短运动杠杆,正确摆正重心,有效地使用能量等作用快速完成动作,并能使动作完成更省力、更协调。

(四)肌肉中物质与能量代谢的速度

在速度素质训练中,肌肉收缩的速度首先决定于肌纤维中动用化学能的速度与强度以及化学能转变为收缩机械能的速度与强度。这在很大程度上取决于兴奋从神经向肌肉传导的速度与强度,以及取决于释放和分解三磷酸腺苷(ATP)的数量和速度。所以,速度与肌肉中三磷酸腺苷的含量有关,与神经冲动传入肌肉时磷酸腺苷的分解速度有关。其次,快速能力是以肌肉收缩和舒张的迅速转换为前提的。要使肌肉舒张,并能进行下一次收缩,必须使它收缩时消耗的三磷酸腺苷有比较完全的恢复和再合成。倘若三磷酸腺苷完全耗尽,肌肉就不能继续工作。因此,三磷酸腺苷的合成速度对速度素质具有决定性的影响。

肌肉快速收缩中,三磷酸腺苷的再合成是靠肌肉中磷酸肌酸(CP)分解释放出能量来完成的。磷酸肌酸也是速度素质的物质基础。人体快速运动的能力越强,其肌肉中磷酸肌酸的含量就越高,同时肌肉中糖酵解的活动能力也越强。同样,速度训练除了能增大三磷酸腺苷的再合成能力外,还能增加肌肉中能量物质的储备和能量物质迅速被利用的能力。

除上述影响速度素质的内在因素外,速度素质的提高还受到一些外部因素的影响,如气候、温度、环境等。这一切在速度素质训练的过程中都应充分的重视。

(五)肌纤维的类型和肌肉之间的协调能力

肌肉的快速收缩是速度素质的基础。从肌肉的结构来说,人体骨骼肌分为快肌纤维(白肌纤维)、慢肌纤维(红肌纤维)和中间型纤维三种。快肌纤维主要靠糖酵解供能,并具有较高的脂肪、三磷酸腺苷(ATP)、磷酸肌酸(CP)含量,但活动时容易疲劳。不同的人体内,快、慢肌纤维占的百分比是不同的,这种百分比受遗传影响,后天不可能相互转化,只能通过中间型肌纤维的作用进行攻能上的代偿。人体肌肉快肌纤维百分比越高,快速运动的能力也越强。

另外,良好的肌肉弹性以及主动肌和对抗肌之间的协调交替能力也是实现快速运动、准确完成动作技术的重要保证。关节的柔韧性对动作幅度具有非常明显的影响,因此这也决定了人体运动时的速度素质。因此,在发展速度(特别是移动速度)的过程中,安排适量的柔韧练习,对提高速度素质是非常有利的。

第三节　速度素质训练的方法

一、反应速度训练

速度素质包括反应速度、动作速度、移动速度三种,具体的训练方法如下所述。

（一）反应速度训练的方法

反应速度是速度素质的表现形式的一种。由于反应速度受遗传因素的影响,至此,它是一个后天练习改变不明显的指标。在运动中,反应速度最终须通过某一部分肌肉工作的形式反映出来。因而,为了能够表现出最高反应速度,加强反应速度的训练就非常重要了。反应速度训练具体的方法主要包括以下两种。

1. 简单反应训练

相关科学研究表明,由视觉—动作反应的时间:普通的人平均为 0.25 秒(0.2～0.35 秒之间),运动员为 0.15～0.2 秒。由听觉—动作的反应时间(较短):普通的人平均为 0.17～0.27 秒,运动员大约为 0.10～0.15 秒。对于未进行过简单反应速度专门训练的大学生来说,只要对使他们进行一般的速度训练,或多种多样的游戏活动及球类或者对抗性的练习等,也可以发展简单动作的反应速度,并可以受到良好的效果。如果把专项运动所需要的简单动作反应速度提高到一定的程度或较高水平,就需要采用专门的练习手段和方法。发展简单动作反应速度的方法有以下几种。

（1）变换训练法

变换训练法是根据动作的强度和具体时间变化的信号刺激,明显地改变练习的形式和环境来提高简单动作的反应速度。应用变换训练法还可以辅以专门的心理素质练习来发展简单动作反应速度的练习(比赛的条件、模拟接近测试)。这样可以使训练者逐渐地适应多变的环境,消除妨碍实现简单动作反应的多余的紧张,避免兴奋的极度扩散。

（2）重复训练法

重复练习法是对突然发出的信号,快速地作出应答反应,以提高大学生的动作反应能力。还可以根据瞬间信号(听觉、视觉),变换动作或改变运动方向;对对方的各种动作作出预定的反应动作等。

（3）运动感觉法

运动感觉法是通过运动实践与心理素质训练相结合的方法。运动感觉法的练习可分为以下三个阶段。

第一阶段,练习者听到信号后,用最快的速度对信号作出应答反应(如做 5 米的起跑),并获得实际的时间,以提高练习者的应答反应能力。

第二阶段,让练习者自我判断反应时间,并与实际时间进行比较,以提高练习者的时间感觉能力。

第三阶段,要求练习者按照预先规定的时间去完成某一反应的练习,以提高练习者的时间判断能力。

运动心理练习也是提高简单动作反应速度的一个方面,如注意力集中的目标,对等待信号的时间判断,采取合理的动作等,都有助于提高反应速度。

（4）分解训练法

分解训练法是指分解回答反应的动作,使之处于较容易完成的条件下,通过提高分解动作的速度来提高反应的速度。例如,蹲距式起跑时,反应时间要比站立式起跑长,这是因为练习者的手臂支撑着较大的重量,要较快地离开地面有一定的困难。因此,练习时,可先练习对起跑信号的反应速度（高姿势起跑或扶其他物体），而后不用信号单独练第一个动作的速度。

2. 复杂反应速度训练方法

复杂反应速度的培养是运动技术和战术练习的组成部分，如在球类运动、格斗体能训练中比较常见。复杂动作反应的提高，在练习中模拟实战演练或整个竞赛活动的情况，以及参加测验和比赛是最有效和最主要的方法。因为对方所产生的变化只有在激烈竞争中才能充分地显现出来，而自己所选择的反应动作是否有效也只有在实战的应用中才能得到检验。发展复杂反应速度的练习方法有以下几种。

（1）移动目标的训练

移动目标训练是指对移动目标产生应答反应并作出选择反应。在运动中，对移动着的目标作出应答反应需要经过以下四个阶段。

首先，看到目标移动或听到信号。

其次，判断目标移动的速度和方向。

再次，选择应答动作的方案。

最后，实现动作的方案。

以上四个阶段组成了运动条件反射的潜伏期。

（2）快速移动目标训练

快速移动目标训练可采用培养"预料"能力，即培养在视野中预先"观察到"和"盯住"运动着的物体，以及预先推测和确定该物体可能移动的方向、位置的能力。这种能力需要在技术动作和战术动作的练习过程中不断地强化练习，才能得到一定的提高。

（3）选择性的训练

选择性的练习是指让练习者随着各种信号的变化，作出相应的与逆反的应答动作。例如，在练习时，同伴发出向左转的口令，练习者则向右转；或者同伴发出蹲下动作口令，则站立不动；或者在跑动中听哨音，变化着继续向前跑、向后转跑、转身360°跑等事先规定的相应动作。这种训练动作简捷、易做，但要求练习者高度集中注意力。

（4）选择性反应能力的训练

选择性反应能力训练是指在同伴或对方瞬间作出动作时，迅速地选择和作出应答性动作的练习。要达到这一点，就必须在提高复杂动作反应速度的同时，提高技术动作，培养动作的协调能力。例如，在格斗训练中，采用防守动作时，对对方的进攻动作作出的选择动作的应答反应。这种选择性反应能力的形成，是随着运动技能的熟练性和自动化，以及动作技术的常规反应和快速反应的练习而逐步提高的。

综上所述，要有目的地发展复杂反应速度的练习，就要让练习者多模拟运动中易产生的这些复杂反应的条件和类似的形式，通过反复适应，促使反应时间的缩短。由于运动中的复杂反应速度的转移范围相当广泛，因而可以对多种形式的练习加以采用。

（二）反应速度训练的具体手段

1. 反应起跳

如图 7-1 所示，练习者围圈面向圈内站立，圈内 1～2 人，站在圆心附近手持小树枝或小竹竿

（竿长超过圈半径）。游戏开始,持竿者将竹竿绕过站圈人脚下划圆,竿经谁脚下即起跳,不让竿打上脚,被打即失败进圈换持竿者。

这种训练手段主要目的是为了发展反应动作速度。训练过程中要求持竿者可突变划圈方向,并快速、机敏地完成动作。

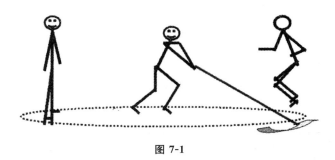

图 7-1

2. 老鹰抓小鸡

如图 7-2 所示,一人为"老母鸡"张开双臂,保护身后一列若干人扮成的"小鸡",后者双手扶住前者腰部。"老鹰"试图用手拍到队列最后面的一只"小鸡"。被拍到的"小鸡"充当"新老鹰",原来的"老鹰"充当"新老母鸡",原来的"老母鸡"充当"新老母鸡"身后的"小鸡",循环练。

老鹰抓小鸡训练主要目的是发展反应动作速度和下肢动作灵活性。在训练过程中要求大学生要快速、机敏地完成动作。

3. 两人拍击

如图 7-3 所示,两人面向开立,听到开始口令后,设法拍击对方背部,而又不被对方击中自己。在规定时间内(每次 1 分钟左右),拍击对手多者为胜。

两人拍击训练主要目的是发展反应动作速度和上体动作灵活性。在训练过程中要求大学生要快速、机敏地完成动作。

图 7-2　　　　　　　　　　　　　　　图 7-3

4. 追逐游戏

如图 7-4 所示,两队相距 2 米面向站立,事先规定单数队和双数队。听教练口令发出是单数还是双数(教练叫一个数字),按事先的规定(叫到单数,单数跑或追),一队跑一队追。在 15～20 米左右距离内追上为胜,追不上为败。

追逐游戏训练主要目的是发展反应动作速度和灵敏。大学生要快速、机敏地完成动作。

双数队　　　　　　　　　　单数队

图 7-4

5. 贴人游戏

如图 7-5 所示，练习者若干人，两人前后面向圈内站立围成一圆圈，左右间隔 2 米。两人在圈外沿圈跑动追逐，被追者可跑至某两人的前面站立，则后面的第三者即逃跑，追者即改追这第三者，如被迫上为失败。

贴人游戏训练主要目的是发展反应动作速度和灵敏。大学生要快速、机敏地完成动作。

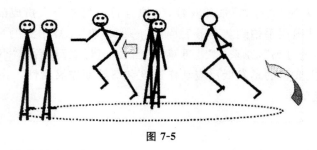

图 7-5

6. 抢球游戏

如图 7-6 所示，用实心球围成一个圆圈，球数比练习人数少一。游戏开始练习者绕球圈外慢跑，听到信号后，各人就近抢球，没有抢到者被淘汰，并去掉一球继续进行。

抢球游戏主要目的是为了发展反应动作速度和灵敏。每进行一轮成功者得一分，得分者多为胜。

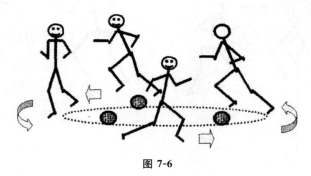

图 7-6

7. 起动追拍

如图 7-7 所示，两人一组前后相距 2～3 米慢跑，听到信号开始加速跑，后者追前者，追上并拍击他背部就停止。也可在追赶时,教练发出第二个信号,让其后转身互换追赶。

起动追拍训练的主要目的是发展反应动作速度和灵敏。需要注意的是,大学生要在 20 米内追上有效。

图 7-7

8. 伙伴组合

如图 7-8 所示,练习者绕圈跑,听教练口令信息,要求几人组合,就几人成组。不符合组合人数者为失败。

伙伴组合训练主要目的是为了发展反应动作速度和灵敏。失败者要进行惩罚性俯卧撑等活动。

9. 压臂固定瑞士球

如图 7-9 所示,躯干正直坐在长凳上,一侧臂水平外展用手压住球。同伴以 60%～75% 的力量向侧面各个方向拍球,练习者尽最大努力防止球运动。

压臂固定瑞士球训练的主要目的是为了发展臂部和肩部肌肉群动作反应速度。球和身体保持稳定。如果加大难度,练习者可以在身体的各个方向伸臂固定瑞士球。

图 7-8　　　　　　　　　　　　　　　　　图 7-9

二、动作速度训练

动作速度也是速度素质的表现形式之一。在速度素质训练中,动作速度一般是由力量、协调、耐力、技术等多种素质因素综合决定的,不存在单纯的动作速度。所以,动作速度的练习与其他运动素质的练习和技术练习有着密切的联系。也就是说,动作速度的培养,必须要有目的地发展相应的运动素质和运动能力。这也是动作速度练习的特殊之处。

由于速度素质不易转移,因此在动作速度的练习中,不同的练习要求,动作速度练习的具体任务和内容也就有所不同。在一些非周期性速度力量项目的训练中,动作速度主要是在具体的技术动作中表现出来的。在一些体能训练中,动作速度负重与速度力量能力的培养任务是一致的。如果负重的重量越重,速度的练习与力量的练习之间的联系就越紧密,动作速度与技术动作之间的关系也更密切。其次,在周期性项目和综合性动作组成的项目中,需要多次在高速度的情况下来完成多个单个动作的综合。因而,动作速度与速度耐力的培养任务是联系在一起的。而在一些并不直接依赖极限速度的运动项目中,则需要动作速度在其他能力发展的同时得到提高,这既是动作速度水平提高的前提条件,也是提高动作速度能力的重要保证。

(一)动作速度训练的方法

促进动作速度提高的练习方法很多,针对实践活动的需要,对以下几种有效训练方法展开介绍。

1. 加速度训练法

在速度素质训练中,加速度不单指物体运动速度大小的变化,而且还包括物体运动速度方向的变化等。为了不断提高运动速度和动作速度,许多项目已把加速阶段的练习列为主要练习内容,并作为发展速度的重要练习手段。

2. 负重物训练法

由于运动中动作速度与力量水平有着极为重要的关系,因而,发展动作速度需要与发展力量结合起来。通常在运用举重物做专门性动作速度练习时,重物的重量应比培养单纯力量和速度力量时的重量要轻一些。为了使速度力量和速度能同时产生影响,可以充分结合各种负重和不负重的专门练习来进行练习。但是,有些比赛中的专项动作则无须附加重物,即一种以专项力量和速度是同时出现的动作形式。因此,当采用专项动作本身作为练习手段时,一般不负重。这样可使专项力量和动作速度有机地结合在一起,使得动作速度在体育比赛中完美地显现出来。

3. 减少阻力训练法

减少阻力的练习法,即减少外界自然条件阻力和人体本身重阻力的练习。例如,利用风力进行顺风骑车、顺风跑、顺水游泳等,利用自身的动作惯性转移到速度的外部条件进行下坡跑、下坡骑车等。可以促进练习者高速运动的感觉能力的提高。在克服自身体重的练习中,可采用助力来减缓身体的重量,帮助练习者完成技术动作的动作速度。例如,在进行体操运动时,其动作的(外部)助力或保护带的帮助等。但在助力与帮助时,需要对好助力、帮助的时机和用力的大小进行良好的把握,有利于达到动作速度的要求。

4. 利用后效作用训练

利用后效作用的练习法,即利用动作加速及器械重量的变化所获得后的后效作用提高动作速度的练习。也就是说,在完成上一次负重量的动作影响下,可以使动作速度暂时得到提高,如在跑步前先负重跑,跳高前先负重跳,推铅球先加重铅球推等。这是由于在第一次动作完成后,中枢神经的"兴奋"仍保持着运动指令,可使下一个动作的时间大大地缩短,促进动作的速度的提高。这种后效作用的产生取决于负重量的大小和随后减轻的情况,以及练习重量的数量和采用的标准的、加重的、减轻的重量的练习交换的次序。例如,在短跑练习中合理安排顺序是上坡跑—水平跑道跑—下坡跑。推铅球的正确安排顺序是加重—标准—减轻。这种练习安排都是由后效作用所决定的。

5. 巩固技术训练法

在体能训练过程中,动作速度的提高取决于已熟练掌握的运动技术。这是因为动作幅度的大小、工作距离的长短,以及运动的方向、工作的时间、动作的路线、角度和用力等都与动作速度的大小密切相关。所以,采用已巩固和熟练了的动作完成动作时,练习者可以不考虑这些诸多因素,而把精力集中在完成动作的速度上,轻松、协调地发挥动作的水平。

6. 体育游戏训练

体育游戏是以愉悦身心、增强体质、陶冶情操为目的的一种游戏方法,由于在平常练习的条件下,速度练习的时间短,动员有机体表现出最大限度的速度并不容易,而采用体育游戏法可以对练习者高涨的情绪进行有效的激发,同时,由于游戏过程中能够引起各种动作的变化,表现出最大速度的可能性就会增加。例如,"二不成三"(贴膏药),发展反应、躲闪及奔跑能力;"迎面接力",发展速度,培养团队精神等。

(二)动作速度训练的具体手段

1. 上肢和躯干练习

(1)仰卧快速斜推哑铃

如图 7-10 所示,把瑞士球放在地面上,练习者先坐在瑞士球上。向前迈步成仰卧姿势,头枕在球上,上背部支撑体重,双脚在地面上。连续快速上推哑铃。

仰卧快速斜推哑铃训练的主要目的是发展胸部、肩部肌肉群速度力量,以及身体平衡和稳定能力。双脚距离大于骨盆宽。将哑铃推举到眼睛的垂直上方。

图 7-10

(2)俯卧撑起击掌

如图 7-11 所示,双手撑地,双脚掌撑地,身体成一线。向身体下方屈肘,而后快速撑起身体并击掌,恢复开始姿势重复练习。

俯卧撑起击掌训练的主要是为了发展上臂后部和肩部肌肉群动作速度和爆发力。快速完成动作,以肘部下降引导身体下降。全身充分伸展,保持平衡。

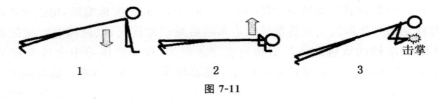

图 7-11

（3）双球支撑快速扩胸

如图 7-12 所示，把两个瑞士球左右相邻放在地面上，俯卧用双臂的前臂支撑体重。双脚在地面支撑，身体与地面约成 30°夹角。将两个球向外侧滚动，打开双臂，直到自己能够控制的动作幅度。然后回收双臂，将球滚回开始位置。

双球支撑快速扩胸训练的主要目的是发展胸部、肩部肌肉群速度力量，以及身体支撑和稳定能力。要求大学生要身体完全伸直。肩部有损伤时禁止做这种练习。

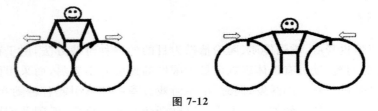

图 7-12

（4）仰卧快速单臂拉引

如图 7-13 所示，把瑞士球放在地面上，靠近滑轮拉引练习器。练习者单手握滑轮拉引练习器把手，成仰卧姿势。头和上背部在瑞士球上支撑，双脚在地面上，髋和背部与地面平行。肘关节微屈，臂从较低位置开始拉引。

仰卧快速单臂拉引训练主要目的是发展胸部、肩部肌肉群力量，以及身体支撑和稳定能力。大幅度完成动作。拉引动作结束后保持 1 秒钟，再回到开始姿势重复下一次练习。

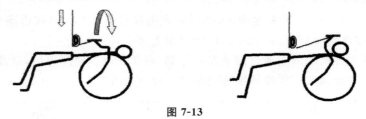

图 7-13

（5）斜立扩胸

如图 7-14 所示，把两个瑞士球左右相邻放在地面上，俯卧用双扶住球面支撑上体。双脚脚掌支撑地面，身体屈膝，并向球倾斜。将两个球向外侧滚动，打开双臂，直到自己能够控制的动作幅度。然后回收双臂，将球滚回开始位置。

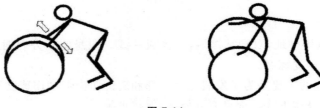

图 7-14

斜立扩胸训练的主要目的是发展胸部、肩部肌肉群速度力量,以及身体支撑和稳定能力。要求保持躯干伸直。达到最大动作幅度后,保持 2 秒钟,再回到开始姿势重复练习。

(6)快速滑动俯卧撑

如图 7-15 所示,将髋部压在球上,双臂撑地前行。身体在球上前移成俯卧撑姿势,小腿前部在球上支撑。做一个俯卧撑动作,再用手"走路"退回到开始姿势,重复练习。

快速滑动俯卧撑训练的主要目的是发展胸部、肩部肌肉群速度力量,以及身体支撑和稳定能力。要求身体保持完全伸直姿势。如果加大难度,可以在俯卧撑姿势下提起一条腿,以双手和一条腿在球上支撑完成俯卧撑。也可以用一只手撑地,两条腿在球上支撑,来加大难度。

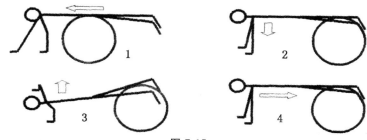

图 7-15

(7)俯卧快速提转哑铃

如图 7-16 所示,将球垫在胸部,身体完全伸直。双手持哑铃,上臂外展,前臂垂直向下。提拉上臂,当上臂到达水平姿势时,前旋前臂进一步提升哑铃高度。

俯卧快速提转哑铃训练的主要目的是发展肩部、臂部肌肉群速度力量和爆发力。训练要求保持肘关节保持 90°弯曲。哑铃高度达到最大高度时保持 1 秒钟。

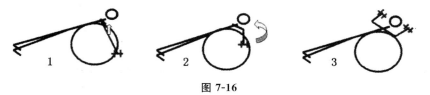

图 7-16

(8)快速传接实心球

如图 7-17 所示,与同伴相对站立,稍微屈膝,2 人间距约 3～4 米。双手持实心球于胸前,进行连续传接练习。

快速传接实心球训练的主要目的是发展胸部、肩部、臂部肌肉群速度力量和爆发力。要求双臂充分伸直接球。如果加大难度,可以增加球的重量和 2 人间距。

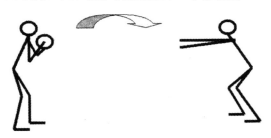

图 7-17

2. 髋部和下肢练习

（1）直膝跳深

如图 7-18 所示，采用 8～10 个 20～30 厘米低跳箱，间距约 50 厘米依次横向排列。练习者直膝从跳箱上跳下，再直膝迅速跳上下一个跳箱，连续练习。

直膝跳深训练的主要目的是提高踝关节动作速度、反应力量和紧张度。训练要求只用踝关节快速完成动作，尽量缩短与地面接触时间。

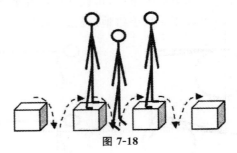

图 7-18

（2）立定跳远

如图 7-19 所示，面对沙坑或垫子，双脚以肩宽左右开立，双臂上举并充分伸展身体。下蹲后双腿迅速蹬伸，向前上方跳起，前引双脚落地。

立定跳远训练的主要目的是提高下肢动作速度和爆发力。训练要求跳起时充分展体，在腾空过程中收腹、屈髋。双脚落地间距约与起跳时相同。

图 7-19

（3）立定三级跳远

如图 7-20 所示，预备姿势与立定跳远相同，双脚起跳以单脚落地接跨步动作。另一只脚落地再跨步，双脚落地。

立定三级跳远训练主要目的是提高下肢动作速度和爆发力。训练要求双脚起跳动作要求与立定跳远相同，跨步跳中以扒地方式积极快速落地。最后一跳在腾空过程中展体后收腹、屈髋。

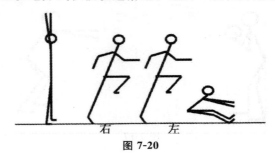

图 7-20

（4）单腿跳

如图 7-21 所示，单脚重复起跳和落地。跳起高度不要太高，起跳腿在身体腾空中前摆，大腿与地面平行。

单腿跳训练的主要目的是提高下肢动作速度和爆发力。训练要求脚落地时不要前伸小腿，并采用主动扒地方式快速落地。上体保持正直。

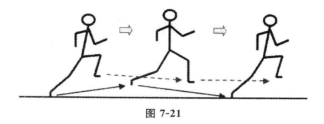

图 7-21

（5）跨步跳

如图 7-22 所示，双脚交替起跳和落地。跳起高度不要太高，摆动腿大腿与地面平行，步长大于正常跑进。

跨步跳训练的主要目的是提高伸髋和屈髋的速度和爆发力，增加踝关节肌群的紧张度和步长。训练要求脚落地时不要前伸小腿，并采用主动扒地方式快速落地。

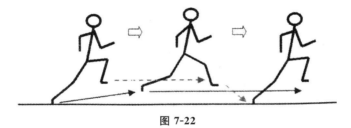

图 7-22

（6）连续蛙跳

如图 7-23 所示，双脚重复起跳和落地。起跳和腾空动作与立定跳远相同。

连续蛙跳训练的主要目的是提高下肢动作速度和爆发力。训练要求身体向前上方跳起，动作连贯。

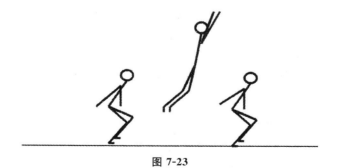

图 7-23

（7）跳深

如图 7-24 所示，采用 8～10 个高 60～80 厘米的跳箱，间距约 1 米依次横向排列。练习者从跳箱上跳下，再迅速跳上下一个跳箱，连续练习。

跳深训练的目的是提高下肢动作速度和反应力量。要求用下肢各个关节快速完成动作,尽量缩短与地面接触时间。

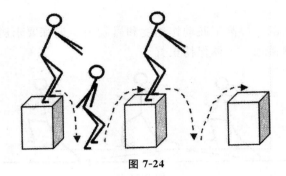

图 7-24

(8)跳栏架

如图 7-25 所示,采用 8～10 个高 40～60 厘米的栏架,栏间距约 1 米依次横向排列。练习者双脚起跳和落地依次越过各个栏架,连续练习。

跳栏架训练的主要目的是提高下肢动作速度和反应力量。训练要求要用下肢各个关节快速完成动作,尽量缩短与地面接触时间。

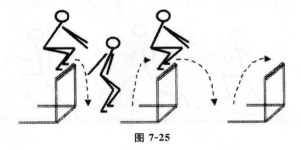

图 7-25

3. 全身配合练习

(1)垫上后空翻

如图 7-26 所示,在海绵包或垫子上双脚以肩宽左右开立,双臂上举并充分伸展身体。下蹲后双腿迅速蹬伸,向后上方跳起后仰头,双脚离地进入 180°后空翻。双手先支撑海绵包或垫子引导身体下落,再收腹使双脚落地。

垫上后空翻训练的主要目的是提高下肢、背部动作速度和反应力量。训练要求跳起和腾空时充分后旋身体,双手落地间距约与肩宽相同。初学者要慎重进行这个练习,或加强保护。

图 7-26

（2）双腿起跳背越过杆

如图 7-27 所示，背对海绵包和横杆，双脚以肩宽左右开立，双臂上举并充分伸展身体。下蹲后双腿迅速蹬伸，向后上方跳起，仰头形成背弓越过横杆。过杆后收腹、团身使背部先落在海绵包上。

双腿起跳背越过杆训练的主要目的是提高下肢、背部动作速度和反应力量。训练要求下肢迅速蹬地，腾空时充分形成身体背弓，初学者注意降低横杆高度练习。

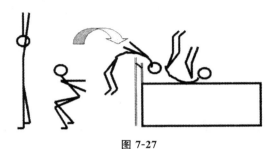

图 7-27

（3）后抛实心球或铅球

如图 7-28 所示，背对抛掷方向，双脚左右开立约一肩半宽，直臂双手持实心球或铅球举过头顶。团身下摆实心球或铅球至两小腿间并接近地面。迅速蹬腿、挺身、挥臂向身体后上方抛出实心球。

后抛实心球或铅球训练的主要目的是发展下肢、背部、肩部和上肢的动作速度和爆发力。训练要求身体环节用力顺序自下而上，迅猛完成动作。

图 7-28

（4）前抛实心球或铅球

如图 7-29 所示，面对抛掷方向，双脚左右开立约一肩半宽，直臂双手持实心球或铅球举过头顶。团身下摆实心球或铅球至两小腿间并接近地面。迅速蹬腿、挺身、挥臂向身体前上方抛出实心球或铅球。

图 7-29

前抛实心球或铅球训练是为了发展下肢、背部、肩部和上肢的动作速度和爆发力。训练要求身体环节用力顺序自下而上，迅猛完成动作。

(5)弓箭步快速传接实心球

如图 7-30 所示，与同伴保持 3～4 步的距离相对站立。一人双手持实心球，一条腿屈膝、屈髋前迈并缓缓落地。前面腿的大腿与地面平行，膝关节弯曲 90°，并且不超过脚尖的垂线。在脚落地前把实心球传给同伴，接球时前面的脚蹬地恢复开始姿势。

此训练的主要目的是发展上、下肢速度力量和爆发力。训练要求保持弓箭步姿势，维持好身体平衡。

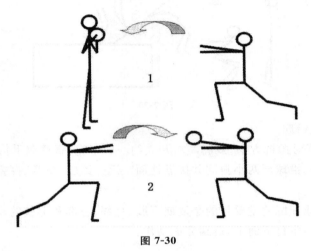

图 7-30

(6)跳起转体接实心球

如图 7-31 所示，背对接球方向，双脚左右开立紧紧夹住轻实心球。迅速跳起，用双腿将轻实心球抛向空中，身体落地迅速转体接住实心球。

此训练主要是为了发展下肢、骨盆、躯干和上肢的跳跃和转体动作速度及爆发力。训练要求身体环节协调配合，迅猛、连贯地完成动作。

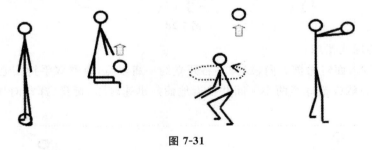

图 7-31

(7)持实心球弓箭步转体

如图 7-32 所示，站立双手持球于胸前，右腿屈膝、屈髋前迈落地。右腿的大腿与地面平行，膝关节弯曲 90°，并且不超过脚尖的垂线。右脚落地时，身体和持球伸直的双臂快速转向右侧。行进间左右腿交替练习。

此训练是为了发展腿、髋和躯干部位的全身速度力量。训练要求躯干保持竖直。加大难度可以持重球，或加快动作节奏。

（8）持实心球侧蹲

如图 7-33 所示,双脚以肩宽左右开立,向左侧分步进入侧蹲姿势,重心移到左腿上。同时充分快速前伸双臂前送实心球,保持这个姿势 2 秒钟。右腿蹬离地面形成开始姿势,左右腿交换重复练习。

此训练是为了发展腿、髋和背部的全身速度力量。训练要求躯干不得扭转。加大难度可以持重球,或加快动作节奏。

图 7-32　　　　　　　　　　　　　　　　图 7-33

三、移动速度的训练

（一）移动速度训练的方法

移动速度在某种意义上说是一种综合运动能力的表现。它与练习者的力量、柔韧、速度耐力和协调性等有着非常密切的关系。发展移动速度主要采用的方法主要有以下几种。

1. 重复训练法

重复训练法是移动速度训练的方法之一,即以一定的速度,多次重复一定距离的练习,也是移动速度练习的基本方法之一。所采用的重复练习法主要有以下几个注意事项。

（1）练习持续时间

移动速度的练习时间与其他练习要素一样,练习的刺激持续时间也应达到最佳化。一般最低持续时间应从起动到加快至最高速度所需的时间。如果持续时间过短,没有达到最高速度,其练习的功用只是对加速度过程进行了改善,而没有获得了最佳速度效果。通过实验研究证实,速度练习持续的时间是要根据运动的项目和练习者的具体情况等来确定。如果练习中出现疲劳,运动能力下降,不能继续保持最大速度的状况,则应终止练习或休息调整。

（2）练习强度要适度

促进身体健康是速度素质训练最本质的目的,因此在练习时一定要把握好训练的强度。练习强度是练习负荷的主导因素,也是提高练习者快速移动能力的有效手段。移动速度练习只要把握在强身健体的范围内,不要勉强挑战身体极限即可。在练习中,练习的强度并非是一成不变的,有节奏、合理地变换练习强度,不仅可以提高力量速度,而且有助于轻松自如地完成动作,避免动作速度恒定在同一水平上。反之,固定高强度的练习强度,或过多地采用极限与接近极限的练习,都会对练习者速度素质水平的提高造成大大的限制,产生速度障碍,迫使绝对速度停滞不前。

(3)练习的间歇时间

运动中的间歇时间应以练习者机体相对达到完全恢复的状态为原则。也就是说,能够使练习者在下一次练习开始时,中枢神经系统再度兴奋,机体的功能变化得到中和,以对每一次练习的物质供能有良好的适应。如果间歇时间短,机体的疲劳得不到休整、恢复,就会使得练习的功效发生变化,导致每次练习的强度下降,抑制移动速度水平的发展。通常间歇时间的长短与练习者的练习强度、身体状况和练习持续时间等有关。练习持续时间短,休息时间相对也短;练习持续时间长,休息时间相对也长。

(4)重复练习的次数和组数

与耐力素质练习相比,移动速度练习所消耗的总能量要低一些,但单位时间内消耗的能量远比其他练习形式的练习要高得多,这也是导致移动练习时练习者较快地出现疲劳的原因。由此可见,移动速度练习的重复次数不能过多,否则会对身体健康造成不良的影响,甚至会对身体带来损害。为了保证有效的练习时间,可以对练习组数进行适当的增加,即安排适量的练习组数,确保练习的总时数。

2. 发展力量训练法

发展力量是练习移动速度的基本途径之一。力量训练的目的是提高练习者的速度素质,但最终的目的是把练习者所获得的力量和速度素质用于提高移动速度上来。在力量练习中一般要注意以下几个方面。

(1)力量练习应能使练习者的力量素质得到全面、均衡的发展。

(2)力量练习应要求练习者以较快的速度重复一定负重的练习,以获得速度力量储备,继而促进移动速度的提高。

(3)力量练习应是培养练习者预防运动损伤和自我保护的能力,强调科学、安全的力量练习。

(4)发展基本力量的练习应采用适中的强度(约 40%～60%的强度)进行快速的重复(负重)练习,使得肌肉力量和肌肉横断面增大;或者采用极限、次极限负荷的练习也能发展移动速度。

(5)力量练习应侧重速度力量的发展,一般可采用超等长的力量练习,如立定跳远、单足跳(跳上跳下台阶)、跳深等。

3. 发展步频、步长训练法

通常步长和步频是对跑动中移动速度造成影响的两个主要的因素,只有将高频率和大步幅融合到跑动中去才能表现出高水平的移动速度。而影响步长和步频的共同因素则是力量的协调性。其中,影响步长的因素有柔韧性、后蹬技术,以及腿长;影响步频的因素有肌纤维的类型和神经系统的灵活性等。从中需要指出的是,柔韧性和后蹬技术通过练习可以得到明显改进,而腿长、肌纤维类型、神经系统灵活性则主要取决于遗传。后天对遗传因素的影响非常小,因此对一般的练习者来说,如果步频不太理想,可以通过增大步幅来促进移动速度的提高。

4. 综合性训练法

综合性训练法是移动素质练习方法之一,也是若干练习方法结合的运用。常用的综合性练习法有循环练习法和组合练习法等。综合性练习法可以对练习的整体效能进行有效的改善,灵活地调整练习负荷与休息,逐步地提高练习者的运动素质、速度能力和技术动作。练习时,一般可采用以下程序。

(1)肌肉建设性练习,主要采用 40%～60% 的较低强度练习,并重复多次,使肌肉力量和肌肉横截面持续增大。

(2)肌肉内协调性练习,使肌肉用力时能够最大限度地动员更多的肌纤维同时强力收缩。

(3)"金字塔式"练习法,即肌肉建设性和肌肉内协调性两者兼顾的练习。

(4)柔韧素质练习对增加运动速度具有非常大的影响。因为柔韧性提高后可以增加力的作用范围与时间,导致运动速度增加,同时能使肌肉协调性得到改善,从而减少肌肉阻力和增大肌肉合力。因此,经常采用发展髋关节柔韧性的体前屈、弓箭步肩后仰、转髋走,以及胶皮带抬腿送髋等练习,对移动速度的提高具有积极的作用。

(5)改进技术动作发展移动速度。移动速度的提高在很大程度上取决于完善的技术动作。如技术动作的幅度与半径的大小、工作距离的长短、运动时间的多少等都与移动速度快慢有关。只有掌握了合理的技术动作,轻松自如地完成动作,消除多余的肌肉紧张,才能够将速度水平充分发挥出来。

(二)移动速度训练的具体手段

1. 上肢和躯干练习

(1)摆臂

如图 7-34 所示,双脚并拢站立以短跑动作前后摆臂,肘关节弯曲约 90°,双手放松。前摆手摆到约肩部高度,后摆手摆到臀部之后。

摆臂训练主要目的是提高摆臂动作效率和学习正确上体姿势。摆臂动作不要越过身体中线,可以采用坐姿或持重物练习。

(2)跑步动作平衡

如图 7-35 所示,采用最高速度时的单腿支撑姿势,左脚用脚掌支撑,肘关节弯曲约 90°。左手在肩部高度,右手在髋部高度,右腿高抬,右脚踝靠近臀部。

图 7-34　　　　　图 7-35

跑步动作平衡训练主要目的是提高踝关节肌肉群的紧张度和稳定支撑能力。保持这个姿势20～60秒。可以采用负重背心，或站在不稳定的海绵垫上加大动作难度。

2. 髋部和下肢练习

（1）跑步姿势交换腿高跳落点向外

如图7-36所示，从慢跑开始，沿分道线或直线练习，用跑的身体姿势进行高跳。起跳后用另一只脚落地，继续练习。

跑步姿势交换腿高跳落点向外训练主要目的是发展跑动中的腿部蹬伸爆发力和控制方向的能力。训练中要求高抬膝，尽量高跳。脚在跑进方向上的直线外侧落地。

（2）踝关节小步跑

如图7-37所示，采用很小的步长快跑，强调脚底肌群的蹬地和踝关节屈伸动作。以脚掌蹬离地面。

踝关节小步跑训练主要目的是发展脚的动作速度和踝关节肌群弹性力量。训练过程中要求脚部动作快速而安静，尽量减少脚掌与地面的接触时间。

（3）直腿跑

如图7-38所示，膝关节伸直跑进，脚尖翘起。

直腿跑训练主要目的是发展髋部肌群力量，提高踝关节肌群弹性力量。强调用前脚掌与地面的快速接触，髋部肌群用力向前"拉"动身体。

图7-36　　　　　图7-37　　　　　图7-38

（4）跑步姿势交换腿高跳

如图7-39所示，从慢跑开始，用跑的身体姿势进行高跳。起跳后用另一只脚落地。

跑步姿势交换腿高跳训练主要目的是发展跑动中的腿部蹬伸爆发力。高抬膝，尽量高跳。对于初学者和体重较大的练习者，适当减少跳起的高度和次数，一般每条腿起跳动作不超过4次。

（5）跑步姿势交换腿高跳落点向内

如图7-40所示，从慢跑开始，沿分道线或直线练习，用跑的身体姿势进行高跳。起跳后用另一只脚落地，继续练习。

跑步姿势交换腿高跳落点向内训练主要目的是发展跑动中的腿部蹬伸爆发力和控制方向的能力。要求高抬膝，尽量高跳。脚在跑进方向上的直线内侧落地。

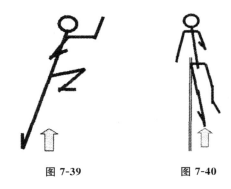

图 7-39   图 7-40

（6）脚回环

如图 7-41 所示，单腿支撑，手扶固定物维持平衡。一只脚以短跑动作进行回环练习。

脚回环训练主要目的是发展摆动腿快速折叠和前摆能力。训练过程中要求在动作过程中回环拍击臀部，以扒地动作结束。脚的回环动作路线在身体前面完成。

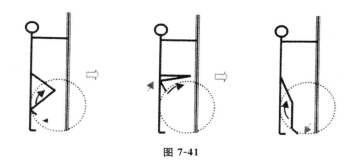

图 7-41

（7）后踢腿

如图 7-42 所示，从慢跑开始，使摆动腿脚跟拍击臀部，膝关节在弯屈过程中向前上摆动。

后踢腿训练主要目的是提高脚的动作速度。训练过程中要求上体保持正直，可以根据运动员能力适当加快步频。

（8）高抬腿折叠跑

如图 7-43 所示，与后踢腿相同。

高抬腿折叠跑训练主要目的是发展快速提高膝关节的能力和摆动腿折叠速率。训练过程中要求折叠摆动腿时脚跟必须在身体前面。

图 7-42   图 7-43

3. 全身配合练习

（1）跑绳梯

如图 7-44 所示，双脚在不同格内落地，尽快跑过每格约 50 厘米间距的绳梯或小棍。

跑绳梯训练主要目的是提高步频和快速折叠腿的能力。训练过程中要求身体正直的姿势和上、下肢配合动作。支撑腿与地面短暂的接触。

（2）单腿过栏架跑

如图 7-45 所示，以约 1 米间距摆放 8～10 个约 30～40 厘米高的栏架。在栏架一端支撑腿直膝跑进，摆动腿从栏架上越过。

单腿过栏架跑训练主要目的是提高步频、快速屈髋能力和下肢灵活性。训练过程中要求栏架外侧支撑腿伸直，摆动腿栏架上的快速高抬和折叠。

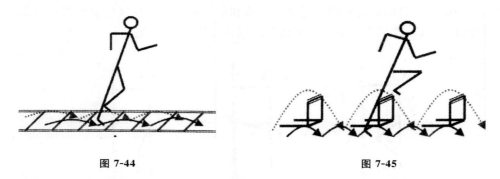

图 7-44　　　　　　　　　　　　　　图 7-45

（3）原地快速高抬腿

如图 7-46 所示，以短跑动作前后摆臂进行原地快速高抬腿，肘关节弯曲大约 90°。前摆手摆到约肩部高度，后摆手摆到臀部之后。大腿摆到与地面平行姿势。

原地快速高抬腿训练主要目的是提高摆臂动作效率和下肢动作频率。训练过程中要求摆臂动作不要越过身体中线，上体保持正直。

（4）高抬腿跑绳梯

如图 7-47 所示，双脚在同一格内落地，尽快跑过每格约 50 厘米间距的绳梯或小棍。

高抬腿跑绳梯训练主要目的是提高步频和快速高抬折叠腿的能力。训练过程中要求强调先进人小格的摆动腿高抬。支撑腿与地面短暂的接触。

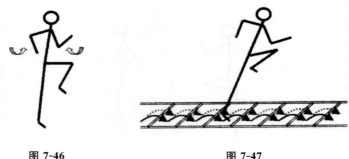

图 7-46　　　　　　　　　　　　　　图 7-47

（5）缓坡上坡跑

如图 7-48 所示，在坡道上向上跑进。

缓坡上坡跑训练主要目的是提高跑进速度力量和爆发力，增加步长。训练过程中要求发展最大速度采用的坡度在 3° 以下。发展加速能力采用的坡度可以适当增加。

（6）拖人和牵引跑

如图 7-49 所示，两位练习者在腰部系一绳索前后连接起来，相距 3～5 米同时起跑。前面的练习者拖动后面的练习者跑进。

拖人和牵引跑训练主要目的是提高前面练习者跑进速度力量和爆发力，增加步长。提高后面练习者跑进速度和突破速度障碍的能力。训练过程中要求后面的练习者与前面的练习者保持相同距离，以施加相同的阻力。或前面的练习者与后面的练习者保持相同距离，以施加相同的助力。

图 7-48　　　　　　　　　　　　　　　　　图 7-49

（7）双腿过栏架跑

如图 7-50 所示，以约 1 米间距摆放 8～10 个约 30～40 厘米高的栏架。在栏架上做高抬腿跑，在每一个栏间距内双脚落地，采用同一条攻栏摆动腿。

双腿过栏架跑训练手段主要目的是提高步频、快速屈髋能力和下肢灵活性。训练过程中要求摆动腿高抬，翘起脚尖。

（8）拖轮胎跑

如图 7-51 所示，练习者腰部系绳索，拖动一个汽车轮胎跑。

拖轮胎跑训练手段主要目的是提高跑进速度力量和爆发力，增加步长。训练过程中要求跑进动作技术要正确。轮胎不可太重，保持跑进的加速节奏。

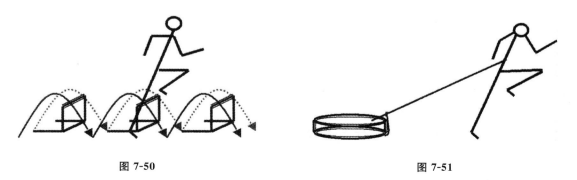

图 7-50　　　　　　　　　　　　　　　　　图 7-51

第四节　速度素质训练注意事项

一、合理安排训练计划

各种身体素质及运动能力之间存在着相互联系、相互促进和制约的关系,在发展某一素质的同时,都会或多或少、直接或间接地引起其他素质的变化。所以,发展速度素质时应从系统论的角度出发,处理好同其他素质的关系,合理安排练习顺序,使得素质间相互促进和良性转移。速度练习中,常使用发展力量的手段来促进速度,但力量素质要求神经过程强度大,肌肉收缩用力也大,尤其是静力性力量练习,由于动作缓慢,会降低神经过程和肌肉活动的灵活性。而速度素质要求神经过程的灵活性高,兴奋与抑制迅速转换,肌肉收缩轻松协调。所以,速度练习应放在力量练习之前进行,力量练习也应以动力性力量为主。在力量练习过程中,应穿插一些轻松、快速的跑跳练习或一些协调性和柔韧性练习,这对发展速度素质是有利的。

速度素质训练的时间在一个大周期中主要放在准备期的后期和比赛期的前期;在一周中最好安排在小强度训练或调整训练后的第一天进行;在一天或一次训练课中,一般放在上午或课的前半部分,最好安排在大学生身心状态最佳、精力最充沛的时候进行。因为人体疲劳后神经过程灵活性降低,兴奋与抑制的快速转换不可能建立,在这时发展速度素质难以取得良好的效果。

二、正确预防和消除"速度障碍"

速度素质发展到一定水平,常会出现提高缓慢,甚至停滞不前的现象,人们称之为"速度障碍"。这是由于神经—肌肉系统发展到一个高峰,练习中常用而不变化的一些手段使训练量与训练强度对人体没有新的刺激作用,使频率节奏、技术等都达到一个相对稳定的状态所致。因此,为了克服这种现象,继续提高速度,需要做到以下几方面。

(1)加强基础训练,掌握好基本技术,促进身体素质水平的全面提高,扩大机体能力,为提高专项能力打下扎实的基础,这可延缓速度障碍出现的时间。

(2)训练手段多样化,以不同的节奏和频率完成动作,建立中枢神经系统灵活多样的条件反射,可以对速度障碍产生有效的防止与缓解作用。

(3)如果已经出现"速度障碍"现象,就应有计划、有针对性地发展身体素质,改进技术,加大训练量和训练强度,加大刺激,利用自然条件或人工器械等手段与"速度障碍"作斗争。如简化练习投掷轻、重器械;利用斜坡跑道短助跑起跳;上下坡跑、变速跑、顺风跑、牵引跑等,改变已习惯的动力定型,改变中枢神经系统的反射联系,建立新的条件反射。

三、训练要考虑学生的年龄特征

实践证明,速度素质的发展水平在一定程度上受到人体生长发育水平的制约。在速度练习中考虑到这个特征,加上合理的措施,速度素质才能快速地、稳定地得到发展。例如,7～13岁的少年儿童处在速度素质的快速增长期(敏感期),其原因和神经系统、协调能力在这期间快速发展有关。大学生时期是速度素质发展比较稳定的时期,虽然已经不是敏感期,但是也可以进行适当的提高。要求在训练中充分利用一切能提高单个动作速度和跑的频率的方法与手段,针对大学生的生理和心理特点,促进他们的兴趣和积极性的提高与稳定,防止练习过程中因疲劳而产生的不良影响。在获得稳定的速度素质后,就要保持已经获得单个动作速度和跑的频率的基础上,采用提高速度力量和肌肉最大力量的方法来增大步幅,从而促进移动速度的提高。

四、在训练过程中要重视肌肉放松

肌肉放松对速度的提高非常重要。肌肉放松,张弛有度,能够使肌肉本身的内阻力减少,使肌肉合力增大,使血液循环通畅。例如,肌肉紧张度达到 $60\%\sim80\%$,血液流动就会严重受阻,时间稍长,动作就会失去协调性,已有的快速能力也无从发挥。肌肉放松时,肌肉中血液流动情况大为改善,比紧张时提高 $15\sim16$ 倍。血液循环通畅,能给参加活动的肌肉输送大量氧气,加快 ATP 再合成速度,并能节省能量物质,使能量物质得到合理利用,还可使肌肉收缩前的初长度增加,从而促进运动素质的提高。

五、重视发展力量和柔韧等综合素质

力量特别是快速力量和柔韧性,是影响速度素质的重要因素。所以在速度素质的训练中,首先要注意对快速力量进行训练。例如,采用 $40\%\sim60\%$ 的强度多次重复快速负重练习,使肌肉横断面和肌肉力量增大,并提高肌肉活动的灵活性,以及适当采用 75% 以上的大强度练习,使肌肉用力时能够最大限度地动员更多的肌纤维同时进行收缩,提高肌肉的收缩功效。其次,通过各种手段促进柔韧素质的提高。柔韧性提高后可以使力的作用范围和时间增加,同时能够有效地改善肌肉内协调性,从而减少肌肉阻力和增大肌肉合力,最终导致运动速度的提高。

六、在训练过程中要保证人体的适宜状态

人体适宜的工作状态对发展速度素质是十分必要的,其中包括神经系统的适宜状态、内脏系统的适宜状态和肌肉系统的适宜状态。这种适宜状态可以通过集中注意力和速度练习前用强度较小并保持一段时间的活动得到满足。大学生注意力集中,可使神经系统处于适宜的兴奋状态,并使肌肉保持一定的紧张度。而强度较小并保持一段时间的活动能力促进运动性和植物性功能活动的提高,使内脏系统与肌肉系统间形成适宜的相互关系,对促进肌肉内协调性的改善是非常有利的。因此在速度素质训练中要对其予以重视。

第八章　大学生耐力素质训练

第一节　耐力素质概述

一、耐力素质的概念

耐力素质是反映人体健康水平或体质强弱的重要标志,也是体能素质的重要指标。所谓耐力素质是指人体在长时间进行工作或运动中克服疲劳的能力。耐力与力量和速度这两种素质的结合,分别表现为力量耐力和速度耐力。影响大学生耐力素质的因素有:大学生对长时间运动的心理耐受程度、运动器官持续工作的能力、能源物质的储存情况和长时间运动中氧代谢的能力,以及掌握运动技术的熟练程度和功能节省化的水平等。其中长时间运动出现的疲劳是导致机体工作能力暂时性下降的主要因素。

疲劳是一种生理现象,有机体经过长时间的工作,必然会产生疲劳。长时间的工作或运动后,体内能量物质被大量消耗,又得不到及时补充,于是产生疲劳。但是,疲劳又是提高有机体工作能力所必需的,它是有机体机能恢复与提高的刺激物,没有疲劳的刺激,机体机能就不会得到提高。因此,提高耐力素质对体能的发展和人体克服疲劳能力非常重要。

根据疲劳所表现出来的不同工作特征,可将其分为:智力上的疲劳、感觉方面的疲劳、感情上的疲劳及体力上的疲劳等。在运动训练过程中较有意义的是由于身体活动和肌肉活动而引起的体力上的疲劳。体力上的疲劳是训练后的必然结果,没有疲劳就没有训练。但由于疲劳又必然会使人体工作能力下降并限制机体工作的时间,因而疲劳又是训练的障碍,必须克服。运动员克服疲劳的能力,反映了他所具有的耐力水平。

二、耐力素质的分类

耐力是体能练习中的重要身体素质之一。不同的运动项目,需要的耐力有其各自不同的特征和不同的标准。通常耐力素质可以分为以下几种类型。

(一)按持续时间的耐力分类

1. 短时间的耐力

短时间的耐力主要是指持续运动的时间约为 45 秒至 2 分钟的体能练习项目所需要的耐力。其主要特征是运动时通过无氧过程提供完成运动所需的能量,运动过程中氧债较高,力量与速度对于取得优异的运动成绩起着重要的作用。

2. 中等时间的耐力

中等时间的耐力主要是指持续运动的时间约为 2~8 分钟以上的体能练习项目所需要的耐力。其主要特征是运动时强度大于长时间的耐力项目。运动中由于氧不能完全满足机体的需求,练习者会出现氧债。这是因为无氧系统与运动速度成正比的关系。如有人认为,在 1 500 米跑的过程中无氧系统大约为机体提供 50% 的能量,而在 3 000 米跑的过程中无氧系统大约为机体提供 20% 的能量。也就是说,运动中机体对氧的吸收和利用对提高运动能力起着极大的作用。

3. 长时间的耐力

长时间的耐力主要是指持续运动的时间超过 8 分钟以上的体能练习项目所需要的耐力。其主要特征是整个运动过程中主要由氧系统供能,心血管和呼吸系统高度动员。如运动中心率可达到 170~180 次/分钟以上,心输出量约为 30~40 升/分钟,脉通气量可达到 120~140 升/分钟。

(二)按氧代谢的耐力分类

1. 有氧耐力

有氧耐力是指有机体在氧气供应比较充分的情况下,坚持长时间工作的能力。有氧代谢能力可归结为氧气的吸收、运输和利用的有关机体特性的综合。有氧耐力训练的目的在于提高运动员机体输送氧气的能力,促进有机体的新陈代谢,为今后运动负荷的增加创造条件,如大多数球类项目和田径运动中的马拉松、越野跑、长跑、长距离竞走项目所需要的耐力。

2. 无氧耐力

无氧耐力是指练习者的机体在氧供应不足的情况下,能够坚持较长时间运动的能力。通常无氧耐力运动是在机体长时间处于供氧不足的状态下进行的,因而会产生氧债。一般运动中机体所欠的氧债需要到运动结束后才能得以偿还。由此可见,无氧耐力练习的目的旨在提高练习者机体承受氧债的能力。无氧耐力又可分为非乳酸供能的无氧代谢和乳酸供能的无氧代谢两种形式。

3. 有氧与无氧混合耐力

有氧与无氧混合耐力是介于无氧供能和有氧供能之间的一种耐力。它的特点是持续时间长于无氧耐力而短于有氧耐力。如大多数对抗性项目,如拳击、摔跤、柔道、跆拳道,以及田径运动中 400 米、400 米栏和 800 米等项目所需要的耐力(表 8-1)。

表 8-1　耐力训练的四个区段

区段序号	区　段	乳酸含量
1	代偿阶段	0~23
2	有氧阶段	24~36
3	有氧与无氧相结合阶段	37~70
4	无氧阶段	71~300

（三）按肌肉工作方式分类

1. 静力性耐力

静力性耐力是指有机体在较长时间的静力性肌肉工作中克服疲劳的能力，如射击、射箭、举重的支撑、吊环的十字支撑等过程中表现出的耐力水平。

2. 动力性耐力

动力性耐力是指有机体在较长时间的动力性肌肉工作中克服疲劳的能力，如长跑、滑雪、游泳等运动中表现出的耐力水平。

（四）按身体活动的耐力分类

1. 身体部位的耐力

身体部位的耐力主要是指练习者的身体某一部位在长时间进行身体活动中克服疲劳的能力。例如，练习者在较长时间内反复地只进行下肢或上肢力量的练习，使得练习的部位很快地出现肌肉酸胀、疼痛的感觉，若继续练习下去就会产生肌肉工作困难的现象。在体能练习中，局部耐力的提高取决于一般耐力的发展水平。

2. 全身的耐力

全身的耐力主要是指练习者的整个身体机能在体能练习中克服疲劳的综合能力。全身耐力是一个练习者机体的综合耐力水平的反应和表现。

（五）按心肺的耐力分类

1. 心血管耐力

心血管耐力是指机体在运动中循环系统输送氧气到达细胞并支持体内氧化能量的过程和排泄废物（新陈代谢）的能力。心血管耐力又可以分为有氧耐力和无氧耐力。

2. 肌肉耐力

肌肉耐力是指练习者在外部阻力或人体本身阻力的条件下，能够持续较长时间或重复较多次数的能力。

3. 速度耐力

速度耐力是指练习者将获得的最高速度一直保持到终点的能力。速度耐力的练习是在发展速度的基础上，提高和改善放松跑的能力。以 100 米、200 米跑的成绩对比评定速度耐力时，可以用 100 米的成绩乘以 2 再加 0.4 秒。运动实践证明，200 米跑在很大程度上取决于速度耐力水平。这是因为在运动中速度耐力可以提高中枢神经系统和运动器官的灵活性，同时，还可以提高神经系统对缺氧和酸胀代谢产物积累的适应能力。

（六）按运动项目耐力分类

1. 一般耐力

一般耐力是一种多肌群、多系统长时间工作的能力。无论专项特点如何，良好的一般耐力都有助于各种形式的训练取得成功。但是，由于一般耐力是不同形式耐力的综合表现，对不同的运动项目来说，项目特点对它也有不同的要求。因此，在进行一般耐力训练时，应充分考虑一般耐力与专项耐力之间的关系。

2. 专项耐力

专项耐力是指练习者有机体为了获取专项成绩，最大限度地动员机能能力，克服专项负荷所产生的疲劳的能力。由于运动项目的不同，专项耐力的表现也有所不同。例如，短距离跑、蹬自行车等项目的专项耐力需要有保持较长时间高速度的速度能力；球类项目的专项耐力需要有在较长时间内保持带有大量极限强度动作（快速移动，进攻、防守、打击）的抗疲劳的能力；举重、摔跤、拳击、体操等项目的专项耐力都需要有力量性的力量耐力和静力性耐力。专项耐力练习需要承受较大的练习量和强度，使身体练习、技术练习的负荷总量按照各练习阶段有规律地增长，并通过专项耐力练习，建立专项耐力储备，为专项练习服务。

三、耐力素质在各年龄段的发展规律

从人体发育的角度上看，一般男子 10～20 岁、女子 9～18 岁时，是耐力素质发展的最佳时期。由于耐力素质取决于有氧供能系统和无氧供能系统的机能状况，因此，耐力发展敏感期与最大吸氧量、心脏循环率、肺的扩张能力、大脑血液循环的动力学特征及血液成分的机能状况等因素有关。

（一）有氧耐力

女孩在 9～12 岁期间，有氧耐力指标出现较大幅度的增长，而当进入性成熟期后 2 年（即 14 岁以后），有氧耐力水平呈逐步下降的趋势，16 岁以后下降速度减慢。男孩在 10～13 岁期间，耐力指标呈现出大幅度的提高，出现第一个增长高峰；16～17 岁时有更大幅度的提高，出现第二个增长高峰。特别是 16 岁时，60％强度的有氧耐力指标增长幅度超过 40％。

（二）无氧耐力

男子在 10～20 岁期间，无氧耐力水平呈逐年增加的趋势，并在 10 岁、13 岁、17 岁分别出现三次增长高峰。尤其是在 16～20 岁期间增长幅度最大，说明此时无氧耐力正处在良好发展时期。女子无氧耐力从 9～13 岁均逐年递增，14～17 岁有所下降。出现下降的主要原因是女子在此阶段体重增加较快，与最大吸氧量有关的指标在 14 岁时已接近完成，15～17 岁时仍停留在已有水平上。所以在 15～18 岁期间应加强无氧耐力训练。

总之，发展耐力素质应从培养有氧耐力入手，从而为一般耐力的发展打下良好的基础。从

15～16岁开始进行无氧耐力训练,并逐步加大无氧耐力训练的比例。由于耐力项目出成绩较晚,有其特有的训练规律和成绩增长规律,因此在耐力训练中不能拔苗助长,操之过急,要按部就班的进行。

第二节 影响耐力素质的因素

耐力素质与人体其他身体素质密切相关,是多种因素共同作用的结果。因此我们说,耐力水平的提高也受到多种因素的影响。

一、个性心理特征

运动员的心理品质、在运动中的心理稳定性以及主观努力程度、运动动机与兴趣,自持力和忍耐力等都直接影响到耐力素质水平的发展。特别是忍耐力与耐力素质的关系更为密切。所谓忍耐力是指人体忍受有机体发生变化后的能力。忍耐力的强弱和有机体发生变化的程度以及对其忍受时间的长短有关。忍耐力越强,也就越能长时间的忍受有机体发生的剧烈变化。如在以强度为主的长时间练习中,有机体就会发生很大的变化(如缺氧、酸性物质堆积等),在这种情况下如果运动员的忍耐力不能忍受这种变化,练习就将中止,耐力素质的发展也只能停留在一般的水平上。一般说,耐力素质要得到最大限度的发展,就必须利用充分动员起来的忍耐力去克服耐力发展过程中一个又一个的"极点",不断突破机体的结构和功能上的"临界状态"。

二、中枢神经系统的功能

中枢神经系统的功能对耐力素质有很大的影响。中枢神经系统通过交感神经对肌肉、内部器官和各神经中枢起到适应与协调作用,如各神经中枢间的协调性程度,神经中枢与运动系统间的协调性程度,运动系统间的协调性程度等,对提高肌肉活动的耐力水平具有重要意义。除此之外,中枢神经系统还能通过神经体液的调节,提高人体的耐力素质水平。如加强肾上腺素的分泌和肾上腺皮素激素的分泌,使心血管系统和肌肉工作能力提高,从而提高耐力水平。由此可见,中枢神经系统的功能对耐力素质有制约作用。反过来,耐力素质的练习又能促进神经系统有关方面功能的提高。这一点在发展耐力素质过程中要引起充分重视。

三、红肌纤维数量

人体肌肉纤维的类型及数量对耐力素质也有影响。据研究,肌肉中红肌纤维因含血红蛋白多,线粒体多,氧化酸化供氧能力强,收缩速度虽慢但能持久,适宜有氧耐力训练。据测定,耐力性项目运动员肌肉中红肌纤维占的比重极大。优秀的长距离游泳运动员的三角肌中,红肌纤维可达90%左右。所以红肌纤维占优势的人,为发展耐力素质提供了物质条件。

四、最大吸氧量水平

最大吸氧量是指在运动过程中,人体的呼吸和循环系统发挥出最大机能水平时,每分钟所能吸取的最大氧气量。最大吸氧量的大小对耐力素质的影响十分明显。因为最大吸氧量本身就是反映有氧耐力水平的一个重要指标。最大吸氧量越大,有氧耐力水平也就越高。在有氧过程为主的运动项目中,运动员的最大吸氧量明显大于其他人。同样,最大吸氧量水平越高,耐力性运动的成绩就越好。

最大吸氧量在很大程度上受遗传的影响。除此之外,最大吸氧量与肺的通气机能、氧从肺泡向血液弥散的能力、血液结合氧的能力、心脏的泵血功能、氧由血液向组织弥散的能力、组织的代谢能力等也有十分密切的关系。在以上诸多因素中,具有明显可控量化指标的是血液结合氧的能力。血液结合氧的能力可通过血液中血红蛋白的含量来反映。血液中血红蛋白含量越高,血液结合氧的能力越大。

五、有氧代谢的能力

有氧能力是指机体在氧参与下产生能量的能力,并决定着练习者的耐力素质水平。在运动中,有氧能力受练习者体内供氧能力的影响。研究表明,运动时,能量的来源主要与物质的有氧代谢有关。这是因为有氧能力不仅对运动本身极为重要,而且对练习期间和练习结束后的快速恢复也十分重要。通常有氧能力的提高在很大程度上取决于心血管和呼吸系统的机能能力的发展。练习者的有氧能力得到提高,也会促进其他无氧能力不断地提高。因为有氧能力强了,氧债出现得就晚,出现氧债后也能更快地得到恢复。较强的有氧能力还可以积极地转换为无氧能力,以保证速度的稳定。因而,各种耐力练习也都包括改善和提高供氧能力的练习,使得有机体各系统在疲劳或内环境产生变化时,机能仍然能保持良好的状态。

六、无氧代谢的能力

无氧能力对耐力素质水平也具有一定的影响。运动强度越大,需氧量越大,无氧代谢供能的比例也就越大。机体的无氧能力的变化受中枢神经系统活动过程的影响。这种活动过程有助于练习者保持大强度负荷,或在疲劳的状态下继续进行工作。不同项目的专项练习是改善无氧能力的一种好方法,如 100 米跑的运动强度大,运动能量主要来自无氧系统的提供,但随着距离的增加和强度的下降,有氧的比例开始逐渐增加。因此,在练习中无氧练习也需要与有氧练习交替进行。通常持续时间超过 60 秒的运动项目可采用有氧练习为主,无氧练习的作用一般只体现在运动的前半程,而不是全过程。

七、机体机能的稳定性

机体机能的稳定性是指机体的各个系统在疲劳逐步发展、内环境产生变化时,机能仍然能够保持在一个必要的水平上。由于耐力活动会产生大量乳酸,乳酸的逐步堆积也会引起肌肉组织和血液中的 PH 值（酸碱度）下降，因此造成一系列人体机能能力下降的现象。如神经肌肉接点处兴奋的传递受到阻碍，影响冲动传向肌肉；酶系的活性受到限制，使 ATP 合成速度减慢；钙离子浓度下降，肌肉收缩能力降低等。由此可见，机体机能的稳定性往往取决于机体的抗酸能力，抗酸能力越强，稳定的程度就越高，时间也越长。影响机体抗酸能力的因素有许多，但主要和血液中的碱储备有关。碱储备是缓冲酸性的主要物质，习惯上以血浆中与碳酸结合的碱含量来表示。运动员的碱储备比未受过训练的人高出 10％左右，这对提高运动员的抗酸能力，保持机能稳定性是有利的。

八、机体机能的节省化

耐力素质的水平还取决于机体的机能节省化程度。机能节省化和机体能量储备的利用率有很大关系。耐力活动过程中，各种协调性的完善、体力的合理分配都能有效地提高能量储备的利用率。如协调性的完善可以减少不必要的能量消耗；体力的合理分配则可以提高能量的合理利用程度（匀速能量消耗少，变速能量消耗大）。总之，高度的机能节省化，能使人体在活动时单位时间内能量消耗减少到一个最小的程度，从而保证人体长时间的活动。

九、机体的能量储备与供能能力

机体活动时的能量供应和能量交换的程度，在某种意义上取决于各种能量储备的大小和能量交换过程的动员水平。能量储备越大，耐力发展的潜力也就越大。如肌肉中磷酸肌酸（CP）、糖原的含量增多，就有利于无氧、有氧耐力水平的提高。肌肉中的 CP 储备能保证速度耐力活动中的能量供应；而肌肉中的糖原储备则是耐力活动中能量供应的主要方面。能量供应的速度主要在于能量交换的速度，耐力水平高的运动员，其体内能量交换的速度也快，从而保证了能量供应在人体活动中不间断。能量交换的速度主要和各种酶系的活性有关，耐力训练能有效地提高各种酶的活性（如肌酸激酶、氧化酶等），加快 ATP 的分解与合成速度。

十、速度储备能力

速度储备是指以较少的能量消耗保持一定的速度能力。速度储备在周期性运动项目中表现得尤为突出。如果练习者能以极快的速度跑完一个距离，那么也能较容易地以较低的速度跑完较长的距离。与速度较差的练习者相比，速度储备较高的练习者能以较少的能量消耗保持一定的速度。例如，练习者进行 100 米跑的最大速度为 11 秒，而进行 400 米跑的每 100 米的平均速度为 12.4 秒，成绩差 1.4 秒就可视为速度储备的指数。通常成绩差越大，速度储备就越高。同样，如果练习者的速度很快，速度储备的指数则低，专项耐力相对就越强。由此可见，良好的速度储备与系统的专项耐力练习密切结合，有助于练习者取得良好的练习效果。在提高练习者成绩的过程中，速度和速度储备可能是重要的限制因素。

第三节　耐力素质训练的方法

一、耐力素质训练基本的训练方法

(一)重复训练法

重复训练法是一种多次重复同一技术动作的练习,这种耐力训练方法也是经常被采用的。在大学生在耐力素质训练中,重复训练法的作用在于可以不断强化运动条件反射的过程,有利于学生在学习某项技术动作时的掌握和巩固;可使机体尽快产生较高的适应性机制,有利于发展和提高身体素质。其中,单次(组)训练的负荷量、负荷强度及每两次(组)训练之间的休息时间是重复训练法构成的主要因素。在重复训练法中的休息方式不同于间歇训练法,它主要以静止休息、肌肉按摩或散步的形式完成。重复训练法的具体运用时机和标准有以下几种。

(1)短距离跑中的较长距离跑(200米、400米),该项目对学生的速度耐力要求较高,可以通过较长距离(300~500米)段落的重复跑,来有效地发展大学生乳酸能供能系统的水平和提高机体负氧债能力。

(2)中距离中的较短距离项目(800米),此项目以无氧代谢为主,运动中会产生较大氧债,且乳酸的堆积量也较大。因此大学生可以通过重复跑500~1 500米的段落,在提高人体对氧债和大量乳酸堆积耐受力的同时,还可以提高无氧耐力和速度耐力。

(3)长距离跑项目的运动负荷较大,每分吸氧量以及循环系统要全力动员,又因跑的时间较长,使循环系统和呼吸系统有时间克服惰性逐步提高其工作水平。因此大学生在训练时可以通过较长距离的反复跑,对循环、呼吸系统的机能水平进行有效发展,努力提高专项耐力水平。

重复训练法的特点是在心率恢复至100~120次/分钟时,再进行下一次训练。其训练的时间、距离、重量及动作等有着明显的专项特点,训练的强度较大,训练的次数较少。

训练的时间、距离、练习的强度、间歇的时间与训练的目的构成不同类型的重复训练法(表8-2)。

表 8-2　重复训练法的训练参照指标

训练目的	训练时间	训练强度	间歇时间	重复次数
提高有氧耐力	8~15分钟	最大强度、大强度	中、长	少
提高无氧耐力	2~100秒	极限强度、最大强度	短	少
提高混合耐力	2~10分钟	最大强度、大强度	中	少
提高专项耐力	15~60秒	大强度	长	少
提高专项速度	15~30秒	最大强度、大强度	短、中、长	少

（二）间歇训练法

间歇训练法是一种规定多次训练间的间歇时间,使机体处于不完全恢复状态下反复训练的方法。在耐力训练中使用间歇训练法,可以明显增强机体的心脏功能,使各机能产生适应性变化;有效提高和发展糖酵解代谢供能能力、磷酸盐与糖酵解混合代谢的供能能力、糖酵解与有氧代谢混合供能能力和有氧代谢供能能力;提高机体抗乳酸的能力。

间歇训练法可对于短跑和中长跑项目的速度耐力和耐力水平可以起到极大的促进作用。在使用间歇训练法时,每组技术动作训练中间间隙的休息方法为积极性休息方式,如采用慢跑、慢走,或做整理运动等方式。当学生的心率恢复到120～130次/分时就应立刻开始下一次的练习。

由于大学生在采用间歇训练法训练时,其机体是在未能完全恢复的情况下就进行的下一次练习,因此会对机体产生以下几方面的影响。

（1）可以提高学生每分钟的血液输出量,提高心肌收缩力水平和心脏输出量水平。

（2）可以提高学生的呼吸系统功能,特别是其最大吸氧量水平。

（3）间歇训练法可以有效提高大学生在负荷时间较长,负荷强度相对较低的长距离跑或部分距离相对较长的中距离跑项目中的糖原有氧分解能力和有氧耐力水平。

（4）间歇训练法可以有效提高大学生在负荷时间较短,负荷强度相对较高的中距离跑及部分距离相对较长的短跑项目中的有氧无氧混合供能的能力和无氧耐力水平。

训练的时间、距离、练习的强度、间歇的时间与训练的目的构成不同类型的间歇训练法（表8-3）。

表 8-3 不同类型的间歇训练法参数

训练目的	训练时间	训练强度	间歇时间	重复次数
提高有氧耐力	8～15 分钟	小强度	长	较少
提高无氧耐力	8 秒～2 分钟	最大强度或大强度	短	多
提高混合耐力	2～8 分钟	中等强度	中	中
提高专项耐力	8 秒～15 分钟	大强度	短、中、长	少、中、多
提高力量耐力	8 秒～15 分钟	中等强度	短、中、长	多

（三）持续训练法

持续训练法是一种强度较低但持续时间较长的连续训练方法。这种方法适合于一般耐力素质训练,它可以有效提高机体有氧代谢系统供能能力以及提高在该供能状态下有氧运动的强度。并且可以为大学生的无氧代谢能力和无氧工作强度的提高奠定坚实的基础。

持续训练方法可以是单一的技术动作,也可以是多种技术动作的组合。动作的选择要求平均强度适中,负荷时间相对较长,以有氧代谢系统供能为主的特点。一般而言,大学生在进行一组练习的持续负荷时间应最少保证不少于10分钟,负荷强度心率指标控制在160次/分钟左右,训练过程不中断。这类训练方法可以有效提高大学生以有氧代谢系统供能状态下所表现出来的专项耐力,有效地提高技术应用的稳定性和抵御疲劳的耐久性。

持续训练法能发展一般耐力,提高摄氧、输氧等能力,还可发展专项的力量耐力。练习的目的不同,刺激的强度和负荷量也不相同(表8-4)。

表8-4 练习目的与刺激负荷的关系

训练目的	刺激强度		持续时间
	心率	强度	
调整、休整、恢复体力	120～150 次/分钟	小强度	30～50 分钟
提高有氧耐力	150～180 次/分钟	中强度	50～90 分钟
提高承受大负荷的能力	120～150～180 次/分钟	小、中强度	90～120 分钟
提高力量耐力	120～150～180 次/分钟	小、中强度	不能再做为止

(四)循环训练法

循环训练法是以训练的具体任务为根据,设置多个训练站,练习者按照既定顺序和路线,依次完成每站训练任务的训练方法。大学生在进行耐力素质训练时,可以运用循环训练法进行训练,这样可以有效地激发自己的训练情绪、累积负荷"痕迹",对身体的不同体位进行交替刺激。循环训练法的结构因素主要包括每站的训练内容、每站的运动负荷、训练站的安排顺序、训练站之间的间歇、每遍循环之间的间歇、练习的站数与循环练习的组数等。大学生运用循环训练法在有效地提高自身训练情绪和积极性的同时,也可以合理地增大运动训练过程的训练密度,根据不同个体的具体情况进行及时调整。运动循环训练法还可以防止局部负担过重,延缓疲劳的产生,非常有利于自身耐力水平的提高。

循环训练方法特点鲜明,它的各训练站之间是有机联系的,各个训练站的平均负荷强度相对较低,各组循环内各站之间无明显中断,一次循环的持续负荷时间较长。负荷强度高低交替搭配进行。循环组数相对较多。上下肢练习、前后部练习顺序的配置或集中安排或交替进行。其常用的训练组织方式可以采用流水式或轮换式。大学生运用此方法可以提高自己在疲劳状态下连续运动的能力以及有氧运动强度,并且在提高有氧代谢系统供能能力的同时,还可以提高机体在有氧代谢供能状态下的力量耐力。

(五)高原训练法

高原训练法主要是针对机体对海拔高度较高、空气中氧含量较少的高原地带适应性的特点进行训练的方法。这种方法已经被证明是有效的,而且已经被众多专业运动队采用。为此,我国专门在青海多巴、云南昆明等地区设有高原圳练基地。这是一种提高机体耐力水平非常好的训练方法。通过在海拔高度 2 000 米左右的地带进行高原训练,可以有效发展机体的有氧代谢能力,提高机体回到平原后承担大负荷圳练和参加大强度比赛的能力。

多数高校学生没有体会过高原训练的感觉,在一些个别高校的体育运动队中可能会组织学生前往高原进行训练。当他们身处高原中时,其周围的空气中的含氧量要比平原少,这对学生的心血管系统和呼吸系统提出了较高的要求,通过一段时间的训练和适应过程,学生的肺通气量和呼吸效率会得到明显提高,使其呼吸、循环系统的机能得到很好的改善。

通过高原训练后,学生血液中的红血球数量和血色素量都会得到增加,使机体的血液输氧能力得到很大的提高。同时还能使肌肉中的毛细血管增生变粗,使肌细胞的新陈代谢有氧供能能力得到显著提高。

二、耐力素质训练常用的训练手段

(一)有氧耐力训练

有氧耐力训练是一般耐力的基础,运动员有氧耐力的发展水平主要取决于三方面的因素,即供给运动中所必需的能源物质的储存,为肌肉工作不断提供 ATP 所必需的有氧代谢能力以及肌肉、关节、韧带等支撑运动器官对长时间耐力工作的承受能力(图 8-1)。因此,通过提高运动员的摄氧、输氧及用氧能力,保持体内适宜的糖原和脂肪的储存量以及提高肌肉、关节、韧带等支撑运动器官对长时间负荷的承受能力,是发展有氧耐力的基本途径。

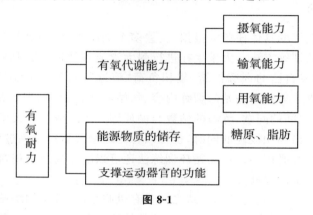

图 8-1

1. 有氧耐力训练的指标

最大吸氧量是指在运动过程中,人体的呼吸和循环系统发挥出最大机能水平时,每分钟所能吸取的最大吸氧量。最大吸氧量是反映耐力水平的一个重要指标,最大吸氧量越大,有氧耐力水平也就越高。在有氧过程为主的运动项目中,运动员的最大吸氧量明显高于一般人,(一般人的最大吸氧量为 2～3 升/分钟,运动员的为 4～6 升/分钟)。同时,最大吸氧量水平越高,耐力性运动的成绩就越好。

最大吸氧量在很大程度上受遗传因素的影响。除此之外,最大吸氧量与肺的通气机能、氧从肺泡向血液弥散的能力、血液结合氧的能力、心脏的泵血功能、氧由血液向组织弥散的能力、组织的代谢能力等也有十分密切的关系。在以上因素中,具有明显可量化的指标是血液结合氧能力,血液结合氧的能力可通过血液中血红蛋白的含量来反映。血液中血红蛋白含量越高,血液结合氧的能力越大。

2. 有氧耐力训练的参数

(1)负荷强度

单纯发展有氧耐力水平的训练强度相对要小,训练强度应低于最大速度的 70%,并以有氧系统供能为主。强度可以通过完成一定距离的时间、每秒速度、心率来得到评定。如以心率控制负荷强度,对一般运动员可控制在 140～160 次/分钟,对训练有素的运动员可控制在 150～170

次/分钟。根据这个强度进行长时间工作,可使有氧系统供能得到有效的改善,心肺系统的机能水平、肌肉供血和直接吸收氧气的能力得到提高。计算发展有氧耐力的适宜心率公式为:

$$训练强度＝安静时心率＋(最大心率－安静时心率)×70\%左右$$

心率控制在这个水平,可使输出量增加,吸氧量达到最大值的 80% 左右。训练结果还可使心脏容量增大,有利于促进骨骼肌、心肌的毛细血管增生。如负荷强度超过此限度,心率达 170 次/分钟以上,就要产生氧债,从而使训练向无氧方向转化。如训练强度低于此限度,心率在 150 次/分钟以下,则不能有效地提高有氧能力。

在发展单纯有氧耐力水平的同时,为了有效地提高耐力项目的专项成绩,还应穿插无氧性质的练习,即在短时间里加大训练强度,使心率达 180 次/分钟以上,这对发展有氧耐力的效果会更好些。因为在进行短时间加大强度的练习后,会使机体的最大吸氧量和心输出量出现即刻增加的短时训练适应性现象,形成一个较高的"波浪"。这个波浪对提高运动员呼吸能力和改善循环系统功能是一个良好的刺激,有利于提高机体输送氧气的功能,对提高有氧耐力水平是极为有利的。

(2)无氧阈

每个运动员都有与其适应并且随着运动能力的提高而变化的合理负荷范围。其中,负荷强度要时时与每个人的竞技能力相一致,过低过高都会影响练习效果。所以寻找适宜的负荷范围就显得更加重要。国内外有关"无氧阈"(即无氧代谢阈,简称 AT)的研究,为探讨有氧负荷的最佳化提供了科学依据。无氧阈是指人体逐渐增加工作强度时,由有氧代谢供能开始大量动用无氧代谢供能的临界点(转折点),常以血乳酸含量达到 0.004 摩尔/升时所对应的强度或功率(瓦)来表示。超过这个临界强度(无氧阈)时,血乳酸浓度将急剧增加。

(3)有氧、无氧混合代谢区域

有氧—无氧混合代谢区域是指把所有有氧代谢和无氧代谢结合起来进行训练的有效代谢区域。例如:在跑第一个快跑段落(200~100 米)结束时心率为 27~28 次/10 秒,而慢跑段落时心率为 24~26 次/10 秒。快跑段的时间、距离及其反复的数量取决于运动员的训练水平和该训练阶段的任务。这种训练手段对提高耐力项目的最大有氧能力非常有效。俄罗斯运动训练专家马特维耶夫认为,过去有氧—无氧混合代谢训练量的比重只占总量的 20%,而现在达到 60%~70%,也就是说高质量游泳的训练量与过去相比有大幅度的提高。

(4)持续时间

持续时间应根据专项的特点、运动员的需要以及训练阶段的不同要求进行安排。博姆帕认为,练习持续时间应有一定的变化幅度。有时为了提高比赛开始阶段发挥作用的无氧耐力,可采用 60~90 秒的训练持续时间,为了提高有氧耐力,则必须采用较长时间的多次重复(3~10 分钟)或 20 分钟以上至两个小时的持续负荷。只有坚持较多的负荷数量,练习时间长,才能使全身血量和红血球增加,提高每搏输出量,达到发展有氧耐力的目的。

(5)重复次数

重复次数应根据维持高水平氧消耗的生理能力来确定。如果不能维持高水平氧消耗,有氧系统就不能满足能量需要。其结果会使无氧系统开始工作,给机体造成紧张,并较早出现疲劳。心率是表示运动员疲劳状况的有效指标。随着疲劳增加,重复同等强度负荷时的心率也会增加。一旦心率超过 180 次/分,心脏的收缩能力就会降低,导致负荷肌肉的供氧不足;这时就应调整训练计划和减少重复次数。

（6）间歇时间

间歇时间的基本要求是在运动员机体处于尚未完全恢复时再进行下一次的练习。有氧耐力训练的间歇时间一般不能超过4分钟，因为间歇时间过长，就会出现毛细血管收缩，从而引起后面运动的最初几分钟内血液受阻。为了控制好间歇时间，可采用测量心率的方法进行。即当运动员心率恢复到120～130次/分钟时，就应该进行下一次练习。这样运动员在休息时可摄取大量氧气，使整个练习与间歇时的摄氧量都保持在一个较高水平上，也使心搏量保持在一定水平上，从而实现对运动员呼吸和心血管系统不间断的刺激。另外，在间歇时间内，为了促进机体恢复，采用走或跑都是一种较好的活动方式。

3. 具体的有氧耐力训练方法

（1）变速跑

在场地上进行。快跑段、慢跑段距离也根据专项任务与要求决定。一般常以400米、600米、800米、1 000米等段落进行。例如中距离跑运动员常用400米快跑，200米慢跑的变速或600米快跑，200～400米慢跑等变速。

（2）定时走

在场地、公路或其他自然环境中按规定时间做自然走或稍快些自然走。一般走30分钟左右。

（3）定时跑

在场地、公路或树林中做10～20分钟或更长时间的定时跑。

（4）定时定距跑

在场地或公路上做定时跑完固定距离的练习。如要求在14～20分钟内跑3 600～4 600米。

（5）重复跑

在跑道上进行，重复跑的距离、次数与强度也应根据专项任务与要求而定。发展有氧耐力重复跑强度不应大，跑距应较长些。一般重复跑距为600米、800米、1 000米、1 200米等。

（6）法特莱克跑

在场地、田野、公路上进行，自由变速的越野跑或越野性游戏。最好在公园、树林中进行，约30分钟左右，也可更长些时间。

（7）大步走、交叉步走或竞走

在场地、公路或其他自然环境中做大步快走，交叉步走或几种走交替进行。每组1 000米左右，4～6组。

（8）越野跑

在公路、树林、草地、山坡等场地进行。距离要求，一般在4 000米以上，多可达10 000～20 000米。

（9）沙地竞走

海滩沙地上竞走练习，每组500～1 000米，4～5组。

（10）竞走追逐

在跑道上，两人前后相距10米，听口令开始竞走，后者追赶前者，每组400～600米，4～6组。必须按竞走技术标准的要求，不能犯规，每组结束放松慢跑2分钟。

（11）沙地连续走或负重走

海滩沙地徒手快走或负重（杠铃杆或背人）走。徒手快走每组400～800米，负重走每组

200米。

(12)水中定时游

不规定游泳姿势及速度,规定在水中游一定的时间,如不间断地游15分钟,20分钟等。要求不间断地游。

(13)连续踩水

在游泳池深水区,手臂露出水面做踩水练习。也可以要求肩部露出水面,加大难度。

(14)水中快走或大步走

在深30～40厘米的浅水池中,做快速走或大步走练习,每组200～300米或100～150步,4～5组。

(15)3分钟以上跳绳或跳绳跑

在跑道上做两臂正摇原地跳绳3分钟或跳绳跑2分钟。要求每次结束时,心率在140～150次/分钟,恢复至120次/分钟以下开始下一次练习。

(16)登山游戏或比赛

在山脚下听口令起动,规定山上终点的标记,可以自选路线登山或规定路线登山,可进行登山比赛或途中安排些游戏,如埋些"地雷",规定各队要找出几个"地雷"后集体到达终点,早者为胜等。

(17)5分钟运球跑

以单手或双手交替运球跑动5分钟。要求不间断进行,或要求一定距离。

(18)长时间划船

连续不间断地进行20分钟以上的划船。

(19)长时间滑雪、滑冰

连续不间断地进行15分钟以上的滑雪及滑冰活动。

(20)5分钟以上的循环练习

根据专项选择8～10个练习,组成一套循环练习,反复循环进行5分钟以上。

(二)无氧耐力训练

1. 乳酸供能无氧耐力的训练

(1)强度

应比发展有氧耐力的强度大得多,一般应达到本人可以承受的最大强度的80%～90%,心率可达到180～190次/分钟。练习中必须使机体处于无氧糖酵解状态,并产生乳酸。

(2)负荷持续时间

负荷持续时间应长于35秒,一般可控制在1～2分,若以游泳为训练手段,游程应控制在50～200米;若以跑为训练手段,跑距应控制在300～600米。训练实践证明,乳酸供能无氧耐力对提高田径中距离跑(800米、1 500米)项目极为重要。跑300～600米段落,特别是400米段落后,血乳酸值最高可达36毫摩尔/升以上,所以,采用300～600米段落的训练,对于提高糖酵解能量供应是最适宜的。

(3)练习次数、组数和间歇时间

练习次数与组数应根据训练水平、跑速、段落长度和组间歇时间而定。如采用200～400米段落,则每组可有 3～4 次重复跑,共练习 3～4 组,若采用 500～600 米段落,则可重复 2～3 组。每组练习的间歇时间和组间间歇时间应该很短,使之不带有任何有氧代谢性质。总的原则是段落短、间歇时间也短。如英国著名的中跑选手奥维特跑 2 300 米×4 组,300 米之间的间歇仅 15～30 秒,跑完全程用 37～38 秒,组间休息 5 分钟。只有高水平运动员才能采用这种间歇训练方法。

(4)练习的顺序

练习顺序的安排直接影响到练习的效果。如先跑短段落(200～300 米)再逐渐增长段落,则运动员体内血乳酸浓度不断提高;相反顺序的安排,血乳酸浓度在前 2～3 个段落已达到最大值,然后随着段落的缩短而降低。因此,为了提高运动员机体迅速动员无氧糖酵解的能力,则应先从跑长段落(500～600 米)开始,然后再跑短段落(200～300 米);若为了提高有机体长时间维持糖酵解的高度活性,有利于血乳酸累积和训练效应积累,则应采用相反顺序。采用长段落跑的手段时也可用变速方法。有时可在段落开始用快速跑,中间减速,后 1/3 再加速。或是把一个长段落分为三部分,后一部分的速度比前一部分快,或者是跑一个长段落时经常按固定长度变换速度,目的是培养运动员根据比赛环境变换速度的能力。

2. 非乳酸供能无氧耐力的训练

间歇训练法是发展非乳酸供能无氧耐力水平的主要训练方法。发展非乳酸供能无氧耐力主要涉及以下几个因素。

(1)强度与练习持续时间

主要采用大强度,即采用本人可以承受的最大强度的 90％～95％的强度进行练习,以保证机体动用 CP 能源物质。练习持续时间一般为 5～30 秒。

(2)重复次数与组数

重复次数以不降低训练强度为原则。重复次数可保持在每组 4～5 次。练习组数应视运动员具体情况而定,对训练水平高的运动员,练习组数可多一些,反之宜少一些。训练中最好采用多组方式,如每组练习 4～5 次,重复 5～6 组。

(3)间歇时间

间歇时间有两种具体做法。第一种是短距离(如 30～70 米的赛跑)的间歇安排,间歇时间为 50～60 秒。这种间歇安排的目的在于保证机体动用 CP 为能源。第二种是较长距离(如 100～150 米)的间歇安排,时间 2～3 分钟。这样做的目的在于保证机体 CP 能量物质通过间歇时间的休息能得到尽快恢复。练习的组间间歇时间则应相对长一些,如 5～10 分钟,这样可使 CP 能量物质通过间歇时间的休息得到尽快恢复,以便进行下一组练习。

3. 具体的无氧耐力训练的方法

(1)原地或行进间间歇车轮跑

原地或行进间做车轮跑。每组 50～70 次,6～8 组,组间歇 2～4 分钟。强度为 75％～80％。

(2)间歇后蹬跑

行进间做后蹬跑。每组 30～40 次或 60～80 米,重复 6～8 次,间歇 2～3 分钟。强度为 80％。

(3)高抬腿跑转加速跑

行进间高抬腿跑 20 米左右转加速跑 80 米。重复 5～8 次,间歇 2～4 分钟。强度为 80％～85％。

（4）原地间歇高抬腿跑

原地做快速高抬腿练习。发展非乳酸性无氧耐力,做每组 5 秒、10 秒、30 秒钟快速高抬腿练习,做 6～8 组,间歇 2～3 分钟。强度为 90～95％。发展乳酸性无氧耐力,做 1 分钟练习,或 100～150 次为一组,6～8 组,每组间歇 2～4 分钟。强度为 80％。

（5）间歇接力跑

跑道上,四人成两组,相距 200 米站立,听口令起跑,每人跑 200 米交接棒。每人重复 8～10 次。

（6）间歇行进间跑

行进间跑距为 30 米、60 米、80 米、100 米等。计时进行。每组 2～3 次,重复 3～4 组,每一次间歇 2 分钟,组间歇 3～5 分钟,强度为 80％～90％。

（7）反复跑

跑距为 60 米、80 米、100 米、120 米、150 米等的反复跑。每组 3～5 次,重复 4～6 组,组间歇 3～5 分钟。心率控制,短于专项的距离,练习时心率应达 180 次/分钟。间歇恢复至 120 次/分钟时,就可以进行下次练习。发展乳酸耐力,距离要长些,强度小些。

（8）反复超赶跑

在田径场跑道或公路上,10 人左右成纵队慢跑或中等速度跑,听口令后,排尾加速跑至排头。每人重复循环 6～8 次。强度 65％～75％。

（9）反复起跑

蹲踞式或站立式起跑 30～60 米。每组 3～4 次,重复 3～4 组,每次间歇 1 分钟,组间歇 3 分钟。

（10）变速跑

变速快跑与慢跑结合进行。快跑段与慢跑段距离,应根据专项而定。如发展非乳酸性无氧耐力,则常采用 50 米快、50 米慢、100 米快、100 米慢或直道快、弯道慢或弯道快、直道慢等。发展乳酸性无氧耐力,常采用 400 米快 200 米慢,或 300 米快 200 米慢,或 600 米快 200 米慢等。强度为 60～80％。

（11）计时跑

可做短于专项距离的重复计时跑或长于专项距离的计时跑。重复次数 4～8 次,间歇 3～5 分钟。强度为 70％～90％。

（12）反复加速跑

跑道上加速跑 100 米或更长距离。跑完后放松走回再继续跑。反复 8～12 次。强度为 70％～80％。

（13）变速越野跑

在公路、树林、草地、山坡等地进行越野跑,在越野跑中做 50～150 米或更长些距离的加速跑或快跑段落。加速或快跑的距离为 1 000～1 500 米,强度为 60％～70％。

（14）反复变向跑

在场地上听口令或看信号做向前、后、左、右的变向跑。变向跑的每一段落均为往返跑,即跑出去后,返回起跑位置,每一段落至少 50 米。每次进行 2 分钟,重复 3～5 组,组间歇 3～5 分钟,强度为 65％～70％。

（15）反复连续跑台阶

在每级高 20 厘米的楼梯或高 50 厘米的看台上,连续跑 30～40 步台阶,每步 2 级,要求动作不间断。重复 6 次,每次间歇 5 分钟,强度为 65%～70%。

(16)法特莱克跑

在场地、田野或公路上,用不同的速度跑 3 000～4 000 米,可以采用阶梯式变速方法,如 50 米快、100 米慢、100 米快、150 米慢渐加式等。强度为 60%～70%。

(17)连续侧滑步跑

跑道上,身体侧对前进方向,做侧向滑步跑 100～150 米。重复 5～6 组,组间歇 3～5 分钟,强度为 60%～70%,每次心率达 160 次/分钟。

(18)球场往返跑

篮球场端线站立,听口令起跑至对面端线后再转身跑回。每组往返 4～6 次,重复 4～6 组。强度为 60%～70%。

(19)综合跑

在跑道上,做向前跑、倒退跑及左右滑步跑,每种方式跑 50～100 米,每次跑 400 米,重复 3～5 组,组间歇 3～5 分钟,强度为 60%～70%。

(20)水中短距离间歇游

50 米、100 米或更长段落的反复,或不同距离组合的间歇游。做 3～4 次为一组,3～4 组,每次间歇 2～3 分钟,每组间歇 10 分钟。强度为 60%～70%。

(21)水中间歇高抬腿

在 40～50 厘米深的浅水中,做原地高抬腿,每组 100 次,4～6 组,组间歇 3 分钟。也可与水中行进间高抬腿跑交替进行,行进间练习的间歇为 4～5 分钟。强度为 60%～65%。

(22)游泳接力

两人或四人 50 米往返接力,也可混合姿势游。每人游 4 次为一组,3～4 组,组间歇 5～8 分钟。强度为 60%～70%。

(23)分段变速游泳

以 50 米为一段落进行变速游泳,每组 250～300 米,4～5 组,间歇 10 分钟。快速段落要达到本人最快速度的 70% 以上,放松段落根据水平要求。强度为 65%～75%。

(24)水中追逐游

两人相距 3～5 米,同时出发,进行追逐游。游的姿势两人必须一致。每次 50 米往返,做 3～5 组,心率达 160 次/分钟以上。强度为 65%～75%。

(25)上下坡变速跑

在 7°～10° 的斜坡跑道上做上坡加速快跑 100～120 米,下坡放松慢跑回起点。每组 4～6 次,3～5 组,组间歇 10 分钟。强度为 65%～75%。

(26)两人追逐跑

跑道上两人一组相距 10～20 米。听口令后起跑,后面人追赶前面人,800 米内追上有效,也可以要求在最后 100 米内追上方为有效。间歇 3～5 分钟,下次交换位置。重复 4～6 次,强度为 65%～75%。

(27)往返运球跑

在篮球场,由一端线运球至另一端线,然后换手运球跑回,往返 6 次为一组,做 4～6 组,组间歇 2 分钟。强度为 60%～75%。

（28）运球绕障碍

篮球场上纵向放置 5 个障碍物，间距 2 米，听信号后做快速运球绕过障碍物往返跑，也可以竞赛方式计时。不得触碰障碍物。每组往返 3～5 次，3～5 组，组间歇 5 分钟。

（29）往返运球投篮

在篮球场，由一端线运球至另一篮下投篮后，再运球返回投篮。投持不限方式，要投中后返回。每组往返 4 次，4～6 组，组间歇 3 分钟，强度为 55%～60%。

（30）跳绳跑

跑道上做两臂正摇跳绳跑，每次跑 200 米，5～8 次，间歇 5 分钟。强度 60%～70%。要求每次结束时心率达 160 次/分钟，间歇恢复到 120 次/分钟以下时开始第二次练习。

（31）全场跑动传接球

篮球场上两人一组，由一端线开始，至另一端线后再传球跑回。每组往返 4 次，4～6 组，组间歇 8～10 分钟。强度为 60%～70%。组间心率恢复到 100 次/分钟以下，开始继续练习。

（32）双脚或两脚交替跳藤圈

两手握藤圈，原地双脚连续跳藤圈或双脚交替连续跳。双脚跳每组 50～60 次，交替跳每组 100 次，都做 4～5 组，组间歇 3 分钟。强度为 50%～60%。

（33）跳绳接力跑

在跑道上，两组相距 100 米，做往返跳绳接力跑。应有一定的速度要求。每组往返 4 次，4～6 组，组间歇 5 分钟，强度为 60%～65%。

（34）沙坑纵跳—途中跑—双杠臂屈伸—双杠支撑前进

沙坑中纵跳 20 次—途中跑 50 米—双杠臂屈伸 10 次—双杠支撑前进。沙坑纵跳为全蹲跳起，途中跑为 70% 速度，双杠臂屈伸符合标准，支撑前进不能间断或掉下杠来。往返 3 次为一组，3～5 组，组间歇 5 分钟。强度 60%～70%。

（三）混合耐力训练

1. 反复跑

每组反复跑 150 米、250 米、500 米之间距离 4～5 次。每组练习之间休息约 20 分钟。要求以预定的时间跑完全程。也可以采用专项的 3/4 距离进行练习。要求学生在训练时采用 80% 以上的强度。

2. 间歇快跑

以接近 100% 强度跑完 100 米后，接着慢跑 1 分钟，间歇练习。快慢方式对照组成一组。反复训练 10～30 组。要求根据练习者实际情况增减和调整训练负荷。训练中要求尽全力完成训练。

3. 短距离重复跑

采用 300～600 米距离，每次练习强度为 80%～90%，进行反复跑。学生在训练时，要注意速度分配的准确性，可以采用全程或半程的速度分配计划。

4. 力竭重复跑

采用专项比赛距离，或稍长距离，以 100% 强度全力跑若干次。每次之间充分休息。要求短跑大学生运动员可采用 30 米。中距离跑时，大学生可以采用 800 或 1 500 米距离。

5. 俄式间歇跑

固定练习中间休息时间，随着训练水平提高逐渐缩短中间休息时间。训练时要求学生在400 米练习中，用规定速度跑完 100 米后，休息 20～30 秒，如此循环反复训练。当学生的能力可以缩短练习中间休息时间时，调整休息时间为 15～25 秒。

6. 持续接力

以 100～200 米的全力跑，每组 4～5 人轮流接力。要求学生在训练时注意安全和练习过程中的协调配合。也可以将所有学生分成若干组进行训练比赛。

(四)肌肉耐力训练

肌肉耐力练习的内容与力量练习大致相同，只是负荷的强度较小，练习持续的时间、反复次数要长与多些，具体练习应针对各运动专项的特点、要求，选择不同的练习、持续时间(或重复距离、次数)以及强度的要求。常用的训练手段有以下几种。

1. 仰卧起坐

仰卧两手抱头起坐，连续做 50 次为一组。起坐时要快，仰卧时要缓和，连续不间断进行。也可在起坐同时两腿屈膝上抬，收腹。

2. 1 分钟立卧撑

由直立姿势开始，下蹲两手撑地，伸直腿成俯撑，然后收腿成蹲撑，再还原成直立。要求动作规范，必须站起来才算完成一次练习，也可以穿上沙背心或做立卧撑接蹲跳起，则强度稍大。

3. 俯卧撑或俯卧撑移动

在垫上连续做俯卧撑 30 次为一组，4～6 组，或成屈臂俯卧撑姿势，用双臂双脚力量左右移动，每组 20～30 次，4～5 组。俯卧撑时身体要保持伸直。移动时始终保持屈臂俯卧撑姿势。

4. 重复爬坡跑

在 15°的斜坡道或 15°～20°的山坡上进行上坡跑，重复 5 次或更多些，跑距 250 米或更多些。

5. 连续半蹲跑

成半蹲姿势，向前跑进 50～70 米，不规定速度，走回来时尽量放松。

6. 收腹举腿静力练习

在双杠、吊环或垫上做收腹举腿(直角支撑)动作，每次静止 1～2 分钟。静止时躯干与大腿间的夹角不能大于 100°角,静止时间由 30 秒开始,逐渐增加。

7. 原地间歇高抬腿跑

原地或前支撑做高抬腿跑练习。要求动作规范,不要求时间,但动作要不间断地完成。

8. 连续跑台阶

在高 20 厘米的楼梯或高 50 厘米的看台上,连续跑 30~50 步。跑 20 厘米高的楼梯,每步跑 2 级。要求动作不能间断,但不规定时间,向下走时尽量放松,心率恢复到 100 次/分钟时可开始下一次练习。

9. 后蹬跑

做后蹬跑,每次 100~150 米,或负重后蹬跑,60~80 米。

10. 沙滩跑

在沙滩上做快慢交替自由跑,每组 500~1000 米,也可穿沙背心跑,速度变化和要求可因人而宜。

11. 逆风跑或负重耐力跑

遇飓风天气(风力不超过五级)可在场地或公路上做持续长距离逆风跑,也可做 1000 米以上的重复跑。

12. 长距离多级跳

在跑道上做多级跳,每组跳 80~100 米,约 30~40 次,3~5 组,组间歇 5 分钟。如果规定完成时间,强度会大大提高,注意组间的恢复情况。

13. 连续深蹲跳

原地分腿站立,连续做原地深蹲跳起或在草地上向前深蹲跳。要求落地即起。

14. 连续换腿跳平台

平台高度 30~45 厘米,单脚放在平台上,另一脚在地上支撑,两脚交替跳上平台各 30~50 次。要求两臂协调配合,上体正直。

15. 沙地负重走

沙滩上,肩负杠铃杆,或背人做负重走。

16. 沙地竞走

沙滩或沙地上做竞走,每组 500~1 000 米。要求动作规范,尽可能提高速度。

17. 沙地后蹬跑或跨步跳

沙滩或沙地上做后蹬跑或跨步跳,每组后蹬跑 80~100 米。

18. 半蹲连续跳

在草地上做连续向前双脚跳,落地成半蹲,落地后迅速进行第二次。

19. 负重连续转跳

肩负杠铃杆等轻器械做连续原地轻跳或提踵练习。

20. 水中支撑高抬腿

在 40～50 厘米深的浅水池中,两手扶池壁前倾支撑做高抬腿练习,每组 50 次。也可在水中行进间后蹬跑穿插进行。

21. 水中高抬腿跑

在 40～50 厘米深的浅水池中,做原地高抬腿跑,每组 100 次。也可穿插进行行进间高抬腿跑,间歇则应稍长些。

22. 连续跳实心球

面对实心球站立,双脚正面跳过球后,迅速背对球跳回。往返连续跳。

23. 双摇跳绳

原地做正摇跳绳,跳一次摇两圈绳,连续进行。该练习必须熟练掌握二摇一跳的技巧。心率必须在恢复到 120 次/分钟以下时,方可进行下一组练习。

24. 连续纵跳摸高

在摸高器或篮球架下站立,连续纵跳双手摸高。

25. 连续跳推举

原地蹲立,双手握杠铃杆,提铃至胸后,连续做跳推举杠铃杆。

26. 连续跳起传接篮板球

在篮下站立,双手持球跳起将球掷向篮板,待球弹回接球后再跳起掷球。不要求跳起高度,但动作必须连贯、协调不间断。

27. 连续跳深

站在 60～80 厘米高的台阶或跳箱上双脚向下跳,落地后迅速接着向上跳上 30～50 厘米高的台阶或跳箱上。

28. 连续跳起扣吊球

将 10～15 个吊球并排悬于空中,每个间隔 1 米,高度为练习者跳起能扣球为宜。听口令后连续跳起扣球,每组扣一轮,5～8 组。可以规定完成一组的时间。

29. 连续反复传接实心球

用实心球做篮球传接球练习。可选用1～2公斤实心球。

30. 跳连环马

10～15人,间隔2米成纵队,每人俯背拖腿成"人马",排尾开始连续跳过人马至排头即加入"人马"行列。

31. 划船练习

水中划小船,每次10分钟。可采用单浆和双浆交替进行。规定10分钟内划出去的距离。

32. 连续引体向上或屈臂伸

连续在单杠上做引体向上或双杠上做屈臂伸。每组20～30次,4～6组。

33. 连续跳起投篮

在篮下持球站立,听口令后跳起投篮,接球后再投。可以规定时间及必须投进篮的次效。

34. 连续跳栏架

纵向排列20个高30～40厘米的栏架。做双脚起跳连续过栏架练习。

35. 双杠支撑连续摆动

双杠上直臂支撑,以肩为轴做摆动,每组40次,4～5组。前后摆两腿要摆出杠面水平,两腿并拢、伸展。

36. 手倒立

独立完成手倒立或对墙做或在帮助下完成。

37. 吊环悬垂摆体

握环成悬垂,做向前向后的悬垂摆体。摆动时身体保持直立,摆动幅度越大越好。

38. 拉胶皮带

结合专项练习或专门练习做连续拉胶皮带练习。如拉胶皮带扩胸、或拉胶皮带作支撑高抬腿等。根据练习的用力程度及运动员水平决定强度和次数。

39. 攀爬横梯

两手握横梯横木,依次捣手攀爬前进。每组捣手20次。

40. 爬绳

两手握绳,依次连续捣手向上攀爬。下滑时可用脚协助,不限完成时间。

41. 双杠支撑前进

双杠上直臂支撑,两臂交替前移。两臂各前移 5 次才返回。

42. 半蹲静力练习

躯干伸直,屈膝约 90°成半蹲姿势后静止 30 秒至 1 分钟。每次练习结束要放松肌肉,做些按摩摆腿或放松跑活动。

第四节 耐力素质训练注意事项

一、注意遵循训练原则

大学生都处在青春发育期的末期阶段,因此,在进行耐力素质训练时要根据他们的生长发育特点来选择适宜的手段和方法。除此之外,绝大多数大学生并没有从小接受专业的运动训练,因此,他们的身体素质水平普遍一般,这就需要在耐力素质发展训练中注重遵循训练原则,这些原则主要包括以下内容。

(1)适宜时机提高专门性训练。在进行常规的耐力素质训练的同时,还要掌握适宜时机进行专门性耐力训练。

(2)周期性原则。科学、合理的耐力素质训练,其过程会呈现出鲜明的周期特征。

(3)一致性和协调性原则。大学生的耐力训练要与取得发展耐力运动成绩要素之间形成统一的目标、做到相互协调。

(4)针对性和持续性原则。大学生的耐力素质训练要有明确的目的,并具有系统连贯性。

(5)循序渐进原则。在进行耐力训练时,训练负荷的增加要做到循序渐进,不能突然加大,防止运动伤害事故的发生。

(6)持久训练控制原则:在发展大学生耐力素质的过程中,必须不间断和高效率的控制整个训练过程。

二、注意有意识地培养意志品质

通常耐力训练的内容较为枯燥,几乎毫无乐趣可言。因此,为鼓励大学生们坚持耐力训练,就需要在日常的训练中注重培养他们的意志品质。这是机体产生的一种心理内驱力,在身体承受运动极限的同时,用坚毅的品质作为内在驱动,而继续前行。因此,在耐力训练过程中既要注意学生承受的生理负荷,同时又要对意志品质的培养给予足够的重视。

三、注意保持正确的呼吸节奏

正确的呼吸节奏是耐力训练有效摄取自身所需氧气的关键环节。在训练过程中,当学生进行中等负荷耐力训练时,机体的每分钟耗氧量与氧供给量之间会出现一些不平衡的现象,如果是大负荷训练,这种不平衡就会表现得更加明显。此时,氧的摄取是通过提高呼吸频率和加深呼吸深度而实现的,大学生在耐力训练中应将加深呼吸深度为主的供氧能力作为着重培养对象。同时,还应注意强调呼吸节奏与动作节奏配合的一致性,使呼吸与动作协调。

四、注意将有氧和无氧耐力训练相结合

在机体代谢的过程中,有氧耐力和无氧耐之间的关系极为密切。有氧耐力是无氧耐力发展的基础,通过有氧耐力练习能使心脏体积增大,每搏输出量提高,从而为无氧耐力的发展打下坚实的基础。在发展有氧耐力过程中,合理穿插一些无氧耐力练习,可以对学生的呼吸能力和循环系统的功能进行有效的改善,在增强学生机体输送氧气能力的同时,也大大提高了学生的有氧耐力水平。由此可见,在耐力练习中要注意两者的结合,而对于有氧训练与无氧训练的练习量所占比例则应根据实际情况和运动项目类型来决定。

五、注重将耐力训练与专项运动特点结合

大学生在运动过程中,其运动项目的不同,其耐力素质的要求也会出现差异(表 8-5),在训练时必须根据项目的特点和需要,选择适合的训练内容、方法和手段,以达理想的训练效果。而同一项目的不同训练周期中,耐力训练也有着特定要求,多是按照一般耐力阶段、专项耐力基础阶段和专项耐力阶段划分来进行训练的。

表 8-5　不同训练方法对增进各种能量系统的作用

训练方法	ATP-CP 系统和乳酸能系统	乳酸能系统和有氧系统	有氧氧化系统
加速疾跑	92	5	5
持续快跑	2	8	90
持续慢跑	2	5	93
间歇疾跑	20	10	70
间歇训练	0～80	0～80	0～80
慢跑	\	\	100
重复跑	10	50	40
速度游戏	20	40	40
疾跑训练	90	6	4

六、注意耐力训练中的医务监督

耐力素质训练是非常消耗学生体能的,随着体能的消耗,机体内的各个系统也会受到相应的

影响。如果大学生健康水平不佳或者机能能力有障碍的情况下，进行大负荷的耐力训练，就容易对人体各系统的功能造成严重的损害，为避免在耐力训练中发生意外，就需要加强和完善医务监督工作，这是防止训练伤害事故的必要手段。通常在耐力训练中，医务监督包括训练前的机能评定和训练时学生对负荷安排的承受情况。机能评定主要包括血压、心率情况以及学生的自我感觉等，而训练时学生对负荷安排的承受情况是学生重复动作的变异程度、学生训练时的面部表情等。大学生在进行耐力训练一旦发现异常情况就应减量或中止训练，以提前预防伤害事故的发生。

第九章　大学生柔韧素质训练

第一节　柔韧素质概述

柔韧素质是大学生所必须要具有的基本素质之一，如果柔韧素质不够，大学生在参加运动训练的过程中，就会容易引发一系列运动损伤问题，因此加强柔韧素质的训练是非常重要的。

一、柔韧素质的概念及分类

（一）柔韧素质的概念

所谓柔韧素质，就是指人体关节活动幅度的大小以及跨过关节的韧带、肌腱、肌肉、皮肤及其他组织的弹性和伸展能力。柔韧素质主要包括两个方面的含义：第一，是指关节活动幅度的大小；第二，则是指跨过关节的肌肉、肌腱、韧带等软组织的伸展性。这两个方面共同影响着人体柔韧素质的水平。其中，决定关节活动幅度的主要因素是关节本身的装置结构；跨过关节的肌肉、肌腱、韧带等软组织的伸展性，则与日常的运动训练有很大的关系。

柔韧素质与柔软性之间有着一定的区别，大学生一定要认识到二者之间的差异，这对于大学生的柔韧素质训练是非常有帮助的，以免走入训练的误区。一般来说，柔韧素质要求柔中有刚，刚柔相济；而柔软性只是柔与软的结合，柔中无刚，刚柔不济。柔韧素质是各种运动项目中影响运动技能的主要因素之一。如果柔韧素质不够好，会延缓大学生掌握运动技能的过程，并使得整个训练过程变得复杂化。

（二）柔韧素质的分类

1. 从与专项的关系上分

从柔韧素质与专项的关系方面分类，可将柔韧素质分为一般柔韧素质和专门柔韧素质两大类。

（1）一般柔韧素质

通常来说，一般柔韧素质是指适应于一般身体、技术、战术等训练所需要的柔韧素质。由于不同的体育运动项目或不同体育运动项目的各个动作对身体各主要关节部位活动范围有不同程度的要求，因此往往将身体最主要关节的活动能力视为一般柔韧素质。

（2）专门柔韧素质

专门柔韧素质是指从事专项运动所需要的特殊柔韧素质，它是掌握与提高专项运动技术不可缺少的一项身体素质。它建立在一般柔韧性基础上,并由各专项动作的生物力学结构所决定。

2. 从用力主体上分

以柔韧素质训练的主体来分,可将柔韧素质分为主动性柔韧素质和被动性柔韧素质两大类。

(1)主动柔韧素质

主动柔韧素质是指运动员依靠相应关节周围肌肉群的积极工作,完成大幅度动作的能力。主动柔韧性不仅与柔韧性有关,同时它还涉及力量素质的发展,力量素质的发展又能促进主动柔韧性水平的提高。

(2)被动柔韧素质

被动柔韧素质是指借助外界的力量使身体各关节的灵活性达到最大程度的一种能力。被动柔韧素质是发展主动柔韧性的基础,二者相互提高。

3. 从动静表现上分

从动静两方面来划分,可将柔韧素质分为动力性柔韧素质和静力性柔韧素质两大类。

(1)动力性柔韧素质

动力性柔韧素质是指依据动力性技术动作的需要,肌肉、肌腱、韧带等软组织拉伸至解剖学所允许的最大限度,随后再利用强有力的弹性回缩力完成技术动作的一种能力。

(2)静力性柔韧素质

静力性柔韧素质是指根据静力性技术动作的需要,肌肉、肌腱、韧带等软组织拉伸至动作所需的位置角度,并能够控制其停留一定时间所表现出现来的一种能力。静力性柔韧素质是动力性柔韧素质的基础。

4. 从身体部位上分

根据柔韧素质在身体不同部位的表现,可以将柔韧素质分为四大类,即上肢柔韧性、下肢柔韧性、腰部柔韧性、肩部柔韧性等。

二、柔韧素质的作用

(一)有利于提高动作的准确性、快速性和协调性

大学生经常进行柔韧素质的训练可以有效提高关节的灵活性,加大运动幅度,提高动作速度,使技术动作更加准确和协调,以及增加动作的协调性和优美感。另外,柔韧素质训练还可以有效提高动作速度,从而进一步增强肌肉的收缩力。根据肌肉收缩产生力的大小因素来看,肌肉初长度越长其产生的肌力就可能越大。柔韧素质训练对提高肌肉的初长度有着良好的促进作用。

(二)有利于运动疲劳的恢复并预防运动损伤

大量的实践表明,进行柔韧素质训练对于节约能量促使肌肉维持长时间的工作有着十分积

极的作用。良好的柔韧素质可以减小肌鞘之间的摩擦,从而减小能量的损耗,延长肌肉的工作时间。目前,柔韧素质训练被国内外许多体育工作者列为整理活动的重要组成部分,其目的就是为了减小肌肉酸痛,加速疲劳物质的代谢,快速消除运动疲劳。另外,柔韧素质训练对于预防运动损伤也有着十分重要的作用。关节柔韧素质的提高,不仅有利于其周围韧带、肌肉的弹性和活动幅度的改善与提高,预防运动损伤,同时还有利于提高运动成绩,延长运动寿命。

第二节　影响柔韧素质的因素

长期参加柔韧素质训练对于大学生柔韧素质的提高是非常有利的,而柔韧素质在发展的过程中也受到多方面因素的制约和影响,了解这些因素,有利于掌握发展柔韧素质的规律,正确运用发展柔韧素质的练习方法,从而提高运动效益。下面主要阐述一下影响柔韧素质的因素。

一、关节类型与结构

关节可分为单轴、双轴和多轴关节。关节的类型决定着自身的灵活性。在关节多种类型中,球状关节是灵活性最大的关节,椭圆形关节和圆柱形关节的灵活性属中等,而鞍状关节和滑车关节则是灵活性最小的关节。关节的相适宜的表面结合形态是决定关节灵活程度的主要因素。因此,相适宜的结合面越大,关节的灵活性就会越小。

影响柔韧素质的因素有很多,其中关节结构是最不容易改变的因素,其基本上是由遗传因素决定的。因此,关节运动幅度被限定在一定范围之内,通过训练是难以改变的。关节头和关节窝两个关节面的面积之差决定着关节的活动范围,两个关节面的面积之差越大,则关节活动的幅度就会越大。

尽管体能训练可在一定程度上改变关节结构,如关节内软骨形态的变化,而这种变化也只能在关节结构允许的范围内出现。关节相适宜的结合面的大小和弯曲程度决定着关节的运动幅度,关节面的差异越大,骨头相对相互渗透的可能性越大;而关节面的弯曲度越大,偏转的角度越大。

二、肌肉、肌腱、韧带等组织的弹性

肌肉、肌腱、韧带等连结组织的弹性对柔韧素质的发展具有十分重要的作用。关节的加固主要是肌腱和韧带,肌肉从关节外部补充加固关节力量,控制关节活动幅度。韧带本身是抗拉性很强的组织,其主要作用是加固关节,限制关节在一定范围内运动,从而保护关节不致超出解剖允许的限度而受伤。

人在一般活动中,很少达到这种关节面所允许的解剖限度。这是因为与运动方向相反的对抗肌伸展不足造成进一步的限制所致。例如,屈膝伸膝时,当举腿在水平面时可任意屈膝伸膝,可当大腿贴胸开始时,屈膝自如,但伸膝感到困难,这是因为人腿后侧肌群及韧带伸展不足所致。可见发展某一关节的柔韧主要是限制关节活动幅度的对抗肌,使其主动受到牵拉伸展,逐渐增加它们的伸展度,从而扩大了关节的运动幅度。

具体发展某一关节的柔韧性时,主要发展控制关节屈、伸肌的伸展性及协调能力,如发展膝关节的伸膝能力,主要发展大腿后部肌群及小腿后部肌群的伸展性。发展屈膝能力,主要发展大腿、小腿前部肌群的伸展性。发展体后仰的柔韧性,主要发展肩部肌群、胸大肌、腹肌及大腿前部肌群的伸展性。由此可见,在发展某一部位的柔韧素质时,应让屈、伸肌相互协调发展才能提高其关节的柔韧性。

三、神经系统的兴奋和抑制

一般来说,人体神经系统兴奋与抑制过程转换的灵活性与运动活动中肌肉的基本张力有着密切的关系。特别是中枢神经系统调节对抗肌之间的协调性的改善,以及对肌肉紧张与放松的能力的提高都会影响柔韧素质。神经过程灵活性高,肌肉兴奋性强,肌肉、肌腱、韧带的弹性和伸展性就越好,支配肌肉收缩与放松的能力强,会使肌肉、肌腱、韧带的弹性和伸展性得到提高。

四、关节周围肌肉的厚度与强度

通常情况下,人体关节周围肌肉的厚度与强度过大,会在一定程度上限制关节的活动范围,对柔韧素质的发展也会起到积极的促进作用。关节周围肌肉的厚度与强度的大小,往往受先天因素的影响较大,同时也与后天的体能训练有一定关系。经过一定时期的体能训练,柔韧素质会随着关节周围肌肉的厚度与强度的逐渐增加而有所降低。因此,关节周围肌肉的厚度与强度对关节的活动能力与活动范围意义重大。

五、性别与年龄

从运动生理学角度来讲,一般情况下,男子肌肉纤维长度、横断面积均大于女子,而在关节的灵活性方面,女子的灵活性较男子的灵活性要好。因此,女运动员的柔韧素质较男运动员的柔韧素质要好。

年龄也是影响身体柔韧素质的一个重要因素。随着人的自然生长、年龄的增长,骨的骨化程度增强,肌肉也会逐渐增长,而人体的柔韧素质则会出现逐渐下降的趋势。柔韧素质的获得与发展阶段也会随着发生一定变化。

青少年儿童的柔韧素质会随着肌肉力量的增加而逐渐发生变化。7～8岁的儿童,肌纤维获得类似成人的基本结构特性。这一年龄,所有肌肉的肌腱会快速增长,腿膜与筋膜不断增厚,联合组织不断增加。肌肉内的血管通道不断获得改善,出现新的毛细血管,血管网变得很稠密。血管壁上出现许多弹性组织,肌肉和韧带有很高的弹性,在关节里有很多滑液。而对于13～15岁的青少年来说,其肌肉力量也逐渐增长,其他肌肉特性也逐步获得完善,肌纤维的数量与横断面积不断增长。同时,随着肌肉收缩机能的分化,联结组织也得到发展。

对于高校中的大部分学生而言,由于他们的身体发育已趋向成熟,因此进行柔韧素质训练会有一定难度。而对于作为学校竞技体育后备人才的部分学生来说,需要在已获得的柔韧素质训练的基础上,增加柔韧素质训练的负荷和难度,并进一步加强专项所需要的柔韧素质训练。

六、温度

大学生在进行柔韧素质训练时,外界温度也有一定的影响。当外界气温在 18℃ 以上时,机体的新陈代谢就会增强,供血会增多,肌肉的粘滞性会减少,这对于提高肌肉的弹性与伸展性具有积极的促进作用,从而进一步提高身体的柔韧素质。

影响柔韧性的温度有外界环境温度和体内温度,体内温度的调节用于补偿外界环境对机体产生的不适应。当外界环境温度低时,必须做好充分的准备活动,提高肌肉温度,增加柔韧性。当外界环境温度高时,将排出一定量的汗液降低温度,以免肌肉过早出现疲劳降低关节的柔韧性。一天内的时间与外界温度有关,但更重要的是一天内人体的机能状态不同,会有一定的变化。

七、心理因素

心理因素也对身体柔韧素质有着重要影响。心理紧张焦虑程度会通过中枢神经系统影响到机体各部位的工作状态,如果运动员心理紧张焦虑度过强、时间过长都会使神经过程由兴奋转为抑制。心理上的紧张焦虑会严重影响身体各部位的协调能力,并最终会造成身体柔韧素质降低。

此外,柔韧素质的提高离不开运动员的毅力、耐心、意志以及长期坚持不懈的训练。因此,运动员要想提高柔韧素质,需要经过长期艰苦的训练才能逐渐发展。同时,因为柔韧素质训练中经常会伴有疼痛感,如果停止训练又容易消退。所以,发展柔韧素质需要坚强的毅力和意志,进行坚持不懈的练习,只有这样,才能有效地提高柔韧素质。

八、疲劳程度

疲劳程度对大学生进行柔韧素质训练也有着重要的影响。当人的身体处于疲劳状态时,肌肉的弹性、伸展性和兴奋性就会降低,收缩与放松也变得迟钝,进而会影响到柔韧素质,导致柔韧素质下降。其主要表现为主动柔韧素质下降,被动柔韧素质提高,此时进行被动柔韧素质训练较为适宜。

第三节 柔韧素质训练的方法

柔韧素质的提高要本着整体性的原则,全方面的发展身体各部位的柔韧素质,这样才能增强人体的协调性,柔韧素质的发展才有意义。一般来说,发展人体的柔韧素质主要包括颈部、腰部、肩部、背部、胸腹部、髋部、臀部、腿部等各部位,这些部位的柔韧素质训练要结合起来进行。

一、颈部柔韧素质训练

（一）前拉头

训练方法：站立或坐立，双手在头后交叉。呼气，向胸部方向拉头部，下颌接触胸部（图 9-1）。

注意事项：双肩下压，训练时，要使动作幅度尽可能大，保持 10 秒左右结束该动作。

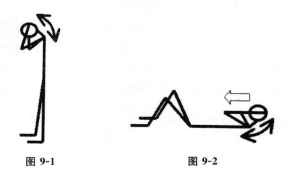

图 9-1   图 9-2

（二）后拉头

训练方法：站立或坐立，小心地向后仰头，把双手放在前额，缓慢后拉颈部（图 9-2）。

注意事项：动作轻缓，保持 10 秒左右结束该动作。

（三）侧拉头

训练方法：站立或坐立，左臂在背后屈肘，右臂从背后抓住左臂肘关节。将左臂肘关节向右拉过身体中线。呼气，将右耳贴到右肩上（图 9-3）。

注意事项：训练时，要使动作幅度尽可能大，保持 10 秒左右结束该动作。

（四）持哑铃颈拉伸

训练方法：双脚并拢站立，右手持哑铃使肩部尽量下沉。左手经过头顶扶在头右侧。呼气，左手向左侧拉头部，使头左侧贴在左肩上。改变方向，做反复练习（图 9-4）。

注意事项：动作缓慢进行，保持 10 秒左右结束该动作。

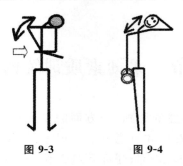

图 9-3   图 9-4

（五）团身颈拉伸

训练方法：身体由仰卧姿势开始举腿团身，头后部和肩部支撑体重，双手膝后抱腿。呼气，向胸部拉大腿，双膝和小腿前部接触地面。重复练习（图9-5）。

注意事项：动作幅度尽可能大，保持10秒左右结束该动作。

图 9-5

二、腰部柔韧素质训练

（一）俯卧转腰

训练方法：俯卧在台子上，躯干上部伸出边缘之外悬空，颈后肩上扛一根木棍。双臂体侧展开固定木棍。呼气，尽量大幅度转动躯干，不同方向进行重复练习该动作（图9-6）。

注意事项：该动作结束需要应保持数秒，然后再回转躯干。

（二）仰卧团身

训练方法：在垫上仰卧，屈膝，双脚滑向臀部。双手扶在膝关节下部。呼气，双手向胸部和肩部牵拉双膝，并提起髋部离开垫子。重复练习（图9-7）。

注意事项：动作幅度尽可能大，保持10秒左右结束该动作。同时注意伸展膝部并保持放松。

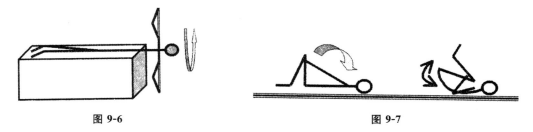

图 9-6　　　　　　　　　　　　　　　图 9-7

（三）站立体侧屈

训练方法：双脚左右开立，双手交叉举过头顶向上伸臂。呼气，一侧耳朵贴在肩上，体侧屈至最大限度。向身体另一侧重复练习（图9-8）。

注意事项：动作幅度尽可能大，保持10秒左右结束该动作。

（四）倒立屈髋

训练方法：身体由仰卧姿势开始成垂直倒立，头后部、肩部和上臂支撑体重，双手扶腰。呼气,双腿并拢,直膝,缓慢降低双脚高度直至接触地面。重复练习(图 9-9)。

注意事项:保持 10 秒左右结束该动作。

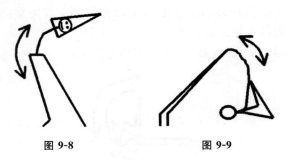

图 9-8   图 9-9

三、肩部和背部柔韧素质训练

(一)单臂开门拉肩

训练方法:在一扇打开的门框内,双脚前后开立,拉伸臂肘关节外展到肩的高度。拉伸臂前臂向上,掌心对墙。呼气,上体向对侧转动拉伸肩部。反复练习(图 9-10)。

注意事项:动作幅度尽可能大,保持 10 秒左右结束该动作。

(二)向后拉肩

训练方法:站立或坐立,在背后双手合掌,手指向下吸气,转动手腕使手指向上。吸气,向上移动双手至最大限度,并后拉肘部。反复练习(图 9-11)。

注意事项:动作幅度尽可能大,保持 10 秒左右结束该动作。

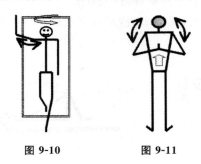

图 9-10   图 9-11

(三)背向压肩

训练方法:背对墙站立,向后抬起双臂,与肩同高直臂扶墙,手指向上。呼气,屈膝降低肩部高度。重复练习(图 9-12)。

注意事项:动作幅度尽可能大,保持 10 秒左右结束该动作。

(四)助力顶肩

训练方法:跪立双臂上举,双手在同伴颈后交叉。同伴手扶在髋部与练习者肩胛接触,双脚左右开立站在练习者身后。身体后仰,用髋部向前上顶练习者肩胛部位。重复练习(图9-13)。

注意事项:动作幅度尽可能大,保持10秒左右结束该动作。

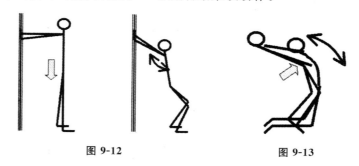

图 9-12　　　　　　　　　　图 9-13

(五)握棍直臂绕肩

训练方法:双腿并拢站立,双手握一木棍在髋前部。吸气,直臂从髋前部经头上绕到髋后部。再经原路线绕回,重复练习(图9-14)。

注意事项:动作速度不宜过快,双臂始终保持伸直。

图 9-14

(六)站立伸背

训练方法:双脚并拢站立,上体前倾至与地面平行姿势,双手扶在栏杆上,略高于头。四肢保持伸直,屈髋。呼气,双手抓住栏杆下压上体,使背部下凹形成背弓(图9-15)。

注意事项:动作幅度尽可能大,保持10秒左右结束该动作。

(七)坐立拉背

训练方法:坐立,双膝微屈,躯干贴在大腿上部,双手抱腿,肘关节在膝关节下面。呼气,上体前倾,双臂从大腿上向前拉背,双脚保持与地面接触(图9-16)。

图 9-15　　　　　　图 9-16

注意事项:动作幅度尽可能大,保持 10 秒左右结束该动作。

四、腹部和胸部柔韧素质训练

(一)俯卧背弓

训练方法:俯卧在垫上,屈膝,脚跟向髋部移动。吸气,双手抓住踝。臀部肌肉收缩,提起胸部和双膝离开垫子。重复练习(图 9-17)。

注意事项:动作幅度尽可能大,保持 10 秒左右结束该动作。

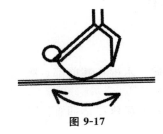

图 9-17

(二)跪立背弓

训练方法:在垫上跪立,脚尖向后。双手扶在臀上部,形成背弓,臀部肌肉收缩送髋。呼气,加大背弓,头后仰、张口,逐渐把双手滑向脚跟。重复练习(图 9-18)。

注意事项:动作幅度尽可能大,保持 10 秒左右结束该动作。

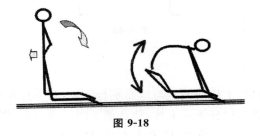

图 9-18

(三)上体俯卧撑起

训练方法:俯卧,双手掌心向下、手指向前放在髋两侧。呼气,用双臂撑起上体,头后仰,形成背弓。重复练习(图 9-19)。

注意事项:动作幅度尽可能大,保持 10 秒左右结束该动作。

图 9-19

（四）开门拉胸

训练方法：在一扇打开的门框内，双脚前后开立，双臂肘关节外展到肩的高度。双臂前臂向上，掌心对墙。呼气，身体前倾拉伸胸部。重复练习（图9-20）。

注意事项：动作幅度尽可能大，保持10秒左右结束该动作。另外，也可以将双臂继续提高，拉伸胸下部。

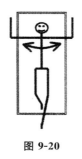

图 9-20

（五）跪拉胸

训练方法：跪在地面，身体前倾，双臂前臂交叉高于头部放在台子上。呼气，下沉头部和胸部，一直到接触地面。重复练习（图9-21）。

注意事项：动作幅度尽可能大，保持10秒左右结束该动作。

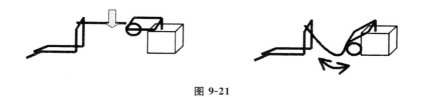

图 9-21

五、髋部和臀部柔韧素质训练

（一）弓箭步压髋

训练方法：弓箭步站立，前面腿膝关节成90°，后面腿脚背触地，脚尖向后。双手叉腰。屈膝降低重心，后面腿的膝触地。呼气，下压后面腿髋部。换腿重复练习（图9-22）。

注意事项：动作幅度要做到尽可能大，保持10秒左右结束该动作。

（二）身体扭转侧屈

训练方法：直立，左腿伸展、内收，在右腿前尽量与其交叉。呼气，躯干向右侧屈，双手力图接触左脚跟。身体两侧轮换练习（图9-23）。

注意事项：动作幅度尽可能大，保持10秒左右结束该动作。

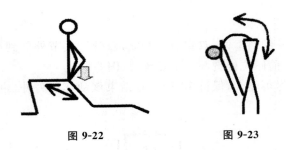

图 9-22　　　　　　　　图 9-23

（三）坐立反向转体

训练方法：坐在地面，双腿体前伸展，双手在髋后部地面支撑。一条腿与另一条腿交叉，屈膝使脚跟向臀部方向滑动。呼气，转体，头转向身体后方继续转体，使身体对侧的肘关节顶在屈膝腿的外侧，并缓慢推动屈膝腿（图 9-24）。

注意事项：动作幅度尽可能大，保持 10 秒左右结束该动作。

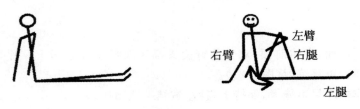

图 9-24

（四）仰卧髋臀拉伸

训练方法：平卧躺在台子边缘，从台子上移下外侧腿悬垂空中。吸气，台子上的内侧腿屈膝，用双手抱膝缓慢拉向胸部（图 9-25）。

注意事项：动作幅度尽可能大，保持 10 秒左右结束该动作。

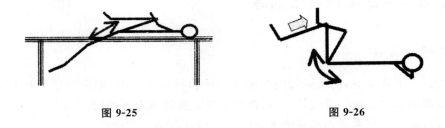

图 9-25　　　　　　　　图 9-26

（五）仰卧交叉腿屈髋

训练方法：仰卧左腿在右腿上交叉，双手交叉在头后部。呼气，右腿屈膝，并提起右脚离地。缓慢向头部方向推动左腿。双腿交替（图 9-26）。

注意事项：尽量保持头、双肩和背部接触地面。动作幅度尽可能大，保持 10 秒左右结束该动作。

六、臂部和腕部柔韧素质训练

(一)臂颈后拉

训练方法:站立或坐立,左臂屈肘上举至头后,左肘关节在头侧,左手下垂至肩胛处。右臂屈肘上举,右手在头后部抓住左臂肘关节。呼气,在头后部向右拉左臂肘关节。换臂重复练习(图9-27)。

注意事项:动作幅度尽可能大,保持10秒左右结束该动作。

(二)背后拉毛巾

训练方法:站立或坐立,一只臂肘关节在头侧,另一只臂肘关节在腰背部。吸气,双手握一条毛巾逐渐互相靠近。换臂重复练习(图9-28)。

注意事项:动作幅度尽可能大,保持10秒左右结束该动作。

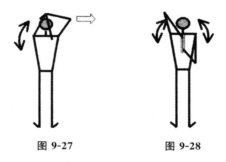

图 9-27　　　　　图 9-28

(三)压腕

训练方法:站立,双臂胸前屈肘,一只手的手掌根部顶在另一只手的四指末端。用一只手的手掌根部用力压另一只手的四指末端。换手重复练习(图9-29)。

注意事项:动作幅度尽可能大,保持10秒左右结束该动作。

(四)跪撑正压腕

训练方法:双膝和双臂直臂撑地,双手间距约与肩同宽,手指向前。呼气,身体重心前移。恢复开始姿势重复练习(图9-30)。

图 9-29　　　　　图 9-30

注意事项：动作幅度尽可能大，保持10秒左右结束该动作。

（五）跪撑侧压腕

训练方法：双膝和双臂直臂撑地，双手腕部靠拢，手指指向体侧。呼气，身体重心缓慢前、后移动。重复练习（图9-31）。

注意事项：动作幅度尽可能大，保持10秒左右结束该动作。

（六）跪撑反压腕

训练方法：双膝和双臂直臂撑地，双手间距约与肩同宽，手指向后。呼气，身体重心后移。恢复开始姿势重复练习（图9-32）。

注意事项：动作幅度尽可能大，保持10秒左右结束该动作。

图9-31   图9-32

七、大腿内侧柔韧素质训练

（一）体侧屈压腿

训练方法：侧对一个约与髋同高的台子站立，两脚与台子平行。将一只脚放在台子上。双手在头上交叉，呼气，向台子方向体侧屈（图9-33）。

注意事项：动作幅度尽可能大，保持10秒左右结束该动作。也可以双腿交替练习。

（二）直膝分腿坐压腿

训练方法：双腿尽量分开坐在地面，呼气，转体，上体前倾贴在一条腿上部。交换腿拉伸，重复练习（图9-34）。

注意事项：充分伸展双腿和腰部。训练时，动作幅度尽可能大，保持10秒左右结束该动作。

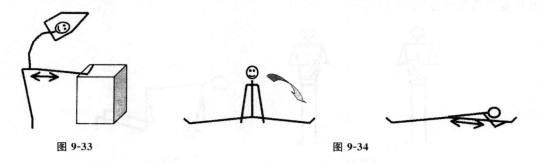

图9-33   图9-34

（三）顶墙坐拉引

训练方法：臀部顶墙坐在地面，双腿体前屈膝展开，脚跟和脚掌相对。双手握住双脚脚掌尽量向腹股沟方向拉。呼气，上体缓慢直背前倾（图9-35）。

注意事项：动作幅度尽可能大，试图将胸部贴在地面，保持10秒左右结束该动作。

（四）扶墙侧提腿

训练方法：双手扶墙站立，吸气，一条腿屈膝，向体侧分腿提起。同伴抓住踝关节和膝关节，帮助继续向上分腿提膝，同时呼气（图9-36）。

注意事项：动作幅度尽可能大，保持10秒左右结束该动作。

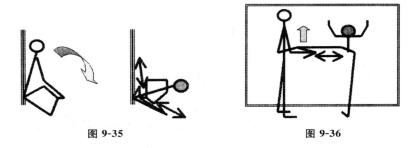

图 9-35   图 9-36

（五）跪撑侧分腿

训练方法：双腿跪立，脚趾指向后方，直臂双手撑地。一条腿侧伸，呼气，双臂屈肘，降下跪撑腿的髋部至地面，并向外侧转髋（图9-37）。

注意事项：动作幅度尽可能大，保持10秒左右结束该动作。可以双腿交替练习。

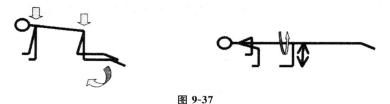

图 9-37

（六）青蛙伏地

训练方法：分腿跪地，脚趾指向身体两侧，前臂向前以肘关节支撑地面。呼气，继续向身体两侧分腿，同时向前伸双臂，胸和上臂完全贴在地上（图9-38）。

注意事项：动作幅度尽可能大，保持10秒左右结束该动作。

图 9-38

八、大腿前、后部柔韧素质训练

（一）坐压脚

训练方法：跪在地面，脚趾向后。呼气，坐在双脚的脚跟上（图9-39）。

注意事项：保持10秒左右，放松后重复练习。膝关节受伤者，禁止此动作练习。

（二）垫上仰卧拉引

训练方法：臀部坐在垫上跪立，后倒身体到躺在垫上，脚跟在大腿两侧，脚尖向后。身体后倒过程中呼气，直到背部平躺在垫上。重复练习（图9-40）。

注意事项：动作幅度尽可能大，保持10秒左右结束该动作。

图9-39　　　　　　　　　　　图9-40

（三）坐立后仰腿折叠

训练方法：坐立，一条腿屈膝折叠，大腿和膝内侧接触地面，脚尖向后。呼气，身体后仰，先由双臂的前臂和肘关节支撑上体，最后平躺地面（图9-41）。

注意事项：动作幅度尽可能大，保持10秒左右结束该动作。可以双腿交替练习。

图9-41

（四）站立拉伸

训练方法：背贴墙站立，吸气，直膝抬起一条腿。同伴用双手抓住踝关节上部，帮助腿上举（图9-42）。

注意事项：帮助腿上举时呼气，训练时，动作幅度要尽可能大，保持10秒左右结束该动作。

（五）坐拉引

训练方法：坐在地面，双腿体前伸展，双手在髋后部地面支撑。一条腿屈膝，用一只手抓住脚跟内侧。呼气，屈膝腿伸展，直到与地面垂直（图9-43）。

注意事项:动作幅度尽可能大,该动作保持 10 秒左右。

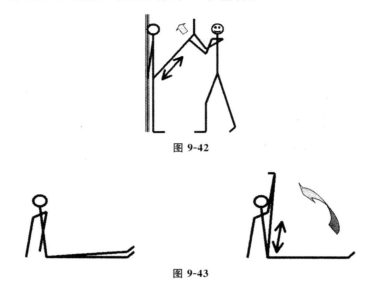

图 9-42

图 9-43

(六)仰卧拉伸

训练方法:仰卧,直膝抬起一条腿,固定骨盆成水平姿势。同伴帮助固定地面腿保持直膝,并且帮助继续提腿(图 9-44)。

注意事项:在同伴帮助继续提腿时呼气,训练时,要使动作幅度尽可能大,动作保持 10 秒左右结束。

图 9-44

九、小腿柔韧素质训练

(一)坐拉脚掌

训练方法:双腿分开坐在地面上,一条腿屈膝,脚跟接触伸展腿的腹股沟。呼气,上体前倾,一只手抓住伸展腿的脚掌向躯干方向牵拉。重复练习(图 9-45)。

注意事项:伸展腿膝部始终伸直。训练时,要使动作幅度尽可能大,保持 10 秒左右结束该动作。

(二)扶墙拉伸

训练方法:面对墙壁站立,双手扶墙支撑身体,双脚始终贴在地面,脚趾指向墙。呼气,屈肘前移重心,两前臂贴墙,身体斜靠在墙上。重复练习(图9-46)。

注意事项:动作幅度尽可能大,保持10秒左右结束该动作。保持头、颈、躯干、骨盆、腿和踝成一直线。

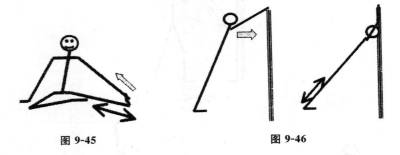

图9-45　　　　　　　　　　　图9-46

(三)扶柱屈髋

训练方法:在柱子前,双手握住柱子,双脚左右开立并尽量内旋。呼气,屈髋并后移髋关节,双腿与躯干形成约45°夹角(图9-47)。

注意事项:动作幅度尽可能大,保持10秒左右结束该动作。

(四)靠墙滑动踝内翻

训练方法:背靠墙站立,双手叉腰,双脚向前滑动,踝关节和脚掌内翻。呼气,髋关节前屈。重复练习(图9-48)。

注意事项:动作幅度尽可能大,保持10秒左右结束该动作。

图9-47　　　　　　　　　　　图9-48

(五)体前屈足背屈

训练方法:两脚相距约30厘米前后开立,前脚背屈,脚跟支撑地面。呼气,体前屈,力图双手触摸前脚,胸部贴在腿上。换腿重复练习(图9-49)。

图9-49

注意事项:双腿膝关节保持伸直,训练时,要使动作幅度尽可能大,保持 10 秒左右结束该动作。

（六）仰卧足内翻

训练方法:仰卧,臀部顶墙,双腿向上伸展分开。呼气,将双脚内翻(外踝向上翻)(图 9-50)。

注意事项:动作幅度尽可能大,保持 10 秒左右结束该动作。

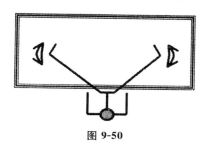

图 9-50

十、脚部和踝部柔韧素质训练

（一）脚趾上部拉伸

训练方法:两脚前后开立,前面腿微屈膝,脚趾上部支撑在地面,双手放在其大腿上。双脚轮流练习(图 9-51)。

注意事项:吸气,逐渐把体重移到前面腿的脚趾上,并缓慢下压。训练时,要使动作幅度尽可能大,保持 10 秒左右结束该动作。

（二）踝关节向内拉伸

训练方法:坐下将一条腿的小腿放另一条腿的大腿上。一只手抓住踝关节上部小腿,另一只手抓住脚的外侧。呼气,并向内(足弓方向)拉引踝关节外侧。双脚轮流练习(图 9-52)。

注意事项:动作幅度尽可能大,保持 10 秒左右结束该动作。

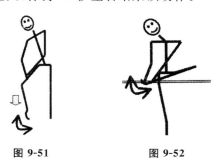

图 9-51　　　　**图 9-52**

（三）脚趾下部和小腿后部拉伸

训练方法:面对墙双脚相距约 50 厘米前后开立,前脚距墙约 50 厘米。双手扶墙,身体向墙倾斜。后脚正对墙,脚跟贴在地面。呼气,提起后脚脚跟,将体重移到后脚的脚掌上,下压。双腿轮流练习(图 9-53)。

图 9-53

注意事项:动作幅度尽可能大,保持 10 秒左右结束该动作。

(四)上拉脚趾

训练方法:坐下将一条腿的小腿放另一条腿的大腿上。一手抓住踝关节,另一手抓住脚趾和脚掌。双脚轮流练习(图 9-54)。

注意事项:呼气,并向脚背方向拉引脚趾,用力不要过猛。

图 9-54

(五)下拉脚趾

训练方法:坐下将一条腿的小腿放另一条腿的大腿上。一只手抓住踝关节,另一只手抓住脚趾和脚掌。双脚轮流练习(图 9-55)。

注意事项:呼气,并向脚掌方向拉引脚趾,用力不要过猛。

(六)跪撑后坐

训练方法:跪在地面,双手撑地,双脚并拢以脚掌支撑。呼气,向后下方移动臀部(图 9-56)。

注意事项:动作幅度尽可能大,保持 10 秒左右结束该动作。

图 9-55   图 9-56

第四节　柔韧素质训练注意事项

大学生在进行柔韧素质训练的过程中,要本着科学性的原则进行,以促进柔韧素质的有效提高,并预防运动损伤。

一、负荷强度要适宜

在进行柔韧素质训练时,人体一方面反映在用力大小上;另一方面也反映在负重多少上。被动练习多是借助同伴的帮助,用力逐渐加大,其程度以训练者的自我感觉为依据,如采用负重柔韧练习,负重量一般不能超过拉长肌肉力量所能达到的50%。负重量的确定也与练习的性质有关,在完成静力拉伸的慢动作时,负重量可相对大些,在完成动力性动作时,负重量则应小些。

大学生在进行柔韧素质训练时,增加强度应本着循序渐进的原则进行,练习时不可用力过大、过猛。如果训练强度过大,就容易造成人体肌肉和精神紧张,会影响人体的伸展能力,导致肌肉、肌腱和韧带等软组织损伤,不利于身体健康以及提高机体柔韧性的能力。大量的实践证明,长时间、中强度拉力练习所产生的柔韧效果是优于其他训练方式的。

二、柔韧练习要合理

一般来说,大学生在进行柔韧素质练习时,并不一定要达到最大的限度,只要能顺利完成基本的发展柔韧素质的动作就可以了。因此,在进行柔韧素质练习时,应使柔韧性的发展水平控制在必要的水平上。如果过分地发展柔韧性就会导致关节和韧带变形,影响关节结构的牢固性。柔韧性的发展应考虑相互关联的部位的表现不仅仅是在一个关节或一个身体部位,而是牵涉到几个相互关联的部位,因此,柔韧性练习时就应对相应的几个部位都进行发展,才能保证完成动作。

三、间歇时间要充分

进行柔韧素质练习也需要一定的体能,在柔韧素质训练中也会消耗掉大量的能量,因此柔韧性练习也要有一定的间歇时间,大学生在练习一段时间后,要进行休息并在机体机能完全恢复的的情况下进行下一组练习。恢复与否大学生可根据自我感觉来确定,当其感觉已恢复并准备好做下组练习时便可开始。此外,练习间歇时间还受不同练习的部位的影响。比如,做躯干弯曲动作后就应比做踝关节伸展动作后的休息时间要长。另外,在间歇休息时间可安排一些肌肉放松练习,或做一些按摩练习等,以使练习部位能得到尽快的恢复,从而提高其恢复的能力,为下次练习加大关节活动幅度创造有利条件,获得理想的训练效果。

四、运动负荷安排要合理

大学生在进行一般柔韧素质练习时,每次训练课应安排一次练习。在保持阶段时,一周不超过 3～4 次，练习量也逐渐减少。

每天用于发展柔韧性能力的练习时间为 45～60 分钟，一天中可安排不同时间的练习，如早操或训练课的准备活动时，安排总量的 30％～40％，其余安排在训练课中。

五、根据训练需要调整动作

大学生在柔韧素质训练的过程，在进行动力拉伸练习时，一是充分利用肌肉退让工作，使肌肉被渐渐地拉长。二是要求逐渐加大动作幅度，使肌肉、肌腱、韧带等尽量被拉长。柔韧练习在动作的速度上，一是用缓慢的速度拉伸肌肉，二是用较快的速度拉伸肌肉。为满足比赛中大多以急剧的方式拉伸肌肉，要在用缓慢速度拉伸肌肉训练的基础上，加入一些速度较快的练习，这样，在保持柔韧性阶段也可适当提高柔韧性，以适应比赛需要。

六、做好充分的准备活动和整理活动

一般来说，人体肌肉的伸展性与肌肉温度有着密切的关系，因此，大学生在进行柔韧素质练习前要做好充分的准备活动。通过准备活动，可以有效提高肌肉的温度，降低肌肉内部的粘滞性，此时进行柔韧性练习可以获得良好的的效果。另外，大学生在结束柔韧素质练习后，还要做一些整理活动，这样能促使体能的尽快恢复，并有效预防运动损伤。

七、柔韧素质与其他素质共同发展

运动训练学理论认为，身体能力的发展相互间存在着转移的现象，运动器官的生长发育也会影响各身体能力之间的关系。因此，大学生在进行柔韧素质练习要与其他素质练习结合在一起，使之相互促进，共同发展，这样能促进人体综合素质的全面发展。

八、柔韧练习要持之以恒，不要急于求成

人的柔韧性素质发展较快，消退也快。因此，柔韧性练习要经常，要持之以恒地进行下去。如果练习的任务是为保持已有柔韧性能力，那么每天的练习可以安排少一些，可以把柔韧性的练习安排在训练课的准备活动，基本部分或结束部分进行。也可以放在其他练习的休息间歇之中，如放在力量练习或速度练习之间的间歇之间进行。放在练习的间歇中进行，既可以调节其他练习对身体产生的影响，同时又由于身体各部位已活动充分，可以收到良好的柔韧性练习效果。

大学生良好柔韧素质的形成并不是一时一日而成的，需要长期的训练，因此大学生在进行柔韧素质练习时，应本着循序渐进的原则，逐步提高，不要急于求成。在拉伸肌肉时有可能会出现肌肉疼痛的现象，在同伴帮助下进行被动性拉伸练习时更应谨慎，不能急于求成，否则就容易导致运动损伤。

第十章　大学生灵敏素质训练

第一节　灵敏素质概述

一、灵敏素质的概念

灵敏素质是在各种环境条件下迅速、准确和协调完成动作的能力。灵敏素质是一种典型的复合型素质，全面发展运动者各方面的运动素质，是提高其灵敏素质水平的保证。作为一种综合性的运动素质，其受到运动技能、运动感觉和各种身体素质的综合影响。在现代竞技运动中，灵敏素质在实质上是人经过视觉感受在大脑皮层神经过程的转换，使已经形成的各种动作动力定型适应突然变化的运动情况。

灵敏素质并没有像其他素质一样有具体的衡量标准，如力量用重量的大小来衡量，单位是公斤；速度用距离和时间的比来衡量，单位是米/秒；耐力用时间的长短或重复次数的多少来衡量；柔韧用角度、幅度的大小来衡量；只有通过动作的熟练程度来显示灵敏素质的高低。例如，运动者的躲闪能力，必须通过躲闪动作的快慢来表现了灵敏程度的优劣。但完成躲闪动作是以各素质为基础的，反应判断的快慢决定相应躲闪动作的快慢，速度力量又决定了反应动作的快慢，因此运动者在没有做出躲闪动作之前就无法衡量其在躲闪方面的灵敏素质，诸如急跑急停、跳跃、转体、平衡等动作也都如此。因此身体综合素质越好完成动作越熟练，所表现的灵敏素质就越好，灵敏素质离不开其他素质和运动技能，现实中根本没有单纯的灵敏素质。

衡量灵敏素质的发展水平高低主要从三个方面来判断。首先，是否具有快速的反应、判断、躲闪、转身、翻转、维持平衡和随机应变能力。其次，是否能把力量(爆发力)、速度(反应速度)、耐力、柔韧、协调性、节奏感等素质和技能，熟练掌握并以迅速准确的动作表现出来。最后，在完成动作时，是否能在任何不同的条件下自如地操纵自己的身体准确熟练地完成动作。另外，在不同的大学生运动项目中，对灵敏素质要求不同。例如，球类和其他一些对抗性项目要求反应、躲闪、判断、随机应变方面的灵敏素质；跳水、体操等需要身体位置迅速改变及空中翻转方面所表现的灵敏素质。

二、灵敏素质的分类

通常来说，运动灵敏素质可分为一般灵敏和专项灵敏素质两种。

（一）一般灵敏素质

一般灵敏素质是个体在日常生活和活动中所表现出来的各种应变能力。具体是指运动者在各种运动活动中，在各种突然变换条件的情况下，能迅速、准确地完成各种动作的能力，它是专项灵敏素质发展的基础。

（二）专项灵敏素质

专项灵敏素质是个体在运动中所表现出来的与运动技能紧密相关的应变能力。具体是指在各种专项运动中，运动者能够迅速、准确、协调地完成专项运动各种动作的能力。它是在一般灵敏素质的基础上，不断重复专项技术和技能环节训练的结果。各项运动对灵敏素质有着不同的要求。例如，球类项目和格斗类项目动作复杂，没有固定的程序和动作模式，随时根据复杂比赛条件的变化，改变动作的方向、速度、身体姿势，主要强调反映、判断、躲闪、移动、随机应变、动作敏捷等能力。健美性运动的项目，则主要要求快速改变身体位置、空中翻转、时空感、节奏感和控制身体平衡等方面的能力。所以专项灵敏素质具有明显的项目特点，必须根据专项机能的特异性，发展专项所需的灵敏素质。

三、灵敏素质训练的意义

灵敏素质是协调发挥身体各项素质能力，提高技术动作质量和创造优异运动成绩的重要条件。它在大学生体能训练中的作用和意义主要表现在以下三个方面。
（1）能够在短时间内准确、熟练、协调地完成技术动作，取得优异的运动成绩。
（2）能够灵活、巧妙地战胜对手，取得比赛胜利。
（3）以灵活、熟练的动作技术，展示运动艺术美，给人以娱乐享受。

四、灵敏素质训练的要求

（一）训练手段多样化

采用多种多样并经常变换的手段发展灵敏素质，可以提高运动员各种分析器和运动器官的机能，有利于提高灵敏素质。灵敏素质的提高发展与身体运动器官机能的改善以及各种分析器有着密切的关系。一旦运动员对某一动作技能熟练到自动化程度时，再用同一个动作去发展灵敏素质就不会有明显的效果了。因此，采用多种多样并经常变换的手段发展灵敏素质，可以提高运动员各种分析器和运动器官的机能，有利于提高灵敏素质。在具体训练过程中，可以采用以下几种手段进行训练。
（1）可以采用快速变向跑、躲闪、突然起跑等训练，各种快速急停和迅速转体的练习，让运动者在跑跳的过程中迅速、准确、协调地完成各种动作。
（2）采用各种调整身体方位的练习和专门设计的复杂多变的练习，如用利用体操器械练习各种较复杂的动作，以及采用穿梭跑、躲闪跑和立卧撑等相互结合进行训练。
（3）通过不同信号反应练习和各种变换方向的追逐性游戏进行训练。

（二）结合专项化训练

灵敏素质训练应与专项技术动作训练相结合，以提高正确动作的自动化。

灵敏素质训练应与专项相结合源于灵敏素质的专项化特点。例如，一个人在体操、技巧专项训练中能表现出良好的灵敏素质和协调性，但是在球类练习中就不一定也能表现出来。因此，在训练时，要因专项要求和项目特点的不同采用不同的训练手段，使训练效果与专项要求相一致，如体操、技巧等可多做一些移动身体方位的练习，而球类运动项目可多做一些脚步移动的躲闪练习。

（三）合理安排训练时间

合理安排训练时间主要包括两个方面。一是合理安排参与训练的时间，二是合理安排训练中间歇和休息的时间。

灵敏素质训练应选择在运动者精神饱满、体力充沛、运动欲望强的状态下进行，这样不仅能有效减缓运动疲劳，还有助于提高运动训练的效果。灵敏素质训练在整个训练过程中都应适当安排，使之系统化，但训练时间不宜过长，练习重复次数不宜过多。因为训练时间过长会导致机体疲劳，影响运动者的力量水平，速度也会减慢，节奏感被破坏，平衡能力会降低，这些情况都不利于灵敏素质的发展。此外，在具体训练过程中，一般会在训练课开始的部分安排灵敏素质的训练，因为此时运动者处在精神饱满、体力充沛、运动欲望强的状态下，能有效地减缓运动疲劳。

另外在训练时间安排合理的情况下，要保证充足的训练间歇时间，偿还氧债和肌肉内 ATP 能量物质的合成。这也是减缓运动疲劳提高灵敏素质的另一种方式。

但休息时间又不可过长，休息时间过长会使中枢神经系统的兴奋性大幅度下降；在下次训练中就会减弱对运动器官的指挥能力，使动作协调性下降、速度减慢、反应迟钝，这必然影响练习的效果。一般来讲练习时间和休息时间的比例控制在 1∶3 即可。

此外，灵敏素质的训练在整个训练过程中都应该适当安排，并使之系统化。但训练时间不易过长，训练重复次数不易过多。肌体疲劳时不宜安排灵敏素质训练。有经验的教师都是根据不同训练过程的特点来安排灵敏素质的训练。例如，随着比赛临近，技术训练比重增加，协调能力的训练应相应加强；准备期以一般灵敏素质训练为主，比赛期以专项灵敏性训练为主。在一次训练课中应尽量把灵敏素质的训练安排在课的前半部分。

（四）重视提高综合能力

由于灵敏素质是人体综合能力的表现，因此发展灵敏素质就必须要培养运动者的综合能力。在训练中广泛采用发展其他运动素质的方法来发展灵敏素质，并培养运动员反应能力、掌握动作能力、平衡能力等。

运动实践表明，个体综合能力的提高要想表现灵敏素质的前提就是熟练掌握运动技能。建立的动作技能的动力定型数量越多，动作熟练性越强，做出的动作也就越灵活。运动技能本质是条件反射，这种在大脑皮层中建立的动力定型数量越多，临场时及时变换动作的暂时联系的接通就越迅速准确，在已经掌握的运动技能的基础上，可以快速形成新的应答性的动作来应付突然发生的情况。尽量多掌握一些基本的动作、基本技战术等就有利于提高灵敏素质。所以要求训练中应反复练习，尽快建立条件反射和合理的动力定型，并熟练掌握大量运动技能。

（五）消除不良心理状态

紧张心理会影响大学生灵敏素质训练的过程和结果。由于训练者心理紧张时，肌肉等运动器官也必然紧张，从而反应迟钝，动作的协调性下降，影响训练效果。所以，在进行灵敏性训练时，应采用各种有效的方法与手段，消除训练者紧张的心理状态和恐惧心理。因为运动员心理紧张时，肌肉等运动器官也随之紧张，从而反应迟钝，动作的协调性下降，影响训练效果。另外，张弛有度的心理状态还能促进灵敏性素质训练的水平。

第二节　影响灵敏素质的因素

一、解剖因素

（一）体型

不同的运动项目对体型有不同要求，因此不能武断地说哪一种体型的灵敏素质好坏与否。一般而言，过高而瘦长，过胖或梨形体型的人灵敏性都不好；O型腿、X型腿的人也缺乏灵敏性，肌肉发达的中等或中等以下身高的人，往往有高度的控制力而表现得非常灵活。

不同运动项目的体能训练对体型的要求也不相同，如篮、排球运动项目具有篮高、网高的特点，要求身材高大的大学生。足球项目的场地大、范围广，就要求大学生在体能训练方面注重速度、耐力、灵活的动作与快速的反应并能充分利用合理冲撞的训练，因此建议选身高、体重在中上等的、下肢有力的大学生。跳高项目就要求大学生身材高大、体型偏瘦、躯干短、下肢长，下肢长、重心高、摆动半径大或反作用力大，身瘦体轻有利于空中控制身体顺利过竿。从以上不同项目的体能训练特点来看，不同的项目要求不同的体型，这种体型必须有利于本专项技术的发挥，能在本专项中表现出高度的灵敏素质来。因此灵敏素质的好坏并不是由体型来定义的。

（二）体重

体重是影响个体灵敏素质的重要生理因素之一，体重是由脂肪、肌细胞、水、矿物质构成。其中脂肪和肌细胞的增长占有重要的比例，当每日的饮食能量超过一天的标准时，其多余的部分就会引起脂肪增长。

体重对个体灵敏素质影响具体表现在肌细胞增长是通过锻炼实现的，锻炼促进肌细胞增长。脂肪过多影响肌肉收缩效率，增加了不必要的体重等于增加了体能训练时的阻力，从而影响了身体的灵活性，因此必须进行合理的训练增加肌肉比重，再配以低卡进食逐渐减少脂肪。

二、生理因素

（一）神经过程的灵活性

一般来说，个体高度的灵敏素质是在其巩固的运动技能基础上表现出来的，也就是在大脑皮层分析综合能力高度发展的情况下体现的。大脑皮层的分析综合能力是在时间和空间上紧密结合进行的。因此,在学习每一个动作时都要按一定顺序进行,大脑皮层概括动作的难易度,所给予的刺激也按一定顺序正确地反映出来,多次重复会形成熟练动作。

以篮球运动中的上篮动作为例,机体完成该动作需要经过以下程序。

(1)通过视觉判断上篮时的距离及篮的高度。

(2)通过位觉感觉起跳后身体空间方位。

(3)通过皮肤触觉感知地面硬度及手投篮的力量。

这些刺激所引起的兴奋传到大脑皮层相应区,都按严格的时间和顺序产生兴奋、抑制,经过多次强化,各感觉中枢与运动中枢的动觉细胞发生暂时联系而形成运动技能。只有通过大量动作的重复训练,使动作不断的熟练,才能在突然变化的环境中把这些动作顺利完成,使大脑皮层的兴奋和抑制的转换能力加强,从而提高大脑皮层神经过程的灵活性。通过这样的体能训练方法,任何环境中都能熟练地把这些动作表现出来。

运动实践证明,不同的体育项目都有不同的体能训练方法(如篮球的传球、运球、投篮;足球的传递、带球、射闪、射门;体操的空翻、回环、倒立、全旋等),只有掌握了这些专门的技能,并且在体能训练中运用自如,才能使大学生的专项体能训练迅速提高。而灵敏素质寓于这些运动技能之中,以动作形式灵活熟练地表现出来。因此,基本动作、基本技术掌握得越多越熟练,不仅学习新的动作快,而且在战术运用中也更富有创造力,人也显得灵活,随机应变能力更强,从而表现的灵敏素质也更高。

(二)感觉器官的准确性

在运动中,对客体的运动知觉主要靠视觉和听觉,对主体的运动知觉是靠动觉、平衡觉、触觉以及视觉、听觉、机体觉等若干信息整体综合形成的。也就是说,运动员的感觉是通过视觉、听觉、机体觉及动觉、平衡觉、触觉等多种(感官)信息分析与综合之后所产生的专门化知觉。

在体能训练中,大学生的感觉器官的准确性越高,对动作的学习和掌握就越迅速、越准确,也就能更加高质量、高效率地完成训练任务、提高体能训练效果。

(三)运动分析器的机能

与本体感受器(运动感受感)的准确性一样,运动分析器的灵活性以及肌肉收缩的节奏性与协调性是影响灵敏素质的重要因素。

生理学研究表明,运动分析器的功能就是在人体完成一个动作时,肌肉收缩,并通过肌肉肌梭、腱梭产生兴奋传入神经中枢并分析综合活动而感知身体在空间的位置、姿势和身体各部位的运动情况,结合视觉、位觉、触觉等感觉器官,实现空间方位感觉。一般来说,运动分析器分析越完善,运动者对肌肉活动用力大小、快慢的分析能力就越高,完成动作就越精确。通过多年系统训练,可使运动分析的能力得到全面提高,进而改善个体的灵敏素质水平。有些大学生即使闭上眼睛也能完成某些动作,这就是运动分析的作用。

在体能训练中,有的大学生脚表现得灵活,有的手表现得灵活,这是因为经常使用那些部位,那些部位也就表现得较灵活。例如,参加网球训练的大学生习惯用那只手,哪只手就相对灵活,篮球大学生要求左右手运球、投篮都应灵活,足球运动中要求左右脚射门、带球都应灵活,体操大学生习惯一个方向的转体,一个方向的全旋等,这是因为支配该部位运动器官的神经中枢的分析综合能力高度完善的原因。

(四)前庭分析器的机能

前庭分析器对空翻、转体及维持身体平衡、变换身体的方向位置的灵敏性有很大作用,前庭分析器包括耳面装置和三个半规管。下面主要介绍三个半规管的作用。

三个半规管在颅内相互垂直,所以当身体朝任何方向旋转时,都能接受刺激,调整身体的平衡,但三个半规管接受的刺激是不一样的。

(1)当作横轴向前或向后翻转时,水平面和横面内的半规管的内淋巴液在翻转开始和结束时,对壶腹内毛细胞起作用,而纵面内的半规管的内淋巴液作圆的滚动,由于翻转惯性内淋巴液在整个翻转过程中起作用,所以滚横轴翻转时,纵面内的半规管(上半规管)起主要作用。

(2)围绕纵轴转体时,水平面内的半规管(外半规管)起主要作用。

(3)作矢状轴翻转时,横面内的半规管(后半规管)起主要作用。如果完成空翻转体动作时,要求三个半规管的转换能力要强。

由于前庭分析器的作用,身体在翻转时,才能感觉身体在空间位置的变化,并借助各种反射来调节肌紧张以完成翻转动作。因此,从事体操、绷床、小弹板等体能训练能提高改进前庭分析器的机能,从事体操体能训练的人应尽量多体会一些难度较大的翻转动作。故体操中的一些训练可用于提高其他项目大学生的灵敏素质的辅助训练。

(五)智力发展水平和思维

运动员要想有良好的灵敏素质,必须要具备良好的智力发展水平和敏捷的思维能力。在运动活动中,各种运动技术和运动技能的灵活应用,深谋远虑的战术思想和实施计划,大脑神经活动过程兴奋与抑制的转换程度与快速工作能力的平衡,均取决于良好的智力发展水平和敏捷的思维判断能力。一个优秀运动员不仅要表现惊人的运动和超人的技能素质,而且还要表现出良好的思维能力,以及解决复杂与潜在的战术、技术等各个方面问题的能力。

三、年龄因素

根据年龄,灵敏素质发展主要分为四个阶段。具体如下。

(1)人从出生,到7岁左右,平衡器官就已经得到了充分的发展。6—7岁是平衡器官充分发展的时期,灵敏素质相对较低。

(2)7~12岁是灵敏素质稳定提高的时期,是动作频率、反应速度的提高的最佳时期,到12岁左右,灵敏素质稳定提高,这个时期是提高动作频率、反应速度及单个动作速度的最佳年龄。

(3)13~15岁为青春期,身高增长较快,灵敏素质相对有所下降,以后随年龄增长又稳定提高直至成人。

大学生正处于生长发育的最后阶段,也是灵敏素质比较稳定的时期,因此这个时期对灵敏素质进行训练,将会对以后的运动能力起到决定性的作用。

四、性别因素

灵敏素质与性别有关。在6~12岁期间,男女灵敏素质几乎没有差别;但到了12~15岁,由于进入青春期,女子体重增加,有氧能力下降,内分泌系统变化,灵敏素质会一度出现明显的生理下降趋势,男子将逐渐优于女子。

在青春期以后,男子的灵敏性明显优于女子,根据这一变化规律,在青春期以前就应加强女子的灵敏素质训练,使之得到较好发展。也并不是大学时期灵敏素质就不会提高,只要训练得当,以后灵敏素质还会恢复与发展。

五、身体素质

从某种程度上讲,灵敏素质是人体的力量、速度、耐力、柔韧以及协调性等能力的综合表现,它体现了运动者力量、耐力、速度、柔韧以及协调性等各方面的综合运动能力。在神经中枢调控下的肌肉活动能力与灵敏素质有密切关系,其中任何一种身体素质较差,对灵敏素质的提高都会造成不利影响。

六、运动经验

实践证明,掌握基本运动技术越多、越熟练,不仅学习新的运动技能快,而且技术动作也显得更灵活,更富有创造力,表现出灵敏素质也就越高。由于长期学习、运用各种技术动作和提高运动技能,可以提高运动实践经验的丰富度,实践丰富度越高,身体素质和技术动作"储备"就越多,从而灵敏素质水平才能不断提高。

七、疲劳因素

大学生在体能训练疲劳时动作反应迟钝,速度降低,动作不协调,其灵敏性也会明显下降。这主要是因为疲劳将导致中枢神经系统灵活性与机体活动能力降低。由于大脑皮质的能源供应不足(缺乏 ATP),从而产生保护性抑制,使肌肉力量不能发挥,因此,在发展灵敏素质训练中和训练后都要注意恢复,及时消除疲劳。在兴奋性比较高,体力充沛的时候发展灵敏素质效果最好。

八、气温因素

气候阴雨潮湿,天气温度差别大,也会降低关节的灵活性与肌肉韧带的伸展性,造成灵敏性下降。因此,大学生在进行体能训练时,要注意气温的随时变化,自我调节身体机能,以提高身体的灵敏素质。

九、情绪因素

人的情绪变化也会影响灵敏素质。人的情绪在高涨时显得特别灵敏,而情绪低落时,灵敏性也会降低。因为大学生情绪的好坏会影响感觉的机能,良好的感觉机能会使动作表现得更为准确,反应迅速,并且在空间和时间上表现出准确的定时定向能力。

由于体能训练环境的影响及其他生理、心理原因会导致情绪的变化,可能会过度兴奋,使兴奋扩散不能集中,造成身体失控,也可能过度抑制,精神不振,造成动作无力不协调。因此,综合素质全面的大学生在体能训练时应学会自我情绪的调节,使自己在体能训练中具有相适宜的情绪。

一般来说,在大学生情绪高涨时,其头脑清晰,身体充满力量,对完成动作充满信心,身体觉得轻快灵活。例如,篮球大学生投篮命中率的提高,体操大学生完成动作自然、调控能力强,足球大学生感到球在自己脚下随心所欲等,达到这种情况除身体素质好、技术熟练外,主要是良好情绪的作用。但这种状态有时不是人的意识所能预计的,应加强心理训练,提高对环境的适应能力和学会调节自然情绪等方法。

第三节 灵敏素质训练的方法

一、基础训练

(一)徒手训练

在不借助器械的条件下进行灵敏素质训练即为徒手练习法,徒手训练法主要是通过身体各部位的相互配合运动,而进行灵敏性训练的方法。主要包括单人练习法和双人练习法两类。单人练习是训练者通过协调自身的各部位来增强灵敏性的。双人练习是通过两个人之间的配合运动来进行灵敏性训练的。

1. 单人练习

(1)原地团身跳

训练方法:由站立姿势开始。听到"开始"信号后,学生原地双脚向上跃起,腾空后两腿迅速团身收紧,接着下落还原站立姿势。连续进行团身跳。采用计时记数均可。

训练要求:跳跃连贯,腾空明显、团身紧;下落后稍蹲,缓冲下落速度。持续练习5次/组,共练习3～5组。

(2)前、后滑跳移动

训练方法:站立姿势,两脚前后开立,上体稍前倾,两腿微屈,两臂垂于体侧。听到"开始"信号后目视手势而移动身体,前滑跳时,后脚向后蹬地,前脚向前跨出,身体随即向前移动;当前脚落地后迅速蹬地,后脚向后跳,身体随之向后移动。前、后滑跳移动也可以采用左、右滑跳的方式进行练习。

训练要求:前后移动幅度适中,保持水平移动;持续练习30秒/组,共练习2～4组。

(3)退跑变疾跑

训练方法:由蹲距式起跑开始。听到"开始"信号后,学生迅速转体180°快速后退跑5米,接着再转体180°向前疾跑5米。

训练要求:变换动作速度快;计时进行练习,重复 3～5 次。

(4)快速移动跑

训练方法:站立两眼注视指挥手势或判断信号。当学生听到信号或看到手势后,按照指挥方向进行前、后、左、右快速变换跑动。一般发出的指令的间隔时间不超过 2 秒。

训练要求:反应迅速、判断准确,变换起跑快;每组 15 秒,共练习 3 组。

(5)越障碍跑

训练方法:面对跑道站立(在跑道上设立多种障碍)。听到"开始"信号后,学生通过跑、跳、绕各种动作,越过障碍物体,并跑完全程,可采用计时的方式进行练习。

训练要求:快速、灵巧地通过障碍物体。练习 2～3 组。

(6)正踢腿转体

训练方法:一腿支撑站立不动,另一侧腿从下向前上方踢起至最高点时,以支撑腿为轴向后转体 180°,两腿交替进行。

训练要求:踢腿时应两腿伸直,上踢快,下落轻,上踢至前额 30 厘米以内时方可做转体动作。练习 3 组,每组 20 次。

(7)弓箭步转体

训练方法:由(左)弓箭步姿势开始,两臂自然位于体侧。听到"开始"信号后,学生两脚蹬地跳起,身体向左(右)转 180°成右箭弓步姿势,有节奏地交替进行。采用计时记数均可。

训练要求:转体动作幅度要大而且快。跳起稍腾空,转体到位;连续跳转 10 秒/组,共练习 3 组。

(8)立卧撑跳转体

训练方法:由站立或蹲立姿势开始。听到发出"开始"信号后,学生完成一次立卧撑动作,即刻接原地跳转 180°。计算 30 秒内完成动作的次数。

训练要求:动作正确、迅速、衔接连贯;持续练习 30 秒/组,共练习 3 组。

(9)腾空飞脚

训练方法:右脚上步,左脚向前摆踢,右脚蹬地跃起身体腾空,右脚向前上方弹踢,脚面绷直,脚尖向下。

训练要求:右腿在空中踢摆时,腾起高度要高,左腿在击响的一瞬间,收控于右腿侧;在空中上体要直,微向前倾。练习 20 次。

(10)旋风腿

训练方法:开步站立,两腿稍微弯曲,两臂向身体右(左)斜下方平行伸出,此时左脚由左侧迅速提起向上高摆,上体左转,两臂上摆,右脚蹬地腾空。上体从左后前方围绕身体的垂直轴旋转一周。右腿上摆后由外侧随旋转大腿内收向里摆动。左手于体前上方拍击右脚底,然后落地。

训练要求:右脚蹬地时要迅速,右腿伸直后腾空。练习 5 组,每组 3 次。

(11)后扫腿

训练方法:左脚向前上步,左腿屈膝半蹲,右腿把膝伸直呈弓步。左脚尖内扣,左腿屈膝全蹲,呈右仆步姿势。同时上体右转并前俯,两手随身体右转在右腿内侧撑地,右手在前。随着两手撑地上体向右后拧转的惯性力量以左脚前脚掌为轴,右脚贴地面向后扫转一周。

训练要求:整个动作过程迅速连贯,左右腿交替练习,共练习 4 组,每组 10 次。另外,也可做前扫腿练习。

2. 双人练习

(1)手触膝

训练方法:2 人一组,面对站立。听到"开始"信号后,双方在移动中伺机手触对方膝盖部位。身体素质良好者可采用一些鱼跃、前扑等动作。以两者中,触膝次数多者为胜。

训练要求:积极主动进攻对方;每组持续练习 20 秒,间歇 20 秒,共练习 4～5 组。

(2)躲闪摸肩

训练方法:2 人站在直径为 2.5 米的圆圈内。听到"开始"信号后,学生在规定的圈内跑动做一对一巧妙拍摸对方左肩的练习。

训练要求:记录 30 秒内拍中对方肩的次数,重复 2～3 组。

(3)模仿跑

训练方法:2 人一组,前后站立,间隔 3 米。听到"开始"信号后,前者在跑动中做出变向、急停、转身、跳跃等不同动作变换的练习,后者则模仿前者在跑。运动中做出相同的动作变换。

训练要求:注意力集中,要时刻随前者的动作变化而变化,动作协调、有节奏;持续练习 15 秒/组,间隔 30 秒,共练习 4 组。

(4)障碍追逐

训练方法:2 人一组,前后站立。听到"开始"信号后,学生利用障碍物进行一对一追逐游戏,追上对方用手触到身体任何部位,即刻交换进行。

训练要求:充分利用障碍物进行躲闪、转身等动作快速跑动;持续练习 20 秒/组,间歇 20 秒,共练习 5～6 组。

(5)过人

训练方法:画一个直径为 3 米的圆圈,在圆圈内 2 人各站半圈。听到"开始"信号后,一人防守,一人设法利用晃动、躲闪等假动作摆脱防守者进入对方的防区。交替进行。

训练要求:练习中,不准拉人、撞人;持续练习 20 秒/组,共练习 4～6 组。

(二)器械训练

器械训练法即通过运用一些运动器械来达到提高灵敏性素质的目的的方法。器械练习法包括单人练习和双人练习两种基本练习形式。具体如下。

1. 单人练习

(1)利用球进行传球、运球、顶球、追球、颠球、托球、接球和多球练习、滚翻传接球练习,
(2)借助单双杠悬垂摆动练习个体的灵敏性。
(3)借助一些器械进行翻越肋木、钻山羊、钻栏架练习。
(4)通过各种专项球类练习和技巧练习、体操练习等练习个体的灵敏性。

2. 双人练习

双人练习包括也有各种球类练习,以及跳跃障碍、顶球接前滚翻等练习。不同于单人练习的是,它是由两个人合作进行练习。下面介绍几个练习动作。

（1）扑球

训练方法：2 人一组，面对站立。一人抛球一人接球，抛球人将球抛向对方体侧，对方可利用侧垫步、交叉垫步或交叉步起跳扑向球，并用手接住球。2 人交替进行练习。

训练要求：逐渐加快抛球速度，判断准确、主动接球。

（2）跳起踢球

训练方法：2 人面对而立，间隔 15 米。一人抛球至另一人体前或体侧方，对方快速跳起用脚准确踢球。交替进行练习。

训练要求：抛球到位，踢球准确；持续练习 15 次/组，重复练习 2～3 组。

（3）接球滚翻

训练方法：2 人一组，一人坐在垫上（接球），另一人面对站立（传球）。坐在垫上，接不同方向和速度的来球。当接到左、右两侧的球后做接球侧滚动；接到正面的球后做接球后滚翻。交替进行练习。

训练要求：传球到位，接球滚翻协调、迅速；持续练习 30 秒/组，重复练习 2～3 组。

（三）反应能力训练

（1）做与口令相反的动作。

（2）按有效口令做动作。

（3）原地、行进间或跑步中听口令做动作。例如，喊数抱团成组；加、减、乘、除简单运算得数抱团组合，看谁最快等。

（4）一对一追逐模仿。

（5）一对一抢对方后背号码。

（6）听信号或看手势急跑、急停、转身、变换方向训练。

（7）听信号的各种姿势起跑，如站立式、背向、蹲、坐、俯卧撑等姿势。

（8）跳绳。例如，两人摇绳，从绳下跑过转身，从绳上跳过等。

（9）一对一脚跳动猜拳、手猜拳、打手心手背、摸五官等训练。

（10）各种游戏，如叫号追人、追逃游戏、抢占空位、打野鸭、抢断篮球等。

（四）平衡能力训练

（1）一对一面向站立，双手直臂相触，虚实结合相互推，使对方失去平衡。

（2）一对一弓箭步牵手面向站立，虚实结合互推互拉使对方失去平衡。

（3）各种站立平衡，如俯平衡、搬腿平衡、侧平衡等。

（4）头手倒立，如肩肘倒立、手倒立停一定时间。

（5）在肋木上横跳、上下跳训练。

（6）急跑中听信号完成急停动作。

（7）在平衡木上做一些简单动作。

（8）发展旋转的平衡能力训练。

①用手扶住体操棒，然后松手转身击掌再扶住体操棒使其不倒。

②向上抛球转体 2～3 周再接住球。

③跳转 360°后，保持直线运行。

④闭目原地连续转 5～8 周,然后闭目沿直线走 10 米,再睁眼看自己走的方向是否准确。

⑤绕障碍曲线转体跑。

⑥原地跳转 180°、360°、720°落地站稳。

（五）协调能力训练

(1)一对一背相互挽臂蹲跳进、跳转。

(2)模仿动作训练。

(3)多种徒手操训练。

(4)双人头上拉手向同方向连续转。

(5)脚步移动训练。例如,前后、左右、交叉的快速移动,单脚为轴的前后、转体的移动。左右侧滑步、跨跳步的移动。

(6)跳起体前屈摸脚。

(7)双人跳绳。

(8)做不习惯方向的动作。

(9)改变动作的连接方式。

(10)选用健美操、体育舞蹈中的一些动作。

(11)简单动作组合训练。例如,原地跳转 360°接跳远,前滚翻交叉转体接后滚翻,跪跳起接挺身跳等。

(12)双人一手扶对方肩,一手互握对方脚腕,各用单脚左右跳、前后跳、跳转。

二、训练提高

（一）体操动作训练

(1)前滚翻、后滚翻、侧滚翻。

(2)连续前滚翻或后滚翻。

(3)双人前滚翻,即一人仰卧,另一人分腿站在仰卧人的头两侧,双方互握对方的两脚踝,然后做连续的双人前滚翻或后滚翻。

(4)连续侧手翻。

(5)鱼跃前滚翻(可越过一定高度的障碍物)。

(6)一人仰卧,两人各抓一只脚,同时用力上提,使其翻转站立。

(7)前手翻、头手翻、后手翻、团身后空翻。

(8)跳马、跳上、挺身跳下,分腿或屈腿腾越,直接跳越器械,跳起在马上做前滚翻。

(9)在低单杠上做翻上、支撑腹回环、支撑后摆跳下、支撑摆动向前侧跳下等简单动作。

(10)在低双杠上做肩倒立、前滚翻成分腿坐、向前支撑摆动越杠下、向后摆动越杠下等简单动作。

（二）跳绳动作训练

(1)"扫地"跳跃。训练者将绳握成多段,从下蹲姿势开始,将绳子做扫地动作,两脚不停顿地做跳跃训练。

（2）前摇两次或三次，双足跳一次。

（3）后摇两次，双足跳一次，俗称"后双飞"。

（4）交叉摇绳。训练者两手交叉摇绳，每摇 1～2 次，单足或双足跳长绳一次。

（5）集体跳绳，即两名训练者摇长绳子，其他训练者连续不断地跳过绳子，每人应在绳子摇到最高点时迅速跟进，跳过绳子，并快速跑出。

（6）双人跳绳，即同集体跳绳，要求两名训练者手拉手跳 3～5 次后快速跑出。

（7）走矮子步，即教练与一名队员将绳拉直，并把高度适当降低，队员在绳子下走矮子步和滑步动作。

（8）跳波浪绳，即教练与一名队员双手握一根长绳，并把绳子上下抖动成波浪形，队员必须敏捷地从上跳过，谁碰到绳子，与摇绳者交换。

（9）跳蛇形绳，即教练与一名队员双手握一根长绳，并把绳子左右抖动，使绳子像一条蛇在地上爬行，数个队员在中间跳来跳去，1 分钟内触及绳子最少者为胜。

（10）跳粗绳（或竹竿），即教练双手握一根粗绳或竹竿，队员围成一个圆圈站立，当教练握绳或竿做扫圆动作时，队员立即跳起，触及绳索或竹竿者为败。

（三）组合动作训练

经过一段时间的训练，待基本灵敏素质有所提高时就可展开组合训练，组合训练就是把两个或两个以上的动作组合起来进行练习。灵敏素质组合训练主要有两个动作的组合、三个动作的组合和多个动作的组合练习。

1. 两个动作组合

（1）转体俯卧接膝触胸。

（2）交叉步接后退步。

（3）前滚翻接挺身跳转 180°或 360°。

（4）侧手翻接前滚翻。

（5）盘腿坐接后滚翻。

（6）前踢腿跑接后撩腿跑。

（7）立卧撑接原地高频跑。

（8）后踢腿跑接圆圈跑。

（9）俯卧膝触胸接躲闪跑。

（10）坐撑举腿接俯撑起跑。

（11）变换跳转髋接交叉步跑。

2. 三个动作组合

常见的三个动作的组合练习主要有以下几种，大学生也可以结合自身素质和喜好自由组合和有针对性地展开练习。

（1）立卧撑→原地高频跑→跑圆圈。

（2）交叉步→侧跨步→滑步。

（3）腾空飞脚→侧手翻→前滚翻。

（4）滑跳→交叉步跑→转身滑步跑。

（5）转髋→过肋木→前滚翻。

（6）旋风脚→侧手翻→前滚翻。

3．多个动作组合

多个动作的组合练习主要有有以下几种，大学生也可以结合自身素质和喜好自由组合和有针对性地展开练习，训练中应注意安全。

（1）跨栏架→钻栏架→跳栏架→滚翻。

（2）后滚翻转体 180°→前滚翻→头手倒立前滚翻→挺身跳。

（3）分腿跳→后退跑→鱼跃前滚翻→立卧撑。

（4）跨栏→钻栏→跳栏→滚翻。

（5）悬垂摆动→双杠跳下→钻山羊→走平衡木。

（6）摆腿→后退跑→鱼跃前滚翻→立卧撑。

（7）倒立前滚翻→单肩滚翻→侧滚→跪跳起。

（8）腾空飞脚→旋子→前滚翻→乌龙绞柱。

三、游戏训练

发展灵敏素质的体育游戏方法多种多样，如各种应答性游戏、追逐性游戏、集体游戏等。下面将介绍几种游戏方法。

（一）"一不成二"

训练方法：学生站成单层圆圈，左右间隔两臂；另设 2 人一追一逃，被追逐者可沿圈外奔跑，与追逐者周旋，当不再想跑时，可从圈外钻进圈内，以背部紧贴任何站立者的身前，被贴人将成为被追逐者；凡在被追逐者已组成 2 人重叠之前未被抓住者，原来的被追者为安全，追逐者须开始追外层的人（即第 2 人）。队伍始终保持单人圆圈。

训练要求：

（1）被追逐者必须从圈外跑，不得越过圆圈。

（2）贴人时必须以背部贴靠别人身前，保持圆形队伍。

（3）凡以手摸到被追者即为追上，此时追者与被追者互换，游戏继续进行。

（4）被追者不能一直逗留在圈内而不贴人，必须在跑进圈内就迅速贴人，也不得跑离圆圈队伍 3 米外或向远处跑去。

（二）蛇头吃蛇尾

训练方法：学生排成单行，用手抓住前面人的腰部；听到"开始"信号后，排头也就是蛇头，要努力地去捉排尾的人，而后半部分人则要努力地帮助排尾的人，不让蛇头捉到。

训练要求：

（1）队伍不能被拉断或拉散。

（2）排头触到排尾时,即刻更换排头和排尾,重新开始游戏。

（三）跳山羊接力

训练方法:把学生均分成甲乙两组,分别站在距山羊 5 米的起跑线上;听到"开始"信号后,每组第一人助跑分腿跳过山羊,落地后,转体 180°,再从山羊底下钻出跑回击第二人的手,第二人与第一人动作相同,并以此类推进行。

训练要求:

（1）必须以单跳双落的动作起跳、落地。

（2）身体钻越山羊时不能碰器械。

（四）形影不离

训练方法:2 人一组,标记为甲乙,并肩站立。甲方站在右侧可以自由变换位置和方向,站在左侧的乙方必须紧随其后,跟进仍站到甲方右侧位置。

训练要求:

（1）甲方要随机应变。

（2）乙方必须迅速准确的移动。

（五）"照镜子"

训练方法:2 人一组,其中一人做站立或活动中的各种动作,并不断更换花样,另一人必须重复前者的动作。

训练要求:

（1）领做者可随意发挥。

（2）照做者必须模仿逼真。

（六）水、火、雷、电

训练方法:在游戏开始前分别商定好代表水、火、雷、电的四种动作。学生在直径为 15 米的圆圈内快跑,教师随即喊出水、火、雷、电,所有人必须做出与之相适应的动作。

训练要求:

（1）想象力丰富,代表水、火、雷、电的四种动作可根据练习者的身体素质和运动水平制定难易程度不同的动作。

（2）游戏过程中,要求练习者变换动作的速度必须快。

（七）互相拍肩

训练方法:2 人一组,相对 1 米左右站立,脚不能动,要想方设法拍到对方的肩膀,但又要防止对方拍到自己的肩膀。被拍到肩膀者为输。

训练要求:

（1）要求伺机而动,身手敏捷。

（2）躲闪过程中应注意运动安全。

（八）抓"替身"

训练方法：成对前后站立围成圈，指定一人抓，另一人逃，逃者通过站到一对人的前面来遮挡自己逃脱被抓，遮挡人必须立即逃开。逃者要另选遮挡人，当抓人者拍打着被抓者时，两人交换继续抓"替身"。

训练要求：

(1)要求反应迅速、躲闪灵敏。

(2)遮挡人移动的速度要快，不可有意停留或帮助游戏者其中的任何一方。

（九）双脚离地

训练方法：学生分散在能够悬垂让脚离地的场所任意活动，指定其中几个为抓人者，听到教练的哨音后，谁的双脚离地就不抓他，抓人者勿缠住一人不放。

训练要求：

(1)要求练习者快速完成倒立、悬垂、举腿等动作。

(2)游戏过程中注意运动安全。

（十）听号接球

训练方法：学生围圈报数后顺时针或逆时针跑动，教练持球站在圈中心，将球向空中抛起喊号，被喊号者应声前去接球。

训练要求：

(1)根据时间和空间采取应急行动。

(2)避免重复喊同一个号。

（十一）围圈打猴

训练方法：把学生均分为两组，指定一组当"猴"在圈中活动，另一组作为"猎人"手持2～3个皮球围在圈外，掷球打圈中的"猴"（只准打腿部），被击中的"猴子"与掷球的"猎人"互换。

训练要求：

(1)要求眼观六路，耳听八方，掷球准确，躲闪机灵。

(2)游戏过程中注意运动安全。

（十二）传球触人

训练方法：队员分散站在篮球场内。两个引导人利用传球不断移动，追逐场上队员并以球触及场内闪躲逃跑的队员。凡被球触及者参加传球，直到场上队员全部被触及为止。

训练要求：

(1)要求传球者不得运球或走步违例，闪逃者不准踩线或跑出界外。

(2)游戏过程中注意运动安全。

（十三）追逐拍、救人

训练方法：队员分散站在场内，指定4名引导人为追逐者，其他队员进行闪躲逃跑。当有人被拍到时,要"冻结"到原地。两手侧平举。此时,同伴者可去拍肩救他,使之复活逃脱。

训练要求:

(1)要求判断准确,闪躲敏捷,救人机智。

(2)游戏过程中注意运动安全。

(十四)"活动篮圈"

训练方法:把学生均分成两组,每组设活动篮圈一个(两人双手伸直,互相握手)。教练抛球,两组跳球开始比赛,设法将球投入对方的活动篮圈中去,比哪组投中次数多。

训练要求:

(1)要求按篮球规则进行比赛,活动篮圈可以跑动,但不能缩小,防守队员可以在篮圈附近防守。

(2)游戏过程中注意运动安全。

(十五)"火中取栗"

训练方法:学生均分成两组,一个小组的人手挽手面向外围成一个圈子,以保护圈子中的几只球,另一个小组的人则设法钻进去把球取出来。

训练要求:

(1)要求动作灵巧,合理对抗。

(2)游戏过程中注意运动安全。

第四节　灵敏素质训练注意事项

一、经常改变训练方法

灵敏素质的发展与各种分析器和运动器官机能的改善有密切的关系。大学生对动作的熟练程度达到自动化时,再用该动作去发展灵敏素质的意义就不大了。为此,发展灵敏素质训练的方法应是多种多样的,并且要经常改变。这样不仅可以使人掌握多种多样的运动技能,还可以提高人体内各种分析器的功能,使大学生在体能训练中能够表现出准确定向和定时的能力。

二、掌握部分基本动作

大学生体能训练中的运动技能的本质是条件反射,这种在大脑皮层中建立的条件反射暂时联系的数量越多,临场时及时变换动作就越迅速准确。大学在已掌握的运动技能的基础上,可以快速形成新的应答性动作来应付突然发生的情况。

三、把握最佳训练时期

灵敏素质是在中枢神经系统的指挥下,各种能力的综合表现。人体的神经系统发育期较早,一般在青年时期就已发育成熟,在反应能力、动作速度、平衡能力和节奏感等方面具有很大的发展潜力,这些都为发展灵敏素质提供了有利的条件。因此,应抓紧在这一时期前进行灵敏素质训练。

四、结合专项要求进行训练

灵敏素质具有专项化的特点。经验丰富的教师会针对本专项对灵敏素质的特殊要求安排灵敏素质训练,使训练效果与专项要求相一致。例如,篮球大学生多做发展手的专项灵敏性训练,以提高手感和控球能力;足球大学生多做一些脚步移动和用脚控球的训练;体操、技巧等项目的大学生多做一些移动身体方位的训练等。

五、因地制宜,区别对待

因地制宜,合理安排练习内容对于大学生的科学体能训练具有重要意义。由于不同的运动项目和锻炼者,对灵敏性都有不同的要求和表现形式,应根据其不同的特点和需求,区别对待。

六、女大学生生理期的特殊训练

要注意女性的生理特点,必要时要进行特殊的训练。女子进入青春期,由于体重的增加,有氧能力下降,以及内分泌系统发生变化,灵敏性会出现明显下降,但这属正常生理性下降。锻炼者应正视这一规律,适当调整锻炼计划,青春期后,灵敏性仍会恢复和发展。因此,训练要充分考虑女大学生的生理特点,进而合理安排训练。

第十一章　大学生田径专项体能训练

第一节　田径运动概述

一、田径运动的起源

田径运动是指人类从走、跑、跳、投这些自然运动发展起来的身体练习运动和竞技项目，可以分为5个部分，即竞走、跑、跳跃、投掷和全能。以高度和远度计算成绩的跳跃、投掷项目叫做"田赛"；以时间计算成绩的竞走和跑的项目叫做"径赛"；由跑、跳、投部分项目组成的，用评分办法计算成绩的组合项目叫做"全能运动"。

根据国际业余田径联合会章程第一条的解释，田径运动是由田赛和径赛、公路赛、竞走和越野赛跑组成的运动项目。我国田径运动这个词是译自英文 Track and Field。其中，Track 的中文意思为"小径"，Field 的中文意思为"田地"，合称为"田径运动"。

田径起源于生产劳动。它的产生一直要追溯到原始社会人类劳动的最初形式——采集和狩猎。在远古时代，采集和狩猎是原始社会人类的主要生产活动，他们在采集和狩猎活动中，逐步学会和发展了走、跑、跳跃、投掷、攀登和爬越等各种最基本的生产劳动和日常生活技能。在当时条件下，这些走、跑、投等技能，既是生产和生活的基本技能，也是最基本的身体活动。因此，这些基本技能是人类社会最初的体育形态，也是田径运动的雏形。

从许多文献资料上可以看出，田径与原始社会人们的采集、狩猎活动密不可分。例如，《吴越春秋》中的《勾践阴谋外传》所载的《弹歌》：断竹，续竹，飞土，逐穴（古用"肉"字，指禽兽）。这是一首原始时代的狩猎歌，它记述了几乎全部的狩猎过程，反映了原始人类在狩猎和奔跑中，跳跃，腾跃……与猛兽搏斗的场面。又如《山海经》记载的《夸父逐日》等古代神话传说，也间接地反映了狩猎时代人们对奔跑能力的重视。

随着人类生产工具的进步和生产实践经验的积累，原始人认识到，他们的速度、耐力、灵巧性和力量等身体素质的强弱决定了自身的生存状态。于是，原始人在进行必不可少的采集、狩猎技能教育的同时，开始有意识地培养上述身体素质。例如，在投掷梭镖、长矛、渔叉和石头时，为自己找到能够保证上述工具飞行远度和准确性的最有效投掷方法，发展了肌肉的力量和身体协调能力。生活在太行山西边汾河流域的人类，曾使用石球（重1千克左右）练习投掷，不但大大增强了征服猛兽和大型动物的能力，而且有效提高了身体素质。同时，原始人攻击动物时更注意发展速度、耐力和克服障碍的灵巧性等，据明代张燮《东西洋考》卷五《东番考》记载，当时处于原始部落的台湾高山族"性好勇，暇时习走，足蹋皮厚数分，履棘刺如平地，不让奔马，终日不息，纵之，度可数百里"。《清稗类钞·技勇类》中也有"台湾番人自幼习走，辄以轻捷较胜负，练习既久，及长，一日能驰三百余里,虽快马不能及……"的记载。这是中国古代关于奔跑的文献记载。同样,在世界民族史资料中也可见到有关奔跑的记载。例如,墨西哥的印第安人经常用持续追赶的方法狩猎,首先由几个有经验的人寻找鹿群,然后再持续不断地奔跑追赶,直至有的鹿精疲力竭地倒下。由此可见,当时墨西哥印第安人就有优异的奔跑速度和耐力。人类经过反复实践,在生产劳动所提供的动作原型的基础上,探索出能展现人的体能、技术,并能有效地培养身体素质的手段,即跑、跳、投等专项身体练习。随后,人类又将各种性质相同的身体练习不断地进行加工、改造和整理,逐步创造出不同的运动项目和运动方式。特别是在奴隶社会向封建社会转变的时期,新的经济、政治和文化都在激烈的阶级斗争中发生着变化,这对田径运动的发展造成了极大的影响。通过把跑、跳跃、投掷的运动形式自然地同战争和军事训练结合起来,我国古代春秋以后,以步卒为主体的野战替代了车阵战。战争的胜负除了取决于兵员的数量、精良的武器和战术的运用,同样还取决于进攻手段的运动性:"急疾捷先,此所以决义兵之胜也"(《吕氏春秋·论威篇》)。由此可见,以跑、跳跃、投掷作为军事训练主要内容的文献和实物在世界各地都可以找到。

随着人类社会的不断发展和进步,跑、跳跃、投掷逐渐作为融健身、娱乐、和平、友谊、抒发情感为一体的综合性运动项目而得以迅速发展,自发的比赛日益增多,如士兵投掷炮弹,工匠投掷铁锤,牧羊人跨越羊圈、栅栏……虽然尚无成文规则,器材也不统一,但都预示着这项运动的萌发。至今,人们仍可从现代田径运动项目中看到反映原始人身体活动基本形态特征的动作。那些与生产劳动有关联的运动项目,如障碍跑、标枪等,最终形成了田径运动的各种竞技项目。

公元前 776 年,第 1 届古代奥林匹克运动会在古希腊奥林匹亚村举行,竞赛项目只有场地跑比赛,距离为 192.27 米。以后每隔 4 年举行一届,并逐渐增加了长跑、跳远、掷铁饼、掷标枪等项目。

二、田径运动的发展

公元 394 年,罗马皇帝狄奥西多废止了古代奥林匹克运动会,田径运动竞赛被中断,在此之前古代奥林匹克运动会一共举行了 293 届。经过大约 14 个世纪(公元 394—1800 年),田径运动竞赛又重新在英国兴起。19 世纪初,职业性的赛跑、竞走和有组织的苏格兰田径运动会相继在英国出现。1850 年以后,英国大学相继展开了业余田径竞赛,并且逐步设立了正式的田径竞赛项目。1896 年,经法国社会活动家皮埃尔·德·顾拜旦倡议,恢复和召开了以田径运动项目为主要内容的、仅限男子参加的第 1 届现代奥林匹克运动会。第 1 届奥运会的田径比赛是现代田径运动开始的标志。

20 世纪,世界一些国家内部和国际间开始广泛开展田径运动竞赛。1912 年,国际业余田径联合会成立,并做出了设立田径竞赛项目世界纪录的决定。1928 年首次将女子的 5 个项目列为第 9 届奥运会田径比赛项目。国际业余田径联合会的成立极大地推动了田径运动的发展。其他国际间和世界性的田径运动竞赛也层出不穷,如 1983 年设立的每 4 年一届的世界田径锦标赛(20 世纪 90 年代以后改为每两年一届)、1985 开始每年举行的 15 场田径系列大奖赛以及每两年或 4 年举行一次的各种洲际田径锦标赛以及世界室内田径赛等,为各国田径运动员提供了大量的比赛机会。一方面,世界田径比赛规模逐步扩大,参赛国家、地区和运动员的数量越来越多,比赛竞争更加激烈,竞赛裁判组织工作越来越规范和严格,使田径竞技运动得到了空前的发展;另一方面,20 世纪以来,走、跑、跳跃、投掷等田径运动项目在世界各国的学校体育和群众体育中,也作为促进健康和增强体质的重要手段而被广泛地采用。

近年来，随着多学科理论知识的引进，田径运动训练不断科学化，运动能力和比赛能力不断增强，新技术不断出现，加上重视选材，突出专项化训练，不断加大训练负荷强度，重视营养和恢复，运动员的职业化加强和比赛次数增多，以及场地、器材、设备的改进和裁判工作的现代化等，都促使田径运动水平不断提高。与此同时，很多国家的体育科学工作者和体育教师，还在研究运用田径运动来锻炼身体的新方法，以获得最佳的健身锻炼效果，在健康长跑、大步快走等方面已取得了可喜的成绩。随着社会的进步和现代科学技术的不断发展以及人们生活水平的提高，田径健身运动也将得到更进一步的发展。

三、田径运动的特点

（一）田径运动的文化特点

田径运动的文化特征主要概括为以下几个方面。

1. 起源的地域性和民族性

体育文化的地域性是指体育文化受到地理环境的局限而呈现出的不同特征。各个地域的体育文化不可能一样，会具有各自独立的特征，反映出不同地域的民族文化风格。公元前 776 年，在古希腊奥林匹克村举行了第 1 届古代奥运会，田径运动中的赛跑、跳跃、投盘（铁饼）、投标枪就成为正式比赛项目。从田径项目的起源来看，田径运动的起源有鲜明的地域性和民族性特点。

2. 规范性

竞赛规则是竞技体育不可分割的组成部分。1914 年国际业余田径联合会首次发行了国际田径竞赛规则，田径运动的世界纪录亦于同年开始正式被承认及公布。田径竞赛规则是为田径运动竞赛而制定的统一准则或法则。田径竞赛规则的作用不仅仅在于保障田径竞赛的顺利进行，还在于促进运动员发挥运动技术水平，提高运动成绩。在统一的竞赛规则促进下，田径运动文化的形成表现出全球性的特征。

遵守竞赛规则可以使田径运动参与者的行为得到观众的认同。观众的认同是一种无形的、巨大的力量。田径竞赛规则是观众手里的一把具体的标尺，观众借助竞赛规则来把握充满自然性的田径运动世界。在田径比赛中，竞赛规则保证参赛者在同等条件下公平竞争。运动场上，人人平等，公平竞争，不允许采用不正当手段，要心悦诚服地接受优劣和差距，努力在竞争中获胜。遵纪守法、公平竞争，这是田径运动为人类文化所作的贡献。

3. 公正性

竞赛的公正性，是要求参赛者严格遵守竞赛规则，并且有统一的判罚标准。田径运动竞技要求公平、公正、公开地遵守"游戏规则"。按照竞赛规则，田径比赛的组织和举行都是按照既定不变的程序进行，对于任何参加比赛的人，这些规则都是公开的。它可以帮助参赛者迅速地参与到田径运动竞技中，使他们理解自己的比赛方式和比赛行为的意义。田径竞赛规则使个体强烈地意识到人的社会性；以及集体、社会对个体要求的强制性。

4. 器械的实用性

200多年前,英国牧羊人经常跨越栏圈,后来演变为跨栏跑。向空中飙掷石块或用扁石子向水面"打水漂",这就是投掷铁饼的雏形动作。在14世纪40年代,炮兵们常用圆球形的炮弹进行掷远比赛,而逐渐演进成推铅球运动。标枪的前身就是长矛,它是史前时代和古代人类狩猎的生产工具和进行战争的武器,因而人们用它进行掷准和投远训练,相应的比赛随之产生。古罗马史家已经记载过古代日尔曼人用长茅撑地飞身上马这种类似今天撑杆跳高的做法,在荷兰很早就有人用撑杆跳越河道,在高山地区人们撑着较长的登山杖跳越岩缝。由此可见,田径运动比赛器材的实用性与器用性特征,反映出田径运动文化与社会生活的密切相关。

5. 竞赛的展示性

田径运动各个单项都是运动员个体之间进行的竞争与较量。影响运动成绩的决定因素是运动员个体的竞技能力及其在比赛中的发挥状况。这种个体能力的发挥和展示直接反映出主体性特征。田径运动项目的个体性特征正好为主体人的个性发挥和展示提供了平台。在田径比赛中,主体人在规则范围内,可凭借自己的意志和能力充分展示自己,充分发挥个体的力与速度,展示个体的超越能力。

6. 自我超越性——"更快、更高、更强"

古代奥运会所设项目为跑、跳、投,这与"更快、更高、更强"奥林匹克运动格言不谋而合。田径运动文化的特殊性就体现在它以满足个体发展所追求的目标为基本目标,追求时间上更快、空间上更高、精神上更强。

在田径运动场上的比赛,形式上仅表现为运动员与对手的竞争,但在实质上蕴涵着三种不同层次的竞争:首先是对自我的超越,其次是超越对手,最后是对比赛纪录的超越并最终促进体育运动的发展。吉耶蔓是第一次世界大战时期的前线战士,肺部因中弹而受到严重损伤。医生曾告诫他,活过来已属奇迹,参加比赛已是不可能的事了。可吉耶蔓不仅从死神手里夺回了自己的生命,而且他参加了第7届奥运会5 000米的比赛,在强手如林的奥运会上赢得了该项目的金牌。1908年,第4届伦敦奥运会马拉松比赛中,意大利选手皮特瑞体力透支,几番跌倒又几次顽强爬起,一直坚持到离终点线仅咫尺之遥,终于还是倒下了。虽然金牌被颁给第二的美国选手,但英国王后特地颁赠给皮特瑞一只金杯,作为对其顽强的褒奖。皮特瑞那种坚忍不拔的精神为奥林匹克精神做了最好的诠释。

"更快、更高、更强"的奥林匹克格言充分表达了奥林匹克运动倡导的不断进取、永不满足的奋斗精神。其含义丰富,它不仅表示在竞技运动中要不畏强手,敢于斗争,敢于胜利,而且鼓励人们在自己的生活和工作中要不甘于平庸、朝气蓬勃、永远进取、顽强拼搏、超越自我。这是田径运动文化的特点之一。

7. 成绩的准确性和客观性

在田径运动比赛中,比赛成绩都是通过时间、高度或远度来计量的,这是对运动员竞技表现评价的重要方式,也是对运动员竞技能力的客观和直接的评价。

高精度的测量仪器为运动成绩测量的规范性和客观性提供了保障。随着现代科技的发展,田径运动中田赛的远度、高度等项目运动成绩的测量采用专门的测距仪器,综合测量精度达到 5 毫米,加上专门设计的操作软件,测量过程极其简单方便。现代田径测距软件系统可以自动实现成绩测量、现场录取编排、成绩联网发布等多项功能,满足田径运动会网络化、信息化、现代化的要求。在径赛方面,采用高速摄像机配合高精度的计时系统及高速数据采集系统,在专门的操作软件的控制和管理下,完成径赛终点图像的拍摄及分析,可以及时判定比赛成绩,并完成比赛图像和成绩的存储及联网传输。

8. 技术动作的审美性与艺术性

奥运会最初是炫耀和展示形体的场合,对人体健美的欣赏和追求在古希腊时期达到了巅峰状态。健、力、美的雄壮身躯,是当时人崇拜的目标。古希腊著名雕塑家米隆的代表作"掷铁饼者",就取材于希腊现实生活中的体育竞技活动。雕塑选择的铁饼摆回到最高点、即将抛出的一刹那,有着强烈的"引而不发"的吸引力。掷铁饼者张开的双臂像一张拉满弦的弓,带动了身体的弯曲,呈现出不稳定状态,但高举的铁饼又把人体全部的运动统一了起来,使人们又体会到了暂时的平衡。整尊雕像充满了连贯的运动感和节奏感,突破了艺术上时间和空间的局限性,传递了运动的意念,把人体的和谐、健美和青春的力量表达得淋漓尽致。虽然是一件静止的雕塑,但艺术家把握住了从一种状态转换到另一种状态的关键环节,达到了使观众心理上获得"运动感"的效果,成为后世艺术创作的典范。

田径运动中身体运动的节奏、技巧、姿态等构成体育文化语言的重要组成部分。短跑运动员的奔跑动作、背越式跳高运动员过杆的技术动作、投掷运动员最后用力的投掷与平衡动作、跳远运动员的腾起与空中技术动作等,均直观而强烈地表达了体育美和艺术美。这些无一不是艺术,无一不是美。田径运动美凝聚着速度、力量、灵巧、协调和准确,是形体与精神的完美结合。田径技术动作的审美性与艺术性,是体育文化和田径运动文化的载体与传媒。

(二)田径运动的项目特点

1. 包括人体最基本的运动技能

走、跑、跳、投是人类生活和劳动的基本技能,也是人类重要的生存技能,同样也是人体运动最基本、最普遍、最自然的活动形式。通过田径运动技术手段与方式进行健身锻炼,可以有效地提高人体的生理机能、基本活动能力和适应外部自然环境变化的能力,从而促进体质的增强、增进健康。

2. 田径运动具有严格的技术性

田径运动的项目有周期性、非周期性和混合性动作结构,不同类别的运动项目具有不同的技术特点,即使是同一类别的运动也存在其各自不同的特点。田径运动各项目动作结构不是很复杂,但对技术动作有着很高的要求。人的潜能是有限的,要想在比赛中创造更好的成绩,必须依靠先进的合理技术,即能充分发挥个人各运动环节的高度协调配合的能力,调动各运动器官的最大潜力,节约体能,在时间、空间和肌肉用力上达到高度统一。所以,促进自身技术的不断改进,使其既符合运动生物力学的合理性,同时又能与个人特点相结合,并形成个人的技术风格,这是田径运动竞技制胜的关键。

3. 田径运动是各项竞技运动的基础

田径运动有着悠久的发展历史,能为其他运动项目的发展奠定基础。竞技运动项目一般都离不开跑、跳、投等基本动作的训练,而这些是田径运动的基础。田径运动能促进人体的各种身体素质的全面有效发展。所以,很多竞技运动项目都把田径运动作为体能训练的重要手段,田径运动已成为提高各竞技运动项目运动水平的基础。

4. 田径运动员竞争激烈

田径运动有很多比赛项目,每个项目又存在着激烈的竞争。在高水平的田径比赛中,运动员必须发挥出身体极限的潜能。由于运动成绩均在极限强度里比出最快、最高、最远,为了战胜对方,形成了比体能、比心理、比战术的拼搏,可谓竞争性最强。

5. 田径运动的群众基础广泛

田径运动多是生活中的基本技能。为了提高人类的基本活动技能,健身走、健身跑、健身跳、健身投深受学校学生、机关团体、家庭和广大群众的欢迎,具有广泛的群众基础。其有这一特点,主要是因为以下几个方面的原因。

(1)田径运动可选择余地大

参加田径运动的人可根据自己的兴趣和爱好去对不同的项目作出选择,并可根据个体的身体状况和需求确定适合个人的身体练习,通过有计划、有目的的田径健身锻炼,可以明显提高个体的健康素质水平。

(2)田径运动受条件限制因素小

从事田径运动通常只要在户外有一定的活动空间,如在田野、公路、公园、广场、草地、沙滩等地,就可作为健身锻炼的场所。而且户外活动,能使人体更多地在日光、空气等自然条件中锻炼,以提高人体对外界环境的适应能力,很容易让人接受。

田径运动受时间、气候影响小,可安排在任何余暇时间进行。另外,田径项目的器材设备比较简单,参加运动时可根据条件,因陋就简,还可自行制作。

(3)田径运动的可参与性强

田径运动对于不同年龄和性别的人都是适合的,不同身体状况和健康水平的人也都能够选择适合自己的项目。在田径运动锻炼中,参与者可自行调控运动负荷,掌握运动强度,不易受到伤害,也不受参加人数的影响,大部分田径项目在短期训练后即可参加比赛。

四、田径运动的价值

(一)愉悦身心

参加田径运动对愉悦身心十分有利。在以田径运动为主的游戏和比赛中,参与者自娱自乐,其自身技术的改进、运动水平的提高都会给自身以很大的心理满足感,使身心都得到健康发展。现在田径运动赛会可以通过电视、广播等多种媒体传播,观看田径比赛不仅可以起到欣赏、消遣、娱乐和振奋人心的作用;而且观看著名田径运动员的比赛,也成为人们追求的一种精神享受。如今,国际田径联合会根据人们的需求,又开发了很多趣味性的田径运动。由于趣味性田径比赛妙趣横生,有着很强的娱乐性特征,在很多较发达的国家迅速开展起来,目前已推广到我国,这将很快成为人们愉悦身心的一种运动形式。

(二)促进身体健康

经常进行田径运动锻炼,能提高走、跑、跳、投等基本活动能力,另外,还能促进人体各器官、系统机能的发展,全面提高人的体质,促进人体健康。田径运动项目多,内容丰富,不同的运动对人体的影响也不同,表现有以下几个方面。

(1)短跑和跨栏跑可发展快速运动能力,提高极限强度下人机体器官系统的机能水平;提高人体灵活性和柔韧素质,改善中枢神经系统控制和支配肌肉活动的能力。

(2)跳跃项目运动能改善人体空间感觉机能,提高身体控制能力、平衡能,更有利于发展弹跳力、力量、速度和协调性。

(3)投掷项目能提高肌肉力量,增强人体用力的能力,有效发展人体速度、灵敏等身体素质。

(4)长距离的走跑运动,具有增强人体有氧运动能力,发展耐力素质,提高心肺功能的作用。

从上述可以看出,田径运动是一项健身价值高,增强体质健康的重要手段。

(三)培养社会教育

所有的田径运动项目都有着严格的规则和要求,能培养人遵纪守法、团结合作的精神,还有利于提高人的责任感和集体主义思想。此外,有利于形成正确的世界观、人生观和价值观。另一个方面来讲,田径运动作为各级学校体育课程的必修内容和重要教学内容,本身就是教育的手段,具有重要的教育意义。

在学校体育中,田径项目是最基础的项目。青少年经过参与田径教学和训练,能够使自身的意志品质得到培养,养成不断战胜自我的性格,促进了独立个性的完善。因此,田径运动是学校教育的重要内容,是学校实现培养目标不可或缺的一门课程。同样,田径作为终身体育的内容,对成年人也具有同样的效果。田径运动实现教育人、培养人的主要原因有以下几点。

(1)田径项目普遍具有单一动作的重复性,运动有枯燥感,能培养人的坚忍性格。

(2)田径项目的规则严密,输赢明显,能养成人的独立性和自我调控能力。

(3)田径的一些项目持续时间短,强度大,需注意力高度集中,能使人集中精力和专心致志。

(4)田径项目消耗的体力和精力较大,需有较持久的耐力,能培养人的意志品质。

(四)提高心理素质

田径运动能锻炼人的心理品质,提高人的心理素质,其主要表现有以下几个方面。

1. 提高认知能力

田径运动技能在练习中能加强人对身体本体感觉的控制,而且还要求运动员在运动过程中要对外界事物做出迅速准确的感知并加以判断,在复杂多变的条件下做出相应的回应等各种能力,因此需要运动主体综合运用身体各种感觉器官来感知动作形象、动作要领、肌肉用力程度以及动作时空关系,从而使正确完整的动作表象得以建立。

田径运动的走、跑、跳、投等各种练习有助于促进人的运动认知和运动思维的发展,有利于促进人的认知能力的提高。田径运动或简单、或复杂的动作通过多次的练习,可以强化练习者对动作的空间感知和时间顺序。

另外,长期坚持参加田径运动还能促进人知觉能力的发展,对人的大脑皮层的神经进行调节,协调中枢神经,促使大脑皮层神经过程的均衡性和灵活性加强,提高大脑皮层判断分析环境的能力,增进大脑反应,发展人的思维。

2. 增进情感体验

人的学习、工作和生活会受到情绪的影响,是人心理活动的中心。当今社会变化多端,生活节奏快,竞争加剧,人心理负荷也不断加大。面对强大的心理压力,要保持良好情绪,并驾驭情绪是现代社会中人成熟情感的表现方式。事实表明田径运动可以改善人们的情绪状态,提高人调节情绪的能力。

田径运动中,人们要不断挑战自我,有事也会与同伴比较和合作,从而体验情感。长期坚持田径运动,能够使人的情感体验强烈而又深刻,使情感在成功与失败、进取与挫折中共存,欢乐与痛苦、忧伤与憧憬中相互交织;能使积极情感和消极情感快速转化,丰富情感体验。从而,能够有利于促进人的情感成熟,有利于促进情感自我调节能力的提高。

3. 培养意志品质

培养人的意志的方法有很多,田径运动就是众多方法中的一个主要手段。田径运动的锻炼身体负荷量大,常常需要运动者达到身体极限,有时还能造成心理上的疲劳。所能够提高并磨练人的意志品质。

田径运动中,人们需要用顽强的毅力来克服肌肉酸痛,坚持到底;在激烈的活动中,需要理智地分析情况,抵御环境干扰,克服抑制消极情绪;要不被困难压倒,也不为成功所陶醉,始终把握目标和方向。从而有助于培养坚强的意志品质。

竞争中获胜时,不骄不躁,努力争取更好成绩;失败时,振奋精神,苦练以便于战胜自我。从而有助于培养不畏苦、不怕难,勇敢顽强的意志品质。

(五)体现竞技实力

田径运动在大型运动会中奖牌和参赛人数都比较多,是一个国家衡量竞技体育整体实力的重要标准。田径竞技主要通过走、跑、跳、投的角逐来比速度、力量和灵敏,很少与他人合作。竞技结果全在乎个人身体和心理能力。因而,它是从事各项竞技运动的基础,一直被列为发展竞技体育重点选择的项目,竞技功能强大。

竞技体育是社会文化生活不可缺少的组成部分,每年在国际和国内举行的田径比赛很多,如先前的田径世锦赛、世界杯赛,之后又增加了大奖赛和黄金联赛等多种精彩的比赛,吸引了很多人的关注。在奥运会等大型综合性的体育运动会上,田径项目奖牌数最多,对整个比赛的影响最大,故有"得田径者得天下"之说。

此外,田径运动是奥林匹克"更快、更高、更强"的口号的主要来源。田径竞技运动向人体极限挑战也标志着人体生命科学等领域达到较高水平,田径运动竞赛是竞技运动中公平竞争的典范,运动员创造的精神和运动美是激励人们欣赏体育的源泉。另外,刘翔、约翰逊、刘易斯、博尔特等著名的田径运动员所产生的明星效应,对提高田径运动的商业价值,激活田径竞赛市场,促进田径竞技运动按产业化方式运作,也起到了积极的推进作用。所以,田径竞技运动的功能很多,其不仅可以促进田径运动的普及开展,使国内和国际间的交往不断加强,还可以促进国家威望的增加,使民族精神得到振奋。

(六)提高社会适应能力

现在社会竞争十分激烈,因此要求人必须具备一定的竞争能力。田径运动中的成功经验能使人的自尊心增强,激起人奋发向上。除了竞争之外,还要求人学会合作。很多的项目中都会需要和同伴协作配合,从而有助于提高群体凝聚力,培养个人的团结协作精神。

田径运动也同样能使人在各种不同的运动中体会竞争和合作。另外,还能让人在运动中体验成功,培育自信;或者在失败中磨炼意志,从而提高社会适应能力。

第二节　田径专项体能训练的要求

一、训练内容要突出重点

在进行田径专项训练育比赛时,首先要奠定全面发展的体能素质基础,以利于田径专项训练的深化发展。在全面发展的同时,也要因人而异、因地制宜,有所侧重,根据学生的具体情况和田径专项比赛的需要,全面而有重点地进行体能训练。

二、结合专项特点进行训练

在发展学生的体能素质时,体能训练应紧密结合田径运动项目的技术进行,使体能训练获得的训练效果与田径专项技术有机地联系在一起,使之能够在比赛中通过技术的形式充分地发挥出来。体能训练的手段的选择和运用是使体能训练与技术训练紧密结合的关键,田径专项体能训练的内容安排和训练手段的选用,不仅要突出田径专项特征、在表现形式上尽量与专项技术动作相一致,而且要充分考虑身体练习的生物力学等特征,以利于体能训练的效果以技术的形式体现在训练和比赛中。

三、合理分配一般和专项训练

从一般体能训练和专项体能训练的关系可以看出,一般体能训练所发展的机能潜力是专项训练发展的基础条件,它可以促进专项运动素质的发展,为技术训练水平的提高打下良好的机能基础,弥补因专项训练而对身体发展所造成的局限性。但一般身体训练没有突出的特点,不能代替专项体能训练,尤其是在进行运动项目高水平训练时,只有强化发展专项身体训练,才能够提高专项比赛的运动能力。因此,在田径专项体能训练过程中,应根据学生训练过程的不同发展阶段和年度训练各时期、各阶段对体能训练的要求,对一般身体训练和专项身体训练作出合理的安排,使学生的运动素质和身体机能得到良好的发展,并达到满足田径专项比赛对体能的要求。

四、训练要有系统的评价系统

在体能训练过程中,要经常对训练者的身体运动能力进行定期或者不定期的测验,反映体能训练的结果。通过训练信息的反馈,运用量化分析和定性分析,评定体能训练是否达到了预期目标,清楚了解运动素质和机能水平已经具备专项所需程度或已经达到特定阶段应具备的状态,运动素质或机能水平是否达到了目标要求,找出体能训练系统的不足之处,加以完善,从而为运动员体能训练的组织和实施以及体能训练过程的控制,提供科学的依据,避免训练的盲目性。

第三节 田径专项体能训练的方法

一、田径走跑类体能训练

(一)走跑类项目力量素质训练

1. 竞走力量训练

(1)髋部训练

①髋左右上下动

站在 30 厘米的岛台上,一条腿支撑,另一条腿悬空。悬空腿屈膝上提,使该侧髋高于支撑腿一侧的髋。然后下垂到最低点,低于支撑腿一侧的髋。两腿交替进行训练。

②原地转髋跳

原地跳起,在空中快速左右转动髋部。

训练过程中,应注意保证髋的水平转动,逐步提高跳起的高度和转髋的次数。

(2)下肢训练

①踝屈伸跳

双腿直膝跳起后足尖翘起,进行重复练习。

训练时注意双腿要直膝跳起和落地。

②沙地竞走

两臂自然配合摆动,着地瞬间保持直膝。脚跟着地后迅速滚动至前脚掌,充分后蹬。

(3)直膝训练

①直膝大步走

左腿直膝向前迈步,以足踵滚动着地至前脚掌。当身体重心前移超过支撑点的垂直部位时开始后蹬。在后蹬即将结束瞬间,右腿直膝向前迈步,两腿交替前进。

训练过程中,在脚着地至离地之前,膝关节不能弯曲;髋沿身体纵轴转动,两臂前后自然摆动。

②体前屈直膝大步走

上体前屈与地面平行,左腿直膝向前迈步,以足踵滚动着地至前脚掌。当身体重心前移超过支撑点的垂直部位时开始后蹬。在后蹬即将结束瞬间,右腿直膝向前迈步,两腿交替前进。

训练过程中,在脚着地至离地之前,膝关节不能弯曲;髋沿身体纵轴转动,两手协同分别触足内侧。

2.短跑和中长跑项目力量训练

（1）直腿跑

膝关节伸直跑进,脚尖翘起。训练时要注意用前脚掌与地面的快速接触,髋部肌群用力向前"拉"动身体。

（2）原地快速高抬腿

以短跑动作前后摆臂进行原地快速高抬腿,肘关节弯曲约 90°。前摆手摆到约肩部高度,后摆手摆到臀部之后。大腿摆到与地面平行的姿势。

训练时摆臂动作不应越过身体中线,上体要保持正直。

3.跨栏跑力量训练

（1）负重上台阶高摆腿

肩负杠铃,双手扶杠铃杆,用起跨腿蹬上 30～40 厘米高的台阶。摆动腿向上摆动。训练时应采用适度重量的杠铃,动作应做到自然连贯。

（2）摆动腿攻栏

面向墙站立,摆动腿迅速向前摆动高抬,脚抵在墙面上。同时,身体前倾,摆动腿的对侧手扶墙。训练时动作应做到迅速连贯。

（3）起跨腿过栏

①原地起跨腿过栏:距肋木 1～1.2 米处放一栏架。起跨腿靠近栏架一侧站立,栏架横放,双手扶肋木。上体前倾、两眼平视。摆动腿和栏架齐平站立做起跨腿提拉练习。

②快慢跑过栏:慢跑或快跑过 3～5 个栏,栏间距离 7～8 米,栏间跑 5～3 步。

③起跨腿小腿系沙袋过栏:双手扶肋木,躯干前倾,起跨腿在体侧的栏架上持续进行过栏动作。支撑腿放在栏架一侧稍前的位置。

（二）走跑类项目速度素质训练

1.折叠腿大步走

以短跑的身体姿势和摆臂动作大步走。摆动腿高抬并充分屈膝,脚靠近臀部,并且翘脚尖（图 11-1）。此方法可以提高学生脚的动作速度。

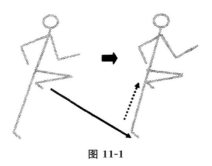

图 11-1

在练习时,要求学生当摆动腿抬至最高位置,后蹬腿支撑脚底部肌群用力屈踝快速蹬地。

2. 踮步折叠腿大步走

与折叠腿大步走相同,但后蹬腿需加上踮步。身体腾空时摆动腿充分折叠(图 11-2)。此方法主要是用来发展学生快速屈髋和伸髋的能力,提高踝关节紧张度。

练习时,要求学生脚部快速落地,但不要发出声音,强调踝关节的紧张度。

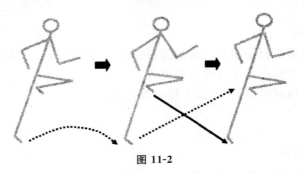

图 11-2

3. 踮步高抬腿伸膝走

与折叠腿大步走相同,但在高抬摆动腿后需在身体前充分伸膝,同时还要加上踮步(图 11-3)。此方法可以有效提高学生快速伸髋和大腿后部肌群的快速发力能力。

练习时,要求学生摆动腿的脚下落时扒地,推动髋部向前。

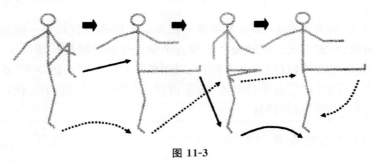

图 11-3

4. 踮步折叠腿大步走拉胶带

在两个踝关节上系胶带,胶带的另一端固定于地面。与踮步折叠腿大步走动作相同,完成快速练习(图 11-4)。此方法可以提高学生的步频,提高快速伸髋和折叠膝关节能力。

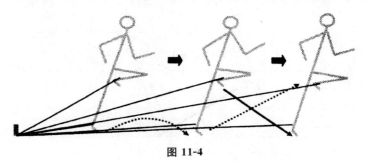

图 11-4

学生在练习时,要注意它所强调的腿部爆发式伸髋和下落扒地动作,迅速推动髋部向前。

5. 踮步高抬腿伸膝走拉胶带

在两个踝关节上系胶带,胶带的另一端固定于地面。与踮步高抬腿伸膝走相同,完成快速练习(图 11-5)。此方法可以有效增加学生的步长和步频,提高快速伸髋能力和固定踝关节肌群的紧张度。

在练习时,它强调腿的爆发式伸髋和下落扒地动作,迅速推动髋部向前。

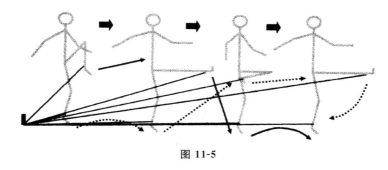

图 11-5

6. 拖降落伞跑

学生在腰部系一绳索拖一个小降落伞进行跑动练习(图 11-6)。这样可以提高学生跑进速度力量和爆发力,增加步长。

在练习时,降落伞应保持在学生身后 3～4 步距离,以增加阻力。

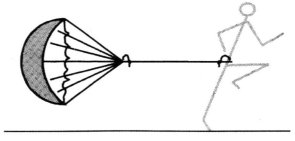

图 11-6

7. 沙滩跑

学生在沙滩上做快慢交替自由跑,每组 500～1 000 米,也可穿沙背心跑,速度变化和要求可因人而宜(图 11-7)。此方法可以有效提高学生跑进中的速度力量和髋部力量。

要求学生在每次训练中,以 50% 左右的强度进行 4～6 组的练习,每组练习的间歇时间为 10 分钟。

8. 前倾起跑

学生双脚并拢站立,前倾身体直至失去平衡,而后以最快速度加速(图 11-8)。此方法可以提高学生起跑时的腿部动作速度和身体加速时的适当前倾。

练习时，要求学生在起跑后，继续跑 15～20 米。

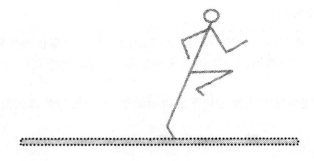

图 11-7

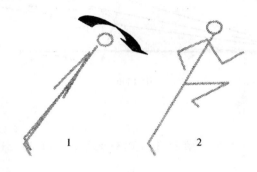

图 11-8

9. 助力起跑

学生和同伴之间相距 3～5 米，二人在腰部系一胶带，前后拉紧连接起来起跑（图 11-9）。此方法可以提高学生起跑时腿的快速折叠能力和步频，突破速度障碍。

练习时，学生进入自己选择的"预备"姿势后，听命令在胶带助力牵引下完成起跑动作。

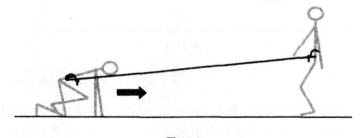

图 11-9

10. 弓箭步纵跳

从弓箭步姿势开始，垂直跳起。以开始姿势落地，重复练习，然后双腿位置交换练习（图 11-10）。这样可以提高学生髋部动作速度和增加步长。

练习时，注意后部膝关节不接触地面，重复时无停顿。双手叉腰或摆动协助双腿用力。

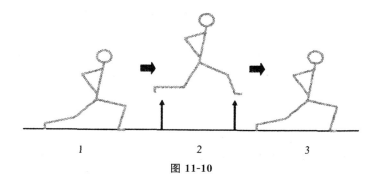

图 11-10

二、田径跳跃类体能训练

(一)跳跃类项目力量素质训练

1. 背越式跳高力量训练

(1)助跑

首先,在不同半径的圆中逐步缩小半径练习助跑加速;其次,由直线转入逐步缩小半径的弯道跑;再次,面对横杆和海绵垫沿弧线助跑。根据该训练方法进行反复练习。

训练时应注意动作要轻松自然、逐渐加速以及高抬大腿。同时还要注意保持好身体的重心、节奏和动作幅度,并且做到整体动作过程流畅、连贯。

(2)助力起跳

腰部系两根弹力胶带,胶带另一端系在身体上方(图 11-11)。根据该方法训练快速向上跳起。

(3)挺身展髋

原地挺身展髋、双脚连续起跳挺身展髋(图 11-12)。根据该训练方法进行反复练习。

图 11-11　　　　　　　　　　图 11-12

(4)垫上送髋成桥

仰卧垫上送髋至高于肩,保持 2～3 秒(图 11-13)。根据该训练方法进行反复练习。在训练过程中,用手握住踝关节进行训练,以达到理想的训练效果。

(5)悬垂摆腿

双手抓住肋木身体悬垂,摆动腿向身体对侧的上方迅速摆动(图 11-14)。根据该训练方法进行反复练习。如果想增强训练效果,可以在摆动腿的脚或小腿上负重进行训练。

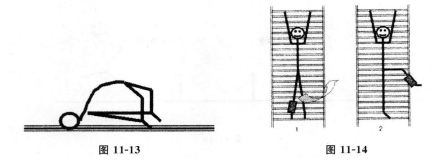

图 11-13　　　　　　　　　　图 11-14

（6）橡皮筋过杆

背对橡皮筋原地起跳越过橡皮筋（图 11-15）。根据该训练方法进行反复练习。训练时要想取得较好的训练效果,需要注意以下两方面内容。

一是要求两脚开立与肩同宽,蹬地摆臂协调配合。

二是动作要准确、到位,充分向上送髋展体,肩背着垫。

（7）肋木提髋

双手抓住肋木,由同伴固定双脚,迅速提髋形成身体满弓（图 11-16）。根据该训练方法进行反复练习。在训练过程中,提髋的速度要快,动作幅度要大。

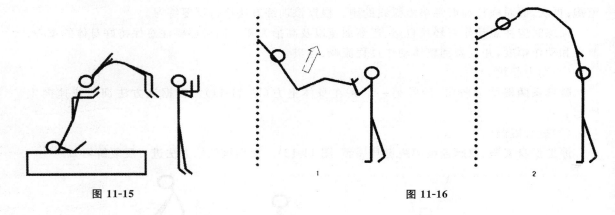

图 11-15　　　　　　　　　　　　图 11-16

2. 撑竿跳高力量训练

（1）上一步起跳竿上悬垂摆体

把竿子插入沙坑,撑竿放在右肩上,右手握竿。摆动腿在前,起跳腿在后,上体稍弓身向前。前迈起跳腿,同时右手将竿举到头前上方。左手很快握住撑竿并做出起跳将身体悬垂在竿上,向前摆体落入沙坑（图 11-17）。根据该训练方法进行反复练习。

（2）垫上仰卧收腹举腿倒立推手

在垫上仰卧,臂肘部提起,双手掌心向下在头两侧接触垫子。收腹举腿,推手伸臂成倒立姿势后,面向垫子双脚落地（图 11-18）。

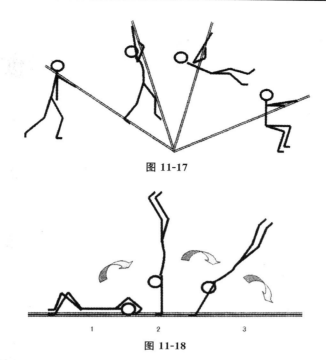

图 11-17

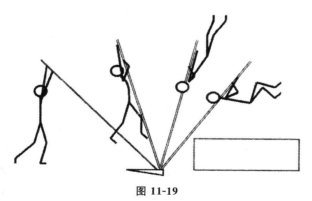

图 11-18

（3）短助跑起跳竿上悬垂摆体举腿

短助跑把竿子插入穴斗，双手握住撑竿做出起跳、身体竿上悬垂和举腿。向下摆体落入海绵包（图 11-19）。根据该训练方法进行反复练习。

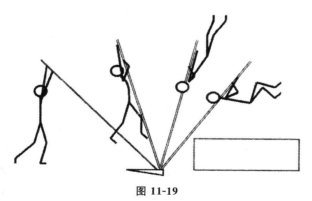

图 11-19

（4）拉引转体技术训练

顺势悬垂摆体，收腹后仰举腿，做出拉引转体动作（图 11-20）。根据该训练方法进行反复练习。

（5）上一步竿上悬垂

两手握竿举放在额头前上方，竿头抵住地面。向前迈一步起跳。身体垂于竿上。根据该训练方法进行反复练习。

（6）跳箱上过杆推手

斜对跳箱盖和跳高架调整步点助跑 3～4 步，起跳腿蹬伸后做侧手翻。两手压落在跳箱盖上，收腹屈体过杆（图 11-21）。根据该训练方法进行反复练习。

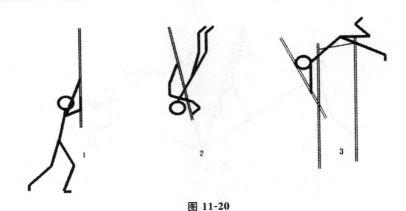

图 11-20

（7）吊绳悬垂摆体举腿

右手在上、左手在下将身体悬垂在吊绳上，身体向上屈腿、团身。伸展身体在绳上成倒立姿势（图 11-22）。根据该训练方法进行反复练习。

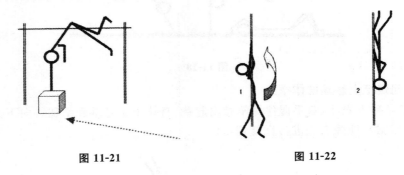

图 11-21　　　　　　　　　　　　**图 11-22**

3. 跳远力量训练

（1）起跳腿着板

起跳脚快速以全脚着板。起跳脚着地点在身体重心投影点的前方约 30～40 厘米处（图 11-23）。根据该训练方法进行反复练习。

（2）起跳形成腾空步

摆动腿折叠向前上方摆至水平面，两臂配合腿的动作向前后或前侧摆至与肩同高。起跳腿充分伸直，形成一个起跳的腾空步动作（图 11-24）。根据该训练方法进行反复练习。

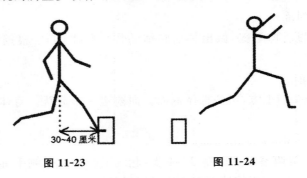

30～40 厘米

图 11-23　　　　　　　　**图 11-24**

（3）走 3～4 步上台阶起跳

通过高 20 厘米左右的台阶进行起跳训练。放脚要快，摆动腿折叠向前摆出，起跳腿的蹬伸动作在慢速中完成，以体会动作。起跳腿蹬伸充分后摆动腿自然顺势下落着地（图 11-25）。根据该训练方法进行反复练习。

（4）负重原地快速摆腿

原地站立，摆动腿屈膝向前快速摆动，两臂协调配合摆动（图 11-26）。根据该训练方法进行反复练习。

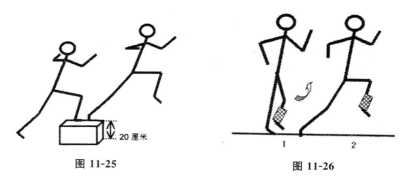

图 11-25　　　　　　　　　　　　　　图 11-26

（5）上步起跳上跳箱盖

用一个斜面踏板和一个跳箱盖，以摆动腿支撑在斜面上，起跳腿迈一步在地面上接起跳。以摆动腿落地跳上跳箱盖（图 11-27）。根据该训练方法进行反复练习。

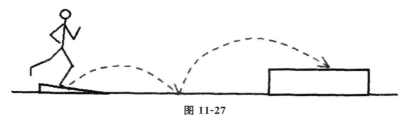

图 11-27

4. 三级跳远力量训练

（1）单脚落地

以髋发力，大腿积极下压，小腿自然前伸。然后加速向下做摆动式扒地，以全脚着地，落地点接近身体重心投影点（图 11-28）。根据该训练方法进行反复练习。

图 11-28

(2)单足跳越过障碍

短助跑接连续单足跳越过低的障碍物(图11-29)。根据该训练方法进行反复练习。

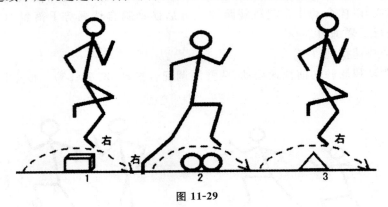

图 11-29

(二)跳跃类项目速度素质训练

1.跳上跳下

目的:发展学生的弹跳速度。

准备:一米高跳箱两副,平行摆放在跳远沙坑前。

方法:将参与的学生分成人数相等的两组。列纵队站立在跳箱前。组织者发令后,排头用双脚跳上跳箱后,向前跳下落入沙坑,再用双脚跳的方式跳出沙坑,跳出沙坑落在地面后,本组第二名参与者重复第一人的动作。依次练习,全组每人进行一次,先完成的组为胜。

规则:

(1)第一人跳出沙坑后,第二人才能跳上跳箱。

(2)跳上、跳下必须采用双脚跳。

(3)往上跳时双手触摸跳箱者退回重新起跳。

2.跳跃躲竿

目的:发展学生的弹跳速度。

准备:平坦场地一个,一根长4.5米的竹竿,竿头套一根长1米的皮管,画一个半径为5米的圆圈场地。或用竹竿旋转一圈,参与者站在竿头里侧。

方法:学生面向圆心站在圆圈上,相互之间约1～1.5米的间隔。组织者位于圆心,手持竹竿一端,将竹竿抡起平行于地面转动,使竹竿上的皮管通过每个参与者脚下,参与者跳跃躲竿。竿的转速快慢酌情掌握。要逐渐提升竿的高度,以增加难度。参与者碰着、踩住皮管,影响了游戏的正常进行,判为失败。

规则:

(1)不得离开圆圈站立,必须让皮管完全从脚下通过。

(2)可用不同方式跳跃躲竿。

三、田径投掷类体能训练

（一）投掷类项目力量素质训练

1. 推铅球专项力量训练

（1）背向滑步推铅球力量训练
①预摆与"团身"

持球姿势站稳后，上体前倾，左腿向后上方抬起，左臂自然下垂。待身体平稳后，右腿弯曲，左腿收回靠近右腿，形成"团身"姿势。按照上述方法进行反复练习。

②背向原地推铅球

在侧向原地推铅球的基础上，两脚左右成"外八字"开立，加大躯干向右转的幅度。推球前上体背对投掷方向（图11-30）。按照上述方法进行反复练习。

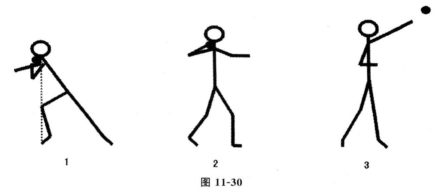

图 11-30

③拉收右腿

从摆动腿的摆动练习结束姿势开始拉收右腿，形成最后用力预备姿势（图11-31）。按照上述方法进行反复练习。

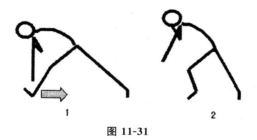

图 11-31

④摆动腿摆动

成"团身"姿势，然后臀部稍向后移，接着左腿以大腿带动小腿向身体后下方向摆出，带动身体向投掷方向移动。此时上体仍保持团身时的姿势。按照上述方法进行反复练习。

⑤双手接推实心球

面对抛掷方向，双脚前后开立，双手胸前接同伴传来的实心球。接球后顺势下蹲、后移重心，把实心球引到靠近胸部。向前蹬腿,向身体前上方双手推回实心球给同伴,按照上述方法进行反复练习(图 11-32)。

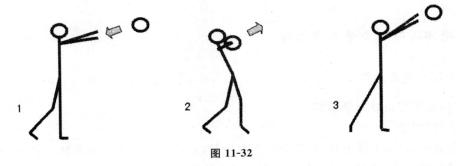

图 11-32

⑥原地推壶铃

投掷臂持壶铃腹侧于肩上,成最后用力前预备姿势。以右腿、右髋迅速发力将壶铃推出(图 11-33)。按照上述方法进行反复练习。

图 11-33

⑦原地拉胶带

将 2～3 米长胶带一端固定于地面位置,面对胶带,两脚前后开立(右前左后)约一肩半宽,右手握住另一端。降低重心,体重压在弯曲的右腿上。左肩和右膝大约在同一垂直线上。右腿和右髋发力带动躯干和右臂向投掷方向转动,以胸带臂拉引胶带模仿推球动作。恢复开始姿势并按照上述方法进行反复练习(图 11-34)。

图 11-34

⑧仰卧起转体推拉胶带

坐在横向的鞍马上,左脚在上、右脚在下固定在肋木间,投掷臂手握胶带固定于颈侧。身体后仰并尽量向后转动躯干,腰腹部和胸部肌群依次用力做出向身体前上方的转体推球动作。躯干下摆依此训练方法进行下一次重复练习(图11-35)。

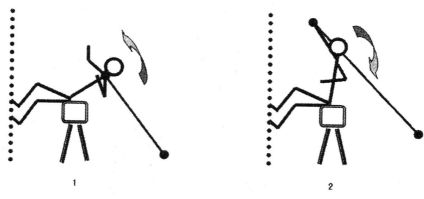

图 11-35

(2)背向旋转推铅球力量训练

①抱头旋转

双手交叉放在头后,上体前倾约与地面平行、低头。快速旋转1~15秒,紧接着沿一直线走8~10米(图11-36)。按照上述方法进行反复练习。

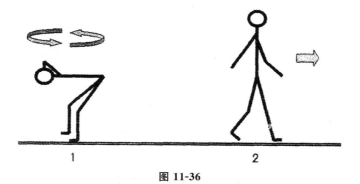

图 11-36

②双手接实心球体侧抛

面对抛掷方向,双脚前后开立,双手胸前接同伴传来的实心球。接球后顺势下蹲,并向体侧转体,形成身体"扭紧"姿势。向前蹬腿、送髋、转体和挥臂,向身体前上方抛回实心球,按照上述方法进行反复练习(图11-37)。

③杠铃抡摆

将杠铃无片一端顶住一穴斗状固定物,两脚左右开立约一肩半宽。双手握住杠铃另一端,并直臂上推于头前上方。转体,直臂下摆杠铃并顶在身体一侧。腿、髋、躯干发力带动双臂向上回摆杠铃至最高点后,再转体。直臂下摆杠铃并顶在身体另一侧。按照上述方法进行左右侧重复练习(图11-38)。

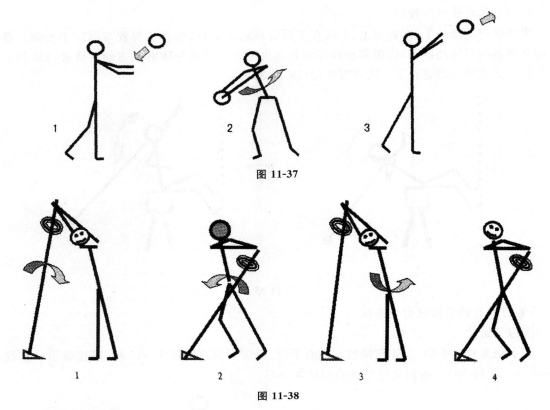

图 11-37

图 11-38

④持铅球连续旋转

双脚前后开立,左脚在前。右脚迅速前摆、落地并积极转动,身体重心充分压在右腿上。左脚积极落地支撑,进入最后用力预备姿势。保持低重心,使双脚重新前后开立,进行下一次连续练习(图 11-39)。

图 11-39

⑤扶栏杆转髋

两脚前后(左前右后)约肩宽开立,上体微微前倾、左转斜对栏杆,双手扶住栏杆上缘。右脚抬起向前绕弧线摆动,左脚蹬离地面,协助骨盆迅速转动。随转身和右脚内旋落地后,左脚及时绕到右脚前落地。恢复预备姿势按照上述方法进行反复练习(图 11-40)。

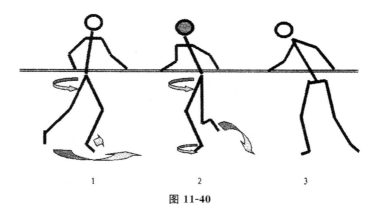

图 11-40

2. 掷铁饼专项力量训练

（1）摆饼

左脚在前,双脚前后开立,投掷臂放松下垂。以肩为轴在体侧前后重复摆动(图 11-41)。按照上述方法进行反复练习。

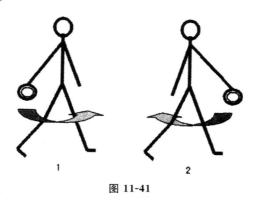

图 11-41

（2）滚饼

左脚在前双膝微屈,前后开立。身体前倾,投掷臂放松下垂,在体侧前后摆动。当铁饼摆到身体前最远处时,由小指到食指依次拨饼,铁饼从食指末节离手(图 11-42)。按照上述方法进行反复练习。

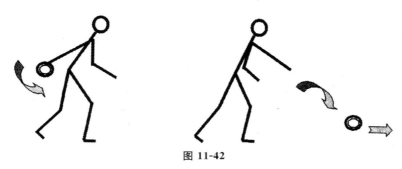

图 11-42

（3）正面原地掷铁饼

面对投掷方向两脚左右开立,将铁饼向身后摆动。躯干向右后方扭转,双腿微屈并降低身体重心。随铁饼回摆动作蹬伸双腿并前送右髋,带动投掷臂将铁饼掷出(图 11-43)。按照上述方法进行反复练习。

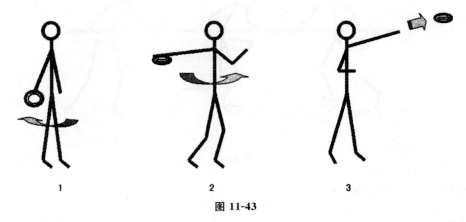

图 11-43

(4)原地连续挥片

在身体充分扭紧姿势下开始发力动作。以右腿、右髋的转动为主。投掷臂充分伸展大幅度摆动(图 11-44)。按照上述方法进行反复练习。

图 11-44

(5)侧向原地掷铁饼

身体左侧对投掷方向,两脚自然开立。完成预摆时身体重心移向右腿,并降低重心。右腿向投掷方向蹬转发力送髋,带动上体和投掷臂将铁饼掷出(图 11-45)。按照上述方法进行反复练习,以实现理想的训练效果。

图 11-45

（6）仰卧单臂挥片

将双脚固定，坐在山羊上转体后仰下摆铃片，躯干充分扭紧（图 11-46）。按照上述方法进行反复练习。

图 11-46

（7）原地鞭打标志物

右手持小竹条，从最后用力预备姿势开始最后用力动作，鞭打标志物（图 11-47）。按照上述方法进行反复练习。

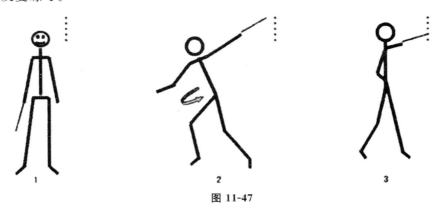

图 11-47

3. 掷标枪专项力量训练

（1）对墙反弹球

投掷臂手持带球，非投掷臂手扶墙面。双脚左前右后开立，左脚尖离墙约 20 厘米。向头上方墙面鞭打带球。当球反弹，恢复预备姿势，按照此训练进行下一次练习（图 11-48）。

（2）鞭打小竹条

手持小竹条，进行原地、短助跑和全程助跑鞭打练习（图 11-49）。

（3）站立头后拉杠铃

背靠在横向长凳或山羊上，双手持握轻杠铃于头上方，双脚前后开立于地面。向头后沿半圆路线下降杠铃，同时向上提髋。也可以仰卧在长凳或山羊上练习。身体下振，借助反弹以胸带臂快速上拉，按照上述方法进行反复练习（图 11-50）。

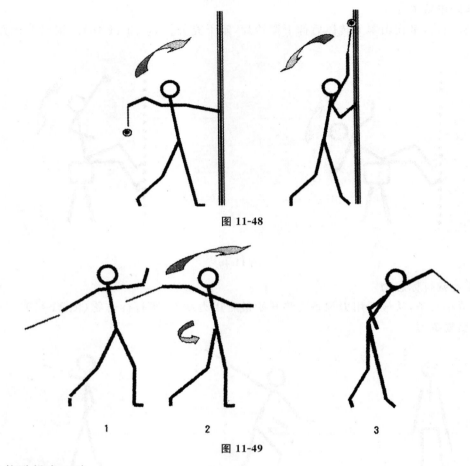

图 11-48

图 11-49

（4）仰卧投实心球

开始姿势仰卧于垫子上，背部垫一个实心球。直臂双手持实心球后摆，充分挺胸。迅速向前上方抛出实心球（图 11-51）。

图 11-50

图 11-51

（5）短助跑单手投小球

手持 300 克以下小球，三步、五步或短助跑结合投掷步技术投掷（图 11-52）。

图 11-52

4．掷链球专项力量训练

（1）预摆

①徒手做预摆模仿练习。

②双手持实心球做预摆。

③左手或右手持较轻的链球做预摆。

④双手持链球或沙袋行进间做预摆（图 11-53）。

⑤双手持轻链球或标准链球做预摆蹲起。

⑥双手持标准链球做预摆。

按照上述方法进行反复练习。

训练时要注意以下两点。

第一，骨盆向器械运行的反方向移动，动作逐渐加快。

第二，链球顶端尽量远离身体，加大幅度。

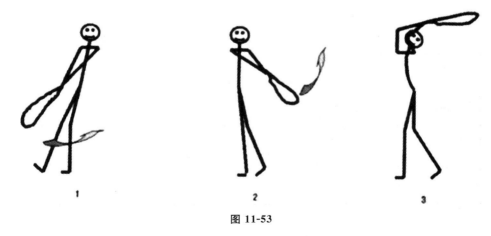

图 11-53

（2）侧向投壶铃

背对投掷方向，稍做预摆后从身体左侧迅速将壶铃向投掷方向抛出（图 11-54）。按照上述方法进行反复练习。

图 11-54

（3）持重链球连续抡摆

持加重链球连续抡摆 10～20 周（图 11-55）。

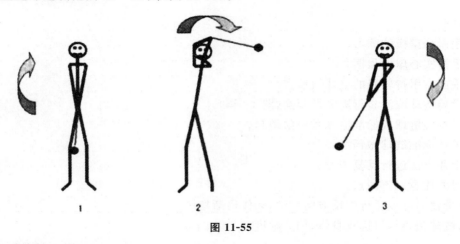

图 11-55

（4）负重旋转一周

双手持杠铃片于头后肩上进行旋转一周练习（图 11-56）。依据此训练进行反复练习。

（5）脚尖拨铃片旋转一周

徒手成进入旋转预备姿势,在左脚尖的左侧地面放一个杠铃片。进入旋转时用左脚尖将杠铃片迅速拨开后旋转一周,按照上述方法进行反复练习（图 11-57）。

图 11-56   图 11-57

（二）投掷类项目速度素质训练

1. 连续左右转髋

双臂侧平举，双脚左右开立，以前脚掌支撑身体。右脚通过左脚前方向身体左侧移动落地（前交叉步），还原开始姿势。右脚通过左脚后方向身体左侧移动落地（后交叉步），还原开始姿势。重复练习。此方法可以发展学生的骨盆、髋部和双脚的动作速度和灵活性。

练习时，要求学生上体始终朝同一方向，尽量用骨盆转动和下肢移动快速完成动作。可以加快动作速度或加大幅度练习，也可以根据专项需要反方向练习。

2. 连续交叉步

双臂侧平举，双脚左右开立以前脚掌支撑身体，身体快速向侧移动。右脚通过左脚前方向身体左侧移动落地（前交叉步），还原开始姿势，重复练习。此方法主要发展学生骨盆、髋部和双脚的动作速度和灵活性。

练习时，要求学生身体侧对、双脚始终朝向移动方向，尽量用骨盆和下肢快速完成动作。可以加大动作速度或幅度练习，也可以根据专项需要反方向练习。

3. 绳梯 180°转体跳

身体半蹲，双脚左右开立，以前脚掌支撑身体，每只脚站在一个格子里。身体跳起在空中转体 180°，双脚各落在前面的格子中。身体跳起向反方向在空中转体 180°，双脚各落在前面的格子中。重复练习（图 11-58）。此方法可以发展学生骨盆、髋部和双脚的动作速度、灵活性，以及周边视觉能力。

练习时，要求学生身体始终向绳梯的同一方向移动。尽量用骨盆和下肢快速完成动作。

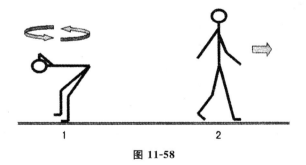

图 11-58

第十二章 大学生游泳专项体能训练

第一节 游泳运动概述

一、游泳运动的起源与发展

(一)游泳运动的起源

早在远古时代,居住在江、河、湖、海一带的人为了生存,必然要在水中捕捉水鸟和鱼类等水生物,把它们作为食物。他们通过观察和模仿鱼类、青蛙等动物在水中游动的动作,逐渐学会了游泳。因此,游泳是在社会发展的过程中,在征服自然和改造自然界的斗争中产生的。随着人类社会的不断发展,游泳运动还被扩展到军事、生产劳动、娱乐等诸多方面。

(二)游泳运动的发展

1. 近代游泳运动的发展

19世纪中期和20世纪初,近代游泳运动在英国和澳大利亚等国出现,并随之逐渐发展起来。1828年,英国在利物浦乔治码头修造了第一个室内游泳池,这种泳池到19世纪30年代,在英国各大市城相继出现。1837年,在英国伦敦成立了第一个游泳组织,同时举办了英国最早的游泳比赛。1869年1月,在伦敦成立了大城市游泳俱乐部联合会(现英国业余游泳协会前身),游泳作为一个专门的运动项目正式固定下来,并随之传入各英殖民地,继而传遍全世界。

1896年,在希腊举行的第1届奥林匹克运动会上,就开始把游泳列为竞赛项目之一,设有男子100米、150米和1 000米自由泳3个项目。以后又陆续增加了仰泳、潜泳(后来改为蝶泳)、蛙泳和接力等项目。1908年,在英国举行第4届奥林匹克运动会时,成立了国际业余游泳联合会,审定了各项游泳的世界纪录,并确定了国际游泳比赛规则。1912年,在瑞典斯德哥尔摩举行第5届奥林匹克运动会时,又把女子游泳列为比赛的项目。随着世界游泳运动技术水平的迅速提高,参加竞技游泳运动的人数不断增加,游泳运动员的选材、教学训练和场地器材设备,逐步向现代化、科学化发展。第1届奥运会游泳比赛只有3个项目,到第27届奥运会时已发展到了31个项目。

从1971年开始,每两年举行一次世界游泳锦标赛,包括竞技游泳、跳水、花样游泳、水球等项目。此外,国际游泳联合会还决定举办两年一度的世界杯游泳比赛,以保证每年都有一次大型世界游泳比赛。

2. 我国游泳运动的发展

竞技游泳于 19 世纪末由欧美传入我国,当时主要在广东、福建、上海等地流行,但技术低,发展缓慢。1912 年,我国首次参加由菲律宾发起组织的菲律宾、中国、日本三国参加的远东运动会游泳比赛,这是我国第一次参加在国外举行的国际游泳比赛。

新中国成立后,党和政府十分重视游泳运动的发展,将游泳列入全国重点运动项目,促进了全国广大城乡群众性游泳运动蓬勃发展。随着群众性游泳活动的广泛开展,各级各类的训练网点不断建立,竞赛制度逐渐完善,我国游泳运动水平迅速得到了提高。1953 年在莫斯科举行的第 1 届世界青年联欢运动会的游泳比赛中,吴传玉获得男子 100 米仰泳冠军,这是新中国获得的第一个国际游泳比赛冠军。1957 年至 1960 年间,我国著名运动员戚列云、穆详雄、莫国雄 3 人,先后 5 次打破男子 100 米蛙泳世界纪录。20 世纪 80 年代后,我国的游泳水平显著提高,尤其是女子短距离项目,多次在世界大赛上夺得冠军,1992 年在巴塞罗那奥运会上,庄泳、钱江、林莉、杨文意分别获得女子 100 米自由泳、100 米蝶泳、200 米混合泳、50 米自由泳冠军,乐靖宜在亚特兰大奥运会上获女子 100 米自由泳冠军;1993 年 12 月,首届世界短池游泳锦标赛,我国夺得包括接力在内的 10 个项目的金牌,刷新 9 项世界记录,成绩辉煌,震动了世界泳坛;在 2004 年第 28 届奥运会上,罗雪娟摘得女子 100 米蛙泳金牌。2006 年多哈亚运会上吴鹏夺得了 200 米蝶泳金牌,成绩是 1 分 54 秒 91,列当年世界第二的好成绩。2008 年北京奥运会上,我国游泳选手刘子歌在女子 200 米蝶泳比赛中以 2 分 04 秒 18 的成绩刷新世界记录并夺得了冠军。

在 2012 年伦敦奥运会上,我国游泳选手孙杨在男子 400 米男子自由泳决赛中以 3 分 40 秒 14 的成绩打破奥运会世界记录,成功夺得中国男子游泳奥运会第一枚金牌;在此届奥运会的男子 1 500 米自由泳决赛中,孙杨又以 14 分 31 秒 02 的成绩获得冠军,并再次刷新了世界纪录。与此同时,我国游泳选手叶诗文在女子 400 米混合泳比赛中以 4 分 28 秒 43 打破世界纪录,摘得金牌。而 2015 年的游泳锦标赛上,我国选手继续保持强势,共夺得了 15 金 10 银 10 铜的成绩,首度夺魁。我国选手宁泽涛不仅夺得了男子 100 米自由泳冠军,还创造了亚洲人的历史。

二、游泳运动的分类

游泳运动是人类在长期与大自然的斗争中逐步形成的,具有广泛的实用性。随着现代竞技体育的发展,游泳运动也逐步向竞技游泳这种高级形式发展和转化。根据游泳活动的直接目的,可以将游泳分为三种:大众游泳、实用游泳和竞技游泳。

(一)大众游泳

大众游泳,是指以游泳动作为基本手段,以增进身心健康、丰富业余生活为直接目的的各种游泳活动。大众游泳包括健身游泳、娱乐游泳、康复游泳等。

(二)实用游泳

实用游泳,是指直接为生活、生产或军事服务的游泳技术。它是一类专门技能,包括踩水、侧泳、反蛙泳、潜泳以及救生等。

（三）竞技游泳

竞技游泳，是指具有特定的技术规格，并按游泳竞赛规则进行比赛的游泳运动项目。正式的游泳竞赛项目有蛙泳、自由泳、仰泳、蝶泳、个人混合泳、接力六大类。正式比赛所用的国际标准游泳池长50米，宽25米，深1.8米以上。泳池设8条道，每条泳道宽2.5米，分道线由直径5～10厘米的单个浮标连接而成。

三、游泳的安全措施

地球上的生命发源于水，但人类早已适应了陆上生活，水环境反而成为对生命的一种威胁。游泳时，如果不熟悉水性，很容易呛水或失去平衡，以至出现溺水而危及生命。对于会游泳的人，也有可能因各种原因而出现意外事故。生命是珍贵的，但又不能因噎废食，放弃这种具有极高价值的运动。因此，在进行游泳教学或开展游泳活动时，必须把安全摆在首位。要认真考虑并落实安全措施，做好充分的准备，保证万无一失。游泳的安全措施主要包括以下几个方面的工作。

安全教育必须贯彻于游泳活动的全过程。首先，要强调游泳安全的意义，树立安全意识，克服麻痹思想。要明白，只有保证安全，才能真正发挥游泳对于增进身心健康的作用。对于游泳活动的组织者来说，更要清醒地认识到，不能由于疏忽大意而造成他人的不幸。其次，要加强组织纪律教育，要求学生严格遵守有关纪律和制度，一切行动听指挥，做到令行禁止。对少年儿童，一般要求在会游泳的教师、家长或其他成人的带领下学习游泳。不会游泳者不应私自跑去"玩水"。此外，还要进行安全知识与一般救生常识的教育，使游泳者掌握一些基本的应急措施，以防不测。

安全教育要结合实际情况，采取多种形式有针对性地进行。要经常宣传，反复宣传，以引起每个人的充分重视，培养游泳者的安全意识。

选择好游泳场所是保证游泳者生命安全极其重要的方面。游泳场所分为两类，一类是人工修建的游泳池、馆，另一类是江河湖海等天然水域。不论是到哪类场所进行游泳活动，都要充分考虑好安全问题。

（一）游泳池、游泳馆

到游泳池、游泳馆进行游泳活动时，应事先熟悉池、馆环境，包括池的大小、深浅区划分、禁止标示、水深、水质、水温、附属建筑等。一般要求池、馆结构合理、深浅区有明显标志、深度适合游泳对象的水平、水质符合卫生要求、水温适宜、有良好的救生设施和良好的管理。在组织活动前，还要对场所做必要的布置，如用分道线把深浅区隔开，或划定学生的活动区域等。

（二）天然水域

利用天然水域进行游泳教学或开展游泳活动，则必须进行更加细致的考察、选择和布置工作。一般应选择水质较好、浅水区较宽、水温适宜、水底平坦无淤泥、水下无障碍物、水流平缓、河岸开阔、下水和起水方便的水域。凡被生活或工业废水污染的水域、有暗流漩涡的水域、有暗礁乱石的水域、有血吸虫的水域、有鲨鱼出没的水域、杂草丛生的河湖港汊、河流急弯处或桥墩附近、船只来往频繁的码头附近、靠近主航道处、木排竹排停放处等，都不宜作为游泳活动的场所。

对于准备长期进行游泳活动的场所，必须根据具体情况进行必要的布置。例如，在游泳场所周围打上木桩,然后用绳子穿上浮筒将场地围起来,标明深浅区等。在深水区还应搭建浮台,供救生员观察及游泳者休息。这种游泳场简便实用,贴近自然。游泳场所还应备有救生船、救生圈和绳子等救生器材,并准备一些必要的药品和急救用具。这项工作做得越仔细,安全就越有保障。

加强游泳活动的组织工作是进行游泳教学和开展群众性游泳活动时确保安全的重要措施。尤其是到江河湖海游泳,由于水域宽,环境复杂,容易出意外事故,组织工作显得更加重要。

一般来说,游泳场所都必须设安全监督岗,配备专门的救生员。学校、单位组织游泳活动时,也要专设安全救护小组,由安全观念强、认真负责、具有较高游泳技能的人员组成,并准备好必要的安全救护器材。在游泳活动的过程中,安全救护人员必须全面仔细地观察情况,如果发现险情,应立即发出救援信号并组织抢救。

开展游泳活动一般都要编组,每组以 5～8 人为宜。编组时对水平高低要适当搭配,可选择责任感强、水性好的人员担任组长。每个小组要坚持做到"三个一",即一起下水,一起活动,一起上岸。小组成员要互相关心、互相帮助,绝对禁止个人单独行动。如果出现险情应立即向安全监督岗报告并组织抢救。在学校游泳活动中,教师要将全面观察与重点照顾相结合,对水性差或个性强的学生应多加注意。

在进行游泳教学或开展群众性游泳活动时,一定要做好人数的检查。下水前要准确清点人数,活动过程中应适时进行检查,起水后要再次认真清点人数。发现人数少时应迅速查找,不可马虎了事。学生中途离开游泳场所一定要向教师请假并得到准许,不得私自离去;归队时也必须向教师报告。

在进行游泳教学或开展群众性游泳活动时,应提出严格的纪律要求,一切行动听指挥。学生应在指定的区域内活动,不要在岸边或水中嬉戏打闹,不要在水中横冲直撞,不搞恶作剧。严禁学生在没有教师指导的情况下乱跳水和潜水,以消除潜在的不安全因素,避免外伤和溺水事故。

（三）熟悉水性的练习

在进行游泳运动锻炼时,首先应进行相应的熟悉水性的练习,在此基础上掌握相应的游泳技术。下面将对一些熟悉水性的练习进行分析。

1. 水中行走

通过水中行走可以在一定程度上体会和适应水的浮力和阻力,并掌握在水中维持平衡的方法。水中行走一般在齐腰深的水中进行。迈步时,身体略往行进方向倾斜,大腿略为抬起,小腿和脚提起来后往行进方向伸出,下踏站稳后再提另一腿;两臂在体侧轻轻拨水保持平衡。开始行走时步子不宜太大,速度不宜太快,身体重心的移动要与腿的动作协调一致。进行水中行走练习时,可采用以下几种方法。

（1）扶边行走:侧对池壁,手扶池边,向前、向后迈步走,或面向池壁,手扶池边,向左、向右迈步行走。

（2）拉手行走:集体手拉手,在游泳池中向前、向后、向侧行走。

（3）水中跳跃:游泳池中,做向各个方向的跳跃式行走。

（4）水中行走比赛:在游泳池中,进行各种水中行走的游戏或比赛。

2. 呼吸

呼吸训练是熟悉水性阶段的关键内容,使初学者初步体会并适应头入水的刺激,初步掌握呼吸过程、呼吸方法和呼吸节奏。

(1)憋气练习

手扶池边或拉同伴的手,在水面上用口深吸气后闭气,下蹲并将脸没入水中,停留片刻后,脸部出水再在水面上深吸气(图 12-1)。水中闭气时间应逐渐增加,没水部分由脸部逐步过渡至整个头部。

图 12-1

(2)呼气练习

头部没水稍闭气后用口鼻同时缓慢、均匀地呼气,呼气的后段应边呼边抬头,当口将出水面时,应用力将气呼完。在水中不要急于将气呼完,当脸部离开水面前才需将气呼尽。练习时可先拉同伴的双手或扶池边(池槽),后徒手进行练习。

(3)连续呼吸练习

同上练习,练习次数逐渐增加,直至连续做 20～30 次。吸气要快而深,呼气要慢而均匀,并逐渐加大呼气量,口离开水面前快速用力将气呼完,紧接着在水面上快而深的吸气。练习时,可按"快吸""稍闭""慢呼""猛吐"的要领进行(图 12-2)。掌握抬头呼吸后,可进行转头呼吸练习。

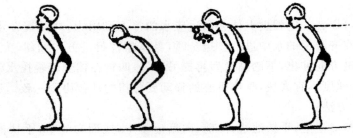

图 12-2

3. 浮体与站立

通过浮体练习体会水的浮力,初步掌握在水中控制身体平衡的能力,进一步消除怕水心理,增强学会游泳的信心。

（1）抱膝浮体

并腿站立，深吸气后，低头含胸，同时两脚轻蹬池底，提膝、收腹、团身、抱腿，成抱膝姿势自然漂浮于水中。站立时，两手松开，两臂前伸，手掌向下压水并抬头，同时两腿下伸，脚触池底后站立。两臂在体侧拨水维持身体的平衡（图 12-3）。

图 12-3

（2）展体浮体

两脚开立，两臂放松前伸。深吸气后，身体前倾并低头，屈膝下蹲，两脚轻蹬池底，两脚放松上体成俯卧展体姿势漂浮于水中（图 12-4）。站立时，收腹、屈膝、收腿，两臂向下压水并抬头，同时两腿下伸，脚触底后站立，两臂在体侧拨水维持身体平衡。

图 12-4

在进行浮体与站立练习时，其基本要领如下：深吸气、屏呼吸，消除紧张身浮起；压臂抬头快吐气，屈腿下伸站池底。

4．滑行

滑行训练是熟悉水性阶段的重点内容。使初学者掌握在漂浮状态下维持身体平衡的能力，体会游泳的基本身体姿势，为以后学习各泳式技术打下基础。

（1）提双腿蹬壁滑行

双脚并拢背对池壁站立水中，两臂并拢前伸，深吸气后闭气低头，身体前倒成俯卧姿势浸入水中，头夹在两臂之间。此时，两腿同时轻蹬池底向上屈膝收腿，迅速将两脚掌贴在池壁接近水面处，臀部提高至水面，两腿随即用力蹬壁，身体充分伸展成流线型，贴近水面向前滑行。当滑行速度慢下来时，先收腹屈腿屈膝，然后两臂下压并抬头，两腿同时下伸，脚触池底站稳（图 12-5）。

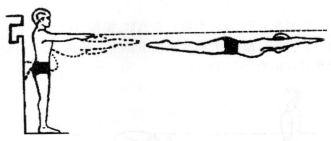

图 12-5

（2）依次提腿蹬壁滑行

背对池壁，一侧腿站立，同侧臂前伸；另一手抓池槽，同侧腿屈膝上提使脚掌贴在池壁接近水面处。头和躯干要求同上一练习。支撑腿迅速屈膝上提将脚贴在池壁上，臀部尽量提高并靠近池壁。抓池槽之手随即松开，臂迅速前摆与另一臂并拢，头夹在两臂中间，两腿用力蹬壁，全身充分伸展成流线型，贴近水面向前滑行（图 12-6）。

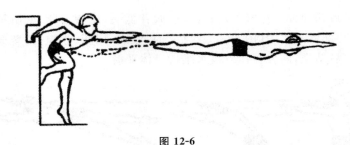

图 12-6

（3）蹬底滑行

水中开立，略下蹲，两臂放松自然前伸。深吸气后闭气，身体前倒并低头，两脚轻轻蹬池底后，身体充分伸展成流线型，贴近水面向前滑行。当滑行速度慢下来时，先收腹屈腿屈膝，然后两臂下压并抬头，两腿同时下伸，脚触池底站稳。

四、游泳的卫生要求

（一）了解健康状况

为了保证健康和安全，防止疾病传染，游泳者每年都必须进行一次全面的健康检查，以便清楚地了解自己的身体状况，确定能否参加游泳锻炼。如果身体患有某些疾病，不仅很难承受游泳时各种生理机能的变化，还会使病情加重，甚至会出意外事故；同时还可能造成某些传染病的传播，危害公众健康。一般来说，游泳池、馆都要求游泳者持有当年健康证，才允许购票入池游泳。

通过体检，凡发现患有严重高血压、心脏病、活动性肺结核、传染性肝炎、细菌性痢疾、妇科病（如滴虫病）、性病、化脓性中耳炎、皮炎、精神病及有开放性创伤的病人，都不宜游泳。

凡患有腹泻、伤风感冒、咳嗽、严重沙眼、急性结膜炎等疾病的人也暂时不宜下水游泳。这些疾病都是暂时的，只要经过治疗和休息，待病愈后即可下水游泳。

　　女子进入青春期后,会出现周期性的"月经来潮"。女子在月经期间除了采取特殊的防护措施外,一般不宜下水游泳,以免引起感染而致病。

　　即使是经常参加游泳锻炼的人,平时也应注意自己的身体状况。如果睡眠、食欲和精神感觉良好,体重稳定,安静状态的脉搏稳定或趋于下降,则表明身体状况良好。反之,如果全身乏力,肌肉关节酸痛不已,经常感冒,安静状态的脉搏增加,则表明身体疲劳,应适当减少游泳时间或降低运动强度。

(二)做好准备活动

　　准备活动是使身体各器官、系统的机能从安静状态迅速过渡到工作状态的必不可少的手段。认真地做好准备活动,能提高神经系统的兴奋性,克服呼吸和血液循环等内脏器官活动的惰性,提高能量代谢的水平,使身体机能预先动员起来以满足运动的需要。此外,准备活动还可以提高肌肉温度,增强肌肉的力量和弹性,加大身体各关节的活动范围,对防止肌肉抽筋、拉伤及关节扭伤等有着积极的作用。

　　游泳的准备活动,一般可做慢跑、徒手操、拉长肌肉与韧带的练习及游泳模仿动作。要特别注意颈、肩、腰、髋、膝、踝、肘、腕等大关节的活动,对负担较重的部位更要活动充分。准备活动的量可根据气温高低而定,一般应做到身体微微出汗为止。游泳者下水后,还可以做一些水中换气练习,以更快地适应水环境。

(三)选择游泳时机

　　经常参加游泳锻炼可以增强体质,但是如果不注意游泳的时机,也会损害健康,甚至危及生命安全。有几种情况是不宜立即下水游泳的。

1. 饥饿时不宜游泳

　　空腹饥饿时不宜马上下水游泳。游泳时能量消耗大,如果肚中饥饿,体内血糖浓度下降,不能及时提供足够的能量以满足运动和维持正常体温的需要,就会出现头昏、四肢无力等症状,严重时甚至会昏厥。因此,饥饿时不要下水游泳。如果是长时间、长距离的游泳,在中途最好能补充一些营养成分高且容易消化吸收的饮料。

2. 饱食后不宜游泳

　　饱食后消化器官的活动会增强。此时若下水游泳,血液将首先满足肌肉活动的需要,而消化器官的供血必然不足,将降低消化器官的功能,影响食物的消化和吸收。此外,由于水的刺激,胃肠的蠕动受到限制,容易引起胃痉挛,出现腹痛或呕吐。因此,饱食后不能马上去游泳,一般应休息 30 分钟以上再下水活动。

3. 剧烈运动或重体力劳动后不宜游泳

　　剧烈运动或重体力劳动后,身体处于疲劳状态,肌肉的收缩和反应能力减弱,动作不易协调。此时若下水游泳,会造成疲劳的积累,易引起呛水、肌肉痉挛,甚至发生溺水事故。此外,剧烈运动刚结束,人体新陈代谢尚未恢复正常,体温较高,出汗量大,身体处于最不稳定状态。此时若下水游泳,身体突然受到冷水的刺激,体温急剧下降,抵抗力减弱,容易引起感冒。因此,在剧烈运动或重体力劳动后，必须经过充分的休息，待体力恢复正常后才能下水游泳。

4. 饮酒后不宜游泳

酒中所含的乙醇对人的神经系统有麻醉作用，会使人体的机能下降，身体的反应能力减弱，动作协调性变差。这时下水游泳就无法清醒地处理可能发生的意外情况，很容易发生溺水事故。另外，饮酒后皮肤血管扩张，大大加快了体内热量的散发，容易引起伤风感冒而损害健康。因此，酒后千万不要马上下水游泳。

（四）掌握好游泳时间与运动负荷

游泳锻炼的时间长短要视气温、水温及个人的身体状况而定。一般来说，天气热、水温高时，水中活动的时间可长些；天气冷、水温低时，水中活动的时间不宜太长。一般人游泳的适宜水温为 26℃～32℃。少年儿童的皮肤较薄，身体表面积与体积之比大于成人，相对散热速度快，在水中活动的时间不宜太长。但少年儿童往往由于贪恋玩水而不愿起水，其兴奋性掩盖了身体的寒冷反应，所以教师和家长应掌握好时间，及时督促孩子起水。

游泳锻炼时还要注意控制好运动负荷，即游泳的强度和量。游泳的强度指的是游泳的速度，依锻炼的目的不同而不同。一般来说，短距离快速游强度较高，主要发展速度和肌肉爆发力；长距离中速或慢速游强度较低，主要发展心肺功能和肌肉耐力。下水后，活动的强度应逐渐增大，以使身体机能逐步调动起来适应运动的需要，切不可一下水就猛游一通，以免突发性抽筋或休克。游泳锻炼的量指的是游泳的距离，应因人而异，强度高时量宜少些，强度低时量可多些。

控制游泳时间和运动负荷的原则是量力而行，适时起水。如果在水中已经出现寒颤，嘴唇青紫，皮肤起鸡皮疙瘩，应立即上岸，擦干身上的水，穿上衣服，晒晒太阳或活动活动身体，使身体暖和起来。有可能的话还可以喝些热饮料，以驱除寒冷。在水中停留时间过长，散热过多，容易出现肌肉抽筋，起水后易受凉而患感冒。

（五）注意个人和公共卫生

为保证身体健康，在进行游泳锻炼时，还必须强调个人和公共卫生，养成良好的卫生习惯。

在参加游泳活动前，要备好干净的不透明的游泳衣、裤，必要时亦可准备好游泳帽和游泳眼镜；要修短指甲，以免划伤自己或他人；要清除耳垢，以防耳道积水诱发耳病。

游泳时，要自觉维护公共卫生。入池前应先淋浴，将头发、身体冲洗干净，脚要经过浸脚池消毒。不乱扔东西，不在池边或池中吃东西。不随处吐痰、擤鼻涕，应该吐到游泳池沟、槽内。不得在游泳池中排便。游泳时必须睁开双眼，以免撞到他人或被他人撞到而受伤。

游泳结束前应做些整理活动，如放松慢游、水中抖动肢体等，以使身体逐渐恢复安静状态。上岸后应马上冲洗身体，注意清洗眼、耳和口腔。特别是在海滨游泳后，要用清洁的淡水洗净头发和全身。然后迅速擦干身上的水，穿上衣服，以防受凉感冒。游泳后最好能用眼药水滴洗眼睛，以防感染沙眼或结膜炎。另外，还要检查耳道内是否有积水。可用手轻拍头部前额，若耳内有嗡嗡之声，说明耳道进水，应及时将积水清除掉。

第二节　游泳专项力量素质训练

一、游泳专项力量的特征

游泳运动的专项力量训练可分为陆上力量训练和水上力量训练两大类。力量是游泳者的主要身体素质，重视力量是现代游泳训练的显著特点。陆上和水上力量训练已成为游泳训练的重要内容之一。

游泳运动所处的水环境，其密度比空气高达 800 多倍。人体在水中运动要克服比空气大得多的阻力。这就需要在每一次划水中，参与运动的肌群要有足够的力量产生推进力，从而获得游进速度。因此，肌肉力量成为制约游泳速度的重要因素之一。

游泳时，手臂与腿对水的作用过程，肌肉收缩具有等动性质，肌肉收缩的支撑点也各不相同。手臂划水和蛙泳蹬腿主要是以远端支撑为主的运动，而打腿动作则是以近端支撑为主的运动。游泳力量的特征与性质，是设计游泳力量练习方法与手段和设计游泳力量练习器械的主要依据。

研究游泳运动时肌肉和肌群的工作情况，了解游泳姿势、各种游泳动作肌肉参与和工作情况，以及准确判断各肌群的训练水平，有利于我们科学地制定计划，针对性地发展游泳原动肌群，收到良好的训练效果。

在进行力量训练时，重点应放在发展原动肌的力量和力量耐力上。原动肌，是指在游泳中参与产生推进身体前进的动力而做功的肌肉群。

50～1 500 米的游泳项目，肌肉力量是决定成绩的一个重要因素。通过游泳牵引试验发现，游泳的爆发力对 25 米自由泳短冲的贡献率达到了 86％。在 100 米、200 米和 400 米比赛中，力量对成绩的贡献率分别为 74％、72％和 58％。因此，大多数优秀游泳运动员都非常强壮。上肢力量是决定短距离游泳成绩的重要因素之一。但是，力量本身并不一定意味着较快的游泳速度，肌肉力量必须有效地应用在水中才能产生推进力。因此，在日常的陆上力量训练中，游泳者不仅要进行全面系统的综合力量训练，更应该增强专项力量训练，这对于游泳者来说非常重要。

短距离项目力量训练应以重力量、少次数、无氧训练为主，为突出专项力量特点，在打好最大力量练习的基础上着重强调完成动作的速度，应尽可能在短时间内完成最大力量的练习。长距离项目力量训练应以重复次数多、持续时间长、有氧训练为主，发展中速力量和力量耐力十分重要。试验表明，单位时间内肌肉克服阻力的能力越强，在其他条件不变的情况下，其专项力量耐力越强。在长距离的力量训练中，注意要解决局部与整体的关系，注意大肌肉群与小肌肉群的并重，特别要加强肌肉力量薄弱环节的训练，使游泳者机体各部位力量得到全面均衡发展。

杠铃、哑铃、某些一般身体练习、滑轮练习器、摩擦类练习器、橡皮拉力、等动练习器、牵引拉力器等都可以作为游泳者的力量练习手段。高水平游泳运动员的专项力量训练主要采用在动作方向和节奏上与游泳动作相似的练习器进行。这类练习不仅发展游泳时承担主要负荷的肌群，而且使各肌群开始投入工作和结束工作的顺序与游泳动作的实际要求相符。要在各类器械完成动作的运动学及动力学特征的基础上，结合比赛游速时的游泳技术特点，选择游泳运动员专项力量训练的手段和方式。

在发力性质和运动学特征方面,等动练习器和橡皮拉力最符合游泳者专项力量训练的要求。然而,这两类练习器从生物力学的角度上讲,并不完全符合划水动作的要求。只在一种练习器上练习,游泳者在发展力量的同时,也强化了与比赛要求不相符的动作。在一种练习器上练习的数量越大,这种与比赛要求不相符的动作对比赛动作的干扰也就越大。这种现象被称为技术动作的负转移。为避免出现技术动作的负转移,建议游泳者在力量训练过程中,采用多种力量训练器材及多种训练方法进行练习。

二、游泳专项力量训练的影响因素

在此主要就在运动训练过程中施加肌肉收缩负荷的条件进行分析,而不考虑运动者自身的生理因素。在游泳力量训练中影响力量训练的效果及力量转换为游泳牵引力的转换率的因素,主要包括力量类型、负重量、重复次数、动作方式、动作速度、力量训练组织形式等。

(一)力量类型

力量类型的划分是依负重量、持续时间和力量性质确定的。按负重量、持续时间分类,力量类型有最大力量、力量耐力、爆发力三类;依力量性质区别有一般力量和专项力量。目前力量训练的分类已延伸到以能量代谢分类。肌肉在不同负荷下工作所表现的力量与肌肉代谢密切相关,从能量代谢角度进行力量分类和安排力量训练,是游泳力量训练的新途径。

(二)负重量

负重量是力量训练的强度,以极限力量负荷(一次最大限度的负重量)为100%来确定各类力量训练的负重量百分比。极限力量负荷值受力量练习的动作方式影响,不同动作方式的阻力臂长短不同,所表现的机械功率也就大相径庭,如游泳极限拉力值与极限举重值就有很大的差别。因此,确定负重量百分比要考虑动作方式。俄罗斯游泳专家的研究结果表明,游泳运动员用60%~70%的负荷,重复10~13次的力量练习组合效果最佳,并强调专项力量训练中,负重量的增加应以不影响技术动作质量为前提。在水上力量训练中,负重量的增减是通过调节水中阻力来解决的,如改变划水掌、脚蹼大小,改变阻力衣、牵引仪等的阻力系数,改变动作难度等。

(三)重复次数

在力量训练中,重复次数和负重量的关系是数量和强度的关系,一定的强度对应一定的重复次数。游泳拉力力量训练的重复次数,以往主要考虑与拉力负荷的比例关系,现在游泳训练理论认为,与专项力量训练结合的拉力练习,应符合专项运动项目能量代谢的特征。因此,重复次数要与专项项目分段距离的动作次数结合。同样,力量练习组数也应以发展专项力量能量代谢特征为目的来进行设计。

(四)动作方式

动作方式,是指在力量训练中完成练习的动作姿势。游泳力量训练的动作方式设计要从两个方面考虑:一是针对发展游泳主要肌群选择和设计力量练习动作;二是针对发展游泳专项力量性质选择和设计力量练习动作。一般的力量训练,其动作方式可根据游泳运动的特点而选择屈、伸、外展等动作来完成各类力量训练负荷。专项力量训练则要选择符合游泳动作的要求,对专项力量极其有用,并且动作相似的练习,如持哑铃或负重做移臂动作练习时,要求完成练习的动作要接近技术实质,在拉力类力量训练和水中力量训练中,所采用的动作方式应尽可能直接采用比赛完整动作进行。

（五）动作速度

动作速度的快慢反映了力量训练中对动作频率的要求。动作速度受重量的影响,在负荷重量不变的情况下,单个动作的时间影响力量训练的类型。快速动作力量训练发展爆发力和快速力量,而慢动作和静力力量训练发展绝对力量和力量耐力。以比赛动作频率控制力量训练,也成为游泳专项力量训练的新的手段。单个动作速度还影响肌肉力量发展的性质,不增长肌肉重量提高力量,每个动作 $1.5 \sim 2.5$ 秒;增长肌肉重量提高力量,每个动作 $4 \sim 6$ 秒;发展专项力量,动作速度应与比赛动作频率相一致。

（六）力量训练组织形式

力量训练的组织,是力量训练过程中练习顺序安排和采用的练习形式的统称。组织在力量训练中虽不是影响因素的主要内容,但对力量训练效果却有一定的影响。设计好力量练习的组织形式,可以保证力量训练的安全,激发学生练习热情。游泳力量训练的组织形式主要有单人、分组、循环练习三种。练习形式主要有组合力量练习、固定任务、比赛和游戏法三种。

三、力量训练的方法和手段

（一）力量训练的方法

1. 爆发力

上肢爆发力是决定 400 米以下游泳成绩的主要因素。它与短冲速度高度相关,相关系数 r 为 0.85。

发展爆发力对提高游泳成绩的作用有限。爆发力有助于有效完成出发和转身的蹬边动作,在一定程度上有助于完成突然加速动作。为发展臂部的爆发力,可采用中等重量、极限速度的一次性练习动作,以及采用中等阻力、一次性极限速度的高速等动练习。考虑到肌肉的紧张程度和意志的承受能力,练习强度应保证每组练习次数不超过 10 次,频率可随意。

发展腿部爆发力可采用冲击法,这种方法的特点是从一个高度跳下去,再跳上一个极限高度。游泳者应不等落地缓冲结束,即开始上跳。冲击法依据"拉长收缩"的非条件反射原理,快速拉长肌肉收缩的力量较不预先拉长肌肉表现的肌力大得多。如此练习可调动大量的快运动单位参与工作。

2. 速度力量

发展速度力量的主要训练要素是极限负荷和大负荷(相当极限能力的 $70\% \sim 90\%$ 力量)下的极限动作频率。速度力量练习以无氧非乳酸(通过 CP 分解,再合成 ATP)供能为主,每次练习的持续时间不应超过 15～20 秒,每组练习重复次数 10～16 次,间歇 40～90 秒。一般认为,进行大数量的重复练习有助于激活 ATP 糖酵解的再合成。然而,在运动实践中,练习总数在 50～70次、每次持续 10～20 秒、间歇 30～60 秒的练习十分普及。

在陆上训练中可采用各种各样的训练方法发展速度力量,包括杠铃练习,滑轮拉力、橡皮拉力、杠杆和等动拉力练习。在等动力量练习时,肌肉在整个动作过程中保持着最大紧张度,与游泳过程中游泳者的划水负荷形式十分接近。进行等动练习时应遵循以下原则。

(1)训练频率为每周 2～4 次。

(2)训练周期至少为 6 周或 6 周以上。

(3)每次训练做 3 组,每组最大收缩次数为 8～15 次。

(4)训练中尽可能结合技术特点,并尽可能使动作速度达到或超过专项技术动作速度。

训练实践中,发展速度力量的另一种方法是"轻便"导游练习法,更准确地说,是采用牵引装置的"触导"力量练习法。这种练习方法的实质在于进行牵引游的游速较比赛游速快 10%～30%,并且与最大强度不牵引游相比,这种方法将迫使游泳者以更快的频率、更大的力量进行练习。进行这种练习的距离为 25～50 米,重复次数 10 次以内,间歇 2～4 分钟。牵引游可与极限频率的非牵引游交替进行(如没有绞车型的牵引设备,可由教练员协助练习,即教练员在池边用橡皮拉力牵引运动员进行练习)。

速度力量型训练有利于快肌纤维增粗,力量得以增加,但是其训练效果略逊于极限力量重复训练。在肌肉收缩强度增大的条件下,提高磷酸肌酸的反应速度和 ATP 的再合成速度有助于游速的增加。

3. 力量耐力

发展力量耐力须在糖酵解供能以及有氧无氧供能机制下进行练习。发展力量耐力可进行间歇、重复、循环和比赛方式的训练,也可采用游距在 100～400 米的触导式力量训练。

发展游泳者陆上力量耐力训练的组织形式主要采用循环训练法、等动练习法。分站式循环训练法是指根据训练的具体任务,将练习手段设置为若干练习站,游泳者按照既定顺序和路线,依次完成每站的训练方法。通常采用各种徒手和器械练习组成综合性练习,每个动作做 30 秒,间歇 15 秒,心率保持在 150～160 次/分钟。正确运用循环训练法可以有效地提高不同层次水平的游泳者的训练情绪和积极性;合理地增大运动训练过程的练习密度;随时根据具体情况因人而异地加以调整,做到区别对待;防止局部负担过重,延缓疲劳产生;有利于全面身体训练。这种方法在训练的初期或训练的准备期采用最多。

等动力量练习的特点是,肌肉在整个运动期间和运动过程中都承受极限负荷,并保持恒速或后程加速。发展力量耐力训练的专项适应效果取决于练习重量、动作频率、练习的持续时间和间歇时间。采用极限力量 50%～60% 的重量和极限力量 60%～90% 的频率进行训练,肌群增粗和力量增大最明显。这种训练方法由于重复次数较多,每组练习持续时间较长(1.5～3 分钟),对力量耐力的增长效果显著。

发展游泳者水上专项力量耐力,采用触导力量训练应采用专门的力量引导器械(水中牵引)。这方法可在赛前 3～5 周进行,每周可练习 1～2 次。在赛前的 5～8 天做最后一次主项比赛的模拟游。

（二）力量训练的手段

1. 陆上专项力量训练

陆上专项力量训练常采用橡皮筋拉力、滑轮拉力、等动拉力、弹簧杠杆拉力等训练方法,其动作与游泳运动四种姿势的划水动作紧密结合,身体姿势可采用直坐、立、卧三种姿势。陆上拉力力量训练主要发展专项的最大力量、快速力量和力量耐力。最大力量拉力训练提高了肌肉收缩的刺激强度,增加了肌肉纤维的募集率,动员了更多的肌纤维参与工作,是50～100米短距离游泳主要力量训练内容,同时对强化正确动作也极其有利。由于最大力量拉力训练的牵引力较大,所以拉力练习过程中固定好身体位置和姿势不容忽视,除克服身体体重的滑轮板练习时身体可平卧滑板上外,其他拉力练习都应采用站立或坐的身体姿势。

（1）快速力量拉力训练

快速力量拉力训练强调动作速度。拉力负荷为自己体重的10%左右(优秀运动员约拉10千克左右),动作速度(动作频率)要接近或稍快于比赛动作频率,爬泳、仰泳10个动作4～6秒,蝶泳、蛙泳5个动作4～6秒。每次拉的次数与专项距离的动作次数基本一致,50米20～25次,100米45～50次。除采用动作次数控制之外,也可采用时间控制,如在规定的时间内拉多少次。时间的选择一般在30秒～2分钟之内。每组间歇时间稍长,使下一组练习时得到较好的恢复,一般重复3～4组。

（2）最大力量拉力负荷训练

优秀运动员能拉自己体重的15%～20%,女子约13千克,男子约18千克。短距离、中距离项目运动员一组20～30次,长距离项目运动员要坚持拉1分钟。这种最大力量拉力训练能有效地提高肌肉力量和肌肉力量耐力,提高100米和200米的运动成绩,但最大力量拉力训练对少年儿童不宜采用。

（3）力量耐力拉力训练

力量耐力拉力训练以持续时间长或动作次数多作为评价指标,负荷量为4～8千克,一般要求每次拉100～300次或持续拉5～20分钟。长时间多次的拉力训练要强调动作正确规范,保持动作幅度,动作放松。

为了使陆上拉力训练尽量接近专项运动的供能特征,拉力训练同样可采用水上训练的一些方法,如变速、重复、间歇、游戏、比赛等,使陆上力量训练更加符合水上训练要求,提高陆上专项力量训练效果。

在以动力性拉力力量训练为主的前提下,也可适当采用静力力量训练。静力力量训练能有效地强化动作,增加动作控制肌群的神经冲动,提高刺激强度。静力动作姿势和时间决定了静力力量训练的效果。游泳静力训练的动作姿势的选择要从以下两个方面进行考虑:其一,以游泳推进力的典型动作、关键动作为主,如抱水动作、屈臂高肘动作;其二,发展原动肌或弱肌,采用多种角度的静力练习。静力练习时间一般控制在5～30秒不等,负荷以静力时间为依据进行调节。静力练习负重较重,时间可短一些,约3～15秒;负重较轻,时间则可长一些,重复3～6组。静力练习要与肌肉牵拉动力性放松活动结合,这样有利于保持(提高)肌肉弹性。

陆上力量训练要注意静力性和动力性力量练习的交替与结合,这一点非常重要。

2. 水上专项力量训练

水上专项力量能最直接增大游泳推进力(牵引力)。游泳者在游进过程中或做具体的游泳动作中,克服人为增加的阻力,是水上专项力量训练的最大特点。水上力量训练的优越性主要体现在以下三个方面:第一,在具体的专项技术动作(主要指产生推进力的手、腿动作)练习中,直接(划水掌)或间接地(阻力衣)施加阻力负荷,增强力量训练效果,使产生的牵引力加大;第二,在专项运动中(完整配合或分解动作),发展力量有利于改善专项肌肉力量的供能系统,提高供能速率;第三,增加动作负荷,强化技术动作,从而利于游泳运动技术水平的提高。

根据力量负荷形式,可将水上专项力量训练分为增大阻力练习、增大推进力练习和增加练习难度练习三种。

(1)增大阻力练习

增大阻力练习主要是通过增加游进阻力,或改变体位使划水和打腿负荷增大,达到力量训练的效果,如牵拉游、穿阻力衣、夹板划臂、垂直打腿(徒手、负重)等。游进阻力的大小、动作速度的快慢、持续时间的长短、动作幅度的大小都影响力量训练的负荷。增大阻力练习主要通过提高动作速度来发展速度力量,而保持划水效果是其基本要求。

(2)增大推进力练习

增大推进力练习主要是通过增大划臂或打腿动作的对水面,使阻力增大,以提高划水力量。增大推进力练习主要有划水掌、脚蹼等力量训练手段。划水掌、脚蹼的大小,动作速度、动作幅度、游泳速度以及持续时间构成了力量训练负荷的主要影响因素。增大推进力练习主要发展划臂、打腿的绝对力量,以提高克服阻力的动作速度。增大推进力的力量训练负荷要以不破坏技术动作为基本前提,否则力量训练的效果将适得其反。此类型的练习过多,容易对游泳者的动作速度和水感造成影响。

(3)增加练习难度练习

这种练习方法要求水上力量训练同水上训练方法结合起来,使发展肌肉力量和发展专项供能系统同步进行,以提高训练效果;水上专项力量训练应强调力量训练过程也是技术改进和提高的过程;水上力量训练要针对游泳比赛活动各环节的力量的特点发展力量素质,如出发时蹬台起跳、转身时蹬壁等下肢的爆发力,以及转身技术的动作速度(快速力量)等。

3. 水陆力量的综合训练

游泳者的力量训练主要是在陆上训练房进行。陆上力量训练会迅速促进力量素质的提高,从而有效地增长游泳者的绝对力量和爆发力。但是,有时陆上力量素质提高了,水上成绩却并没有增长,甚至会产生肌肉僵硬、动作协调性变差的现象。因此,如何将陆上训练获得的力量素质转化为游泳所需要的专项力量是非常重要的。同时,水中的各种力量练习更符合游泳自身的肌肉用力特点,而陆上训练的方法难以精确地模仿正确的划水动作,只有通过水中的练习才能对成绩起到直接作用。

陆上力量训练的安排应注意强度与水上强度协调,也就是说陆上负荷较大的时候,水上的负荷相应可以减小一些,这样游泳者的整体负荷才能得以平衡。进行陆上力量训练时应注意以下几点。

(1)作用方向一致

采用陆上力量练习器进行专项力量练习时,必须考虑到水上训练的特点。水上和陆上练习的负荷方向一致才是合理的。可采用橡皮拉力、滑轮拉力和等动拉力。这三种练习器各有不同的特点。相对来说,等动拉力更适合专项,它充分考虑到水上阻力的性质(划手速度越快,阻力越大)。在练习的安排上,如水上主要进行速度训练,那么进行力量练习器的训练时,应做力量或速度力量训练。

（2）练习时间的近似

练习时间上的近似可通过陆上和水上力量练习尽可能同时进行的途径实现。在一个训练计划中把陆上和水上力量结合起来安排,陆上练习的持续时间应与水上比赛所需时间相同,这样更有利于陆上与水上训练的结合。

总之,要使陆上力量逐渐过渡到水上,教练员在力量练习安排上应全面考虑,在调整期间或各阶段的开头,可多安排一些陆上力量练习;而在比赛期间,对于那些陆上训练之后感觉游进中很吃力的学生,最好减少力量练习,部分甚至全部改为水上练习。不要忽视陆上力量训练之后的肌肉拉长和水中放松练习,这些练习有助于恢复肌肉弹性,加快力量的转化。

力量训练手段和方法的选择以及这些手段的安排顺序取决于训练时期。在每个大训练周期的恢复开始、训练中周期之初,通常安排发展一般力量练习,如循环训练和中小重量的专门力量练习。该阶段力量训练的任务是增强肌肉、韧带和关节囊。恢复开始训练中周期临近结束时,转入发展极限力量的训练。在一般训练和专项训练中周期,力量训练的任务是发展力量练习的分量,以便在增加速度力量、力量耐力的同时,也使游泳技术得以改进。在专项训练中期,力量训练时数应达到极限值,随后开始逐渐减少力量训练时数。在重大比赛赛前的 7～12 天,一般不再安排力量训练了。但是实验证明,在短短的几天中力量水平会下降 10％～15％,所以近年来,许多知名教练和运动员在赛前和比赛中期适当地安排一些力量训练,直至赛前 3～4 天才完全终止力量训练。

在各大周期训练过程中,开始应在练习重量不变的情况下,靠增加练习组数和练习频率增加力量训练的练习量。随着极限力量的增加,应增加练习重量。在全年训练过程中,需经几次这样的反复(反复次数视大周期的次数而定)。

（三）国外游泳运动力量训练的方法——实心球练习方法

抛、推球等动作练习,能够发展全身肌肉力量和动作速度,同时增强反应能力,使肌肉更适合于游泳,而且还能提高发展力量所必需的控制身体的能力。

1. 踢腿球

能够加强用于蛙泳大腿的腿部动作力量。如图 12-7 所示,一人躺在地上,双腿上举,用手臂支撑身体,并维持平衡;同伴把球对准其脚掌投出,接球时膝部形成缓冲,用脚掌接住球;利用膝部的反作用力将球踢回。在熟练后可加大投球的力度。

2. 上踢球

加强用于打腿的腿部与脚踝的动作力量。如图 12-8 所示,练习者仰面朝天,躺在地板上,两腿上举;同伴将球扔到脚踝处,膝部稍屈,用脚抱住球;两脚夹住球,向上踢还给同伴。

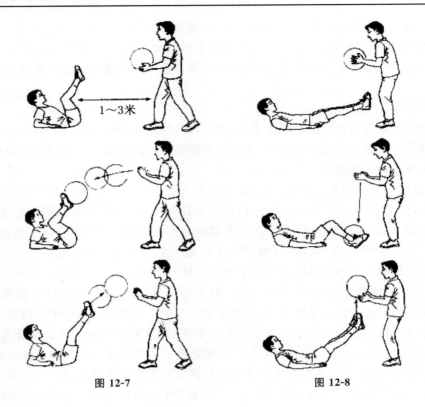

图 12-7　　　　　　　　　　　图 12-8

3. 模拟划水动作的顶上掷球

能够强化划水动作中臂、肩、腹肌、背肌的力量。如图 12-9 所示,练习者躺在地上、仰面朝上,两手持球,放在头顶上;依然是仰卧姿势,从头上将球朝同伴投去。头球时只用臂与肩的力量,肘部要伸直,背、腰腿都不能离开垫子。

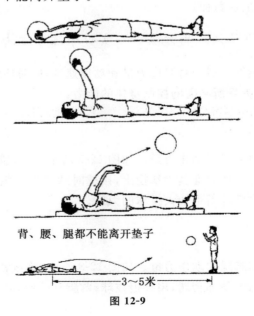

背、腰、腿都不能离开垫子

3～5米

图 12-9

第三节　游泳专项速度素质训练

一、游泳速度的结构

游泳速度的特点是由游泳比赛结构决定的。

(一)动作速度

动作速度包括出发速度和转身动作速度。研究证明,游泳比赛的距离愈短,出发对成绩的影响愈大。而转身动作速度则相反,比赛距离愈长,对成绩的影响愈大。动作速度的最大特点是身体环节运动,动作速度取决于动作的角速度。动作快的基本要求是反应快、动作熟练。

(二)游进速度

途中游进速度是由划距和划频决定的,其中划距(划水效果)影响因素较大。在近十几年中,世界优秀游泳运动员的动作频率变化不大,提高划水效果则是运动员提高运动成绩的主要因素。

(三)衔接速度

保证游泳比赛结构各环节速度的过渡转换的连贯,如出发后水下滑行与途中游的衔接、游近池壁与转身动作的衔接、蹬壁滑行与途中游的衔接,衔接速度特点是动作流畅,速度平稳,不出现停顿。游泳要有很强的速度感和动作转换技巧。

二、游泳速度的影响因素

练习方式——采用专项手段和比赛动作练习。针对比赛速度结构,采用分解或完整的方法发展各环节的速度。结合技术动作进行速度练习是发展速度、提高技术的有效保障。动作频率是影响游泳速度的重要因素之一,针对练习要求设计各种速度练习的动作频率方案,有利于改善速度能力。

练习强度——速度练习要达到较高的绝对强度。练习强度一般采用极限强度,如 $100\%\sim110\%$、$90\%\sim95\%$ 强度。

练习距离——速度训练能完善 ATP-CP 供能系统,因此,速度练习距离的长短是提高速度练习效果的重要因素。发展绝对速度距离为 $10\sim15$ 米(包括出发),发展速度能力距离为 $25\sim50$ 米(包括出发或蹬边),一次训练课的总量不宜超过 500 米。

间歇时间与性质——保持速度练习效果是其基本要求。因此,每次练习后要相对完全恢复,间歇时间的比值为 $1:2$ 或 $1:3$。

重复次数——重复次数和组数以能保持工作能力为前提,一般为 $3\sim6$ 次,重复 $2\sim3$ 组。

三、游泳速度训练方法和手段

(一)速度训练的方法

1. 反应速度

为有效完成出发动作和接力比赛中的接跳动作,运动员需要进行反应能力的训练。发展反应能力的方法就是分别发展对出发信号的反应速度和随后的出发速度。例如,通过教练员的口令、鸣哨或鸣枪等信号,进行起跳、入水和出水接动作的练习。

应注意的是,反应速度是项保守的指标,它取决于中枢神经的个人特点,很难通过训练得到很快改进(即使有改进,提高幅度也不会超过 1/10 秒)。不过训练有助于提高对出发信号反应时的稳定程度,并可降低失误率。神经系统兴奋性处于最佳状态有利于对出发信号作出快速反应,所以运动员比赛时善于控制自己的赛前状态具有重要意义。

2. 动作频率

快速的动作频率对 50 米项目出发后的冲刺游、保持快速游进速度有重要意义。频率和游速是密不可分的。游泳中的快频率首先指快速的划水动作,快速的划水动作取决于划水力量和游泳技术。动作极限频率的维持取决于 ATP 再合成的无氧非乳酸机制。由此可知,要发展动作的极限频率,既要发展力量素质,又要发展机体的非乳酸代谢机能。

短距离运动员如破坏了自己的最佳频率,则将出现速度障碍。速度障碍是由不合理的频率标准化、巩固化造成的。很难控制快频率下的动作质量,因为这时肌肉几乎是在进行等长方式的工作,来不及放松,也几乎来不及收缩。可以通过很多练习克服速度障碍,如绞车牵引游,在游泳水槽中借助特制吊架进行超极限速度游,小划水掌、小脚蹼游,采用小重量的阻力游等。经常改变动作频率、改变动作条件有助于避免顽固性的动作定型出现。为使力量素质和游泳技术同时得到改进,可将极限强度(频率)的练习和相当极限游速 90%~95% 的游速练习交错安排。如此练习,游泳者可控制划水动作质量,并可为达到极限游速打下基础。

3. 移动速度

移动速度用通过一定距离所用的时间来表示,即游速。移动速度是一种综合能力的表现,它与速度力量、无氧代谢系统、柔韧性等有密切联系。发展移动速度每次练习的持续时间不宜过长(通常在 20 秒以内),每次练习均以磷酸原系统(ATP-CP)为主要供能途径,重复次数不应过多,以保证下一次练习的进行,间歇时间应以游泳者机体得到相对充分恢复为标准,休息方式可为原地放松或放松游。

短冲训练法可以有效地提高游泳者肌肉中高能磷酸化合物的储备量(ATP-CP 的含量)、无氧代谢酶的活性,加快糖酵解速度,从而提高无氧代谢能力。例如,10×12.5 米、10×15 米、8×25 米、(2~4)×50 米,110%~120% 比赛速度,血乳酸指标控制在 2~3 毫摩尔/升,不考虑心率数或要求达到最高心率减 10 次/分钟,练习时间与间歇时间的比例为 1:8~1:6。短冲训练法是典型无氧非乳酸供能方式的训练,主要是改进肌肉利用储存能量能力,提高在短距离内的最高速度。

由于神经、肌肉系统是否处于最佳状态对速度素质的发展有很大关系,所以游泳者进行速度练习之前,往往采用一些教育学方法和手段,预先刺激这些系统。如在水陆训练之前,可将小重量的划水模仿练习当做预先刺激速度能力的手段。可将小阻力和牵引游当做水上刺激速度能力的准备手段。牵引游的游速应比游泳者的极限游速快 5%～20%。在采用这些刺激手段之后,进行一组 10～15 米的冲刺练习。为使游泳技术形成准确的速度节奏,采用极限强度的握拳游和正常游交替进行是一种很好的训练手段。

（二）速度训练的手段

游泳速度的训练往往与游泳技术训练紧密结合在一起,游进速度的训练是游泳速度的训练重点。

1. 短冲训练

短冲训练主要是发展无氧代谢能力,并以磷酸原供能系统为主。短冲距离,蹬边 10～25 米,出发 15～25 米,重复 4～6 组。间歇 1 分～1 分 30 秒,以发展游泳的绝对速度为目的。发展绝对速度还可采用快速打腿、划臂训练,快速的技术分解练习,强化了局部动作的快速力量和动作速度,是快速配合游的保证。

2. 牵引训练

牵引训练属于非传统的训练方法,游泳者在附加外力（牵力）或导游装置诱导下,最大限度地提高动作速度,使游进速度得到突破,达到预定的目标,获得新的速度感。牵引训练要认真研究和设计牵引力与导游的速度,保证练习者发挥最高速度。牵引训练的距离不超过 50 米,重复次数上限为 10 次。练习速度应控制在比本人最高速度快 10%～20% 的范围。太快,人会失去游进的速度感,会产生一种被拖着游的感觉。

3. 动作频率训练

在保持动作效果的前提下,动作频率的快慢就决定了速度。因此,动作频率训练是游泳速度训练的重要手段。

动作频率训练要强调不影响划水效果,否则加快动作频率便失去意义。动作频率训练常采用两种方法,即最佳频率训练和频率节奏训练。

（1）最佳频率训练

动作频率不是越快越好,过快的动作频率必然以降低划水效果为代价,这反而会使速度下降。用动作频率训练提高游泳者游进速度的中心任务,应该是不断地摸索、寻找每名游泳者比赛中最佳的动作频率。在速度训练中,教师必须计算并处理好划频、划距、速度三者的关系,以找到三者最佳组合为最佳频率训练的核心。

（2）频率节奏训练

合理的动作频率节奏,对体力分配、保持速度起重要作用。如我国优秀蝶泳运动员钱红,在训练中经常进行 100 米四个分段的频率练习,每 25 米频率分别为 5 秒、2.5 秒、3.5 秒、4.5 秒。采用这四个分段频率的游法,对她在第 6 届世界游泳锦标赛上夺得 100 米蝶泳冠军起了重要作用。

4. 动作速度训练

出发起跳和转身技术动作是体现游泳动作速度的两个主要方面。游泳动作速度训练与提高技术水平紧密联系在一起。

(1)出发动作速度训练

反应速度和起跳的动作速度决定了出发动作的快慢,出发快不能脱离出发效果这个前提,因此,游泳出发技术评定通常用听出发信号游到 10 米或 15 米处的时间作为评定指标。出发速度训练的主要方法有听不同信号出发反应、出发起跳滑行、完整出发技术练习等。

(2)转身动作速度训练

转身动作速度训练主要包括游近池壁、转身、蹬壁滑行三部分。以转身前 7.5 米至转身后 7.5 米,共 15 米的时间作为评价转身技术质量的指标。转身速度训练采用专门转身动作训练和综合转身动作训练。前者是专门练习转身技术动作的速度,如距离池壁 10 米处练习转身,通过反复练习以提高转身动作速度。后者是指在 25 米池中的游泳训练,转身多,并且需要在游进过程中作出正确的转身动作的判断,以提高转身速度和质量。

第四节　游泳专项耐力素质训练

一、专项耐力训练

专项耐力是一种维持高速度运动的能力。专项耐力主要依靠糖原酵解供能,其中反映这一供能系统的主要生化指标是乳酸浓度指标。根据距离远近的不同,专项耐力供能特征会有所区别或偏重。进行游泳速度耐力训练时,应有区别地针对不同速度耐力的供能特征,选择训练手段与方法,发展游泳专项(主项)的速度耐力。

(一)游泳专项耐力的特征

游泳专项耐力水平是肌肉力量耐力水平的表现,决定于每次划水效果的保持能力,是一种保持速度的能力。一般后程速度的保持,主要是以加快动作频率来实现的。专项耐力指数=平均速度/绝对速度。绝对速度是一种标准距离的速度。100 米的标准距离为 25 米,200 米的标准距离为 50 米,400 米的标准距离为 100 米。

(二)影响游泳专项耐力训练效果的因素

(1)力量训练水平。力量训练水平对保持高速度极为重要,与合理技术的有效结合,使运动效率更高、更经济。

（2）负荷的作用方向。专项耐力涉及两个以上的供能系统，因此，训练要比发展绝对速度和一般耐力复杂得多。另外，发展专项耐力要求较高的负荷强度。负荷强度对机体生理影响较大且持久，容易引起过度疲劳，对训练艺术要求高。

（3）乳酸峰值和乳酸忍受水平。糖原酵解供能是专项耐力肌肉工作的主要供能途径，凡制约糖原酵解能力的因素，都影响着专项耐力水平的发展与提高。

（4）年龄与生长发育。青少年儿童早期训练宜从事一般耐力训练和速度训练，着重发展有氧运动能力和绝对速度（ATP-CP 供能能力），随着年龄的增长，生长发育逐渐成熟，应逐步增加其速度耐力的训练，提高糖原酵解供能能力的训练比重。此类型的练习一般控制在总训练量的 20%～30%。

二、发展游泳专项耐力的方法

对于游泳者来说，专项耐力的要求是用尽可能高的平均速度游完全程。除超长距离以外，专项耐力的主要供能形式为无氧糖酵解代谢，其主要训练方法为大强度的间歇训练法、重复训练法及比赛训练法。其负荷的主要特征为，采用超个体乳酸阈强度直至在较短距离中超比赛强度进行训练，中距离运动员训练时的负荷总量达比赛的 3～6 倍，长距离为 1～3 倍，两次练习之间的间歇相对略长。采用大强度间歇训练时，应待心率恢复至 120～145 次/分钟再进行下一次练习；进行重复训练时则要求恢复到 120 次/分钟以下。练习采用的距离，中距离为比赛距离的 1/4～3/4，长距离不宜超过比赛距离的 3/4，但常采用比 1/4 专项距离短的练习段落。由于游距不同，专项耐力所表现的特点也不同。

（一）短距离

根据能量代谢的理论，无氧代谢水平的高低决定了短距离游泳运动员的运动能力。无氧训练常用的方法有速度训练、重复训练、间歇训练、变速训练等，以及按照能量分类的高乳酸训练、耐乳酸训练、有氧无氧混合训练。

1. 高乳酸训练

高乳酸训练是提高游泳者最大乳酸水平和乳酸最高水平速度的一种训练方法。现场测试结果表明，游泳者产生最高乳酸的距离为 100～200 米，如果从重复数次的乳酸积累效应分析，训练距离可扩大到 50～200 米，强度应达到 95% 以上，心率达到本人的最大心率。强度水平若低于这些指标，则达不到乳酸峰值训练的效果。乳酸峰值训练对游泳者机体的刺激强烈，也存在较大的潜在危险性（导致过度训练），每增加 100 米的无氧训练量，都会使游泳者付出极大的生理代价，从而增加了训练控制的难度。有关研究认为，无氧糖原酵解类的负荷安排每周不宜超过三次，因为机体中乳酸的消除需要 24 小时以上。美国游泳专家认为一次课乳酸峰值训练的最大负荷量不宜超过 1 000 米。

在进行训练时，主要采用 25～100 米距离，总量在 200～400 米，练习时间与间歇时间之比为 1∶8～1∶2，用 100%～110% 比赛速度，根据距离的不同血乳酸指标控制在 10～18 毫摩尔/

升,心率要求达到最高或最高心率减 10 次/分钟的强度。乳酸是糖酵解的最终产物。运动中乳酸生成量越大,糖酵解供能比例就越大,这说明无氧代谢水平越高。所以高乳酸训练的目的是使糖酵解供能达到最高水平,提高 50 米、100 米以及最大强度运动时间为 1~2 分钟项目的运动能力。

2. 乳酸耐受力训练

耐乳酸训练使游泳者在一次负荷中乳酸达到较高水平,并保持一定时间(重复次数),以提高游泳者机体耐受高乳酸,达到最高水平刺激的能力。重复次数、组数与间歇是耐乳酸训练的核心。在耐乳酸训练中,教师应以学生的个体乳酸水平为准,负荷水平应控制在高于最大吸氧量训练的乳酸值水平。一次课耐乳酸训练量不应超过 2 000 米。训练的分段距离通常为 100~200 米,强度水平应在 90% 以上,心率达本人心率水平的最大值。

乳酸耐受力训练是指在重复游或长距离游训练中,使游泳者长时间产生的乳酸量大于消乳酸量的训练方法,目的是改进无氧代谢的供给,提高工作肌缓冲和耐乳酸能力以适应比赛。可采用 50~200 米距离、总量在 400~600 米、训练时间与间歇时间之比为 1∶2~1∶1、用 95%~110% 的比赛速度、根据距离的不同血乳酸指标控制在 6~12 毫摩尔/升、心率要求达到最高或最高减 10 次/分钟的强度进行。

不同训练水平的运动员对乳酸有不同的耐受力,乳酸耐受力提高时,机体不易疲劳,运动能力也随之提高。因此,乳酸耐受力的训练对 100 米、200 米项目尤为重要。

(二)中长距离

1. 有氧无氧混合训练

有氧无氧混合训练是介于有氧和无氧训练之间的混合供能训练区域,通常必须维持在乳酸阈的水平上,练习距离多采用主项距离或短于主项距离,负荷强度为 90%~95%,血乳酸值约为 5~9 毫摩尔/升,间歇时间以心率降至 120 次/分钟为开始下一次练习的确定依据,从而提高有氧无氧混合供能能力,发展速度耐力。例如采用重复游的方法:(2~4)×100 米,间歇 3~5 分钟,要求完成最好成绩的 95%~100%。或者采用递增变速游的方法:要求游泳者完成每一游距时,后程比前程快,如 n×400 米,要求每个 400 米用最好成绩的 90% 来完成,且每个 400 米后 200 米的成绩要比前 200 米快。通过较高负荷心率的刺激,可使机体抗乳酸能力得到提高,以确保游泳者在保持较高强度的情况下具有持续运动的能力。

另外,可采用 10~25 米的配合游和分解练习。进行这种游距的练习时,可采用加阻游、极限强度的带划水掌游、超极限速度(大于 1.9~2.0 米/秒以上)的水槽游(水流流速在 1.9~2.0 米/秒以上)、滑轮拉力游以及 25~50 米比赛游的方式练习。采用重复和间歇法训练时,重复次数不宜过多,重复次数可在 6~8 次至 12~16 次。

2. 有氧耐力

对于长距离游泳项目来说,相对强度较小、心率控制在 145~170 次/分钟、练习时间不少于 20 分钟的持续训练法是一种常用的发展有氧耐力的方法。但一次负荷时间在 5 分钟以上、强度控制在 160 次/分钟、间歇时间以心率低至 120 次/分钟开始下一次练习的间歇游更适用于提高长距离项目的有氧耐力水平。持续训练和间歇训练的区别在于间歇训练能够完成更多的运动量。间歇训练的强度假如使心率超过 170 次/分钟以上，机体就要产生氧债，使训练效果发生变化；假如低于这个界限，如 140 次/分钟以下，心输出量达不到最大值，吸进的氧也少，则也会影响训练效果。

游速慢的练习会压抑速度素质和无氧代谢能力，也会破坏肌肉的机能状态。所以，只有采用各式各样的训练手段，综合使用长游和间歇训练才能有效提高游泳者的有氧能力，同时不影响其他各类训练水平，也不损伤游泳者的健康。

第五节　游泳专项柔韧素质训练

一、专项柔韧性的特征

柔韧性和关节灵活性对游泳运动有着特殊的作用，不仅影响完成动作的幅度，还影响着完成动作的效果。因此，发展专项柔韧性和关节灵活性是游泳训练的重要组成部分。

肩关节柔韧性和灵活性影响游泳手臂动作质量。踝关节跖屈和脚掌外翻的程度，直接影响腿动作效果。由此可见，游泳的专项柔韧性，影响动作的幅度、动作的效果，也就影响游进的速度。游泳专项柔韧素质的发挥受动作紧张程度的影响，如打腿动作，即便是用力也是通过鞭状动作完成的。鞭状动作最大特点就是要求各关节动作放松，产生力的传导、加速，使末端脚掌产生最大的加速度，并形成良好的对水动作面（保持鞭状运动动作幅度），这就对踝关节柔韧性和灵活性提出了更高的要求。

二、增强柔韧性和提高关节灵活性的方法与手段

关节灵活性与关节柔韧性是紧密联系的，但二者之间不能相互替代。关节柔韧性虽然增加了关节活动幅度，但不能解决关节灵活性问题。关节灵活性不仅取决于髋关节肌群韧带的伸展程度，而且取决于关节活动时参与工作肌群的紧张与放松的协调一致，以及关节活动的频率，即关节活动频率高，关节灵活性就好。游泳运动对关节灵活性的要求是全身性的，但就运动特点而言，对肩、踝、膝、腰关节的灵活性要求更高。

发展游泳者的关节灵活性要与发展其关节柔韧性相结合，充分利用关节柔韧性的优势，增加关节活动范围，提高关节活动的灵巧性。关节灵活性练习主要包括关节转动、旋转、摆动、绕环等动作，而游泳专项关节灵活性练习应着重发展肩、膝、踝、脊柱和髋关节的灵活性。通过改变练习因素，如速度、频率、幅度、方向等手段，提高关节活动的强度和频率。图 12-10、图 12-11、图 12-12、图 12-13 分别为发展肩关节、踝关节、膝关节和髋关节、脊柱专项柔韧性和灵活性训练的具体手段。

图 12-10

图 12-11

图 12-12

图 12-13

第十三章　大学生健美操专项体能训练

第一节　健美操概述

一、健美操起源与发展

（一）健美操起源

根据历史资料记载，健美操的起源可以追溯到两千多年前。在那时，古希腊人非常崇尚人体美，并因此而举世闻名。在他们看来，人体的健与美才是世界万物之中最匀称、最和谐、最庄重、最有生气和最完美的。因为有这种观点的存在，古希腊人热衷于运动，喜欢采用跑、跳、投掷、柔软体操和健美舞蹈等各种体育项目进行人体美的锻炼。他们提出了"体操锻炼身体，音乐陶冶精神"的主张。

古印度很早就流行一种把姿势、呼吸和意念紧密结合起来的瑜伽术，通过调身（摆正姿势）、调息（调整呼吸）和调心（意守丹田入静），运用意识对肌体进行自我调节，健美身心，达到延年益寿的目的。瑜伽健身术动作主要由站立、跪、坐、卧、弓步等各种基本姿势组成，值得注意的是，这些姿势也是当前世界流行的健美操常用的基本姿势。这种运动方式一直流传到现代，通过代代相传和发展完善，瑜伽动作更加全面、协调、多样。古代人对健身健美的追求，以及提倡体操与音乐相结合的主张是现代健美操形成与发展的基础。

到了欧洲文艺复兴时期，人们开始摆脱宗教主义的影响，使得被遗忘的古希腊、罗马等古典文化得到振兴，人体美格外受到重视。此时，教育领域里的许多学者认为，古希腊体操是人体健美最完整的体育系统。意大利医生墨库里奥斯在 1569 年出版的六卷《体操艺术》等著作中，详细论述了体操多种形式的动作。18 世纪德国著名体育活动家艾泽伦开设了培训体育师资的课程，并创造了哑铃、吊环等运动。这些锻炼形式，既是现代体操的雏形，也是现代健美操的起源。

对于体操的发展有深远影响的"体操运动之父"——约翰·古茨·穆尔在著作中强调：体操应能使人感到愉快，体操练习应能使人得到全面发展。欧洲最著名的体操倡导者维特采用游戏和娱乐的形式推广体操，增加了体操的趣味性。

19 世纪，富有音乐天才的德国人斯皮斯首次把体操从社会引入学校，并为体操动作配曲，使体操在音乐伴奏下进行。丹麦体操家布克创造了"基本体操"，他把体操动作分成若干类，并编成适合不同性别、不同年龄阶段的各种体操。在健美操研究领域，有人提出：健美操是在"基本体操"的基础上发展起来的，确实有一定的道理。

瑞典体操学派的创始人佩尔·亨里克·林把体操与解剖学、生理学的知识相结合,来强调身体各部位及身心的协调发展,以培养健美的体态,并按照体操练习的功能将其分为教育、军事、医疗和美学四大类,他的理论为现代健美操的理论和实践奠定了坚实的基础。

法国人弗朗索瓦·特尔沙特建立了特尔沙特体系,用来帮助演员在表演中姿态自然,举止仪表富有表现力。美感和富于表情是他赋予体操动作的两个新的特征。由于重视优美和均衡,对健美形体作用较大,19世纪以来,该体系在女子体操中非常流行。美国的热纳维芙·斯特宾斯女士在特尔沙特体系和瑞典学派亨里克·林体系的基础上,创造了自己的一套体操体系,目的是通过身体训练来有效地表达优美的艺术。这种体操体系,对发展欧洲现代健美操产生了深远的影响。

瑞士教育家雅克·克尔克罗兹设计了一种音乐体操用来描述肌肉活动和音乐伴奏两者的融合。他设计的成套练习通过自然的身体活动来发展学生的音乐和节奏感。欣里希·梅道创编了一套可以促进身体健康、姿态优美和举止高雅,更适用于少女和成年女子的体操体系;他认为,音乐是提高动作的节奏性和表现力的一个极为重要的因素。因此,他在训练和正式演出中都采用了音乐。他在教学活动中强调自然的全身动作,强调领略动作中的快感和美感。

以上各种体操流派的教育思想、教学方法和动作技术与现代健美操有着密不可分的联系,即注重人体的的健康和优美,注重自然的全身动作,注重动作节奏的流畅性,这也正是现代健美操发展的初级阶段。

（二）健美操发展

1. 国外健美操的发展

20世纪60年代初是现代健美操的萌芽阶段,最初开始是美国太空总署医生库帕博士设计太空人的体能训练阿洛别克(Aerobic)项目;1969年杰姬·索伦森在综合体操和现代舞的基础上创编了健美操。因其带有娱乐性,简单易学,深受人们的欢迎。

20世纪70年代,健美操在美国迅速兴起,并掀起了一股健美运动的热潮。在此期间,美国健美操代表人物——简·方达,在健美操向世界的推广方面作出了杰出的贡献。简·方达是20世纪70年代崛起的好莱坞电影明星,并多次获得国际大奖。简·方达的好身材并不是与生俱来的,为了保持身材苗条,她采用"节食"、"呕吐"以及服用药物等方法进行减肥,长期使用药物减肥不但使她的体重减轻,而且体力也严重下降。失败的痛苦使她认识到"健康的美才是真正的美、持久的美"。从此,简·方达走上了体育锻炼的道路,简·方达成功地通过健美操来保持身体的健康和体态苗条,为了向人们介绍健康减肥的方法,她根据自己从事健身操锻炼获得健美形体的成功体验,撰写了《简·方达健身术》一书,以自己的名声和现身说法提倡健美操运动。该书自1981年首次在美国出版以来,一直畅销不衰,并被译成20多种文字,在世界30多个国家发行。此后,简·方达又创造性地推出一种利用专门器械进行健美操锻炼的方法,称之为"踏板健美操"。简·方达极大地推动了健美操在世界范围内的流行与发展,成为20世纪80年代风靡世界的健美操杰出的代表人物。

美国于1985年首次举行阿洛别克(Aerobic)健美操比赛。来自全美各地的男女健美操运动员汇聚于此,以极大的热情和充沛的体力,在5平方米的场地上,在1.5～2分钟的时间内表演造型美观、力度明显、变化多样、流畅舒展的男子单人、女子单人、混合双人、女子三人的成套健美操,被观众所接受和喜爱。之后,美国正式举办一年一度的健美操锦标赛,并确定了竞赛项目和规则,使健美操发展成为竞技性运动项目。近十几年来,美国在以健身、健美为主的健身健美操和以比赛为主的竞技健美操方面,一直处于世界领先地位,为世界的健美操发展作出了很大的贡献。

与此同时,欧洲健美操也已进行开展和普及,法国练健美操的人数已达 400 万,仅巴黎就有 1 000 个健美操中心,每周日上午 10 点,都会有 500 万法国人跟随着电视中领操员的口令做 60 分钟的健美操;德国人为了保持形体美而增加对健身的投资;而在意大利的首都罗马设有 40 处健美操场所,每天都会有很多来做操的人,从早到晚从不间断。

苏联时期就已经把健美操列入大、中、小学的教学大纲,成为学校教育的组成部分。并通过举办全国性教练员培训班和定期在电视台向广大健美操爱好者教授健美操的方式来普及这项运动,促进健美操的发展。波兰、保加利亚等东欧国家的健美操开展情况与苏联相似。

健美操运动在亚洲也同样得到了迅速的发展。日本早在 1982 年 10 月 3 日的"国民体育大会"上就有 420 名 50 岁以上的老人表演了"健身健美操";并且首届远东健美操大赛于 1984 年在日本举行;日本在 1987 年成立了健美操协会。同时,健美操在新加坡、韩国、我国的香港和台湾地区以及东南亚国家和地区也迅速发展、兴盛起来。

2. 我国健美操的发展

1840 年鸦片战争之后,西方文化开始大量地涌入中国,欧美各国的体操也随之相继传入中国。1905 年,徐锡麟、陶成章在大通师范学堂开设了"体操专修科"。1908 年,在上海创办了我国第一所最有影响的以徒手体操、器械体操、兵式体操、音乐体操和舞蹈等为主要教学内容的体操学校。1937 年,我国康健书局出版发行了马济翰先生的著作——《女子健美体操集》,该书分"貌美与健美""妇女健康的运动""中年妇女的美容操""增进肌体美的五分钟美容操"和"女子健康柔软操"共五章内容,详细阐述了人体美的价值、各种操的练习方法和要求;并具体介绍了采用站立、坐卧等姿势进行的各种健美操,并附有 30 多幅照片。值得一提的是,这些动作与现代女子健美操有许多相似之处。该书在摘要部分写到:"本书所选欧美各国最新发明的体操动作数种,有适于少年妇女者,有适于中年妇女者,皆为驻颜之秘诀,增美之奇效"。后又继续出版了《男子健美体操集》,为了更加适合男子健身需求,增加了哑铃等轻器械的练习内容。由此可知,我国健美操运动早在 20 世纪 30 年代就已开展了。

自 1949 年中华人民共和国成立后,我国开始重视人民的身体健康问题,在"发展体育运动,增强人民体质"的号召下,大力推行全民广播体操。从 1951 年 11 月 24 日我国首次推广的第一套广播体操到目前已经创编到第九套韵律体操,都是把肢体活动与音乐节奏融为一体的健身体操。

20 世纪 70 年代末 80 年代初是现代健美操在我国兴起的时间。1981 年 1 月 4 日,陆保钟、牛乾元的特约稿《人体美的追求》在《中国青年报》(星期刊)上登载。1982 年 2 月,中国青年出版社出版的《美·怎样才算美》一书中,选登了陈德星创编的"女青年健美操"和牛乾元创编的"男青年哑铃操",印数高达 29 万册。从此"健美操"一词迅速被广大体育工作者采用。在国家的大力支持和新闻媒体的广泛宣传下,世界性的健美操在我国拉开了序幕。1982 年底,上海电视台录制了娄琢玉的"形体健美操""持环健美操"等专题节目。1983 年,人民体育出版社出版了体育报增刊《健与美》。从 1984 年开始,中央电视台相继播放了孙玉昆创编的"女子健美操"和马华的"健美五分钟""美国健身术""动感组合"等,在健美操的宣传与普及方面起到了积极的引导作用。

20 世纪 80 年代初期,世界性的健美操热传到我国,当时我国正处于改革开放时期。1984 年,原北京体育学院成立了健美操研究组,接着上海体育学院成立了健美操教研室,率先开设了健美操课程。根据原国家教委对高校体育教学的要求,一些大专院校也逐步开设了健美操普修或选修课。由此,我国的健美操运动首先在高校得到普及。

紧接着我国的社会健美操热也始于 20 世纪 80 年代,当时在全国的部分城市已经有了健身俱乐部的雏形。1987 年,"北京利生健康城"——我国第一家规模较大的健身中心面向社会开放,把健美操新颖的锻炼方式、良好的健身效果介绍给广大群众,很快就被人们所接受和喜爱,吸引了大批的健身爱好者。随后,以健美操为主要形式的健身中心在社会上遍地开花。特别是在大中型的城市如北京、上海、广州等,人们的思想观念更加开放,再加上以追求健康、健美作为时尚,同时随着生活水平的不断提高,人们也增强了为健康投资的理念。越来越多的人开始加入到健身的行列,热衷于健美操锻炼,经过锻炼,不仅可以增强体质,而且还能娱乐身心,这使得健美操成为健身市场的一个重要组成部分。此外,大量的电视等相关媒体的健美操节目的出现在社会健美操热的持续发展过程中起到了推波助澜的作用。

我国社会健美操的发展在当时也深受简·方达健美操的影响,后来也逐步形成了多种流派,近年来随着与国际接轨,在与世界性的健美操交流和各种宣传与培训中,人们开始逐步接受国际上的一些新观念,对健美操运动也有了更加深入的认识。近年来,中国健美操协会在健美操运动的普及推广方面做了大量的工作,成绩斐然,效果显著。为我国健美操运动的普及与提高作出了巨大的贡献,推动健美操运动在我国的快速发展。

随着健身健美操运动的蓬勃开展和广泛普及,健美操运动也被纳入体育竞争机制。在我国健身健美操发展的同时,以竞技为主要目的的竞技健美操也得到发展。竞技健美操具有动作美、难度大、节奏快、质量高、编排等特点,适应了新形势的要求,为现代健美操运动的发展注入了强大的活力。1986 年 4 月 6 日—7 日,我国第一次竞技健美操比赛——"全国女子健美操表演赛"在广州举行。这次比赛共有来自 8 个省、市的 9 支代表队参加,各队表演的自编 6 人健美操,风格各异、百花齐放,引起了观众浓厚的兴趣。这全国女子健美操表演赛,不仅开创了我国健美操比赛的新路子,探索了我国健美操比赛的方法,而且也在一定程度上展示了我国健美操发展的成果。1986 年 12 月,为了更好地迎接首届正式的全国健美操比赛,由北京体院和康华健美研究所共同举办了全国健美操教练培训班,有来自全国 20 多个省市的共 200 名学员参加培训,为我国健美操运动的开展培养了一大批骨干力量。我国第一次全国性的竞技健美操比赛是在 1987 年 5 月由康华健美研究所、北京体育学院、中央电视台等多家单位共同举办的全国首届"长城杯"健美操友好邀请赛。这次比赛的项目吸收了美国阿洛别克(Aerobic)健美操的比赛项目,结合我国健美操比赛的特点,进行了男女单人操、混合双人操、混合三人操和混合六人操等 6 个项目的比赛。北京体院健美操教研室为本次比赛拟定了竞技健美操比赛规则。后来该规则成为了国家体委审定健美操比赛规则的基础。1991 年 10 月,来自全国 12 个省市自治区 34 个单位的共 190 多名运动员参加了在北京举行的全国首届大学生健美操、艺术体操大奖赛。这次比赛是我国健美操史上规模空前、高层次、高水平的比赛。在本次比赛首次使用了新的《大学生健美操竞技规则》,此规则更适合于健美操运动在我国大学的开展。

1992 年 2 月,为了更好地进行技术交流和学术研究,中国大学生体育协会健美操、艺术体操分会在北京成立,从此我国大学生健美操运动的开展进入了一个新的阶段。1992 年 9 月,经国家民政部批准,在北京成立了代表我国健美操全国性组织的中国健美操协会,标志着我国健美操运动从此进入了一个有组织、有计划的新的发展阶段。

在我国经济快速发展和体育体制改革不断深入的大背景下,国家体委于 1997 年将中国健美操协会由社会体育指导中心划归体操运动管理中心。中国健美操协会经过几年的实践、探索,先后推出了《健美操活动管理办法》《全国健美操指导员专业技术等级实施办法》《全国健美操大众锻炼标准实施办法》《健美操运动员技术等级标准》和《健美操竞赛规则》,将健美操运动纳入到科学化、正规化管理轨道,进一步推动了我国健美操运动的普及和竞技性健美操运动的发展与提高。

这一阶段无论是管理组织的建立,竞赛规则的统一,还是各种制度的完善,都标志着我国竞技健美操运动在正规化管理和发展方面都步入到新的阶段。

我国健美操运动不仅注重在国内的全面普及,而且与国际交往也在逐步增加。1987 年,代表我国健美操运动发展水平的北京体育大学健美操队首次走出国门,与日本的四大城市进行健美操交流活动。1988 年,我国举办了"长城杯"健美操友好邀请赛;1995 年 12 月,参加了由国际体操联合会筹办在法国巴黎举行的第一届世界健美操锦标赛,这是我国首次派出 3 名运动员参加男子单人、女子单人、混双与三人项目的的比赛,并圆满完成此次比赛的任务。1998 年至今,我国均派出队伍参加每届由国际体操联合会组织的"世界健美操锦标赛"。通过一次次参加国际性的健美操比赛,在健美操国际活动中锻炼了队伍,也使得我国健美操运动技术水平得到进一步的提高。开阔视野的同时,也进一步了解了国际健美操的发展动态,我国竞技健美操也从此步入了与国际接轨的阶段。1997 年和 1998 年,中国健美操协会先后派出 8 人参加国际体操联合会(FIG)组织的健美操国际裁判员培训班和国际健美操教练员培训班。1999 年,日本专家受中国健美操协会聘请来华进行关于国际规则讲学,同时在全国健美操锦标赛上首次采用了《国际健美操竞赛规则》,为了在竞赛规则上达成统一,决定以后全国健美操比赛和全国大学生健美操比赛均采用国际竞赛规则。这也预示着我国竞技健美操运动将出现与国际健美操运动接轨的新局面。

另外,我国健美操队在世界竞技健美操大赛中也获得了骄人的成绩。其中,2004 年 6 月,我国健美操在保加利亚第八届世界健美操锦标赛上,历史性地进入集体 6 人的第三名,这也是在世界性的比赛中取得的第一枚奖牌。2005 年 7 月,中国队在德国伊斯堡举行的第七届世界运动会竞技健美 6 人操的比赛中夺取金牌,这是我国健美操队在世界性的大赛中夺得的第一枚金牌。我国在美国洛杉矶的第十六届世界健美操冠军赛中再续辉煌,获得 6 人操和男子单人(国家预备组)两枚金牌。ANAC 在举办第十六届世界健美操冠军赛的同时还举办了第八届世界健美操青少年锦标赛,我国小选手在少儿丙组的比赛中获女子 3 人和 6 人两项最高奖——总统奖。

中国健美操队 6 人操于 2006 年 5 月在法国举行的健美操世界杯赛中获得了第一名,并首次在国际大赛中获得男单、混双、3 人季军的佳绩。新周期健美操比赛规则在此次比赛中首次使用,由于是第九届世界健美操锦标赛前的热身赛,所以这也是世界各国强队均参加的争夺异常激烈的比赛。2006 年 6 月,中国队在我国江苏省南京市举行的第九届世界健美操锦标赛中,取得了男子单人操第一名、6 人操第一名、女子单人操第二名、3 人操第二名、团体第二名的最好成绩,标志着中国竞技健美操开始进入世界第一集团。2007 年世界杯总决赛取得两金、一银、一铜、团体总分第一名。6人项目在 2005 年世界运动会首次夺冠,2006 年夺得世锦赛冠军,2007 年世界杯总决赛再次夺魁,至此中国实现了竞技健美操项目的"大满贯",成为世界上第一个在国际三大比赛中 6 人项目实现大满贯的国家。这些骄人的战绩已经能充分证明我国竞技健美操水平跃居世界一流的行列。

2008 年 12 月,王宏当选为 FIG 健美操委员会副主席,同时王佑平、王宏、李育林三人获得健美操的国际裁判资格。这对于我国竞技健美操了解国际规则、参加国际比赛时获得公正待遇起着决定性的作用。

二、健美操的分类

(一)健身健美操

健身健美操又称为"大众健美操",它是以"锻炼身体、保持健康"为主要目的的。健身健美操动作简单,实用性强,音乐速度可控制;为了保证一定的运动负荷和锻炼的全面性,动作多有重复,并且均以对称的形式出现。"健康、安全"是健身健美操在练习时要严格遵守的原则,练习方面可根据个人情况而及时调整,练习时间可长可短,练习要求较为灵活,防止运动损伤,在保证安全的基础上,达到锻炼身体的目的。按照练习形式分类,健身健美操可分为徒手健美操、轻器械健美操和特殊场地健美操三大类(表 13-1)。

表 13-1　健身健美操的分类

徒手健美操	器械健美操	特殊场地健美操
有氧健美操	踏板操	水中健美操
搏击健美操	哑铃操	固定器械健美操
瑜伽健美操	杠铃操	功率自行车
拉丁健美操	橡皮筋操	垫上健美操
拳击健美操	健身球操	
街舞		

1. 徒手健美操

徒手健美操包括传统意义上的一般有氧健美操和为满足不同人群兴趣、需求而创编的各种不同风格的健美操。传统意义上的有氧健美操目前仍很受欢迎,其主要练习目的是提高心肺功能和人体的有氧代谢能力。随着社会的发展和生活水平的不断提高,人们健身的需求越来越多样化,近年来出现了多种新的徒手健美操练习形式,如正在国内外流行的拳击健美操和搏击操,其主要练习目的是增强肌肉的力量、弹性与身体的柔韧性,尤其是搏击操练习对腰腹有特殊的效果;拉丁健美操和街舞,其练习形式多以群体练习为主,动作变化丰富,规律性不强,不仅能提高练习者的协调能力,而且能提高练习者的心理水平,因此深受年轻人的喜爱。瑜伽健身术有着独特的塑身理论,讲究自然、平衡与协调,通过集中意会、调整呼吸并做出各种身体姿势来改善人体各个部位的机能,通过调节身体的平衡和控制能力,来达到"联合整体"的目的,是一种最安全、有效的塑身练习。

2. 器械健美操

器械健美操是一种通过采用轻器械、以力量练习为主的一种有氧健美操。器械健美操通常采用各种可移动的轻器械进行练习,不但可以使健身的效果得到增强,同时也使得健美操的练习形式更加多样化。目前,世界范围内最受欢迎和发展最快的健身项目就是利用轻器械的力量练习。力量练习的主要目的是使练习者保持肌肉外形、增强肌肉力量和防止肌肉退化,从而延缓衰老,使人体更加健康。踏板健美操就是为使腿部运动负荷加大而增加踏板的高度,增加运动量,减轻了对下肢关节的冲击力,同时也使动作的编排更加多样化;哑铃操、橡皮筋操、健身球操等,可锻炼到全身的每一组肌肉群,有效地提高肌肉力量,特别是针对力量较弱的上肢肌肉,弥补了徒手健美操的不足。

3. 特殊场地健美操

特殊场地健美操由于具有特殊的功效在国外发展得很快,但在国内开展较少。目前,我们所了解到的有水中健美操和固定器械健美操。水中健美操在国外非常的流行,是一种独特的健美操形式,它可以使膝、踝关节在运动中所受到的来自地面的冲击力得到减轻,更为有效地减轻关节的负荷,同时利用水的阻力以及水传导热能较快的原理提高练习效果,以达到锻炼身体和减肥的目的,因此深受广大中老年人、康复病人和减肥者的喜爱。固定器械健美操,如功率自行车等,可以将健身器械固定在某一处(地面或水中任何地方),练习者可以根据自己的需要进行练习,从而达到锻炼身体的目的。

为了更好地普及和提高健身健美操的开展,国家体育总局中国健美操协会于 1999 年推出了第一套全国健美操大众锻炼标准 1~6 级动作;在 2003 年又推出了第二套全国健美操大众锻炼标准 1~6 级动作。国家体育总局从 2002 年开始每年举办一次全国万人健美操锻炼标准大赛,以推动我国健身健美操的发展。

(二)竞技健美操

竞技健美操是在健身健美操的基础上产生并发展的。目前,世界上对健身健美操的定义较为公认的是:"竞技健美操是在音乐伴奏下,完成连续复杂的和高强度动作的运动,该项目起源于传统的有氧健身舞。"竞技健美操以成套动作作为表现形式,在整个的成套动作中运动员必须展示连续的动作组合、柔韧性、力量与七种基本步法的综合使用,并结合难度动作完美地完成。"竞赛、取胜"是竞技健美操的主要目的,针对其特定的竞赛规则和评分办法,在动作设计上要更加多样化,并严格避免重复动作和对称性动作,运动员(队)必须严格按照规定的项目和规则要求,进行科学的训练和比赛。竞赛规则对成套动作的编排、动作的完成、难度动作的数量等都有严格的规定,在参赛人数、比赛场地和成套动作的时间等方面也有明确的要求。竞技健美操可按比赛的规模、项目、参赛年龄进行分类。

1. 按健美操比赛的规模分类

（1）国际比赛

目前国际上规模较大的竞技健美操比赛有以下几种。

①健美操世界锦标赛，由国际体操联合会（FIG）组织。

②世界健美操冠军赛，由国际健美操冠军联合会（ANAC）组织。

③健美操世界杯赛，由国际健美操联合会（IAF）组织。

（2）国内比赛

我国正式的竞技健美操比赛有以下几种。

①全国健美操锦标赛。

②全国健美操冠军赛。

③全国青少年健美操锦标赛。

由于竞技健美操在人的身体素质、技术能力和艺术表现力等方面要求较高，为取得优异的成绩，并力求不断创新，运动员在比赛的成套动作中加入了大量的难度动作，如各种大跳成俯撑、空中转体成俯撑等。这就对运动员的体能、技术水平和表现力等都提出了更高的要求。

2. 按健美操比赛项目分类

竞技健美操的比赛项目可分为：男子单人操、女子单人操、混合双人操、3 人操、6 人操共 5 个传统项目。

3. 按健美操参赛者年龄分类

竞技健美操按参赛年龄分为成年组和少年组两个级别。运动员满 18 岁可以参加成年组比赛，少年组比赛在成套动作难度的选择上有所限制。

（三）表演健美操

表演健美操注重表演的效果，根据所参加的表演目的预先设计、创编和排练的成套健美操，人数不限，时间不等，所以在音乐效果、动作设计、队形变化、表演者的动作质量及表现力等方面要求较高。在难度方面，表演健美操的动作较健身健美操动作难度大而比竞技健美操动作难度小，更加注重动作风格及表现与音乐风格的协调统一。

表演健美操更加强调表演者的表现力。表现力是表演者将编者的思想、刚柔相间的肢体语言、音乐的情绪和节奏及同伴之间的默契配合结合起来的一种综合运用能力，这种表现力可达到烘托气氛、感染观众、增加表演效果的目的。

三、健美操的特点

（一）节奏性与韵律性

强烈的节奏感和韵律感是健美操运动的主要特点。健美操的节奏性特点主要体现在以下几个方面。

(1)生理节奏,如呼吸节奏、心率节奏。

(2)运动节奏,如力度、步幅、步频。

(3)时空节奏,如空间节奏、时间节奏。

(4)音乐节奏,如音乐节拍。

(5)色彩节奏,如服装、灯光等。

另外,健美操强烈的韵律感主要来源于音乐。健美操音乐多取材于迪斯科、爵士、摇滚等现代音乐和具有上述特点的民族乐曲,而正是音乐中的高低、长短、强弱、快慢等节奏性的变化,使健美操运动更富有一种鲜明的时代气息和韵律感。

(二)自我塑造性

健美操运动是在美学等科学理论的指导下,形成的人体运动方式,它要求动作美观大方、准确到位,讲究造型美、姿态美、音乐美、服饰美、精神美;它不仅强调"健",而且还强调"美",讲求有效地训练身体各部位的正确姿势,使人体匀称和谐地发展,培养健美的体形和风度,塑造完美的自我。

健美操的自我塑造是遵循人体的可塑性,如肌肉的强弱、发达程度、脂肪的沉积程度以及脊柱和胸廓的形状、关节的灵活程度等这些决定身体姿态、形体改变的自我塑造的可变因素。与其他运动项目不同的一个显著特点是,健美操是以自然人体为对象,运用自己的力量把自身作为对象,实现自我塑造。

(三)力度性

健美操是以力量性为主的徒手动作为基础,它所表现出来的力是力量、力度、弹力、活力的综合,它的动作力量性很强,不论是短促的肌肉力量、延续力量,还是瞬间的控制力量都展现出较高的力度感。由于身体动作的快速变化及脚下富于弹性的移动,连续不断的跑跳,使全身充满着生命的活力。在追求人体健康与活力的过程中,它将人体语言艺术和体育美学融为一体,使健美操成为极具观赏性的运动项目,具有优美的力度性。其主要体现在"健、力、美"的项目特征上。"健康、力量、美丽"是人类有史以来追求的身体状况的最高境界。在健美操运动中,不论竞技健美操,还是健身健美操,无处不体现着"健、力、美"的特征。它所形成的动作力量风格可充分表现出人体健的风采、美的神韵和力的坚韧。

(四)群众性

健美操内容丰富多样、运动量可大可小,它多以徒手形式进行锻炼,对场地、环境、气候等条件的要求不高,不同年龄、性别、体质、阶层、技术水平人群可根据运动负荷和难度以及偏好酌情选择参加锻炼,各种人群都能找到适合自己的练习方式。例如对中老年人来说,可选择音乐节奏感小、强度低的有氧练习,达到锻炼身体、娱乐身心、增进进健康的目的;而对身体素质较好的年亲人来说,可选择节奏感较强、难度性较大、运动量较多的竞技健美操作为练习手段,来增强自己的体质和提高自己的技术水平。健美操在带给人们热情奔放的情感体验的同时,也满足了现代人追求健美、自娱自乐的需要,因此深受广大群众的喜爱,具有广泛的群众性。

（五）安全性

在健美操运动中，健身健美操所涉及的运动负荷及运动节奏，充分考虑了由运动而产生一系列刺激结果的可行性，使之适合一般人的体质，甚至弱体质的人都能承受的有氧范围。强调动作的随意、自然、弹动、流畅，节奏速度的适中，且在有氧供能条件下进行练习，人们在平坦的地面上，在欢快的音乐声中，跟随快慢有序的节奏进行运动，十分安全有效。

（六）实效性

健美操动作简单、活泼、协调、流畅、富力度和弹性，能全面锻炼身体的各个部分，讲究锻炼的针对性和实效性，它的练习时间较长，运动强度中等，是在有氧供能条件下进行的练习，并按照一定的顺序充分锻炼身体的各个部位，对强身健体、减少脂肪有明显的实效性。

四、健美操的价值

健美操运动深受群众欢迎，是一种具有实用锻炼价值的运动项目，对人们身体、心理、社会适应等方面的作用尤为突出，健美操的价值主要表现在以下方面。

（一）增强体质，保持健康

（1）在运动系统的功能方面，健美操锻炼可以提高关节的灵活性，使肌肉的力量增强、体积增大、弹性提高，使韧带、肌腱等结缔组织富有弹性。

（2）在呼吸系统机能方面，健美操锻炼能提高呼吸深度，增加每次呼吸时的气体交换量，这有利于呼吸肌的休息又可提高呼吸系统的功能储备，保证在激烈运动时满足气体交换的需要，提高机能水平。

（3）在神经系统的功能方面，健美操由多种动作组成，长期练习可以提高人的动作记忆和再现能力，提高神经系统的灵活性和均衡性，改善神经系统的机能。

（4）在血液循环系统的功能方面，健美操锻炼可以使心肌纤维增粗、心肌收缩力增强、心输出量增大，提高供血能力；有助于向脑细胞供氧、供能，提高大脑的思维能力；通过循环系统向全身细胞提供更多的氧和养料，改善新陈代谢，减少脂肪沉积，延缓血管硬化，有益于健康，可以促进心血管系统机能的提高。

（5）在消化系统机能方面，健美操锻炼能提高消化系统的机能，这是由于肌肉活动可消耗大量能量，加之健美操的髋部活动较多，刺激了肠胃蠕动，可增强消化机能，有助于营养物质的吸收和利用。

综上可知，健美操运动能够对身体各个系统和器官的功能都有很好的促进作用。

（二）增强体能，协调动作

身体素质包括力量、速度、耐力、灵敏、柔韧和协调，健美操运动对提高身体素质这几个方面起着积极作用。例如，健美操运动前的准备活动，如压腿、热身等，使肌肉处于充分拉伸或收缩的状态，能够提高肌肉、肌腱和韧带的弹性和柔韧性。

健美操运动的一系列动作是上肢、下肢及躯干协调完成的，要使动作表现得优美、舒适，协调一致必不可少，因此，对锻炼身体的协调性具有很大的帮助。

（三）塑造体型，改善体态

健美操运动具有较强的形体锻炼价值，这也是它与其他保健操、卫生操相区别的重要标志之一。改善人体的形态结构，提高机体机能，是人们长期坚持健美操锻炼的最主要目的。健美操运动的形体锻炼价值，主要从体型和体态两个方面表现出来。

在体型方面，健身性健美操可以塑造肌肉的围度，还可以雕琢人体的曲线。健身性健美操通过增粗肌纤维，增大肌肉体积，使肌肉围度发生变化，给人"力"的美。

在体态方面，健身性健美操对站立姿态、坐姿、走姿都有着严格的要求。例如，在站立姿态中，要求头正直、两眼平视、下颌微收、两肩下沉、挺胸、收腹、立腰、夹臀、提气等。通过这样的要求，人们在日常生活和工作中造成的脊柱弯曲、驼背含胸等不良的形态就能得到改善，从而表现出一种良好的气质与修养，给人以朝气蓬勃、健康向上的感觉。

健美操对形体的作用还体现在矫正身体畸形上。在健美操训练中，追求一种端正、优雅的姿态。它的每一个姿势、每一个动作都力求达到符合人体生理规律以及美学要求，可以矫正部分身体畸形。

另外，健美操锻炼也是一项减肥的好方法，系统的健美操练习，可以令身体内多余的脂肪燃烧，让那些为肥胖忧心忡忡、坐立不安的朋友卸掉身上沉重的包袱，使其获得优美身材。

（四）缓解压力，放松娱乐

随着时代的发展和社会的进步，人们在享受科学技术所带来的舒适生活和各种便利的同时，也受到了来自方方面面的精神压力。研究表明，长期的精神压力不仅会引起各种心理疾病，而且许多躯体疾病也与精神压力有关，如高血压、心脏病、癌症等。体育运动可缓解精神压力，预防各种疾病的产生是科学研究已证实的事实。健美操作为一项体育运动，以其动作优美协调、全面锻炼身体，同时有节奏强烈的音乐伴奏而著称，是缓解精神压力的一剂良方。在轻松优美的健美操锻炼中，练习者的注意力从烦恼的事情上转移开，忘掉失意与压抑，尽情享受健美操运动所带来的欢乐，得到内心的安宁，从而缓解精神压力，使人具有更强的活力与最佳的心态。

另外，健美操锻炼增强了人们的社会交往。目前无论国内外，人们参加健美操锻炼的主要方式是去健身房，在健美操指导员的带领和指导下集体练习。参与健美操锻炼的人来自社会的各阶层，因此，这种形式扩大了人们的社会交际面，把人们从工作和家庭的单一环境中解脱出来，接触和认识更多的人，开阔眼界，从而为生活开辟另一个天地。因此，健美操锻炼不仅能强身健体，同时还具有娱乐功能，可使人在锻炼中得到一种精神享受，满足人们的心理需要。

（五）预防损伤，医疗保健

除了作为科学合理的健身形式外，健美操运动还是一种很好的医疗保健手段。健美操作为一项有氧运动，具有强度低、密度大、运动量可大可小、容易控制的特点，因此，对健康的人具有良好的健身效果，对一些病人、残疾人和老年人来说也是一种医疗保健的理想手段。例如，颈部健美操有助于提高颈肩背部肌肉的力量和灵活性，能有效地预防颈部肌肉松弛、老化；同时，颈部健美操还能加速脑部血液循环,改善脑部血液供应,使人头脑清醒。在水中或坐地上进行健美操练习,可以帮助下肢瘫痪的病人保持上体的功能并促进下肢功能的恢复。通过科学合理的运动控制,健美操可以在预防运动损伤的基础上,达到医疗保健的目的。

第二节　健美操的基本技术与体能要求

一、健美操的基本动作技术

(一)健美操的手型

(1)合掌。五指并拢伸直。

(2)西班牙舞手势。五指用力,小指、无名指、中指自掌指关节处依次弯曲,拇指稍内扣。

(3)分掌。五指用力分开,手腕保持一定的紧张程度。

(4)芭蕾手势。五指微屈,后三指并拢,稍内收,拇指内扣。

(5)拳。五指弯曲紧握,大拇指压在食指弯曲部位。

(6)一指式。握拳,食指伸直或拇指伸直。

(7)推掌。手掌用力上翘,五指自然弯曲。

(8)响指。拇指与中指摩擦与食指打响,无名指、小指弯曲至握(图 13-1)。

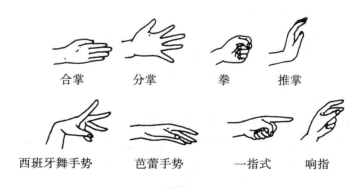

合掌　　　　分掌　　　　拳　　　　推掌

西班牙舞手势　　　芭蕾手势　　　一指式　　　响指

图 13-1

(二)头、颈部动作

1. 屈(图 13-2)

动作描述:头部向前、后、左、右 4 个方向分别做颈部关节弯曲的运动。

注意要点:身体正直,做动作时应缓慢,充分伸展颈部肌肉。

动作变化:前屈、后屈、左侧屈、右侧屈。

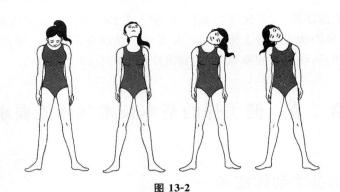

图 13-2

2. 转（图 13-3）

动作描述：头保持正直，然后头颈部沿身体垂直轴向左、右转动 90°。
注意要点：下颌平稳地左右转动。
动作变化：左转、右转。

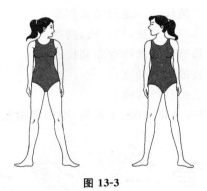

图 13-3

3. 环绕（图 13-4）

动作描述：头保持正直，然后头颈部沿身体垂直轴向左或右转动 360°。
注意要点：转动时头部要匀速缓慢，不要过快。动作要到位，向后转时头要后仰。
动作变化：左或右环绕，两动作一致，方向相反。

图 13-4

（三）肩部动作

1. 提肩（图 13-5）

动作描述：脚开立，身体保持正直，然后肩部沿身体垂直轴向上提起。
注意要点：尽可能向上提起，提肩时，身体不能摆动。
动作变化：单提肩、双提肩。

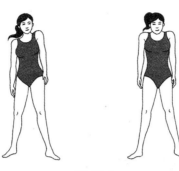

图 13-5

2. 沉肩（图 13-6）

动作描述：脚开立，身体保持正直，然后肩部沿身体垂直轴向下沉落。
注意要点：尽可能向下沉落，沉肩时，身体不能摆动，头尽量往上伸展。
动作变化：双肩下沉。

图 13-6

3. 绕肩（图 13-7）

动作描述：脚开立，身体保持正直，然后肩部沿身体前、后、上、下四个方向进行绕动。
注意要点：绕肩时，身体不要摆动，动作尽量的大，要舒展开。
动作变化：单肩环绕、双肩环绕。

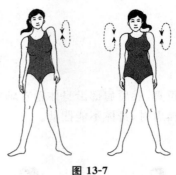

图 13-7

（四）上肢动作

1. 举（图 13-8）

动作描述：以肩关节为中心，手臂进行活动。
注意要点：动作到位，有力度。
动作变化：前举、后举、侧举、侧上举、侧下举、上举。

图 13-8

2. 屈（图 13-9）

动作描述：肘关节由弯曲到伸直或由伸直到弯曲的动作。
注意要点：关节做有弹性的屈伸。

动作变化:胸前平屈、肩侧屈、肩侧上屈、肩侧下屈、胸前上屈、头后屈。

图 13-9

3. 绕、绕环(图 13-10)

动作描述:两臂或单臂以肩为轴做弧线运动。

注意要点:路线清晰,起始和结束动作位置明确。

动作变化:两臂或单臂向内、外、前、后绕或环绕。

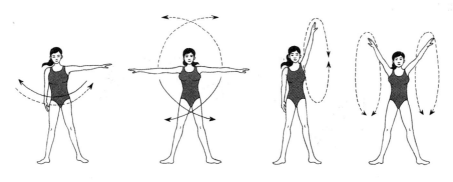

图 13-10

(五)躯干动作

1. 胸部动作

(1)移胸

动作描述:髋部位置固定,腰腹随胸部左右移动。

注意要点:移胸时,腰腹带动胸部移动;动作要尽量的大。

动作变化:左右移胸。

(2)含胸、挺胸(图 13-11)

动作描述:含胸时,低头收腹,收肩,形成背弓,呼气;挺胸时,抬头挺胸,展肩,吸气。

注意要点:含胸时身体放松,但不松懈;挺胸时,身体紧张但不僵硬。

动作变化:手臂胸前平屈含胸,手臂侧平举展胸。

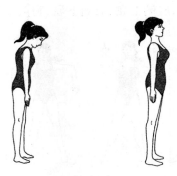

图 13-11

2. 腰部动作

(1)屈(图 13-12)

动作描述:腰部向前或向侧做拉伸运动。

注意要点:充分伸展,运动速度不宜过快。

动作变化:前屈、后屈、侧屈。

图 13-12

(2)转(图 13-13)

动作描述:腰部带动身体沿垂直轴左右转动。

注意要点:身体保持紧张,腰部灵活转动。

动作变化:迈步移动重心与转腰运动结合。

图 13-13

（3）绕和环绕（图 13-14）

动作描述：腰部做弧线或圆周运动。

注意要点：路线清晰、动作圆滑。

动作变化：与手臂动作相结合进行腰部绕和环绕。

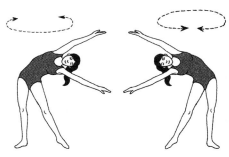

图 13-14

3. 髋部动作

（1）顶髋（图 13-15）

动作描述：两腿开立，一腿支撑并伸直、另一腿屈膝内扣，上体保持正直，用力将髋顶出。

注意要点：动作用力且有节奏感。

动作变化：双手叉腰顶髋，左顶、右顶、后顶、前顶。

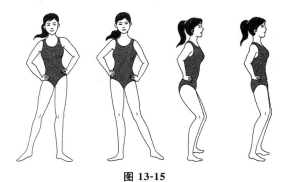

图 13-15

（2）提髋（图 13-16）

动作描述：髋向上提。

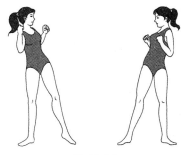

图 13-16

注意要点:髋与腿部协调向上。

动作变化:左提、右提。

(3)绕和环绕(图13-17)

动作描述:髋做弧线或圆周运动。

注意要点:运动轨迹要圆滑。

动作变化:左、右方向进行绕和环绕动作。

图 13-17

(六)下肢动作

1. 立

(1)直立、开立(图13-18)

动作描述:身体直立,再双腿打开,做开立动作。

注意要点:直立时身体要抬头挺胸;开立时,脚的间距约与肩相等。

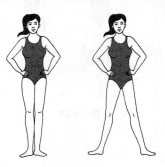

图 13-18

(2)点立(图13-19)

动作描述:先直立,再伸出一条腿做点立或双腿提起做提踵立。

注意要点:动作要舒展。

动作变化:侧点立、前点立、后点立、提踵立。

2. 弓步(图13-20)

动作描述:直立后,大步迈出一腿,做屈动作。

注意要点:步子迈出不能太小,当然也不能太大。

动作变化：前弓步、侧弓步、后弓步。

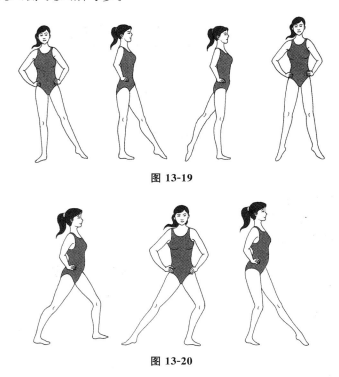

图 13-19

图 13-20

3. 踢（图 13-21）

动作描述：双腿交换做踢腿动作。
注意要点：动作干净利落。
动作变化：前踢、侧踢、后踢。

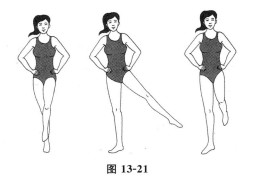

图 13-21

4. 弹（图 13-22）

动作描述：双腿进行弹动动作。
注意要点：双腿弹动要有弹性。
动作变化：正弹腿、侧弹腿。

图 13-22

5. 跳（图 13-23）

动作描述：做各种姿势进行腿部练习。

注意要点：跳的时候要有力度和弹性。

动作变化：并腿跳、开并腿跳、踢腿跳。

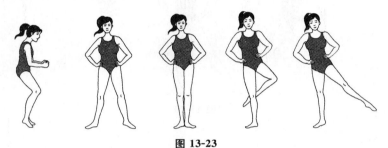

图 13-23

二、健美操的组合动作技术

（一）髋部动作组合

髋部动作组合是由健美操的基本动作之一——髋部动作，配以健美操手臂的特色动作组合而成的，主要是躯干和上肢运动，它包括左右顶髋、臂屈伸及挥摆等。

动作特点：短小（共 3×8 拍），便于记忆，学习后可有充分时间反复练习。可通过变换方向重复练习。

音乐选择：旋律清晰、节奏感强的迪斯科音乐，速度为 24 拍/10 秒。

动作要领：原地顶髋是健美操髋部动作中最基本的一种。开立后左（右）腿屈膝内扣，同时向右（左）顶髋，上体保持正直。

动作要求：髋部动作幅度大，节奏感强；上肢动作到位，有力度，与髋部动作配合协调。

预备姿势：

1 开立，两手叉腰。

1~4 拍保持预备姿势。

5 拍左腿屈膝内扣，同时向右顶髋。

6 拍右腿屈膝内扣，同时向左顶髋。

7、8 拍和 5、6 拍相同(图 13-24)。

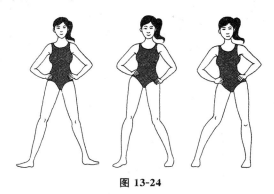

图 13-24

第一个 8 拍:

1 拍左腿屈膝内扣,同时向右顶髋,两臂胸前平屈。

2 拍右腿屈膝内扣,同时向左顶髋,两臂下伸。

3、4 拍同 1、2 拍(图 13-25)。

5 拍腿和髋同 1 拍,同时两臂经侧至头上交叉 1 次后成上举,抬头。

6 拍腿和髋同 2 拍,同时两臂头上交叉 1 次后成上举。

7 拍腿和髋同 1 拍,同时两臂肩侧屈,头向右转。

8 拍腿和髋同 2 拍,同时两臂还原至体侧,头还原(图 13-26)。

图 13-25　　　　　　　　　　　　　　　　图 13-26

第二个 8 拍:

1 拍腿和髋同第一个 8 拍的 1 拍,同时左臂胸前屈。

2 拍腿和髋同第一个 8 拍的 2 拍,同时右臂胸前屈。

3 拍腿和髋同 1 拍,同时左臂前伸。

4 拍腿和髋同 2 拍,同时右臂前伸(图 13-27)。

5、6 拍自左脚起踏步走 2 步,同时两手胸前击掌 2 次。

7 拍双脚起跳成开立,同时两手叉腰。

8 拍不动(图 13-28)。

图 13-27

图 13-28

(二)跳步动作组合

丰富多彩、富有弹性的跳跃动作是健美操的特色之一。这套跳跃动作组合共 6 个 8 拍,是由健美操的几种主要的跳步配以规范有力的上肢动作组合而成。

由于这套组合是在快速跑跳中不断变化上肢动作和身体方向,因此除有益于发展下肢力量外,还有助于提高动作的协调性。

音乐选择:

节奏感强的音乐,速度为 26 拍/10 秒。

动作要求:

(1)跳跃轻快,富有弹性。

(2)上肢动作到位,有力度。

(3)整套动作连贯,节奏准确,富有表现力。

预备姿势:

开立,两手叉腰。

第一个 8 拍:

1、2 拍不动。

3、4 拍两脚弹动 2 次(图 13-29)。

5、6 拍跳成并立,同时两脚弹动 2 次。

7 拍跳成开立。

8拍跳成并立,同时两臂落至体侧(图13-30)。

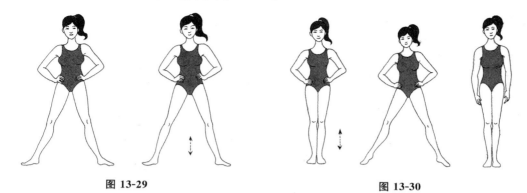

　　图 13-29　　　　　　　　　　　　　　　　图 13-30

第二个8拍:

1拍右腿后踢跑,同时两臂胸前屈。

2拍左腿后踢跑,同时两手胸前击掌。

3拍右腿后踢跑,同时两臂肩侧上屈。

4拍并腿,手同2拍(图13-31)。

图 13-31

5拍双脚向右蹬跳成右侧弓步,同时左臂侧举,右臂胸前平屈,头稍左转。

6拍还原成并立,同时两手胸前击掌。

7、8拍同5、6拍,方向相反,但8拍两臂还原至体侧(图13-32)。

图 13-32

第三个 8 拍：

1 拍左脚向侧一步，同时左臂上举，右臂前举，目视前方。

2 拍提右膝同时向右转体 90°，右臂胸前上屈，左臂胸前平屈。

3 拍右腿后伸成左前弓步，同时左臂侧举，右臂肩侧上屈，头向左转。

4 拍右腿还原跳成并立，同时两臂还原至体侧，头还原（图 13-33）。

图 13-33

5 拍左腿提膝跳，同时两臂胸前平屈。

6 拍还原成并立，同时两臂还原至体侧。

7 拍右腿高踢跳。

8 拍右腿落下成并立（图 13-34）。

图 13-34

第四个 8 拍：

1 拍右脚向侧一步，同时右臂上举，左臂前举，目视前方。

2 拍提左膝同时向右转体 90°，左臂胸前上屈，右臂胸前平屈。

3 拍左腿后伸成右前弓步，同时右臂侧举，左臂肩侧上屈，头向右转。

4 拍左腿还原跳成并立，同时两臂还原至体侧，头还原（图 13-35）。

5 拍右腿提膝跳，同时两臂胸前平屈。

6 拍还原成并立，同时两臂还原至体侧。

7 拍左腿高踢跳。

8 拍左腿落下成并立（图 13-36）。

图 13-35

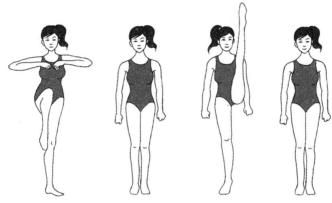

图 13-36

第五个 8 拍：

1 拍跳成开立，同时左臂侧举，头向左转。

2 拍跳成并立，同时左臂肩侧上屈，头还原。

3 拍跳成开立，同时右臂侧举，头向右转。

4 拍跳成并立，同时右臂肩侧上屈，头还原（图 13-37）。

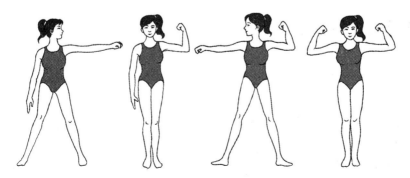

图 13-37

5 拍跳成开立，同时两臂胸前屈。

6 拍跳成并立，同时两臂胸前平屈。

7 拍跳成开立,同时两臂上举。

8 拍跳成并立,同时两臂还原至体侧(图 13-38)。

图 13-38

第六个 8 拍:

1～4 拍跑跳步向左转体 360°,同时两臂体侧屈自然摆动。

5、6 拍原地踏步走,同时两手胸前击掌 2 次。

7、8 拍跳成开立,两臂向外绕至肩上屈,两手扶头后,挺胸立腰,目视前方(图 13-39)。

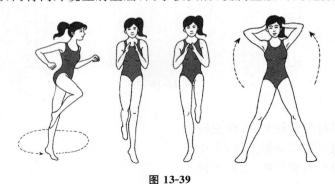

图 13-39

三、健美操的体能要求

(一)健美操基本技术体能要求

基本技术是组合技术的基础,是每个组合动作的组成部分。基本技术由各种肢体动作组成,因此,要求具备良好的灵敏素质和柔韧素质。对于一些环、绕、转幅度较大的动作,良好的柔韧性,能够有效避免运动损伤。良好的灵敏素质能够让身体协调能力提高,健美操运动是有氧运动,在做动作的同时,要配合合理的呼吸方式,协调好呼吸与动作,才能达到身体锻炼的最佳效果。

(二)健美操组合技术体能要求

在组合技术中,相对于基本技术,身体各方面的素质要求更高。健美操是综合性且能全面影响身体的运动项目,因此应该全面发展身体素质,才能适应项目的发展需要。除了灵敏性和柔韧性素质之外,还需要良好的力量素质、耐力素质和速度素质。组合动作中力量动作的增加,尤其是复合型力量动作,把力量在健美操中的作用提到了一个较高的位置。组合动作中的大幅度踢腿和跳步充分展现练习者的柔韧性,良好的柔韧素质是完成一些高难度、高质量组合动作的基础。尤其是竞技健美操,对速度素质和耐力素质的要求更高,要迅速准确地展现完美的姿态。

第三节　健美操专项体能训练的方法

一、健美操专项力量训练

(一)发展上肢的专项力量训练

健美操上肢专项力量训练分为基础训练阶段和专项提高阶段两个阶段。

(1)基础训练阶段:俯卧撑、俯撑击掌、双杠支撑摆动、双杠支撑移动、双杠屈臂撑、倒立推、倒立爬行等。

(2)专项提高阶段:计时的单臂俯卧撑、负重俯卧撑、自由倒地成俯撑等,各种跳起成俯撑的动作练习。

(二)发展下肢的专项力量训练

健美操下肢专项力量训练分为基础训练阶段和专项提高阶段两种。

(1)基础训练阶段:原地连续纵跳、连续团身跳,10~20米的单脚或双脚连续跳、原地屈体分腿跳等。

(2)专项提高阶段:原地连续屈体分腿跳,负重屈体分腿跳,扶肋木前、侧、后方向快速踢腿,连续科萨克跳或连续吸腿跳等。

(三)发展躯干的专项力量训练

专项力量练习分为基础训练阶段和专项提高阶段两种。

(1)基础训练阶段:专门性控腹练习、分腿支撑、直角支撑等。

(2)专项提高阶段:分腿支撑和直角支撑转体等。

(四)发展手腕关节的专项力量训练

发展手腕关节力量的训练常用方法有:推小车、控倒立、倒立爬行、连续俯卧推跳及负重手腕屈伸练习等。

发展力量素质要以力量训练的动力性练习为主,在保证动作技术的情况,尽量快速完成动作,培养肌肉快速收缩和放松的能力,来适应健美操在快速运动中完成动作的特点;力量训练应与柔韧、放松练习相结合,以便提高肌肉的弹跳性和伸展性。

二、健美操专项柔韧训练

（一）发展上肢柔韧性训练

（1）各种徒手体操中活动肩、肘、髋关节的动作。

（2）双手握肋木直臂压肩韧带。

（3）双手体后握肋木向前探肩。

（4）与同伴互扶俯身正侧压肩。

（二）发展下肢柔韧性训练

1. 正压腿

支撑腿脚尖朝正前方，膝关节伸直，髋关节摆正，被伸拉腿伸直，脚面外开，抬头、挺胸、屈上体。

2. 后压腿

髋关节摆正，屈支撑腿，被伸拉腿伸直，膝、脚面稍外开，抬头、挺胸，上体后仰压胯。

3. 侧压腿

支撑腿脚尖膝盖所朝方向与被压腿方向成 90°，膝关节伸直，髋关节充分展开，被伸拉腿膝伸直，脚面向上，抬头、挺胸，侧屈上体。

4. 劈叉控腿

可将前后、左右腿垫高下压，尽量把"胯"部拉开，或把腿按正、侧、后三个部位举起，控制在一定高度上。

5. 搬腿

可以躺在垫上、靠墙或利用肋木，上体固定不动，由教练做正、侧、后等三个方向的搬腿练习，逐渐用力。

6. 耗腿

由正、侧、后三个基本方向，把腿置于一定高度物体上，停留一定的时间。

（三）发展躯干柔韧性训练

1. 体侧屈

两脚并拢或开立、与肩同宽，双手举起于头顶上互握，由手带动躯干侧屈直到极限，保持该拉伸状态 10 秒。

2．体侧转

两脚并拢或开立、与肩同宽，两臂侧平举，向左转动时以左肩带动躯干左转到最大限度控制10秒，向右转动时以右肩带动躯干向右转到最大限度保持10秒。

3．体后屈

两手正握肋木，两腿并拢或开立、与肩同宽，抬头、挺胸，上体后仰到最大限度保持10秒。

发展柔韧性素质训练要注意柔韧练习要与放松交替进行，柔韧练习前要做好充分准备活动。在身体疼痛及疲劳时，最好不做柔韧训练，以防出现伤害事故。柔韧素质难获取而易消退，要坚持长年练习，还应注意循序渐进。练习要由浅入深，速度由慢到快，力量由轻到重，用力要适度。在增加动作幅度的主动或被动的动作重复练习，对发展柔韧性效果较好。练习时要使被拉伸的肌肉有轻微的不适感，然后完全放松，重复做几次。

三、健美操专项灵敏训练

（一）步法灵敏性训练

首先学习比较简单的步法，再逐渐加大难度，增加更为丰富的步法动作，训练腿部的运动协调性，然后配合音乐进行步法训练。

（二）手臂灵敏性训练

首先进行臂屈伸、内收和外展、臂旋转和环动、臂旋内和旋外、臂上回旋和下回旋、掌心向上和向下、拳与掌的变化等基本动作的练习，把手臂基本动作加以编排，连续进行整套手臂组合动作训练，最后通过音乐完成手臂组合动作。

（三）上、下肢配合灵敏性训练

将步法组合动作与手臂组合动作结合起来，通过上下肢协调配合完成动作。可采用逐步提高其协调性的方式，首先，步法动作保持不变，配合手臂动作，然后两拍一动完成步法与手臂的配合，熟练之后再一拍一动完成上下肢的配合动作。

（四）躯干及肩、髋关节的协调性训练

首先做左右依次提肩、同时提肩、左右依次向后绕肩和双肩同时绕等肩关节运动，然后做顶髋、绕髋和移髋等髋关节运动，最后做躯干前后左右的移动练习；对三个部位分别进行训练后，再编成组合动作同时训练，以提高躯干和肩、髋关节的灵活性。

四、健美操专项耐力训练

竞技健美操以无氧代谢为基础，机体在缺氧或氧供应不足的情况下，是由磷酸原系统和糖酵解系统进行供能。运动刚开始时，肌肉的所有能量由 ATP-CP 分解供给，这一时期将持续十几

秒,随着时间的持续,肌糖原分解为乳酸释放出能量进入糖原酵解功能阶段,此供能系统是持续进行2~3分钟大强度运动的主要供能系统。竞技健美操是在1分45秒左右完成的大强度运动,因此是以无氧代谢为主的,从运动生理学角度分析,属于糖酵解供能系统供能。训练时,我们采用80%~90%的训练强度,将心率控制在180~190次/分钟,采用一次练习持续1~2分钟的计时跑、连续踢腿跳或连续完成成套动作的方式进行肌肉耐力训练。

五、健美操专项速度训练

健美操特别是竞技性健美操的速度素质主要体现在运动速度的快慢。动作速度是指人体或人体某一部分快速完成某一动作的能力。竞技性健美操运动员要高速完成复杂变化的各种动作。在进行动作速度训练时,必须注意提高动作速度与掌握和保持正确的动作技术紧密结合。在动作技术正确的前提下,提高动作速度。主要有以下五种训练方法。

(1)专门性动作速度训练。连续4×8拍大踢腿,连续快速屈体分腿跳等。

(2)重复操作化动作训练。要求在动作技术正确的前提下尽可能快地到达动作结束位置,练习肢体的爆发力及控制能力。

(3)借助外力提高动作速度训练。教练员给予助力让运动员体会快速完成动作的感觉。

(4)负重训练。运动员四肢负重进行训练,一段时间后,运动员的动作速度将有明显的提高。

(5)加快音乐节奏训练。在较慢的速度下完成一段操化动作,随着动作的熟练加快音乐节奏,完成动作,这是竞技性健美操操化动作训练的特色内容。

第十四章 大学生常见球类运动专项体能训练

第一节 篮球专项体能训练

一、篮球专项力量素质训练

(一)篮球专项力量素质特点

篮球运动的力量素质具有全面发展的特点,它不仅要求运动员的上肢、下肢、腰背部肌群均衡发展,而且要求肌肉的爆发力、耐久力、最大力量在整场 40 分钟内跑跳、对抗的比赛中都具有很强的能力。在训练中不能单一发展某种力量能力而忽视其他。

篮球运动员的技术动作要求比较精细,不仅要求运动员有较敏锐的时空判断能力,而且对用力的大小、方向也有很高要求。

现代篮球运动对抗性强、竞争激烈,要求运动员身高而敏捷、体格强壮、对抗力强、瞬时输出功率大。在行进间跑跳过程中力量的冲撞与对抗对比赛争取主动、取得比赛胜利起着很重要的作用。

(二)篮球专项力量素质训练方法

篮球运动的力量训练能使上肢、下肢、腰背部肌群均衡发展,增加肌肉的爆发力、耐久力、最大力量。具体训练方法如下。

1. 发展手指手腕力量的练习

该练习主要包括:手指用力抓空练习;用单手手指互相推球(手指自然张开,用手指的力量用力推球)练习;左、右两手互相对抗,用力抓夺篮球;双手握杠铃杆,直臂做快速屈伸手腕练习等。

2. 发展上肢力量的练习

该练习主要包括:两人面对面的互相推手练习;两人一组的压手腕对抗练习;负重伸屈臂练习;负重伸屈臂提拉杠铃练习等。

3. 发展腰腹力量的练习

该练习主要包括:仰卧举腿、仰卧折体、仰卧挺身练习;跳起空中收腹、手打脚、转身、空中传球或空中变化动作上篮;单、双脚连续左右跳过一定高度的练习等。

4. 发展下肢力量的练习

该练习主要包括:徒手半蹲或背靠墙半蹲练习;徒手单腿深蹲起练习;两人互背负重半蹲起练习;深蹲跳;负重提踵练习等。

5. 综合力量的练习

该练习主要包括:各种抓举、挺举、蹲起练习等。

二、篮球专项速度素质训练

(一)篮球专项速度素质特点

篮球速度能力主要表现为局部速度和综合速度。局部速度主要反映篮球运动员的反应起动能力、快速动作能力以及在完成快速动作中的位移能力。综合速度能力就是指上述三种能力整合速度的快慢。由此,不难看出一般速度(反应、起动、加速、途中跑、冲刺)能力是篮球专项速度的物质基础,局部速度是综合速度的构成要素,综合速度是篮球速度素质的最终目标。

篮球运动员的速度素质特点是重心低,不断改变运动方向,在短距离内发挥最大的速度能力。因此,篮球专项速度能力的训练必须在一般速度发展的基础上,重点提高比赛要求的快速技术能力和快速的反应起动能力。通过发展速度与技术动作的协调,降低直线运动速度的损耗。篮球运动速度素质的训练主要是发展基本速度能力,改善技术动作结构的速度要素和提高比赛中的判断反应时间。

此外,篮球运动员的速度在激烈比赛中主要表现为连续反复的快速度冲刺。这种基本能力不仅要求磷酸肌酸供能,而且要求糖酵解供能。因此,篮球运动员在临场中表现出起动速度快,长时间的变速能力强。

篮球速度素质要求运动员对复杂的运动过程判断清晰,对篮球技术动作的时空特征熟悉,对对手的动作行为事先就有感知,对球场、球速和个人控制的空间范围都能准确地把握。

(二)篮球专项速度素质训练方法

篮球运动的速度能力不仅要求磷酸肌酸供能,而且要求糖酵解供能。要求起动速度快、变速能力强、身体重心低,能不断改变运动方向,在短距离内能发挥最大的速度能力。其目的是提高快速技术能力、改善动作结构的速度要素、加速反应起动能力、提高判断反应时间、降低直线运动速度的损耗。

具体训练方法如下。

1. 步法练习

步法练习主要有原地快频率移动、小步跑、后踢腿跑、后踢腿外翻脚手打脚跑、高抬腿跑、各种跨步跑练习、各种交叉步跑练习、各种抢滑步练习等。

2. 起动跑练习

起动跑练习主要有原地或移动突然起动或加速快跑、听口令折返跑、听口令全速跑、折回抢滑步、起跳落地、立即起动侧身加速快跑等。

3. 各种姿势的起跑练习

该练习结合各种距离的跑，如全速跑 30 米跑、60 米跑、100 米跑等，做各种姿势的起跑练习。

4. 结合球的练习

该练习就是结合球做各种快速动作的上篮练习，如运球上篮、引人加速快跑接传球上篮、全场快速传球上篮等。

三、篮球专项耐力素质训练

(一)篮球专项耐力素质特点

篮球运动员的耐力素质主要体现在速度耐力方面，所以篮球运动员的耐力素质主要以糖酵解的供能形式为主。因此，在篮球专项耐力的训练安排中，要以最大耐乳酸的能力训练为主，有氧氧化供能形式的训练为辅，并且要处理好两者之间的训练关系。有氧氧化供能形式的训练是糖酵解供能形式训练的基础，有氧氧化能力强，运动员在比赛和训练中的恢复能力就强，而糖酵解供能是保证篮球运动员在比赛中保持长时间快速能力的物质要素。

篮球运动员的身材高，体重大，通常左心室壁较厚，而且心脏房室的容量大。运动过程中做功多，运动员的心肺功能强，表现出每搏输出量大。许多优秀的篮球运动员在安静时表现为运动性的心跳徐缓，基础代谢率低。快速的运动中，在加快心率的同时，每搏射血量较其他运动项目的运动员更大。

(二)篮球专项耐力素质训练方法

由于篮球运动的耐力素质主要以糖酵解的供能形式为主，所以在篮球运动耐力的训练安排中，要以最大耐乳酸的能力训练为主，有氧氧化供能形式的训练为辅，并且要处理好两者之间的训练关系。篮球运动耐力训练一定要采用重复多、密度大、间歇短的大强度和高速度的训练方法来提高神经过程的稳定性，增大肺活量，促进心血管系统的功能。具体训练方法如下。

(1)短距离跑、中长跑、越野跑练习。

(2)爬山练习。

(3)各种往返折回跑练习。

(4)全场反复快速运球上篮练习。

(5)全场攻守或全场攻守转换练习。

(6)各种跑、跳、防守脚步动作、投、突、传、运等动作组成的全场综合练习。

四、篮球专项柔韧素质训练

（一）篮球专项柔韧素质特点

一般来说，篮球运动要求运动员有较好的柔韧性，特别是手指、手腕、肩、腰、踝及腿部的柔韧性要更好。篮球运动员通常身材高大，身体健壮，肌肉粗大。篮球运动员柔韧性的解剖学特性与一般人群并无差异，它主要受到对抗肌维持姿势的肌紧张、牵拉性条件反射而引起肌肉收缩的限制，以及神经过程的兴奋与抑制的协调性，对肌肉收缩与舒张（紧张与放松的快速转换）的影响。因此，篮球运动员的柔韧性受到肌肉、肌腱、韧带、关节囊的弹性的影响，与其他运动项目相比稍差，尤其是身材高大的运动员如果缺少柔韧训练就会更差。

（二）篮球专项柔韧素质训练方法

篮球运动对运动员柔韧性要求较高，特别是手指、手腕、肩、腰、踝及腿部必须有较好的柔韧性。篮球运动柔韧性主要受到对抗肌维持姿势的肌紧张、牵拉性条件反射而引起肌肉收缩的限制，以及神经过程的兴奋与抑制的协调性，对肌肉收缩与舒张（紧张与放松的快速转换）的影响。因此，在篮球运动的柔韧性训练中要充分考虑肌肉、肌腱、韧带、关节囊的弹性的影响。具体训练方法如下。

（1）压指、压腕动作，手臂向下、向前、向上的充分伸展练习。

（2）身体向左或向右侧的充分伸展练习。

（3）大绕环转肩练习。

（4）并腿直立（或交叉直立），上体前屈（或侧屈）的手摸脚跟（或地面）的练习。

（5）弓箭步向下压腿练习。

（6）"跨栏步"拉压腿、胯练习。

五、篮球专项灵敏素质训练

（一）篮球专项灵敏素质特点

1. 动作精确，反应快

篮球运动员专项灵敏素质的精确性，反映自身运动与周围环境的感知能力，不仅要求视觉宽阔和目标的准确性，而且要求反应的快速性，表现为准确的投篮得分。

2. 运动时空感觉强

篮球运动的灵活性，要求运动员能感觉得到内在结构和由此而产生的快速协调与精确性的协调。在精确地完成动作的同时不降低速度要求。通过人体的本体感觉控制篮球运动员的身体姿势和平衡能力，例如在行进间急停跳投中，速度快、控制平衡能力强是投篮命中率高的重要保证。另外，篮球运动员的空间感觉好，优秀的篮球运动员对球场的位置感、距离感、球感、节奏感、灵敏感强,能感知球的落点、同伴和对手的位置、同伴和对手所能达到的空间高度和远度。

通常来说,篮球运动员的灵活性存在个性差异。中锋、前锋和后卫,在时间和空间的灵活性的要求上侧重点不同,它是篮球运动员的特殊体形所决定的。

(二)篮球专项灵敏素质训练方法

篮球运动要求动作精确性高,动作反应快、自身运动与周围环境的感知能力强,在精确地完成动作的同时不降低速度要求。通过人体的本体感觉控制身体姿势和平衡能力,对球场的位置感、距离感、球感、节奏感、灵敏感强,能感知球的落点、同伴和对手的位置、同伴和对手所能达到的空间高度和远度。篮球健身灵敏性训练要结合中锋、前锋和后卫而有不同的训练侧重点,具体训练方法如下。

(1)原地快频率碎步移动接各种变化步法练习。

(2)各种前后踢腿跑,前后同侧手打同侧脚跑,前后交叉手打脚跑,跳摆踢腿跑等的模仿练习。

(3)各种运球动作的模仿练习。

(4)互相用手拍对方的肩或脚,或用脚踩对方的脚的一对一练习。

(5)各种追逐、躲闪的一对一练习。

(6)双手抛接不同距离、不同方向的困难球的练习。

(7)快速奔跑中接地滚球或高抛球上篮的练习。

(8)综合各种脚步动作组合的练习。

六、篮球专项弹跳力训练

(一)篮球专项弹跳力特点

在篮球运动中,运动员对球的时空争夺十分激烈,现代篮球运动员也日益向高、大的方向发展,良好的弹跳力有助于运动员及时、准确掌握空中的控球权。篮球运动的弹跳力具有多维的方向性、突然爆发性、快速连续性和运动方向的不确定性。

(二)篮球专项弹跳力训练方法

结合篮球专项弹跳力的特点,在弹跳训练中必须抓好力量、速度和协调性的练习,注意运动量和负荷强度的合理安排,防止负担过重。具体训练方法如下。

(1)单脚、双脚、原地跑步、高抬腿、单摇、双摇跳等的跳绳练习。

(2)单脚跳连续跨跳,蛙跳,交替直线向前跨跳,直线向前左、右跨跳,连续深蹲跳,连续半蹲跳、跳深、收腹跳,上、下台阶跳,摸高跳等的跳跃练习。

(3)原地起跳或行进间摸篮筐、篮板接原地起跳摸篮筐的摸篮练习。

(4)空中补篮、跳高投篮、高点断球、打篮板练习。

第二节　足球专项体能训练

一、足球专项力量素质训练

(一)足球专项力量素质特点

(1)良好的快速力量和爆发力:在足球比赛中,要求运动员完成动作时既要有准确性,又要有突然性,如突停突起、突然变向、远射等。上述动作需要运动员在极短的时间内完成。因此,良好的爆发力和快速力量训练水平,是足球运动员专项力量素质的一个重要特点。对于一名优秀的足球运动员来说,肌肉的爆发性力量是必须发展的素质,特别是髋、膝、踝关节和腰腹部的屈伸力。研究表明,起动速度、弹跳力和踢球力量与这些肌肉的速度力量有直接的关系,而且在足球与非足球、一般运动员与优秀运动员之间存在着明显的差异。

(2)良好的力量耐力:在足球比赛中,由于运动员的运动距离长,完成动作次数多,消耗能量大,因此足球运动员常常要在较疲劳情况下不断地完成一定距离的快跑和冲刺跑后,再完成跳起争顶、合理冲撞、大力射门等力量性的动作。因此,没有良好的力量耐力训练水平是很难保证在完成这些动作时还能取得良好的效果。

(3)发挥力量能力时的肌肉工作方式较复杂:球运动员在发挥肌肉力量时常常是动力性力量和静力性力量相结合的。支撑脚的肌肉工作方式常常是退让性的静力性工作方式,而踢球脚的肌肉工作方式往往又是向心收缩的动力性工作方式。除此之外,在完成动作时有时以小肌肉群力量为主,如运球、颠球。而在远射、跳起争顶、合理冲撞时,则要依靠大肌肉群工作。

(4)下肢力量和腰腹力量较为突出:在足球比赛中,运动员完成动作时主要依靠脚和头,手臂不能触球,因此手臂力量要求相对较低,而下肢力量和腰腹力量要求较强。

(二)足球专项力量素质训练方法

1. 发展颈部、上肢和肩背力量的训练方法

(1)要求学生两手扶头,在颈部转动时给予抵抗力。

(2)俯卧撑。俯卧撑向侧、前跳移,双杠双臂屈伸,单杠引体向上。

(3)要求学生在垫上做颈桥并推举哑铃、壶铃或轻杠铃。

(4)两人面对坐地,两腿分开,抛、传实心球或足球。

(5)哑铃和杠铃练习。

(6)推小车。甲俯卧,两臂伸直。乙两手抬起甲的两脚,甲用两手向前"行走"。

(7)重叠俯卧撑。学生甲保持俯卧姿势,学生乙在甲的背上做俯卧撑,或者甲、乙二人同时做俯卧撑。

(8)斜立哑铃双臂屈肘(图14-1)

训练方法:双臂伸直下垂,双手掌心相对,持哑铃站立,斜靠在斜板上。双臂屈肘,手到达大

腿上部时由掌心向内转为掌心向上,直至达到肩部。然后下降哑铃,双手经过大腿后再由掌心向上转为掌心向内,保持上臂贴近体侧。重复练习,哑铃向上运动时吸气,向下运动时呼气。斜立哑铃双臂屈肘训练方法主要是发展运动员的肱二头肌和臂部肌群的力量。

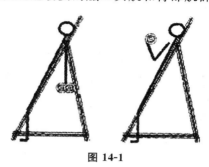

图 14-1

2. 发展腿部力量的训练方法

(1)各种跳跃练习

①立定跳远、多级跳远、蛙跳、助跑跳远。

②单腿或双腿起跳摸高或用头触球。

③肩负杠铃或手握哑铃连续向上跳。

④利用不同高度的凳子、桌子或专设的跳台依次做连续的跳深练习。

⑤连续向前并腿或单腿跳。

(2)仰卧小腿屈伸

训练方法:通过髋关节和膝关节使重物平台下降,直至膝关节屈曲 90°,还原。重复上述动作。

(3)背人接力

训练方法:全队分成两组成纵队站在起点,听到"预备"口令时,一人将另一人背起,见教练员手势后起跑,跑过对面的标志后交换背人。跑回起点时拍第二对同伴手后,第二对再跑。依次做完,最先跑到的一组为胜。

(4)小腿负重踢球

训练方法:在不影响正确动作规格的前提下尽力踢球。

(5)腿部伸展

训练方法:通过伸展膝关节使小腿上举至全腿伸直,还原。重复上述动作。

(6)健身机腿内收

训练方法:两腿用力并拢,坚持片刻,还原。重复上述动作。

(7)驮人提踵

训练方法:上体前屈,双手扶固定物,双腿伸直,前脚掌踩在提踵练习小凳上。同伴骑在腰部以下,体重压在髋部,尽量高地向上提踵,并稍停顿。返回开始姿势,提起时吸气,下降时呼气,重复练习。以发展小腿后部肌群的力量。

(8)坐式提踵

训练方法:放低足跟至小腿有拉伸感,通过踝关节尽量跖屈使足跟抬高,还原。重复上述动作。

（9）卧小腿屈伸

训练方法：通过膝关节的屈曲使小腿向上抬起，还原。重复上述动作。

3. 发展腰腹力量的训练方法

（1）仰卧起坐、举腿、快速屈体。

（2）仰卧，两脚夹球离地 15～20 厘米，以腰为圆心画圆。

（3）展腹跳。爆发起跳并充分展腹，向后屈膝，两手尽可能地触脚跟。

（4）侧卧做体侧屈，俯卧做体后屈。

（5）肩负杠铃做体前屈或转体，抓举杠铃。

（6）跳起空中转体或收腹用力顶球。

4. 发展全身力量的练习

（1）二人抢夺球练习。

（2）合理冲撞练习。二人面向或侧向做跳起冲撞练习。或甲运球，乙贴身跟随并冲撞甲，甲要稳住重心。或两人同时争顶并在其间运用合理冲撞。

（3）四节挺举。要求完成每一环节时都必须采取爆发性动作。

（4）蹲跳顶球。连续蹲跳中顶球，要求取半蹲姿势。可进行负重练习。

（5）倒地起身。甲运球，乙从侧面铲球，乙在铲球倒地后尽可能快地起身去追球。

二、足球专项速度素质的训练

（一）足球专项速度素质特点

（1）足球运动员的反应速度特点：在足球比赛中，运动员往往在事先无准备或准备不足的条件下，主要通过视觉感受器接受各种刺激（如各种不同性质的来球、瞬间出现的空当等），然后根据本队、本人技术和战术的需要，经过瞬间复杂的思维、判断，迅速采取行动。在整个反应过程中，不仅时间非常短促，而且运动员所遇到的情况也非常复杂。

（2）足球运动员的位移速度特点：在足球比赛中，运动员往往根据来球状况和战术需要进行移动。运动员移动方向随机多变，移动距离长短不一，一般 5～10 米移动占 85％～90％。移动形式也无一定规律，有直线、曲线、弧线、折线，同时还交替着快、慢以及走、停、跳跃、后退、侧跨等多种复合形式。

（3）足球运动员的动作速度特点：在快速奔跑中，足球运动员要随时完成各种有球和无球动作，加之心理负担较重，因而动作节奏性较弱、应变性较强。完成动作时身体重心较低，肌肉常处于十分紧张的状态。

（二）足球专项速度素质训练方法

（1）采用单腿侧蹬跑、后蹬跑、短距离转身跑、各种追逐球跑等，发展爆发力。

（2）利用快速小步跑、高抬腿跑、下肢跑和牵引跑等练习，促使运动员突破"速度障碍"，提高位移速度。

(3)各种姿势的起跑(10～30米)。采用蹲踞式、站立式、侧身式、背向站立、坐地、坐地转身、俯卧、仰卧、滚翻后,原地跳跃(模仿跳起顶球动作)等姿势做起跑练习。

(4)60—80—100米的全速跑、加速跑、提高位移速度。

(5)在活动情况下的突然起动练习(5～10米)。在小步跑、慢跑、高抬腿跑、侧身跑、颠球、顶球、传球等情况下,快速起动跑。

(6)在快速跑中看教练员手势,或抛球等信号,做急停、转身、变向、跳跃和翻滚等动作。

(7)在长约20米的距离内,设置不同距离间隔和有方向变化的标杆或锥体,让队员以尽可能快的速度做绕杆跑,发展队员绕过对手的快跑能力。

(8)仰卧高抬腿。仰卧两腿快速交替作高抬腿练习,要求以大腿工作。这种练习也可做抗阻力练习,如拉胶皮带,将胶皮带分别固定在肋木上和两脚踝关节处。以高抬腿拉力抗阻力,胶带固定的一端要低于垫子平面约20公分,也可拉完胶带后再徒手练习,以提高动作速率。

(9)追球射门。队员两人一组,可分为若干组在中圈外的中线两侧站好,利用两球门同时练习,球集中于中圈教练员脚下。当教练员将球向一个球门方向踢出时,两翼队员快速起动追球射门。

(10)抢球游戏。全队分为两排,相距20米,面对站立,在中间10米处画一条线,每隔2米放一球,队员依次面对球站好。当教练员发出信号后,双方快速跑上抢球,抢球多的一方胜。

(11)原地快速高抬腿或支撑高抬腿。站立或前倾支撑肋木或墙壁等,听信号后做高抬腿10～30秒,大腿抬至水平,上体不后仰。

(12)两侧移动。两个物体相距3米,高1.20米,练习者站中间,做左右两侧移动,用左手摸右侧的物体,右手摸左侧的物体。

(13)在较小场地内做2对2、3对3的传抢练习。

(14)让距追赶跑。两至三人一组,根据速度水平前后拉开距离,速度快者在前,听信号站立式起跑后全速跑,后者追赶前者,前者别让后者追上。跑30米、60米。

(15)提高肌肉感觉的快速精确分析机能练习。两人或多人一组,在连续奔跑中完成同一传接球练习。

(16)规定最高速度指标的练习。例如,在教练员限定的时间内快速完成传—接—传,运—传—接—射门等动作,以建立快速动力定型。

三、足球专项耐力素质的训练

(一)足球专项耐力素质特点

国内外足球训练理论和生理学研究表明,足球运动员在足球场上所表现的中小强度奔跑及相应的肌肉活动为有氧耐力,大强度连续反复快跑及伴随的肌肉活动为无氧耐力。

在足球比赛中,运动员的活动形式主要有两种:一种是进行适当强度的延续到整个比赛时间的有氧代谢运动。在负荷强度下降时,氧开始与肌肉中的糖、自由脂肪酸结合,再生成大量的ATP供给肌肉活动需要。另一种是以最大强度进行,每次持续6～9秒的无氧代谢运动(如快速起动、全速跑、冲刺跑等)。最大强度运动靠肌肉内ATP、CP快速分解供能,而肌肉内ATP和CP含量有限,供能时间最多不超过10秒。因此,足球运动员在进行一定时间的(最)大强度活动后必须换以中小强度活动来交替间歇,以恢复肌肉再次(最)大强度活动的能量供应。所以说,足球运动员的专项耐力是建立在冲刺快跑时的高能磷化物(ATP、CP)的无氧分解和主要在间歇时有氧再合成的供能基础上的。它是一种非周期性不规则的、有氧与无氧混合供能、大小强度和快慢速度交替的速度耐力,其中短距离反复冲刺跑是最突出的速度耐力训练方法。

(二)足球专项耐力素质训练方法

1. 足球运动员有氧耐力的训练方法

(1)100～200 米间歇跑

该方法要求整个训练的持续时间尽可能延长,至少半小时以上。练习之间采用积极性休息方式,如放松走和慢跑。训练负荷量较小,训练中每一次练习的持续时间不长。负荷强度较大,心率达到 170～180 次/分钟之间。在身体尚未完全恢复的情况下进行下一次练习,心率在120～140 次/分钟之间。

(2)400～800 米的变速跑

训练方法:要求运动员根据自身能力控制速度和距离。负荷强度由低到高,心率控制在130～150 次/分钟、170～180 次/分钟左右。练习持续时间在半小时以上。

(3)12 分钟跑。

(4)3 000 米、5 000 米、8 000 米、10 000 米等不同距离的定时跑或越野跑

训练方法:要求运动员在空气清新、相对松软、有弹性的地面练习,跑的速度可以适当变化,心率控制在 150～170 次/分钟左右。运动时间 1.5～2 小时。

2. 足球运动员无氧耐力的训练方法

(1)编组练习。内容可以是折线快跑 20 米—仰卧屈体 5 次—冲刺 10 米—突停转身铲球—向左右做旋风腿各 1 次—快跑中跳起头顶球 3 次—冲刺射门两次—三级蛙跳。

(2)重复多次的 30～60 米冲刺。

(3)100～400 米高强度的反复跑和 1～2 分钟极限练习。

(4)进行 5 米、10 米、15 米、20 米、25 米折返跑练习。

(5)原地快速跳绳,30 秒钟×10,60 秒钟×5(每次间歇 30～60 秒钟)。

(6)往返冲刺传球,队员甲往返冲刺在限制线之间(间距 10 米),在限制线附近回传乙、丙分别传来的球,乙、丙离限制线约 5 米。

(7)1 分钟内一对一追拍或一对一过人。

(8)规定时间做不同人数的传抢练习。1/4 场地 4 对 4 传抢,1/2 场地 6 对 6 传抢,全场 9 对9 传抢。

(9)100 米、110 米栏、100 米栏、200 米短段落间歇跑。可采用 30～60 米距离,间歇时间 1 分钟左右。采用 95% 以上的大强度练习,持续时间 10 秒左右。要求运动员保持高训练强度。较多的练习重复次数,组数根据练习者情况而定。

(10)100～400 米固定间歇时间跑。要求运动员采用 80%～90% 的练习强度,心率达到180～190 次/分钟。一次练习的持续时间和距离稍长,练习的重复次数不宜过多。要求间歇时间固定不变,可采用段落相等或不等的练习。如果段落不等,练习顺序由短到长,在最后一组练

习时基本保持规定的强度。

（11）100～400米逐渐缩短间歇时间跑。采用80％～90％的练习强度，心率达到180～190次/分钟。一次练习的持续时间和距离稍长，练习的重复次数不宜过多。要求运动员间歇时间逐渐缩短，可采用段落相等或不等的练习。如果段落不等，练习顺序由短到长，在最后一组练习时基本保持规定的强度。

（12）100米、110米栏、100米栏、200米长段落间歇跑。可采用100～150米距离，间歇时间2分钟以上。采用95％以上的大强度练习，持续时间10秒以上。要求运动员保持高训练强度。练习的重复次数可以较多，组数根据练习者情况而定。

四、足球专项柔韧素质的训练

（一）足球专项柔韧素质特点

由于足球运动的特点，其活动部位主要表现在腰、腹、髋、膝、踝关节上，柔韧训练不仅注重改善关节的肌腱、肌肉和韧带结构和弹性，还须提高中枢神经系统调节用力时相互对抗肌肉之间的"松""紧"协调性。

（二）足球专项柔韧素质训练方法

（1）踢球、头顶球和铲球等各种技术的模仿练习。

（2）模仿和结合球的大幅度振、摆腿、踢侧身凌空球、倒勾球等练习。

（3）模仿内、外侧颠球动作，单、双腿连续做内翻和外翻动作，模仿内扣、外扣动作，单腿连续做内转、外转动作。

（4）手扶一定高度体前屈压肩。

（5）双人背向两手头上拉住，同时作弓箭步前拉。

（6）站在一定高度上作体前屈，手触地面。

（7）两脚前后开立，向左后转，向右后转，来回转腰。

（8）俯卧背屈伸。腿部不动，积极抬上体、挺胸。

（9）用脚内侧、外侧、脚跟、脚尖走。

（10）肩肘倒立下落成屈体肩肘撑。

（11）做脚前掌着地的各种方向、各种速度的行走练习。

（12）体前屈手握脚踝，尽量使头、胸、腹与腿相贴。

（13）跪在垫子上，利用体重前后移动压足背，也可将足尖部垫高，使足背悬空做下压动作，增加练习时的难度。

（14）手扶腰部高度肋木，用前脚掌站在最下边的肋木杠上，利用体重上下压动，然后在踝关节弯曲角度最大时，停留片刻以拉长肌肉和韧带。

（15）传球练习：练习者（10人左右）站成一列横队，两人间隔1.5～2米左右。当开始后，第一个人双手将足球传给下一人，依次类推。传到最后一人后再按原路同样形式传回。要求传球两分钟，根据要求可以提高传球速度。

（16）传球接力：将20人分成两个小组，每队10人，每组一个足球。两组人分别成一路纵队站立,两人相距 1.5 米。当比赛开始后第一人双手由头后反背躬把球传给第二人,第二人接球后从两腿间背躬传给第三人,依次类推。当最后一人接球后快速跑到排头进行传球练习,依此类推,哪队先完成一个轮回哪队为胜利。

五、足球专项灵敏素质的训练

(一)足球专项灵敏素质特点

(1)足球运动员所需要的灵敏,是在比赛中遇到突然变化的情况下,随机应变地采取快速、协调行动的能力。灵敏素质对足球运动员所表现出的动作的技术和战术效果起着不容忽视的作用。

(2)现代足球运动快速多变,要求运动员在极困难的条件下瞬间完成各种应答性动作,如各种虚晃、快慢动作交替的过人、突然加速或变向的摆脱跑位、在夹击和冲撞条件下的即兴射门等。

(3)要求运动员在极短的时间里有良好的判断能力,并且在完成动作过程中能准确、协调地处理好自己身体各位及自己与对手或球之间的合理关系。

(二)足球专项灵敏素质训练方法

(1)身体各部位(12 个部位)颠球及各种挑反弹球的练习。

(2)运动员将球踢向身后,迅速向前绕过障碍折回接反弹球。

(3)一个人用两个球快速连续对墙踢。

(4)带球跑。每人一球做带球跑,在运球中做各种虚晃、拨挑、颠耍、起动、回扣等动作。

(5)虚晃摆脱。三人一组,一人传球,一人盯防,一人利用左右虚晃动作突然摆脱盯防者或利用前跑反向要球。传球者与接球者相距 5 米左右,盯人者紧逼接球者,三人轮换职能。练习中接球者要注重动作的突然性和身体在各种姿势下的控制力。

第三节　排球专项体能训练

一、排球专项力量素质训练

(一)排球专项力量素质特点

由于排球防守位置低,对大腿屈肌有特殊要求,又由于进攻时的扣球动作,除挥臂外还要收腹、屈髋,所以排球运动员的大腿后群屈肌、腹肌、足伸肌很突出。其相对肌力超过举重运动员,说明举重运动员一次性起跳能力虽然很强,但是连续多次起跳能力和速度就不如排球运动员。排球运动比赛时间长,竞争激烈,还需要长时间抗疲劳的力量耐力。

(二)排球专项力量素质训练方法

排球运动力量训练主要是发展三角肌前部力量,发展胸肌、肱三头肌和指尖支撑力量,发展肱二头肌力量,发展下肢屈髋肌群力量,发展肱三头肌力量等。具体训练方法如下。

1. 杠铃拉举练习

抬头,身体直立,双臂下垂,在大腿上部高度,双手约肩宽间距握住杠铃杆。沿半圆运动路线,尽量向上提拉杠铃,并举杠铃到头上部。举起杠铃成直立姿势,然后返回开始姿势。杠铃提升时吸气,下降时呼气。

2. 指尖俯卧撑练习

俯卧撑姿势,手指向前,以指尖支撑身体。身体保持平直,下降身体直到胸部接触地面,稍停顿后迅速用双臂撑起。下降时吸气,上撑时呼气。

3. 坐凳屈肘练习

坐在凳子上,双脚牢固支撑地面,一只手掌心向上持哑铃。上体微前屈,另一只手扶在同侧膝关节上。持哑铃的臂肘关节顶在同侧大腿内侧,沿半圆运动路线屈肘,抬起哑铃至肩的高度。向上运动时吸气,向下运动时呼气。

4. 仰卧拉腿练习

仰卧在垫子上,踝关节上固定阻力滑轮拉力带,拉力方向向脚下。双手掌心向下,在臀部下稳定上体,双腿交替快速练习。

5. 单臂颈后伸肘哑铃练习

抬头,身体直立,一只手掌心向下握哑铃,将哑铃举过头顶,直臂。沿半圆运动路线向头后下降哑铃,直到前臂接触肱二头肌,上臂贴近头部。伸直肘关节,恢复哑铃在头上的姿势。向上运动时呼气,向下运动时吸气。

二、排球专项速度素质训练

(一)排球专项速度素质特点

排球运动员判断场上变化情况,观察球的运行,需要反应速度;完成击球动作需要动作速度;抢占有利位置或争取最佳空间需要移动速度。由此可见,速度对于排球运动员的重要性。

1. 排球运动员的反应速度

排球运动员的反应速度是对排球场上由于双方队员行动的变化和球飞行的位置、速度的变化所产生的迅速的应答能力。这种能力通常以"综合反应时"来反映。

2. 排球运动员的动作速度

排球运动对运动员的动作速度要求很高,据测定,男子扣球速度最快已超过 30 米/秒,女子已超过 20 米/秒,没有相应的挥臂速度是达不到这么快的扣球速度的。

3. 排球运动员的移动速度

排球运动员的移动速度的快慢除了取决于协调性之外，还与克服较大身体惯性的能力有关。比如运动员从静止状态到迅速移动，或从移动到静止状态。

（二）排球专项速度素质训练方法

1. 反应速度训练

（1）根据教练员向各种方向连续抛出各种弧线不同的球，做迅速移动的接球练习。

（2）看手势或信号，向左、右、前、后方向做快速急停后的各种转身跑练习。

（3）看手势或信号，半蹲、全蹲、仰卧、俯卧或原地快速小步跑等各种姿势的起跑练习。

（4）看手势或信号，向指定方向做低姿势移动的练习。

（5）球下钻过练习。当教练员把球向不同方向上抛时，队员迅速起动从球下钻过，距离在9～18米间。要求队员在球未落地前从球下钻过。

（6）守门员式的练习。教练员连续快速地向队员的左右、上下、前后抛球，距离为5～7米。要求队员用挡球、垫球、传球等方法，将球击起。

（7）面向墙的接球练习。队员距墙2～3米，面对墙站立。教练员或队员在其背后向墙上掷各种不同力量和落点的球，要求队员双手接住球。

2. 起跳速度训练

（1）原地连续快速起跳练习。

（2）原地连续起跳摸高练习。

（3）单脚、双脚、负重跳绳，跳越栏架，跳上跳下高台练习。

（4）连续起跳扣网前球的练习。

3. 移动速度训练

（1）步幅小、步频快、重心低的滑步移动练习。

（2）后退步、前交叉步、后交叉步等的移动练习。

（3）短距离的快速跑练习。

（4）看信号或手势的快速移动练习。

（5）看信号或手势的前扑、鱼跃、滚翻练习。

（6）"打背"游戏练习。两人一组，分散在球场上，两人面对面站立，教练员鸣哨后两人互相闪躲追拍，以单手拍击对方的背上部为准，规定时间内拍中多者胜。

4. 挥臂速度训练

（1）原地模仿扣球挥臂动作、连续扣摸树叶练习。

（2）助跑起跳，模仿扣球挥臂动作练习。

（3）手持小杠铃片或石块，模仿扣球挥臂动作练习。

（4）对墙扣球、两人对扣反弹球练习。

（5）直臂举杠铃杆过头，抖动手腕的练习。

5. 排球速度素质游戏训练

(1)"鸭步"接力赛(图 14-2)

训练目的:培养学生的移动速度。

场地器材:排球场内进行,排球若干,起点线和终点线各两条。

游戏方法:将学生分成人数相等的两组,各队站在起点线后做好准备。到信号后,练习者模仿鸭子走到终点线。到终点线后再跳过场地上的若干排球,回到该队,与个队员击掌后才能开始。先做完的组为胜。

游戏规则:做鸭步必须到位,重心要低,并且手必须抓住脚跟;队员归队途中必须从球上跳过,且不能碰到球,碰到球须将球放好后重新做。

图 14-2

(2)叫号赛跑(图 14-3)

训练目的:提高学生的反应能力和移动速度。

场地器材:排球场内进行,3 个排球。

游戏方法:把学生分为两组,人数相等相隔 2 米,相对而坐,从左到右依次报数。要求每位同学记住自己报的数字,在两列横队的左边放一个排球代表奇数,在两排横队的右边放 2 个排球代表偶数,用简单的方法计算。例如,5－2 或 6×1 等进行计算,结果为每队同学的序号。如果结果为偶数时两队同学开始跑动触摸两个球,奇数则摸一个球,先摸到的同学为胜并得 1 分,后摸到的得 0 分,最后以得分多少来决定胜负。

游戏规则:当出题的人说完题后,再说"开始"时两队队员方可站起来跑回目的地;在跑的过程中,不能相互影响,不准抓对方的衣服。

图 14-3

（3）抢球追人（图 14-4）

训练目的：提高学生的反应速度。

场地器材：排球场内进行，排球若干。

游戏方法：学生站成圆的队形，面朝圆心，双手将排球平托于背后，选一名练习者做抢球人，在圆圈外延逆时针方向慢跑，在慢跑中趁托球者不备，从其手中抢球后逃跑，被抢者立即追赶，如抢球人在回到被抢球者位置之前被抓，抢球人继续慢跑抢球。如不被抓则被抢者替抢球者慢跑抢球。依此类推。

游戏规则：学生必须沿逆时针方向追逃；抢球人若跑出圈外 1 米范围之外，则算被抓住。

图 14-4

（4）圆周等距跑（图 14-5）

训练目的：发展学生的速度素质和一般耐力素质。

场地器材：排球场内进行，排球 2 个。

游戏方法：学生手拉手围成一个圆圈，并依次报数并记住自己的数字，在大圆心上画一个直径为 50 厘米的小圆圈，内放两个排球。裁判员任意叫号，被叫到的两人立即起动去抢小圆中的排球，抢到后按顺时针方向从圆外绕大圆绕跑一周，以先从自己原来的位置跑到小圆内并把排球放稳为准，谁先回到自己的位置者为胜，然后继续叫号，依此类推。

游戏规则：抢跑者取消游戏资格；叫号后立即起动，抢到球后必须从自己位置上开始绕圈跑动；跑进大圈后，必须把排球放在小圆内，稳定后方可跑回自己的位置。

图 14-5

（5）变向移动（图 14-6）

训练目的：提高学生跑动时变向移动的速度。

场地器材：排球场内进行，9 个实心球，别放在排球场中线上 3 个，端线上 3 个，两腰和中心点各 1 个。

游戏方法：将学生分成人数相等的两队，分别在端线外站好。当听到信号后，排头先向右移动摸端线上的一个实心球，再移动至左侧摸第二个实心球，依次摸第三、四、五、六个实心球后折回本队击拍第二人手掌，第二人再依次摸每个实心球，全队依次进行。速度快的对为胜。

游戏规则：手必须触及实心球，否则重做摸该球的动作；触及实心球的方向和顺序要正确，不能干扰另一组移动。

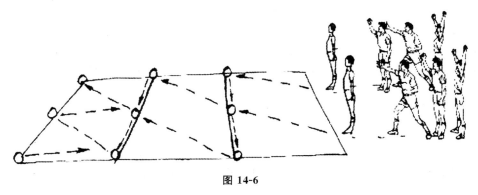

图 14-6

（6）松树赛跑（图 14-7）

训练目的：提高学生在移动中变换方向的灵活性和快速移动的能力。

场地器材：排球场内进行。

游戏方法：将学生分成人数相等的两队，在排球场端线外站好。当听到信号后，两队排头立即做沿直线小跑前进，同时逆时针做连续转体 90°的小步跑 5 周动作练习，触摸中线后疾跑回本队击拍第二人手掌，全队依次进行。在规定时间内速度快的队获胜。

游戏规则：学生要连续转体一周，中途不可停留；触摸中线时，手要摸到线；学生在跑回时，必须先击下一人的手掌后，接力人才能进行跑动练习。

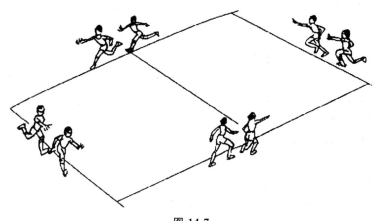

图 14-7

三、排球专项耐力素质训练

（一）排球专项耐力素质特点

排球运动是以有氧耐力为基础，以无氧耐力为主导的一种竞技体育项目。在比赛中表现为间歇运动形式，即短时间爆发式的身体运动被短暂地间歇休息所分隔。运动员在比赛中的耐力，表现为移动速度、跳跃高度方面的稳定性及神经系统抗疲劳的能力。耐力素质的特征体现在有氧和无氧耐力两者的结合上。因此，排球运动员的耐力素质，可分为有氧和无氧耐力，或分为一般和专项耐力，也可分为移动、弹跳、速度和比赛耐力等。其中，专项耐力是指人体克服专项运动负荷所产生的抗疲劳能力。

排球比赛不受时间限制。一场势均力敌的排球比赛常常需要 2 小时，耐力的好坏可以直接影响运动员技术水平的充分发挥及比赛的结果。因此，排球运动的耐力训练是很重要的。

（二）排球专项耐力素质训练方法

1. 速度耐力训练

（1）通过观察教练员的手势连续向右前、前、左前方进退移动，2～3 分钟为一组。

（2）个人连续地跑动传球或垫球 10～15 次。

（3）队员连续移动接教练员抛出的不同方向、不同弧度的球。

（4）连续地跑动滚翻或鱼跃救球。

（5）单人全场防守，要求防起 15 个好球为一组。

（6）36 米移动：学生站在进攻线后看信号起动，前进时必须用双手摸到中线，后退时双脚必须退过进攻线，前进、后退两个来回后接侧身滑步或交叉步移动（不许转身）两个来回，用单手摸线，然后做钻网跑。单手摸对方场区进攻线，折回时单手摸出发线。

（7）学生连续移动接教练员掷出的不同方向、不同距离的地滚球。

（8）20～30 米冲刺跑 7～8 组。

2. 排球弹跳耐力训练

（1）连续小负荷多次数的力量训练。

（2）规定次数、时间、节奏的跳绳，如 5 分钟跳绳练习。双脚双摇跳 30 秒，左脚弹跳 1 分钟，右脚弹跳 1 分钟，完成两个循环正好 5 分钟（可根据训练水平调整负荷）。

（3）连续跳上跳下台阶或高台。

（4）连续原地跳起单或双手摸篮板或篮圈。

（5）连续收腹跳 8～10 个栏架。

（6）30 米冲刺跑 10 次，每次间歇 15～20 秒。

（7）用本人弹跳 80% 的高度连续跳 20～30 次为一组，跳若干组，组间休息 2～3 分钟。

（8）个人连续扣抛球 10～20 次为一组，扣若干组，组间休息 3 分钟。

（9）两人轮流连续扣抛球 30～50 次为一组，组间休息 2～3 分钟。

（10）3～5 人一组，连续滚翻救球，每人 30～50 次。

（11）扣防结合练习，队员扣一个球退到进攻线防守一个球，连续进行 10～15 次为一组。

（12）连续移动拦网。队员在 3 号位原地跳起拦两次，落地后移动至 4 号位拦一次，再回到 3 号位拦一次，移动到 2 号位拦两次，再回到 3 号位拦两次。如此重复 2～3 个循环为一组。

3. 排球综合耐力训练

（1）身体训练以后再进行排球比赛或比赛以后再进行身体训练。

（2）象征性排球比赛模仿练习。队员从 1 号位防起一个扣球之后，前移防起一个吊球，再移动到 6 号位调整传球一次，移动到 5 号位防一个扣球，再移动到 4 号位扣一个球，移动到 3 号位做一次拦网动作，后撤上步扣球，再移到 2 号位。一次单脚起跳扣球为一组，连续做若干组。

（3）连续打 5～7 局或 9～11 局的教学比赛，可训练比赛耐力。

（4）按场上轮转顺序，在 6 个位置上做 6 个不同的规定动作，连续进行若干组。例如，1 号位跳发球→6 号位左右补位移动救球→5 号位滚翻防守救球→4 号位扣球→3 号位拦网→2 号位后撤鱼跃救球。

4. 排球耐力素质游戏训练

（1）看谁摘得多

训练目的：发展学生的弹跳耐力，提高排球扣球起跳技术。

场地器材：在排球场上画一条起跑线，在线前 2～4 米处吊起若干个排球。

游戏方法：将学生分成若干组，各组成一路纵队面对吊起的排球站在起点之后。游戏开始，学生依次用排球助跑起跳的方法用手触球，触到球者得一分，每人起跳触球若干次后游戏结束，以累计总分多的组为胜。

游戏规则：要求学生必须用扣球助跑起跳的方法触球。

（2）扣球记分（图 14-8）

训练目的：提高学生的弹跳耐力和扣球的准确性。

场地器材：排球若干，将排球场分割成相等的 6 块并标上分数。

游戏方法：将学生分成人数相等的若干队，在 4 号位准备扣球。由教师或二传做抛球，全队依次把球扣过球网。以球落点的区域计算得分，在规定时间里累计得分最多的为胜队。

游戏规则：扣球与吊球得分均有效；扣球时触网、过中线以及球出界则无效。

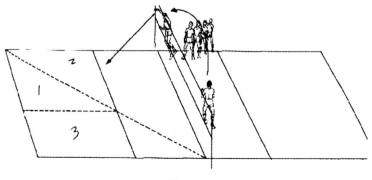

图 14-8

四、排球专项灵敏素质训练

(一)排球专项灵敏素质特点

在排球运动中,无论是地面动作还是空中动作,无球技术动作还是有球技术动作,几乎都是上下肢躯干参与的,都需要高度的灵敏素质。灵敏素质包括协调性、灵活性和准确性三大基本能力。也就是说,运动员在做动作过程中,身体各部分能正确处理好时间、空间、用力、节奏等方面的关系,合理有效地完成动作或快速转换动作。在大多数情况下,灵敏性是运动员按照自己的意志控制机体协调、准确地完成各种复杂技巧的协调能力的体现。因而,协调能力是灵敏性的核心,灵敏性与协调能力互为表里。

具体来说,排球运动员专项灵敏素质主要体现在结合球的各种变向移动,在各种情况下及时合理地运用各种倒地及起立的动作和空中动作的变化与平衡能力。因此,可以将排球运动员灵敏性的训练方法分为四类,即变向移动、动作转换、综合和利用计算机模拟大脑反应的训练。同时,排球运动员的灵敏素质训练应特别注意作为上下肢纽带的腰部的专门练习。

(二)排球专项灵敏素质训练方法

1. 垫上灵敏性训练

(1)前滚翻、后滚翻、鱼跃前滚翻、侧滚翻、侧手翻等的翻滚练习。
(2)在垫上进行跳跃结合和跳钻结合的练习。
(3)组合练习。比如直体前扑—手掌胸前击掌—俯卧撑起穿腿—蹬足起练习;前滚翻—左(右)横滚动—快起—原地鱼跃—跪跳起练习。

2. 行进间灵敏性训练

(1)侧身前交叉、后交叉向左、右两侧快速移动练习。
(2)跳起—下落练习:跳起时空中分腿,两手摸脚;下落手触地。
(3)组合练习。比如俯卧起立—展腹跳起—下落前扑;连续兔跳三次—看信号跳起扣球或拦网。

3. 排球灵敏素质游戏训练

(1)拍背游戏
两人面对面站立,要求迅速移动去拍对方的背,同时不让对方拍着自己的背。
(2)追击球游戏
两人面对面成半蹲姿势,每人以单手持排球随地滚动,移动要迅速,用另一只手击拍对方的球,同时防止对方击拍自己的球。
(3)喊数抱团游戏
队员沿着圆圈慢跑,教师突然喊出一个数字,如喊 2 个、3 个、5 个……队员听到喊数后立即与临近的同伴抱成一团且人数与喊数相同,如喊 3 个,就是 3 人抱成一团,落单者受罚。
(4)拉网捕"鱼"游戏
在排球场内,先指定一人捕捉其他人。当捉到一人后,两人手拉手再去捉第三人,三人手拉手再去捉另外的人,如此直至全部捉完为止。

（5）背传接力赛（图 14-9）

训练目的:提高学生背传球的控制球能力和传球的准确性。

场地器材:排球场内进行,排球若干。

游戏方法:将学生分成人数相等的若干组,排纵队,前后间距 2 米。听到口令后,排头向后上方做背传球,第二人同样做背传球,依次传到队尾。速度快的队为优胜。

游戏规则:要求学生依次做背传球,如有失误应从该地点重做;不能隔人传球。

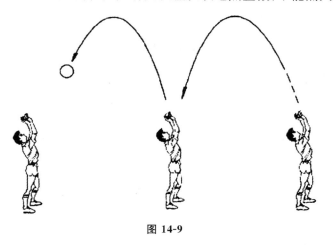

图 14-9

（6）隔网定点传球（图 14-10）

训练目的:培养学生传球的准确性,提高其团队意识。

场地器材:排球场内进行,排球 2 个。

游戏方法:将学生分成两组,在排球网两侧画 4 个圆,传球队员只能在圆中利用传球将球传到对面固定圆中,对面圆中同学用同样的方法将球传到对面指定圆中,依次进行下去,以连续传球为计数方式三局胜两局取得最后胜利。

游戏规则:只准传球,不能采用其他技术完成动作;球不准落地,落地一次,落地后捡起球接着传下去重新计数,在同一局中,落地两次为输一局;传球者不准在圈外传球,在圈外传球算犯规一次,此次不计入同级次数之列。

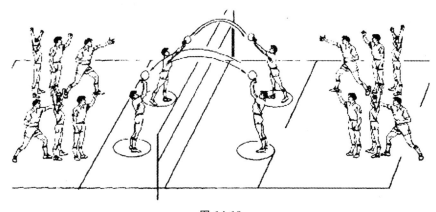

图 14-10

（7）鲤鱼跳跃（图 14-11）

训练目的：提高学生传球的准确性和控制能力。

场地器材：排球场内进行，排球若干。

游戏方法：将学生分成人数相等的两组，在排球场端线外列队。听到口令后，排头做自传球向前移动的练习，待到网前自传高球过网，人从网下钻过并连续接传球前行，至对区端线，下一人再做同样动作，直至全队依次做完为止。速度快的队为优胜。

游戏规则：自传球、传高球过网及接自传球前进时，球均不得落地，否则从落点重做；传球练习中不能出现错误动作，否则重做；学生必须前行至对区端线处，第二人才能开始练习。

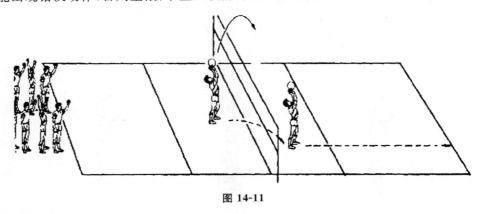

图 14-11

（8）穿梭接力（图 14-12）

训练目的：让学生熟悉垫球部位，发展其灵敏性和协调性。

场地器材：排球场内进行，排球若干。

游戏方法：将学生分成人数相等的两组，并在排球场端线站好。听到口令后，排头在垫击球的部位将球托起，并且持球跑动前进，穿过球网到对区端线处，球交给下一个人，该人接过球依旧持球跑动前进，全队依次进行。速度快的队为优胜。

游戏规则：球落地后应立即捡回，并在掉球处重新开始做；不允许以双臂夹球的方式前进。

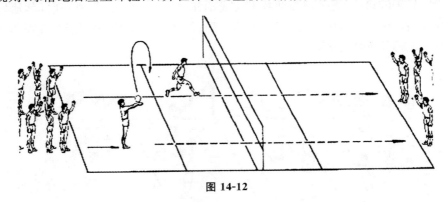

图 14-12

（9）叫号垫球

训练目的：发展学生的灵敏素质，提高其反应能力。

场地器材：在排球场画一直径 5～8 米的圆圈，排球 1 个。

游戏方法：6～10 个学生站在圆圈上，按顺序报数，记住自己的号码，另两人在圆圈内。游戏开始,圆圈内两人相互垫球,对垫数次后,其中一垫球者突然叫一个号,并将球垫起,这时与其对垫者迅速离开,被叫到号者立即进圈在球落地前将球垫起,原该位置垫球者代替被叫者站到圈上,并顶替原位的号码,依次反复进行。

　　游戏规则:叫号应在该次垫球同时,不能垫起球再喊号;叫号后垫球高度不应低于3米;叫到号而没垫起球者罚做俯卧撑5次。

五、排球专项弹跳力训练

(一)排球专项弹跳力特点

　　排球运动员的弹跳素质水平较多地依赖于力量素质,而力量素质易消退。因此,弹跳素质的训练需要多年规划和全年规划,常抓不懈。在排球运动中,运动员的弹跳素质水平主要是通过爆发力表现出来,采用大负荷强度训练是提高爆发力有效的方法,但要根据具体情况因人、因时而异。

(二)排球专项弹跳力训练方法

　　排球运动专项弹跳力具体训练方法如下。
　　(1)原地跳跃练习:在草地、沙坑、锯末跑道上做原地单、双脚向上跳、收腹跳;两人面对面(或背对背)站立,拉手做半蹲、全蹲连续向上跳;连续垂直跳起,在空中迅速收腹;连续双腿收腹跳越栏架等。
　　(2)行进间跳跃练习:徒手、双腿、深蹲连续向前蛙跳;左右脚交替向前跨跳;穿沙衣连续向前蛙跳等。

第四节　羽毛球专项体能训练

一、羽毛球专项力量素质训练

(一)羽毛球专项力量素质特点

　　力量是羽毛球选手的一项重要素质,羽毛球运动可以全面增强人的体质。前场、后场的快速移动击球,中后场的大力扣杀,被动时的扑救球,双打的换位击球等都需要练习者有较好的力量素质。

　　羽毛球锻炼对肌肉的改变尤为明显。它可使肌纤维增粗,肌肉体积增大。进行羽毛球锻炼时,肌肉工作加强,血液供应增加,蛋白质等营养物质的吸收与储存能力增强,肌纤维增粗,因而肌肉逐渐变得更加粗壮、结实,肌肉力量也随之增强。

　　在羽毛球运动中,运动员需要长时间持续地挥动手臂击球,需要在场地中积极移动。研究表明,肌肉横断面积越大收缩时产生的力量就越大,羽毛球运动员正是需要增加机体肌肉横断面积，提高肌肉力量。

（二）羽毛球专项力量素质训练方法

1. 上肢力量练习

羽毛球运动上肢力量练习主要是四个部位，即肩部、大臂、小臂、手腕。可通过以下方法进行练习。

（1）哑铃练习：持哑铃两臂侧平举；持哑铃俯立侧平举；持哑铃两臂交替向上举；持哑铃正、反握前臂屈伸；持哑铃手腕屈伸；手持哑铃于体前或体侧作绕8字练习；手持哑铃于体侧作旋内、旋外练习。

（2）杠铃练习：连续向前上方挺举杠铃；颈后屈臂向上举杠铃；正、反握杠铃前臂屈伸；手腕屈伸等。

（3）单杠练习：引体向上、双杠支撑臂屈伸等。

（4）俯卧撑、指卧撑。

（5）结合球的练习：做羽毛球快速挥拍和用力挥拍动作；模仿羽毛球各种击球动作；羽毛球掷远。

2. 腹背力量练习

羽毛球腹背肌力量练习主要体现在羽毛球运动中的各种步法的转体、各种扣杀动作及上网救球动作中，常用的腹背肌力量练习方法如下。

（1）徒手、负重以及登上徒手、负重仰卧起坐练习。

（2）徒手、负重以及凳上徒手、负重俯卧体后屈练习。

（3）徒手或负重转体练习。

（4）凳上仰卧体侧屈练习。

（5）肩负杠铃分腿站立作屈伸练习。

（6）传接球练习——两人背靠背分腿站立，其中一人手拿实心球，两人同时向一个方向转体，将球传给另一个人。

3. 下肢力量练习

羽毛球下肢力量练习主要是四个部位，即：骨盆部（盆带肌）、大腿、小腿，及足部（踝关节）。可通过以下方法进行练习。

（1）侧踢腿、悬垂举腿练习。

（2）蹲起练习。徒手半蹲、深蹲起；负重半蹲、深蹲起；深蹲向前、后、左、右蹬跨步；向前蹬跨模仿上网步法、向左右蹬跨模仿接杀球步法和向两侧起跳步法，向后蹬跨模仿后场两底线被动步法（底线平抽球步法）。

（3）跳跃练习：利用楼梯的多级台阶做单脚或双脚连续向上跳台阶练习；蛙式跳跃练习；原地纵跳、单足跳练习；两脚交替前、后、左、右跳；模仿两边起跳突击步法做向两侧大幅度跳跃；双脚并拢，按着十字方向做前、后、左、右蹬跳。

（4）跳绳练习：单腿跳、双腿跳、单摇、双摇。

（5）以上所介绍的各种练习方法的负重练习。

二、羽毛球专项速度素质训练

（一）羽毛球专项速度素质特点

羽毛球运动具有以下特点，即攻防转换迅速，动作变化快速。羽毛球运动员在运动实践中技战术的充分发挥均是以不同的速度形式表现出来的。

羽毛球运动要求快速的脚步移动、灵敏的反应速度和位移速度等。羽毛球运动中，攻防转换迅速，动作变化快而准确，且攻中有防，防中蕴攻，其技战术的充分发挥均是以不同的速度形式表现出来，速度的表现具有多变性和复杂性，速度能力决定着羽毛球运动技战术运用和发挥的成效。

羽毛球运动中速度的多变性和复杂性要求运动员具有快速的脚步移动的能力和快速位移的能力，羽毛球运动技战术风格要求运动员必须具备较高的速度素质水平。具体来说，运动员在羽毛球运动中的速度表现形式有反应速度、动作速度、动作频率以及位移速度等。其中，反应速度包括简单反应速度和复杂反应速度。

（二）羽毛球专项速度素质训练方法

1. 反应速度练习

（1）听口令，看信号的各种起跑练习，如站立、蹲式、背向跳起落下后马上起动。
（2）听口令，看信号的各种变速跑练习，如快速冲跑 10～15 米。
（3）听口令，看信号的变向跑练习，如在快速移动中看到信号后突然变向冲跑 10 米。
（4）听口令，看信号后突然作出相应的动作的练习，如教练员喊 1、2、3、4 中某一个数字时，运动员应及时做出事先规定的相应动作。

2. 动作速度练习

（1）原地跑练习，如按慢—快—最快—快—慢的速度节奏进行原地小跑步、高抬腿跑。
（2）行进跑练习，如交叉步跑、高抬膝跑、直腿向前踢跑、屈腿向后踢跑。
（3）跳绳练习，如单、双摇跳绳，两脚交替跳绳。
（4）快速立卧撑练习。
（5）高频率跑楼梯台阶练习。
（6）高频率跨越障碍物练习。

3. 移动速度练习

（1）快速跑练习，如 30 米跑、50 米跑、60 米跑、100 米跑、200 米跑等。
（2）折回跑练习，如 10～15 米往返跑。
（3）越过障碍的速度练习，如以最快速度迂回 20 米中若干个障碍物（球筒）。
（4）变向跑练习，如前后跑、四角跑等。
（5）接力跑练习。

三、羽毛球专项耐力素质训练

(一)羽毛球专项耐力素质特点

羽毛球运动要求选手在一定时间内保持快速运动,其特点决定了它所需要的耐力素质主要是速度耐力,供能形式主要为无氧供能。其中非乳酸性无氧代谢供能占主要地位,并有适当的乳酸性有氧供能。在以提高非乳酸性无氧代谢能力为主的训练中,一般采用最大强度训练,持续时间为 5～15秒;以提高乳酸性无氧代谢能力为主的练习,可采用最大强度的 85％～90％,持续时间为 30～60秒;为提高有氧能力,可以采用间歇训练法和重复训练法。训练可以是匀速的,也可以是变速的。

(二)羽毛球专项耐力素质训练方法

1. 耐力基础练习

(1)全速跑练习,如 200 米全速跑、400 米全速跑、800 米全速跑、1 500 米全速跑、3 000 米全速跑等。

(2)变速跑练习,如 800 米变速跑;200 米快,200 米慢或直道快、弯道慢变速跑练习;1 500 米变速跑、3 000 米变速跑等。

(3)定时跑练习,如 6 分钟跑,12 分钟跑。

(4)越野跑练习。

2. 多球速度耐力训练

(1)运用多球,进行全场各种位置的连续击球练习。

(2)多球后场定点连续击高吊杀练习。

(3)多球连续被动接吊杀练习。

(4)多球连续全场杀球上网练习。

(5)多球双打后场左右连续杀球练习。

(6)多球全场封杀球练习。

(7)多球全场跑动练习。

3. 单打持续全场进攻防守训练

运用 5～6 个球,一人专门负责捡球,失误出现时,不间断地立即再次发球,使练习者没有间歇,在规定时间内保持较高速度反复移动击球。练习如下。

(1)二一式 20 或 30 分钟不间断持续全场进攻练习。

(2)三一式 30 分钟不间断持续全场接四角球和接吊杀球练习。

(3)三一式、四一式单打全场或是双打半场、全场防守练习。

四、羽毛球专项柔韧素质训练

(一)羽毛球专项柔韧素质特点

羽毛球运动是上肢、下肢、躯干的全身性的协调运动,每一个技术动作的完成都需要协调和柔韧。

关节活动幅度大,肌肉和韧带的伸展度好,有助于高质量完成各种位置的击球动作。因此羽毛球专项柔韧素质的好与坏,关系到上下肢和躯干协调性的好坏,直接影响到运动中完成各种技术动作的质量。

(二)羽毛球专项柔韧素质训练方法

(1)模仿体操项目中的压腿、劈腿动作练习:正压腿、侧压腿、体前屈伏地、纵劈腿等。

(2)模仿体操项目中的踢腿动作练习:正踢腿、前后摆腿、左右摆腿等。

(3)拉肩、压肩练习。

(4)垫上练习:前后滚翻及各种动作练习。

(5)跳绳练习:各种花样跳绳练习。

(6)结合游泳活动的练习。

五、羽毛球专项灵敏素质训练

(一)羽毛球专项灵敏素质特点

灵敏素质对羽毛球技术水平的提高有至关重要的影响。由于羽毛球运动员必须在 35 平方米的场地上做各种急起、急停,前、后、左、右移动,转向,回动,跳跃等动作,因而需要很好的灵敏素质。

羽毛球运动特点对羽毛球运动员的身体灵敏性有很高的要求,不仅要求运动员挥臂击球速度快,还要求其具有快速进行步法移动的能力。因此,羽毛球运动的灵敏性素质的提高十分重要,有利于其技、战术运用和提高。

(二)羽毛球专项灵敏素质训练方法

1. 上肢灵敏素质训练

(1)手腕前臂灵敏性训练

①快速、变向用手接各种前半场小球练习。

②快速左右前后一步腾空接球练习。

③快速用手接上下左右和前后位置来球的练习。

④球拍操练习。手持球拍做一些肩、肘、腕部的练习,这种球拍操对于发展手臂及手腕的灵活性、协调性都很有好处。徒手做球拍操同样可以达到一定的效果。练习时,双手持拍同时进行对称练习。

⑤双臂各在一侧向前、向后做大绕环。一种是以肘为轴,以腕部控制做大绕环;第二种是以肩为轴,以前臂控制做大绕环。

⑥两臂同时在体前从身体的一侧绕向另一侧画"8"字。"8"字的挥动方向可有两种。

⑦模仿挥拍击球动作，左、右手轮流进行。

⑧两臂同时在体侧做交叉大绕环。由于两臂做不同方向的挥动（一臂向前，另一臂向后），锻炼灵活性和协调性的效果更佳。

⑨舞花。这一练习类似武术运动中双刀的"劈刀花"，两臂在体侧交叉画"8"字。

（2）手指灵敏素质训练

①捻动拍柄练习。要求学生手持拍柄，用手指捻动拍柄做左右上下转换拍柄位置的练习。

②抛接球拍练习。手持球拍，将球拍向前后左右和向上抛起，再用手迅速接住，如此反复练习。

2. 下肢综合跑训练

（1）小步跑练习。

（2）左右向前、左右向后垫步跑练习。

（3）高抬腿跑练习。

（4）前后交叉步侧向移动跑练习。

（5）后蹬跑练习。

（6）后踢腿跑练习。

（7）体前交叉转髋练习。

（8）左右侧身并步跳练习。

（9）双脚向后跳练习。

3. 髋部灵活性训练

（1）快速转体练习。要求学生以左脚为轴，右脚向前、向后做蹬步转体练习。

（2）前后交叉起跳转体练习，即连续的后场起跳击球动作练习。

（3）收腹跳练习。要求学生双脚全力向上纵跳的同时，双腿向胸前屈收，完成屈腿收腹动作，连续跳跃一定次数，反复进行。

（4）原地转髋跳练习。髋部向左、向右连续转动，向右转时右腿向外旋，左腿向内旋，两脚尖方向保持一致向右，身体面向前，上体保持平衡，仅下肢转动。髋部向左转时，左腿向外旋，右腿向内旋，两脚尖方向保持一致向左。

（5）半蹲向前后左右转体垫步移动练习，练习时，在短距离内视信号快速变换方向。

（6）高抬腿交叉转髋练习。高抬腿姿势，当腿抬至体前最高点后迅速向左或向右转体，左右腿交替持续完成高抬腿交叉转髋动作。

（7）小密步垫步前后蹬转练习。要求学生右脚向前移动半步，左脚紧跟其后迅速垫一小步靠向右脚，此时以左脚为轴心，右脚向后蹬地转体，左脚退回小半步，右脚再向前移动半步（开始重复第二次），如此反复进行。

4. 羽毛球灵敏素质游戏训练

（1）移动抓球。在一个长 5 米、宽 3 米的长方形场地的 4 个角上，放 4 个羽毛球，球托朝上。

游戏者站在底线的中间位置,采用上网和两侧移动的步法向4个角移动抓球,回到起始位置再将球放回4个角,最先将4个角都轮完的人获胜。要求球放回4个角时必须球托朝上;每抓完和放下一个球都必须回起始位置。

(2)快乐羽毛球。画一个长8米、宽5米的长方形平地,分成长4米的两个半场,中央架上羽毛球网,每队出3~5人进行对抗比赛,在规定时间内得分多的队获胜。要求发球时可站在半径内任一位置,必须用脚发球;不能用手击球,其余任何部位击球有效;球在一方半场内不能超过3次击球;同一运动者不能连击。

(3)计时击球。将参加游戏的学生分成人数相等的若干队,分别站在各自直径为3米的圆圈外,每人拿1个球拍,并事先安排好进圈击球的顺序。比赛开始,发令并计时,各队第一名队员拿一羽毛球进圆圈向上击球,然后快速跑出圆圈,而第二名队员迅速进圈去击第一名队员击出后向下落的球。这样,依次进圈击球,在规定时间内,以击球最多的队为胜。要求如果圈内击球者失误或在圈外击球均不计数,由下一名队员击球时再累计;击球队员出圈后,另一个击球者才能进圈。

六、羽毛球专项弹跳力训练

(一)羽毛球专项弹跳力特点

羽毛球运动对运动员的弹跳力有较高的要求,尤其是击高球技术中,如果没有快速、良好的弹跳力,就难以击出具有一定高度的、有杀伤力的球。

(二)羽毛球专项弹跳力训练方法

羽毛球弹跳力练习可以增强练习者步法前、后、左、右蹬跳和蹬跨的力量,具体训练方法如下。

1. 一般弹跳力练习

(1)原地跳练习,半蹲或深蹲连续向上跳;单脚连续向上跳;收腹跳(双脚原地向上跳,跳起后,双膝向上抬并收腹,使双膝触胸);原地摸高跳;跳台阶练习(利用多级台阶,单脚或双脚连续向上跳)等。

(2)行进间跳跃练习,如行进起跳摸高。

(3)跳绳练习。

(4)以上所介绍的各种练习方法的负重练习。

2. 专项弹跳力练习

(1)跳跃练习,如两脚交替前、后、左、右蹬、双脚十字蹬跳、两边跳(模仿起跳突击步法的动作)、向后侧两边跳(按着后退步法的动作要领后退,最后一步做起跳动作)等。

(2)双摇跳绳练习。

(3)以上介绍的练习方法的负重和沙坑练习。

第五节　乒乓球专项体能训练

一、乒乓球专项力量素质训练

(一)乒乓球专项力量素质特点

乒乓球运动属于技能主导类球类项目,具有球小,球的速度快,球的旋转性强、变化多等运动特点。在乒乓球运动实践中,技术动作主要靠运动者脚步移动和手臂挥动配合完成。一般来说,一次成功的进攻,与上肢、肩部以及腰腹部肌肉爆发力密切相关,因此,乒乓运动中,运动员的力量素质的特点主要表现为快速力量(爆发力)即单位时间肌肉所能达到的最大力量。最大力量往往表现为可能克服和排除的外阻力的大小。最大力量并不是一成不变的,而是常常处于动态变化之中,这就要求运动员不断发掘自身能力的极限,充分发挥自己的最大力量,以保证力量训练的效果。

此外,乒乓球运动员还必须具备较强的爆发力,这是由乒乓球运动中运动员需要以中等负荷(极限负重的40%～60%)的快速击球来决定的。爆发力是利用肌肉弹性能的一种力量,即在爆发力之前的一瞬间有一个极短暂的肌肉预拉长瞬间产生弹性能(约为原肌肉长度的5%),迅速向相反方向用力收缩的动作过程。良好的爆发力能保证乒乓球运动员在比赛过程中快速有力地击球。

(二)乒乓球专项力量素质训练方法

训练实践表明,不同的乒乓球动作技术对运动员力量素质的要求不同。乒乓球专项力量应与乒乓球专项运动能力训练科学相结合,与专项技术的用力方式融合在一起,这是发展运动员专项力量素质的有效途径。

在乒乓球运动中,提高运动员专项力量素质的训练方法主要有以下几种。

(1)各种徒手(规定练习次数和时间)的挥拍动作练习。

(2)持铁制球拍(0.5千克左右)的各种挥拍动作练习。

(3)用持拍手进行乒乓球掷远练习

(4)进行扣球击远练习。

(5)持拍推球(快推和加力推)练习。

二、乒乓球专项速度素质训练

(一)乒乓球专项速度素质特点

在乒乓球运动中,运动员的速度素质与力量素质是结合在一起发挥作用的。因此,进行乒乓球速度素质训练要求运动员应将速度训练与力量训练结合起来进行,并依据专项特征和运动员自身的运动特点,逐步加大与专项技术动作结构一致性,这是乒乓球速度素质训练的主要特点。

（二）乒乓球专项速度素质训练方法

1. 专项反应速度训练

（1）两人一组,观察对手做出的乒乓球的击球动作后,然后对此做出反应和动作（图14-13）。

图 14-13

（2）两人一组,用多球做接发球练习。根据对方发球动作,迅速判断旋转性质和落点,然后做出反应和动作。

（3）两人一组,用多球在同一方位交替发球,另一人在对面球台练习接发球（图14-14）。

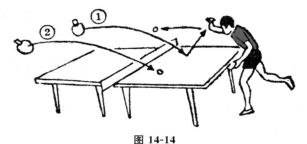

图 14-14

（4）两人一组,同伴加快供出各种不定点和不同旋转节奏性质的球,要求练习者在回击时迅速提高判断反应速度、步法的移动速度和击球的挥拍速度。

（5）两人一组,对墙距1.5米左右站立,同伴在背后用多球对墙供球,练习者连续还击从墙上反弹回来的球（图14-15）。

图 14-15

（6）目视教师或教练员的向上击球，按旋转球落台反弹的方向，原地转一周后，沿球台跑一圈。

2. 专项移动速度训练

（1）进行推挡、侧身、扑右（左）角的步法练习，30秒～1分钟为一组。

（2）进行推、侧、扑步法练习，30秒～1分钟为一组。

（3）进行长短球的步法练习，30秒～1分钟为一组。

（4）快速移动挥臂击球练习：把2个乒乓球悬吊（高度因人而异）在距离1米处，练习者连续挥臂用球拍击碰撞反弹回来的球，要求击球移动速度越快越好。练习3～4组，每组30～40次。

（5）做基本球路结合步法的练习（两点打一点、不同落点打一点等）（图14-16）。

（6）做多球练习，以提高步法移动速度（图14-17）。

图 14-16 图 14-17

（7）多球进行2/3台拉扣结合的练习：发球者用超出正规比赛击球的球速，侧身拉球后在练习者整体动作还原之前，迅速发出右半台的上旋球，练习者用扣杀动作完成，计30秒，练习3～5组，每组20次。

3. 专项动作速度训练

（1）做单一技术或者组合技术的徒手挥拍练习，要求动作规范，0秒～1分钟为一组。

（2）进行推挡、侧身、扑右（左）角的手法和步法练习，30秒～1分钟为一组。

（3）两人一组，通过加快多球练习的攻球速度，迫使练习者提高击球的摆速和击球速率。

（4）持乒乓球拍快速徒手动作练习：计30秒正手攻、拉、扣等动作练习。一般采取以慢—快—最快—快—慢的动作速度节奏进行练习。

（5）做30秒～1分钟的2/3台或者1/2台正手单面攻或拉球练习，要求练习者快速挥臂，做到移动快、还原快。

三、乒乓球专项耐力素质训练

（一）乒乓球专项耐力素质特点

乒乓球运动属于个人对抗性球类项目，对抗性极强。随着比赛持续进行，越到比赛后期对手之间的竞争越激烈。在整个乒乓球运动比赛过程汇总，运动员的大脑皮层始终处于高度紧张状态，这就要求运动员必须具有良好的耐力素质。

乒乓球运动员所需的专项耐力是速度素质和灵敏素质的紧密结合，可以说，如果乒乓球运动员的专项耐力素质不好，那么必然会影响到其在比赛中的击球速度、击球力量以及动作的灵敏性和协调性的发挥，会直接影响运动员的比赛成绩。

（二）乒乓球专项耐力素质训练方法

（1）在乒乓球台前做跨步、交叉步移动练习，每组100～150次，练习5～8组，每组间歇2～4分钟，练习强度为55％～60％，要求动作规范。

（2）3分钟推、侧、扑步法训练，徒手或用多球训练（图14-18）。

图 14-18

（3）3分钟交叉步训练（在两端线之间）。

（4）3分钟长短球步法训练（图14-19）。

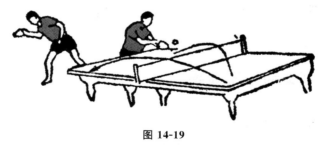

图 14-19

（5）3分钟二人想象比赛。

（6）1分钟多球练习：要求练习者按照教练员所安排的教学内容进行反复练习，直至疲劳为止。

（7）两人一组，利用多球在移动中进行扣杀练习，练习时间为3～5分钟（图14-20）。

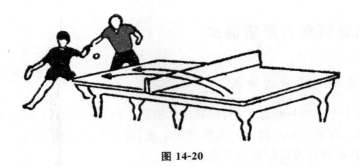

图 14-20

（8）两人一组，利用多球做连续扣杀练习，练习时间为 3～5 分钟（图 14-21）。

图 14-21

（9）两人一组，利用多球做拉后扣杀练习，练习时间为 3～5 分钟（图 14-22）。

图 14-22

四、乒乓球专项柔韧素质训练

（一）乒乓球专项柔韧素质特点

乒乓球运动对运动员的手腕和腰部的柔韧素质要求较高，多见于比赛中运动员的转腰、拧腕发球和击球，在训练中应加强这方面的练习。与腰部相比，乒乓球运动对机体其他部位的柔韧性要求相对较低。

（二）乒乓球专项柔韧素质训练方法

（1）俯卧撑练习—原地跳练习—仰卧起坐练习—哑铃操练习—跳绳练习（单或双摇跳）。

（2）立卧撑跳练习（立正，俯撑，立正，起跳）—哑铃操（腕部练习）—仰卧两头起练习—移动摸球台两端线—模仿动作（持铁拍）练习—正手攻台内球—反手推挡—侧身攻球—挡侧身扑右（左）角—反手攻球。

（3）立卧撑跳练习（立正，俯撑，立正，起跳）—哑铃操：腕部练习—仰卧两头起练习—移动摸球台两端线—模仿动作（持铁拍）练习—正手搓—反手快拨—反手削长、短球—正手削长、短球—正手削中反攻。

五、乒乓球专项灵敏素质训练

（一）乒乓球专项灵敏素质特点

乒乓球运动属于技能主导类运动项目，具有球小、速度快，旋转性强、变化多等特点。这些特点对运动员的灵敏素质提出了具体的要求。

在比赛过程中，乒乓球在空中飞行的速度是很快的。实验表明，运动员把球从本方台面击到对方台面所用的时间不到 0.5 秒。在这么短暂的时间内要求接发球的运动员应对来球的方向、速度、旋转及落点等进行仔细、全面的观察和准确的判断，并据此迅速作出对策，迅速移动步法，调整身体重心和击球的位置，并进行挥拍进行击球。为了适应比赛中球的各种复杂的变化，乒乓球运动员必须经常从一个动作、一种技战术转换到另一个动作、另一种技战术，乒乓球的这些项目特征要求运动员必须具备优良的灵敏素质，否则很难在比赛中掌握主动权。

（二）乒乓球专项灵敏素质训练方法

乒乓球专项灵敏素质训练方法具体如下。

（1）两人一组，在球台的任何位置（最好是距离练习者越远越好，并有一定的角度）上放置目标（拍套或球拍等），在规定的多球数目中，二人比赛看谁击中目标多，击中次数多为胜方（图 14-23）。

图 14-23

（2）三人一组，分成两队，分别站在乒乓球台的两端，进行类似双打的三人轮换击球训练。训练过程中要求每个队员还击后做一次俯卧撑，然后再准备打一板球。规定双方打中等力量的球，不得扣杀（图 14-24）。

图 14-24

(3)三人一组,两人各站球台一端,另一人站在球网附近,按照顺时针(或者逆时针)跑动,并轮换击球。

(4)四人一组,沿球台跑动,轮流击球。在限定时间内,两组可进行击球板数的比赛,击球板数多者为胜(图 14-25)。

图 14-25

第六节　网球专项体能训练

一、网球专项力量素质训练

(一)网球专项力量素质特点

在网球比赛中,有力地抽球、凶猛的高压球都需要运动员良好的力量素质。在网球实战中,运动员完成各种技术战术的动作更是需要由全身协调用力。因此,协调地发展网球运动员的全身各部肌肉力量是非常必要的,只有强劲的肌肉力量做保证,在高速度的网球比赛中,高超的技战术才能得到充分的发挥。尤其是在顶尖水平网球比赛中,10个来回球只需要15秒,且每得1分平均有4次变线。在网球场上的冲刺距离界于2.5～6米之间。因此,起动的爆发力和速度爆发力对一名网球运动员来说非常重要。由于网球运动员克服的球和肢体重力是恒定的,在完成各种击球及移动动作中,运动员需要在特定负荷条件下表现出的最大动作的速度力量和速度力量耐力。

网球运动员的力量素质还能在很大程度上促进运动员灵敏素质的发展,这是因为适宜的力量能够使运动员更好地控制和操纵自己的身体。可见,网球运动员的力量素质是其他身体素质的基础。在网球运动中,肌肉的爆发性力量是一名优秀的网球运动员所必须发展的素质,特别是手臂、髋、膝、和腰腹部、背部的屈伸力。同时,训练中还要根据个人的基础,全面发展全身的各部肌肉,发展绝对力量和速度力量。遵照循序渐进的原则,对网球初学者而言,应以发展基本力量为主,对网球专项运动员应以发展专项力量素质为主,从而尽快增强肌肉力量和肌肉的爆发力。

(二)网球专项力量素质训练方法

1. 静力练习

网球运动静力练习以增强肩、臂和手腕的力量为目的。在这种练习中,肌肉或是相互对抗或是与一固定的物体相对抗,手臂和身体则不需要运动。例如,以握拳手和另一手的手掌相对抗,一直数到10然后换手。

2. 抓空拳练习

抓空拳是一种很好的练习方法,80～100次一组。可以在不用手去做事情的任何时候进行练习。

3. 徒手训练

(1)发展上肢力量:手掌撑地俯卧撑,手指可向前或向内。
(2)发展手指和手腕力量:手指撑地前进或后退。
(3)发展肩、臂力量:靠墙倒立。
(4)发展腹肌和腹内外斜肌力量:仰卧起坐接转体,仰卧,两手抱头,上体迅速抬起,右肘触左大腿,左肘触右大腿各一次。有助于发球时收腹转体的用力及其他击球动作的转体用力。
(5)发展腹肌和腰背肌力量:仰卧两头起,两手尽量触两脚背。
(6)发展腰背力量:俯卧两头起。俯卧垫上,两臂前伸,两腿并拢伸直,两臂和两腿同时向上抬起,腹部着垫成背弓。
(7)发展大腿前群肌肉:单腿蹲起。单腿支撑,另一腿平举,下蹲,起立。初做时可扶支撑物。

4. 杠铃训练

(1)发展全身各部分力量,提高全身协调用力的爆发力:抓举、挺举。
(2)发展肩、臂力量:推举。

（4）增强腹内外斜肌及骶棘肌力量：负重转体。方法：身体直立，颈后负杠铃，两足固定，先向左转体再向右转体至极限。

（5）发展大腿及臀部肌肉：负重深蹲。方法：颈后负杠铃，挺胸塌腰，下蹲慢些，蹲起时挺胸抬头，腰部保持收紧。

（6）发展下肢尤其是小腿及曲足肌群力量：负重分腿跳。方法：身体直立，颈后负杠铃，连续快速地前后分腿跳。

（7）增强小腿后群肌肉力量：负重提踵。方法：身体直立，颈后负杠铃，脚前掌站于低台阶上，脚后跟尽量下压后快速向上提踵。

5. 哑铃训练

（1）发展肱三头肌，旋前圆肌：颈后臂曲伸。方法：身体直立，两手握哑铃，上臂固定在头侧，掌心向后，然后做肘曲伸动作。

（2）发展前臂肌肉：臂环绕。方法：持哑铃两臂同时向内或向外作曲伸环绕。

（3）发展肩带肌肉力量：直臂上举。方法：持哑铃两臂前伸，上举或侧上举。

（4）发展胸部肌肉，有助于正手击球、发球和高压球的挥拍用力：仰卧上举。方法：持哑铃仰卧长凳上，两臂于两侧同时上举，上举时肘可微屈。

二、网球专项速度素质训练

（一）网球专项速度素质特点

现代高水平的网球比赛中，运动员只有快速的跑动，及时到位，才能回击对手的各种来球。因此，快速的跑动是运动员完成击球动作的重要条件，速度的快慢是击球效果的决定因素。一般来说，在网球运动实践中，球速越快要求运动员跑动的步法也越快。运动员的速度素质越好，神经的灵活性也就越高，对各种来球就能产生快速、协调、准确的反应。因此，对网球运动员来说，发展速度素质具有十分重要的意义。

网球比赛中，运动员在场上的运动大多数是短距离的移动，而且需要在移动中不断的改变方向。因此，在发展网球运动员的速度素质时，应着重发展运动员速度素质中的反应速度和动作速度。

（二）网球专项速度素质训练方法

网球运动中，快速的跑动是完成击球动作的重要条件，速度的快慢是击球效果的决定因素。球速越快要求跑动的步速也越快。速度素质越好，神经的灵活性也就越高，对各种来球就能产生快速、协调、准确、敏捷的反应。因此，发展速度素质是非常重要的。具体训练方法如下。

1. 长跑练习

坚持跑步对提高网球技术有很大的帮助，它即能提高心肺功能，同时又能增强腿部肌肉力量。不过，单纯的慢跑对网球运动是不够的，还应通过连续的短距离冲刺跑来提高速度。可以在和网球场同等长度的距离内快速冲刺，开始时冲刺跑五次，以后逐渐增加，直到可冲刺跑二十次或者更多。

2. 跳绳练习

快速的步法是练好网球技术的基础,网球运动员必须具备急起急停到位的能力,并且能长时间地把重心放在前脚掌上。跳绳对于加快脚步动作和提高耐力都是很有益处的。如果可能,正摇跳、反摇跳都要练。最初每天跳两分钟,以后提高到五分钟,如果需要,中间可做几次短暂的停顿以调整呼吸。

3. 变形跑

变形跑主要有:站立式起跑(如听信号跑 30 米)、变速跑(如听信号后全速跑 30 米后,接惯性跑 20 米)、滑步接加速跑(如侧滑步 5 米至标志线后变加速跑 20 米)、折回跑(如手触底线后向前跑,手触球网后转向回跑)、变方向跑、"米"字形跑、后退跑、跑动中接球或击球等。

三、网球专项耐力素质训练

(一)网球专项耐力素质特点

网球运动的供能特点决定了网球运动员的耐力素质特点。一般情况下,网球运动 70% 是靠磷酸原供能系统供能,另外 20% 的能源供应来自糖酵解系统,而仅有 10% 来自有氧代谢供能系统。而一场网球比赛所需的能量基本上取决于对攻时间的长短。在短时间的对攻中(5～10秒),出现疲劳征兆少,网球运动的每分之间的间歇时间或交换场地的 90 秒内,磷酸原供能系统使能量得到恢复;在较常的时间对攻中(10～15 秒至 1～2 分钟),疲劳征兆增多,由于得不到充分的休息时间,有乳酸的积累;而在整场比赛中(1～4 个小时),在每一个动作后的恢复期(每分之间的间隙时间或交换场地的 90 秒),使用有氧代谢供能。因此,网球运动是一种非周期性不规则的、以无氧代谢为主、有氧与无氧混合供能、大小强度和快慢速度交替的运动项目,需要运动员具备良好的耐力素质。

在长时间的网球比赛中,网球运动员要保持最佳的竞技状态,始终如一地发挥出最高的技术水平,耐力素质就成为网球运动员取胜的最为关键的因素,也是最后取胜的重要条件。从网球运动的特点方面来说,运动员在比赛中长时间的位置移动需要较好的耐力素质;连续挥拍的扣杀相持迂回等都需要有较好的耐力。因此,在发展网球运动员耐力素质的训练过程中,重点发展运动员的速度耐力和力量耐力。

(二)网球专项耐力素质训练方法

网球耐力素质是网球比赛中保持最佳的竞技状态,始终如一地发挥出最高的技术水平的关键性因素,也是最后取胜的关键因素。具体训练方法如下。

1. 跑步训练

(1)12 分钟跑。30 岁以下良好标准为:男 2 400～2 800 米;女 2 200～2 600 米。

(2)正、倒交替跑。在跑道上起跑加速 200 米后,接倒退跑(背对跑方向)100 米,不要求速度,至 100 米处做向后转放松跑。

(3)5 分钟变速跑。在场地内以 50 米分段做变速跑,可以 50 米快、50 米慢;或 50 米慢、100 米快。

(4)综合跑。在跑道上做向前跑、倒跑、左右侧滑步跑练习。

2. 跳的训练

(1)跳绳。跳绳能有效地提高腿部的爆发力,是提高网球耐力训练的重要手段。

(2)连续跨步跳。在跑道上做连续向前跨步跳,每组 30 次。

(3)左、右跨步跳。两脚开立,左腿蹬地,右腿向右前方跨步,然后右腿蹬地,左腿向左前方跨步,依次连续进行。每组两腿各跨 30 次。

(4)连续跳高台。在楼梯或看台上做双脚连续跳上高台的练习。

3. 组合技术训练

(1)左右移动连续进行底线抽击球练习。

(2)左右移动连续进行击短球练习。

(3)左右移动连续进行截击球练习。

(4)前后移动连续进行截击球和高压球交替练习。

四、网球专项柔韧素质训练

(一)网球专项柔韧素质特点

网球运动对运动员的协调性要求较高,运动员如果缺乏柔韧素质,就会在做动作时显得僵硬欠协调,甚至难以完成漂亮的击球动作,良好的柔韧素质还能降低伤害事故的发生率。网球运动员柔韧素质的好坏,能够在很大程度上促进或阻碍运动员对网球技术的掌握和发挥。

此外,从实践来看,在网球比赛中,一些技术动作对身体的柔韧素质提出很高的要求。这些技术动作如发球、高压球、大范围跑动扑救球等都需要运动员具有良好的柔韧素质。这些都是由于运动员的身体和球常处于不稳定的相对平衡状态所决定的。网球运动员的柔韧素质,最显著的表现为网球运动所特殊需要的髋、腰、膝、腕关节活动幅度及上下肢肌肉和韧带的伸展能力。它与网球运动员掌握和提高技术动作(尤其是高难度技术动作)、避免运动创伤、发展其他身体素质等因素密切相关。

(二)网球专项柔韧素质训练方法

1. 肩部练习

(1)跪姿压肩。并脚跪立,两臂向前伸直,手扶地做下振动作,多次下振后压肩到极限静止 15～20 秒。应逐渐加大动作幅度。

(2)分腿半蹲转肩。两脚开立同肩宽,屈膝外展成半蹲,两手扶膝盖,向左转肩 90°,还原后再向右转肩 90°,左右向两侧后振,反复练习。要求两腿静止,转肩充分。

2. 振臂练习

(1)扩胸振臂。两脚开立,两臂胸前平曲,手心朝下用力后振。然后两臂前伸,手心向上反转,用力向两侧后振,反复练习,逐渐加大振幅。

(2)上下振臂。两脚开立,一臂上举,另一臂下举,做同时用力后振动作。

3. 屈体练习

(1)直腿体前屈。两脚稍开立,两手抱住小腿后群肌肉,上体下振数次后,上体贴靠两腿停留10秒。要求逐渐加大振幅,两腿伸直。

(2)体侧屈。脚开立,两手腹前五指交叉翻掌上举,同时重心侧移,一腿站立,一腿脚尖侧点地,上体侧屈做侧振动作,振到最大幅度时静止10～15秒。左右两侧交换练习,侧振时上体尽量不前曲。

(3)体后屈。两脚开立,上体后屈,脚跟随提起,双手触及脚后跟还原成直立,反复练习。后屈时挺腹,注意保持身体平衡。

4. 压腿练习

(1)大弓步压腿。两腿成大弓步姿势,两手扶地,重心下沉,数次后换腿再做,两腿交替进行。要求后腿弯曲,膝关节触地,脚后跟离地,上体可前倾,逐渐加大重心下降振幅。

(2)仆步侧压腿。左腿伸直,右腿全蹲,两脚掌全着地。左手按左脚背,右手位于两脚间,做下振动作,然后两腿交换练习。侧伸腿要直,逐渐加大振幅。

五、网球专项灵敏素质训练

(一)网球专项灵敏素质特点

网球运动员的灵敏素质是运动员的运动技能和各种素质在运动过程中的综合表现。网球运动员的快速爆发力和高度的灵敏性是职业网球选手取胜的关键。网球运动员所需要的灵敏素质,要求运动员在极短的时间里有良好的判断能力,并且在完成动作过程中能准确、协调地处理好自己身体各部位与球的关系。

网球运动员所需要的灵敏素质,是在比赛中遇到突然变化的情况下,随机应变地采取快速、协调行动的能力。具体来说,网球运动员的专项灵敏素质指专项所专门需要的一些特殊灵敏能力,主要体现在各种变向起动移动。网球运动员的灵敏素质训练应特别注意作为上下肢纽带的腰腹部的专门练习。

(二)网球专项灵敏素质训练方法

网球运动专项灵敏素质训练具体方法如下。

1. 手指与腕关节灵敏性训练

(1)做快速挥动小竹棍(带竹梢),做鞭打动作训练。

(2)做拍起地上的网球训练。

2. 髋关节的灵敏性训练

(1)起跳 90°、180°、360°转动：训练时，运动员两脚左右开立，起跳后髋部转动带动身体做 90°、180°、360°转动。

(2)单脚移动：训练时，运动员以左脚为轴，右脚向前向后移动；以右脚为轴，左脚向前向后移动。

(3)迈步转髋：训练时，运动员的髋部向左转动，右腿高抬向左前方迈出，右脚落地时，髋部立即向右转，抬起左腿向右前方迈出。

(4)交叉步移动跑训练：训练时，运动员两脚前后交替左右方向交叉步跑。

3. 下肢灵敏性训练

(1)跳起空中抱腿：原地双脚跳起，腾空后两腿上收，双手抱膝，下落时还原。

(2)对墙传接球：二人一组，一人面对墙站立，距墙 3～4 米，身后一人持网球，对墙左、右、前、后传出各种不同方向的球，前面人接球 30 秒为一组，两人交换进行。

(3)单腿摆动协调练习：单腿有节奏地跳跃，异侧腿配合做摆动，两臂在头上前后摆动，手触摆动腿的脚尖。10 次为一组。

(4)十字交换跳：直立，双脚起跳，在地面上做前后左右十字交换跳。交换频率越快越好，15 秒为一组。

(5)蹲撑直腿交换跳：从蹲撑开始，左右腿依次做踢直小腿的交换跳动作。20 次为一组。

(6)顺逆跑：一组运动员围成一个圆圈，手拉手顺时针跑（身体半向左转）。听哨声后立即逆时针方向跑（身体半向右转）。反复做，变向要快，每次 20 秒。

(6)闪躲跑：画两条平行线，距离 30 米，每隔 6 米插一根标枪。练习者站在一线后，听信号后快速跑向另一线，并要闪躲跑过 4 根立柱。可以计时。

(7)模仿跑：二人一组，前后站立，距 3 米。前者在快跑中做出变向、急停、转身等不同动作，后者及时模仿前者在跑动中做出的各种动作。15 秒后俩人交换进行，30 秒为一组。

4. 小腿与踝关节的灵敏性训练

(1)快速前后左右提踵跳：该动作在沙地做更好，用最快的速度做 15 秒左右。

(2)原地两脚交替快速跑：用最快的速度在 10～20 秒完成。

(3)移动训练：训练时，运动员并步左右移动；跨步左右和向前移动；交叉步左右和向前移动。

第十五章 不同体质大学生体能训练指导

第一节 减肥塑身群体的体能训练

一、肥胖的危害、原因及标准

（一）肥胖概述

1. 肥胖的定义

在当下世界范围内，肥胖都已经成为了威胁人们健康的"第一杀手"。之所以出现如此多的肥胖人群，主要与现代科技的进步使得人们更便捷的从事任何事情，而不像过往那样一切事物都需要人力亲自进行才能完成，如最简单的电视遥控器的发明，就使得人们可以坐在屋中任何角落完成换台的动作，而在此之前，人们则必须亲自来到电视面前完成换台。等等的情况有太多太多，久而久之就造成了人们的肢体活动减少，体内能量堆积过多，最终导致肥胖症的发生。为此，包括世界卫生组织在内的各大健康组织和专家都开始了对肥胖的相关研究。

为了更好地研究肥胖，世界卫生组织首先明确了肥胖的概念，认为肥胖是脂肪在体内过多积累，达到引起健康损害程度而形成的一种慢性非传染性疾病。这一概念的确定，为相关研究工作奠定了理论基础。

2. 肥胖的发展趋势

目前，全世界拥有近 70 亿人口。在这些人口中，有将近有 15 亿人口都出现了或多或少的体重超标情况。而这 15 亿人当中的将近 20% 在中国。统计显示，目前我国肥胖者达 1 亿多人，超重者高达 2 亿多人，而这一数字在未来还会有大概率继续增长的趋势，这使得我国"控肥"任务较为艰巨。实际上，"控肥"的最大意义不在于限定人们的体重，而是在于减少由于肥胖给人体带来的诸多危害，世界卫生组织已经将肥胖列入到了流行性疾病的范围中，以期引起人们的普遍重视。

3. 肥胖的危害

肥胖给予一个人的困扰不仅在于外在体形上，更重要的还在于它给人体健康带来了全方位的麻烦。经过长期理论论证和科学研究证明，肥胖的确会引发人体多种并发症，如引起非胰岛素依赖性糖尿病、心肌梗塞、脂肪肝、冠心病、高血压、中风、胆囊疾病、胆肾结石、呼吸功能不全、骨关节炎、痛风和胰腺炎等。女性群体甚至还会由于肥胖出现乳腺癌、月经异常、卵巢机能不全和子宫发育不全、不孕症、子宫内膜癌等一系列身体上的疾病。英国科学家研究表明，过度肥胖人的平均寿命比健康人要短13年之多。肥胖除了给人的生理带来一系列问题外，还会给人的心理造成一些伤害，如大多数肥胖者都经历过遭到他人嘲笑浑圆的身材的情况。

4. 肥胖的原因及其影响因素

造成人体肥胖的原因是多方面的，并非传统意义上的只因为进食较多，造成肥胖的主要因素有如下几种。

(1)进食量过大，消耗较少，较为贪睡。

(2)食用过多含高胆固醇的食物摄入。

(3)食用过多含糖分的食物。

(4)饮食方法错误，进食速度过快，咀嚼次数太少。

(5)遗传和内分泌代谢异常，体重调节机制紊乱。

(6)精神紊乱及体内生物化学因素影响所致。

(7)脊背褐色脂肪细胞机能衰退。

(8)血液中缺少三磷酸腺苷酶。

从营养学角度看，肥胖是营养过剩和运动过少的表现，是由于能量的供给大于能量的消耗，作为机体燃料的脂肪在体内过剩而贮存起来的一种状态。

从医学角度看，肥胖是指脂肪细胞数量增加和脂肪细胞中脂肪储存过剩，身体脂肪过度增多，体重超过正常值的20%以上，并对健康造成了严重危害的一种超体重状态。

(二)肥胖的判定标准

对肥胖进行判定可以通过很多方法来进行，可从原子、分子、细胞、组织系统和整体等不同水平和层面测试。常用方法有如下几种。

1. 根根体重指数(BMI)判定

体重指数也称身体质量指数(Body Mass Index，简称BMI)。

国际肥胖特别工作组(IOTF)提出成人界值点为，BMI≥25千克/平方米为超重，BMI≥30千克/平方米为肥胖。而我国肥胖问题工作组(WGOC)根据对20余万人体测量的8万份血液样本分析后提出我国成人界值点为，BMI≥24千克/平方米为超重，BMI≥28千克/平方米为肥胖。

2. 根据标准体重判定

标准体重测量法原为法国人类学家勃劳克提出的勃劳克指数法，具体公式如下。

标准体重(千克)＝身高(厘米)－100，并由此衍生而来。

按这一公式公式，我国健身健美专家提出成人的标准体重可用如下公式判定。

(1)成年男子标准体重(千克)。

标准体重(千克)＝身高(厘米)－100(适用165厘米及以下人群)

标准体重(千克)＝身高(厘米)－105(适用166～175厘米之间人群)

标准体重(千克)＝身高(厘米)－110(适用176厘米以上人群)

(2)成年女子标准体重在成年男子标准体重相应组别基础上减去2.5千克。

3. 根据腰臀比（WHR）判定

腰臀比（WHR）＝腰围/臀围。国际最新研究提出：男性腰围与臀围比值最高限度为 0.85～0.90，女性为 0.75～0.80。通常腰臀比值小于 0.9（男）或 0.8（女）为好，大于这个比值为肥胖。

我国科学家根据我国的具体情况确定了我国成年男女正常的腰围标准，男性正常腰围在 85 厘米（约合 2.6 尺）以内，女性正常腰围在 80 厘米（约合 2.4 尺）以内，超过这一标准即为肥胖。

4. 根据理想体重判定

理想体重是指在体质调查材料中统计得出的死亡率最低的体重数值，它约为脂肪占机体重量的 13%～15% 左右。理想体重来源于医学，较为严谨，我国的计算方法如下。

$$北方人理想体重（千克）＝［身高（厘米）－150］×0.6＋50$$
$$南方人理想体重（千克）＝［身高（厘米）－150］×0.6＋48$$

5. 根据体脂率判定

由于体内骨骼、肌肉等瘦组织密度高（1.2～3.0 克/毫升），脂肪组织的密度低（0.9 克/毫升），两种组织的含量不同，身体密度不同。根据人体密度的高低，即可判断身体脂肪的含量。常用以下公式来计算体脂率：脂肪%＝［4.570/身体密度－4.142］×100。

体质百分比是表述身体脂肪含量的最佳单位。对于一个健康的人来讲，体内必须含有一定含量的脂肪，如果身体脂肪过少（储存脂肪低于必需脂肪的限度），则会影响许多正常生理机能的运转。不过如果身体脂肪过多，则会发生肥胖。正常成年人理想身体成分的平均体脂含量如下表所示（表 15-1）。

表 15-1　身体脂肪含量的判断标准

判断标准 ＼ 性别	男性	女性
正常	14%～16%	20%～22%
脂肪含量过少	3%～5%	10%～12%
肥胖	20%～25%	25%～30%

通常，30 岁以下的成年人的体脂含量占体重的百分比正常应为男子约 10%，女子约 25%。若男子的脂肪含量超过 15%，女子超过 30% 即可被视为肥胖。

前面刚刚提到了脂肪是人体内不可缺少的物质，那么在正常情况下人体脂肪含量要达到最低限度之上。下面主要分析身体脂肪含量的最低值以及其他相关标准。

（1）身体脂肪含量的最低限度

体内脂肪包括必需脂肪和身体中储存的脂肪，它存在于所有的细胞当中，大多数神经的外部也含有脂类，并与某些特定的组织功能有关。男子身体中必需脂肪约占体重的 3%，女子约占体重的 12%，这也是男性和女性身体脂肪含量的最低限度。人体一般每天至少应摄取 40～50 克脂肪才能维持健康。女性的脂肪含量较高能保证青春期乳房和腰部等部位脂肪的正常堆积和雌激素的产生。其实体内适量的脂肪是必不可少的，它是人体内重要的能源之一，对帮助脂溶性维生素(维生素 A、维生素 D、维生素 E、维生素 K)的溶解吸收,对肌体的热垫、保护垫作用,增加肌肤健美,保持青春,丰满曲线及繁衍后代都有着重要的生理功能。

(2)人体脂肪的理想推荐值

为了保证良好的健康状况,体内脂肪的含量不应太高或太低。对于男子推荐的脂肪值应在 $10\%\sim20\%$ 之间,女子应在 $15\%\sim25\%$ 之间。需要注意的是体脂通常在一年内有所变化,随不同季节和假期的变化、体力活动和饮食量有所不同,而体脂也随之不同。

(3)人体的脂肪细胞数

正常人体脂肪细胞的数量约有 300 亿到 350 亿个,当脂肪细胞的数量和体积增多后就形成了肥胖。随着体重的增加,首先脂肪细胞的体积增大,然后数量开始增多。

(4)人体的三大脂肪库

肥胖是体内脂肪,尤其是三酰甘油积聚过多而导致的一种状态。人体的脂肪主要储存在三大脂肪库。

①皮下组织:皮下组织是重要的脂肪存储库,只有当皮下脂肪中存有一定含量的脂肪,人体从外在看才有丰腴充实之美,相反则会显得皮包骨头,较为骨感。这点对于现代审美观来说非常重要,现代审美观片面地认为瘦等于美,实质上这是错误的。所谓的瘦并非脂肪含量最低,而是一种脂肪含量存有量的合理值,只要在这个值的范围之内,就会使人看起来既精神灵活,又健康结实。这对现代众多爱美女性来说尤为重要,因此应重新审视人体美的标准,切不可认为瘦就是美。

②内脏周围:人体的内脏周围都是可以存储脂肪的。例如,肾脏及肠系膜周围含有适量脂肪,可以支撑、固定内脏,起保持稳定作用。

③大网膜上:人体肥胖到一定程度后变得大腹便便,这正是大网膜贮油过多的表现。另外,男性脂肪更多会在此部位存储,这就是男性发胖会首先从腹部开始的原因。

二、减肥塑身群体的体能训练

(一)运动减脂的益处

(1)有效对过多体内热能进行消耗。

(2)影响安静代谢率及生热作用。

(3)使能量消耗和能量摄入准确适应,利于保持脂肪平衡。

(4)改善心血管、呼吸、消化系统功能,保持正常体重,并且需要防止减体脂后的体重反弹。

(5)改善肥胖内分泌失调。

(6)防止或减轻肥胖综合症。

(二)减肥塑身群体训练方法

1. 减肥塑身运动的形式、内容和方式

用于降低体重的运动应以中等强度为主。如果体质较差,可以适当降低强度。具体来说就是要进行时期较长、时间较长、带有动力性、全身性的有氧运动,辅之以力量训练和柔韧训练(运

动形式);大肌肉群参与,如走、跑、游泳、骑车、有氧舞蹈和健身操等(内容)。从实际效果上来说,走和跑运动是非常简便易行的,而且效果尚佳,不过由于走跑运动较为枯燥,因此选择这种运动方式的减肥塑身者很难长时间坚持下来。坐位或卧位骑车(采用功量计),下肢不着地,膝关节负担轻,且可调节运动量;并在室内进行,但需设备,但有坐久或卧久后体位不适,还有固定体位运动的热传导差及枯燥等问题;有氧舞蹈及健身操是一种良好的运动,既是全身性活动,又可提高健身者兴趣,易于坚持,但可能需要经费投入(方式)。

对于体质较好的减肥塑身者来说,还可以选择跳绳运动,每天在进行其他运动后增加跳绳练习 10 分钟,其效果相当于 500 米健身跑的功效。游泳对减肥也有效果,每周 3～4 次,每次不少于 20 分钟;还有各种球类、游戏和气功等也可能达到减肥的目的。

肌肉训练对于减肥塑身起到很好的效果,究其原因首先在于肌肉训练可以修塑健美;二可以增加和保持瘦体重,有研究报告,即使是温和的节食减肥也会减少瘦体重的 25%;三可以增加的肌肉含量可以提高人安静状态下的代谢率。这三点就是在现代减肥运动处方中常常首先安排力量练习的原因。

2. 减肥塑身运动的时间和频率

每次运动持续 30～60 分钟(每次活动能量消耗为 300 千卡左右),每周至少运动 3 次。也可在每天的早晨与傍晚各锻炼一次。"冰冻三尺非一日之寒",减肥塑身是一项长期的任务,每天坚持保持一定的运动会受到最好的效果。因此建议减肥者每次持续运动的时间尽量不低于 40 分钟,这主要是因为运动中的脂肪代谢的被调动时间较慢,有些甚至只有当运动时间达到 2～4 小时后才会出现消耗脂肪,依靠脂肪供能的情况。美国运动医学为此做了详细研究,研究结果显示,有氧运动前 15 分钟,由肌糖原供能为主,脂肪供能在运动 15～20 分钟后才开始,运动 20 分钟内基本不减脂肪。运动 30～60 分钟时由糖原和脂肪同时供能,脂肪供能达 40%～70%。运动 60～90 分钟时,消耗的能量大部分由脂肪提供,脂肪供能所占比例可达 90% 以上。因此,减肥者每次持续运动时间不可少于 40 分钟。不过由于又要考虑到运动耗费的时间和有利身体负荷的因素,运动时间也尽量不超过 120 分钟。

减肥运动最佳锻炼时间最好选择在以下三个时段内。

(1)每天下午 4 点至晚上 9 点,即 16～21 时运动为宜,19～20 时最佳。因为晚餐后即 19～20 时锻炼,可以消耗晚饭摄取的能量,防止吃饱后睡觉时能量的堆积,同时消耗掉一天多余的热量。

(2)晚餐前 2 小时,即每天的 16～18 时锻炼最佳。有人通过人体实验比较了每天的 16～18 时与 19～20 时这两个时间段的减肥效果,证实晚饭前跑步与晚饭后跑步都有减肥效果,但晚饭前跑步的减肥效果明显好于晚饭后跑步的减肥效果,前者在 60 天内体重指数比后者多下降了 2.66。其机制主要有以下三种。

①晚饭前运动时,会动员脂肪供能,降低了运动对含脂类、糖类食物的食欲,使人们较容易减少能量质的摄入。

②晚饭前跑步,由于运动负荷的增加,不但提高了身体机能,也有利于睡眠的改善和脂肪的代谢。

③由于晚饭时间相对延后,使睡眠前的饥饿期相应延迟到睡眠期内,不仅避免了饥饿感的痛苦,还再次动员了脂肪供能。

(3)晨练对于减肥塑身来说也是绝佳的时间段。这主要是因为当人经过一夜的睡眠后,体内的能量几乎消耗殆尽,而在尚未进食早餐前进行体育锻炼可以加速脂肪被调动功能的速度,数据表明早餐前晨练的消耗热量来源约 2/3 来自脂肪。不过也正是由于早餐前体内能量不足,所以应该注意晨练的锻炼强度,否则容易引发一些运动性疾病。

具体来说,早晨在晨练前应先喝上一杯温开水和吃少量高能食品(如巧克力)。因为长期在早晨进行空腹锻炼可能出现一些问题,一是空腹跑步时胃里没有吸收一定的糖分,会因跑步而产生脂肪酸,使胃液分泌旺盛,甚至可能导致胃痛和十二指肠溃疡;二是空腹跑步不仅会增加心脏和肝脏负担,而且极易引发心律不齐,导致猝死,尤其 50 岁以上的中老年人,由于利用机体内游离脂肪酸的能力比年轻人低得多,因此发生意外的可能性更大。三是可能导致结石病和低血糖。故建议早晨锻炼不可起得太早,早餐时间也不宜晚于 8:30。

总之,晚饭或早饭前跑步可使减肥进入良性循环状态,既可以增加运动量,又减少了能量物质的摄入,所以减肥效果更好。

3. 减肥塑身运动的强度及监控

运动强度是体能训练方法掌控当中最重要因素之一。一般用运动中的心率反映运动的强度,准确测量 10 秒钟的脉搏乘以 6 即代表运动中的每分钟心率。在有氧运动中,减肥运动的强度应为最大吸氧量(VO_2max)的 50%～70% 或最大靶心率的 60%～70%(青少年可达 75%)。在此负荷强度范围内运动,脂肪氧化的绝对速率处于理想状态,即此时脂肪燃烧最快。

对于非运动专项的人们参与体育运动来说,一定要正视运动负荷的意义。运动的负荷一定要依据本人的实际能力而定,而并非追求每次运动都要达到力竭的程度。并非大强度的运动才是好的、足够的运动,相关实验证明能强身健体的合理运动负荷是本人最大运动心率值的 65%～85% 之间(减肥者为最大心率的 60%～70%)。研究认为,心率稍低对机体影响较小,心率过高则易产生疲劳与运动伤病。因此,最佳心率范围也可参照如下指标。

男 21—30 岁(女 18—25 岁):150～160 次/分钟。

男 31—40 岁(女 26—35 岁):140～150 次/分钟。

男 41—50 岁(女 36—45 岁):130～140 次/分钟。

男 51—60 岁(女 46—55 岁):120～130 次/分钟。

男 61 岁以上(女 55 以上):100～120 次/分钟。

研究还证明,持续运动 30～60 分钟,用最大靶心率的 50% 的负荷强度锻炼,每分钟可燃烧 7 千卡热量,且 90% 的热量来自脂肪;而用最大靶心率的 75% 的负荷强度锻炼,每分钟可燃烧 14 千卡热量,约 60% 的热量来自脂肪。通过这一数据可以知道,强度较低但运动时间较长的运动方式更有利于凸显减肥效果。

第二节　强身健体群体的体能训练

一、有氧训练与无氧训练作用的差别

有氧训练和无氧训练都是体能训练的重要形式。不过这两种形式在训练方法和目的上有较大区别,正确地在强身健体群体的体能训练中使用有氧训练与无氧训练会使训练者的体能水平的提高获得事半功倍的效果。

（一）有氧训练的作用

有氧运动是体育体能训练中被选择最为频繁的项目,它的特点在于使人能够在供氧充足的环境中开展不同种类的运动。它的具体作用主要如下。

（1）有氧运动可以有效地改善心血管系统、呼吸系统功能,提高人体的最大摄氧能力。主要表现为:降低心率;增强心肌力量;能增加开放的血管的数量并增大其直径,从而增大血流量,并充分地把氧送到每个组织;能提高最大耗氧量,增强整个身体特别是心肺、血管等功能,提高抗病力。

（2）对于改善脂肪代谢有较大帮助。有氧体能训练可以有效燃烧多余脂肪,具体作用包括有效消耗身体脂肪,以期防止过多的脂肪在体内储存,预防动脉粥样硬化。

（3）增强肌肉耐力(红肌纤维为主)及体力。

（4）减肥塑身。采用 60%～75%最大心率(或 50%～70%最大摄氧量时,脂肪氧化的绝对速率处于理想状态,也就是说这时脂肪燃烧最快)持续时间超过 40 分钟,就可使脂肪代谢的速度增加。当持续时间达 120 分钟以上时,脂肪供能成为主要方式,可达 50%～70%之多。此时,脂肪细胞释放出大量游离脂肪酸,脂肪细胞的体积随之变小。同时,体内多余的血糖也被消耗殆尽而不再转化为脂肪。

（5）预防和治疗糖尿病(同力量训练)。经常运动的人发生糖尿病的危险小 20%。

（6）预防和治疗高血压。有氧运动能使肌肉和血管的张力改善,使软弱无力的肌肉和血管变得坚韧,可以消除紧张消极情绪,缓解紧张状态,同时减少脂肪沉积,延缓血管硬化,从而有效地降低血压。

（7）提高骨密度,保持或增加瘦体重(LBM)。

（8）增加胰岛素的敏感性,改善内分泌系统的调节机能。

（9）有氧训练能健脑,并延缓老年人认知功能的下降。

美国哥伦比亚大学神经学家斯莫尔在经过近 10 年动物研究的基础上,第一次把这个原理运用到人身上:连续锻炼三个月之后,所有参加实验的人都有了新的神经细胞。美国伊利诺伊州立大学神经学家查尔斯·希尔曼认为,肌肉与大脑之间存在着某种关系。

（二）无氧训练的作用

（1）延缓衰老。长期的无氧体能训练有利于延缓衰老,据研究显示,长期坚持无氧训练的人比实际生理年龄年轻 5—7 岁。此外,不经常参加锻炼的人在 20—25 岁达到最大肌肉力量,以后每 10 年将会损失 10%左右的肌肉重量和肌肉力量。60 岁后,力量损失加速。经常参加锻炼的人可以把最佳状态保持到 60 岁以上。由此可见,对于无氧体能训练要长期参与,以至于人到壮年时期仍旧应该坚持,只是练习负荷可根据实际身体状况适当缩减。

（2）美化体形体态(强健肌肉,修塑体形)。肌肉力量训练就属于一种无氧训练方式,它对于身体力量素质的发展有非常大的帮助,另外,坚实的肌肉有助于人体外形匀称和带有十足的结实感,给人感觉健康、青春、有活力。

（3）增加骨密度,减少骨质疏松,关节病以及其他相关疾病。无氧训练练习在强健肌肉的同时还对人体的骨骼有较大的坚实作用。长期坚持无氧运动可以使人在中老年及其之后的阶段的骨质下滑情况得到明显延缓,减少老年人骨折和其他骨类疾病的几率。

（4）消耗更多热量，防止肥胖，改善脂肪代谢。即使在不运动的状态下，每千克肌肉每天都要消耗 75～110 千卡的热量。通过力量训练，每增加 1 千克肌肉，其消耗的热量等于在一年内燃烧掉 3～5 千克脂肪。经常参加力量训练，可以使血液总胆固醇下降，低密度脂蛋白下降，高密度脂蛋白升高，有利心血管健康。

（5）减少运动器官的损伤和疼痛。肌肉力量的不足和退化会造成肌肉劳损、疼痛及身体形态改变。力量训练可以使颈部和腰部等重要部位的肌肉力量增强，延长工作时间。

（6）改善身体对碳水化合物的代谢机能，促进心血管健康，预防和帮助治疗糖尿病。力量训练可增加肌肉重量，更多的肌肉组织使机体对胰岛素的敏感性加强，从而更有效地从血液里摄取所需的糖并加以利用，降低血糖，起到预防和治疗Ⅱ型糖尿病的作用。

二、强身健体群体的体能训练方法

（一）颈部肌群的健身锻炼动作与方法

颈部的强壮与否直接关系到一个人雄健、英武和健美的形象。颈部强健的胸锁乳头肌，能显示出男性的阳刚之气；女性颈部两侧对称修长、脖颈圆润而富有弹性、皮肤白皙细腻、袒露或缀以装饰，再配合后颈部飘荡的青丝与摆动的腰臀，会增添无限魅力。如果颈部脂肪堆积，则显得臃肿。颈部保持良好的姿态和曲线才会增添人的风度和气质美。

1. 锻炼颈部的肌群及常见练习

要想使颈部变得强健漂亮，就必须锻炼胸锁乳头肌、斜方肌、颈阔肌及夹肌、头长肌、颈长肌等与颈部健美有关的肌肉。主要练习动作有站姿颈屈伸、侧向颈屈伸、仰卧颈屈伸、俯卧颈屈伸、俯立颈屈伸等。

2. 颈部肌群锻炼方法建议

锻炼的初级阶段，一般只进行徒手颈绕环和左右转颈等练习，也可不安排专门的颈部练习，6个月后每次课选择 1～2 个动作，每个动作练习 2～4 组，每组 10～12 次左右。在没有专门器械的情况下，可以徒手（或毛巾）的自抗力练习为主；6 个月至 1 年后，可加重量练习，如负重颈屈伸等，以使颈部肌群与全身肌群平衡发展。

（二）肩部肌群的健身锻炼动作与方法

决定肩膀宽度和健美与否的条件有两个：一是锁骨和肩胛骨的长短与大小；二是锁骨末端附着的三角肌的丰满程度。肩窄的根本原因是锁骨和肩胛骨周围附着的肌肉群不发达而无力，使得锁骨和肩胛骨远端下垂；另一原因是两个横面的肌肉发展不平衡，前紧后松继而形成扣肩凹胸。锁骨和肩胛骨的长短大小，除先天的遗传因素外，与后天缺乏锻炼、不注意保持正确姿态也有重要关系。

1. 锻炼肩部的肌群及常见练习

男性要想展示肩的宽度和力度，体现"倒三角形"体型。女性要想体现肩的圆滑感，展现柔美的曲线,并弥补"塌肩""窄肩""瘦肩"和"锁骨窝太显"等先天的不足,唯一的办法就是加强肩部肌群尤其三角肌的锻炼。主要练习动作有站姿提肘上拉、站姿侧平举、站姿前平举、躬身侧平举、俯立飞鸟、颈后推举、颈前推举、坐姿推举哑铃、平举下拉橡皮带、侧上拉橡皮带、站立耸肩、俯立耸肩等。

2. 肩部肌群锻炼方法建议

初练时按不同的锻炼部位,每次课可安排一个动作,每个动作可做2~3组;半年至一年的锻炼课,每次可选择两个动作为组合,每个动作做2~4组;一年以后应根据实际情况,选择三个动作为一组合,每周练二次,每次课的每个综合组约为8~10组。

一般的肩部锻炼方法是男女大致相同,只是由于锻炼的要求和目的不同,在试举的重量和运动量的选择上有所区别。对要求减肥的女子而言,其试举的重量要轻些,次数可多些,每组一般14次以上;对那些为了发达肌肉的男子,其试举的重量应大些,次数可少些,每组一般8~12次。在锻炼中,还必须根据肩部的生理特点,把每个动作按不同的部位(如肩部的前中后)合理地安排在训练课中,以使"肩膀"周围的肌群都能得到锻炼。

(三)臂部肌群的健身锻炼动作与方法

健壮的胳膊就被视为力量的象征,它是完成人的基本活动的重要器官。在我国历史上也一直把臂力过人的英雄作为崇拜的偶像,如楚霸王力举大鼎、鲁智深倒拔垂杨柳的故事一直流传至今。

在现代生活中虽有各种起重机能举起数以吨计的重物,但有一双灵巧的手和健美粗壮的胳膊还是很重要的,因为能具有"力拔千斤"的力量仍然是人们骄傲的资本。

1. 锻炼臂部的肌群及常见练习

健美臂部应重点锻炼肱三头肌、肱二头肌、肱肌。主要练习动作有站姿反握弯举、坐姿托肘固定弯举、俯身弯举、斜板单臂弯举、单臂坐弯举、斜卧弯举、反握引体向上、颈后臂屈伸、仰卧臂屈伸、俯立臂屈伸、站姿双臂胸前屈肘下压、仰卧撑、直臂后上拉举、腕屈伸、站姿双手卷棒、重锤握力器交替握等。

2. 臂部肌群锻炼方法建议

胳膊肌肉的锻炼,重点应集中在上臂,以练肱二头肌和肱三头肌为主。其他的肌肉如前臂的屈肌和伸肌,只要适当安排2~3个动作就足以能与上臂肌肉协调发展。这是因为在练上臂的同时,前臂也加入了运动,从而得到了锻炼。锻炼胳膊时应充分注意下列几点。

(1)两手交替练习和依次练习的项目,其负荷应完全相同,既要练屈肌又要练伸肌,只有这样,才能使臂肌发达对称。

(2)一般女子的锻炼,往往以增强臂力,提高肌肉的弹性和减缩多余的脂肪为目的。在锻炼中,练习重量常以中小重量为主,练习次数可多些。而男子的锻炼多数是以发达臂部肌肉、增强臂力为主要目的。练习重量应以大重量为主,练习次数可少些。在进行系统的锻炼时,各阶段训练课的内容安排一般如下。

①第一个月的锻炼课安排

每块主要肌肉或肌群,如肱二头肌、肱三头肌、前臂肌群等,各选择一个动作,每个动作练2组。

②第二、三个月的锻炼课安排

应根据上述各肌肉或肌群另选择动作,每个动作练3组。

③第三个月至第六个月的锻炼课安排

每块肌肉或肌群可选择两个不同方位或不同器械的动作,每个动作做2～3组。

④6个月以后的锻炼课安排

应根据臂部肌肉的增长情况,每块肌肉或肌群选择2～3个不同的动作,每个动作练3～4组,最多不超过5组。

锻炼一年左右,一般臂围会明显增粗。但一年后,臂围的增长幅度可能要稍慢些,为进一步增强训练效果,一年后的锻炼应根据实际情况,合理选择有效动作进行练习,并应适当的增加运动量。

(四)胸部肌群的健身锻炼动作与方法

人们在追求健美的体形时,往往把挺拔、丰满、结实的胸脯看作是"人体美"的主要标志。它甚至象征着男性的力量和开阔的胸襟。它更是女性性特征最重要的部位和人体形体美审视的触目点。它可使小伙子显得格外魁梧健壮,并为自己的挺拔宽厚的胸脯感到自豪。姑娘们则把挺拔饱满、润泽而富有弹性、坚挺不垂、富于曲线的胸脯看作为"女性曲线美"的象征。练就宽厚的胸部肌肉,不仅可使体形变得健壮优美,而且有助于矫正低头含胸的缺陷,还可增强心肺功能,使人充满青春活力。

1. 锻炼胸部的肌群及常见练习

健美的胸部主要有赖于发达的胸大肌。主要练习动作包括平卧推举、斜卧推举、仰卧飞鸟、俯卧撑、双杠臂屈伸、仰卧屈臂上拉、仰卧直臂上拉、坐姿屈臂扩夹胸等。

2. 胸部肌群锻炼方法建议

(1)各阶段胸部肌群锻炼的内容安排

①初练至三个月的锻炼期

除掌握基本的动作要领外,主要应以发展胸部形状为主。可隔天练习,每周练三次,每次课选1～2个动作。此外,在练胸肌时最好同练背阔肌及大腿肌群结合起来,以取得更好的效果。

②三个月以后至一年的锻炼期

即第一阶段是三个月至六个月,第二个阶段是六个月至一年。一般在这个时期的训练中,主要以扩大胸腔、改变基本体形为主,促使胸肌发达,每次课练2～3组。

③一年以后的锻炼期

根据胸肌的发展情况,合理地选择发展不同部位的3～5个动作为一个组合。由于运动量逐渐增大,还要与身体其他部位的锻炼结合起来,每次课可选3～10个动作为一个组合,综合组数为3～4组。

(2)在进行胸部的锻炼时,男、女的锻炼方法有区别

男子的胸部外形,根据部位可分为"外侧翼""下缘沟""上胸部"等。例如,改变"排骨"体形的锻炼,主要从发达胸大肌、扩大胸腔、增强呼吸系统功能着手,然后结合肩、背、臂和腿部等肌肉群进行锻炼。前三个月的锻炼,主要以发展胸部的形状为主,即先发展"外侧翼""下缘沟"的肌群,然后,由"外侧翼"逐渐向"中间沟""下缘沟""上胸部"发展,把三角肌前束肌群联系起来,以形成

宽厚结实的胸脯。

女子的胸部主要是由"乳腺"外覆盖脂肪形成的。一般来说,胸部的大小与遗传和先天因素有关。女子在青春期(16～18岁)是胸部发育的顶峰,20岁以后脂肪逐渐增多,如果女性荷尔蒙分泌较多,胸部往往过于肥大。有些胸部过小的人,为使其变得丰满,采用按摩推拿的方法,收效甚微;也有的服用荷尔蒙或食用高脂肪,扰乱了内分泌系统,引起严重恶果。如果经常采用徒手或器械的健美锻炼,可以防止脂肪增多和乳腺萎缩,使胸部丰满而富有弹性。在锻炼时一般应以采用轻器械的练习为主。

开始锻炼胸部时,应先以扩大胸腔、增强呼吸功能着手,同时发达胸大肌的两侧翼和周围肌群,一般锻炼三个月以后,胸大肌用力收缩时,会有结实饱满的肌肉感,乳腺的弹性也会有所改善,但女子在进行胸部锻炼时还是应该注意以下几点。

①一般每周锻炼以3次为宜,即隔天练一次。

②锻炼前要求选择两套或三套形体健美操为准备活动项目,至少活动15分钟。

③每课可选择2～3个动作,每组所采用的重量以能举起8～12次为宜,如能超过12次,说明要适当加重,举不起8次,则应减轻重量。每课的次数与组数应随训练水平的提高作适当的增加。

④如果重点要求是减缩多余脂肪或以增强肌肉弹性为主的话,每组锻炼的次数至少要有15次,最多不超过20次;如果重点要求是扩大胸腔或增强胸大肌或使胸部永远保持"挺拔丰满",可以按照常规要求练习。

⑤有些乳房发育过大或胸部脂肪过多的人,要使胸部健美,首先应从控制饮食着手,日常注意摄取"抵热能"和"低脂肪"的食物;要减缩脂肪,必须积极参加各种体育健身活动,如游泳、跑步、竞走、打球、骑自行车等,再配合做侧重锻炼胸部的健美操,才能获得良好的效果。

对胸部平塌、乳房较小的女青年来说,应加强胸部锻炼,发展胸大肌,增强肺活量,扩大胸腔,这对乳房发育也能起到一定作用。通过家里利用杠铃、哑铃等进行锻炼就能收到非常好的效果。

(五)背部肌群的健身锻炼动作与方法

背部肌肉宽阔、发达,不但使上肢强劲有力,给人以健壮、雄浑之感,而且能使躯干呈"V"字形,构成挺拔的体态,给人以美好的背影,也是现代男性健与美的综合反映。而女性背直腰硬,则是保持挺拔丰满胸脯的有力支柱。尤其在审视现代美女时,上背部宽于上胸部的"倒三角形"无疑更具女性魅力和时代风采。

1. 锻炼背部的肌群及常见练习

要想使躯干上部肌肉发达,重点是要加强对胸大肌和背阔肌的锻炼。值得注意的是,在健美训练中有的人只注重对胸大肌的锻炼,认为锻炼胸肌同时会影响到背肌,我们认为这种观点不算全对。虽然锻炼胸肌会使背阔肌得到锻炼,但背阔肌面积大,要使背阔肌与胸大肌同步发展,或者说要想使背阔肌发展得快,必须做大量的专门练习,否则只注意发达胸肌而不做背阔肌专门练习,可能会导致胸廓畸形发展。例如,俯卧撑对健美胸部和肩部有很好的效果:对"后缩肩"和"鸡胸"体型有矫正作用,即可使肩前伸;但对于"驼背""含胸""翼状肩"缺陷者则不宜练习,因为做俯卧撑反而增大了缺陷效果。所以发达胸大肌与背阔肌要交替进行,不可偏废。当然,在全面锻炼的基础上,各阶段可以有所侧重。锻炼背部的主要练习动作有坐姿重锤颈后下拉、单杠引体向上至颈后、俯立划船、俯卧提拉、屈体硬拉、坐姿双手划船、坐姿对握腹前平拉等。

2. 背部肌群锻炼方法建议

(1)女性背部肌群锻炼方法建议

如前所述,女性应有一个背直腰硬的躯干,因为它是保持挺拔丰满胸脯的有力支柱。加强背部肌群的锻炼,对纠正脊柱前屈和侧屈等有较好的整形效果,同时还能有效地减缩背部和腰部的多余脂肪。一般各阶段的锻炼安排如下。

①在初级阶段主要应以掌握正确的锻炼背部的动作要领和改变背部的形状为主。其中,第一个月主要掌握背部练习的动作要领。

②第二、第三个月改变背部的肌肉形状,使之形成良好的形体。

③第三个月至一年的锻炼主要是进一步改变背部的肌肉群和形状,巩固训练后所获得的形体,使肌肉坚实而富于弹性,胸部更为丰满挺拔,以体现出女性的"曲线美"。

④一年以后的锻炼主要应以加强背部重点肌肉群的锻炼为主。另外,在各阶段的锻炼中,要注意背部各肌群的平均发展。

(2)男性背部肌群锻炼方法建议

古人把"虎背熊腰"作为男性健美的标准,而现代男性则把"V"字形挺拔体姿作为衡量健美的尺度。人体的躯干是人体活动的支柱,人到中年、晚年后,如果缺乏体育健身锻炼,背部肌群的萎缩或脊柱的老化就会提前,导致躯干变成"含胸前屈"体姿。如能经常进行锻炼,背部肌群就能保持良好的体态。一般男子的背部锻炼,应从背阔肌的训练着手,先使其宽厚和形成良好的体形,一年后再根据各人的背部肌肉发展的特点,合理地安排重点锻炼部位。在锻炼课中,一般在一至三个月内,每次课可选两个动作,做2～3组;三个月至一年内,每次课可选2～3个动作,做5～8组。不论男女,发达肌肉的最佳次数都是每组8～12次;如果着重减缩脂肪者,次数可多些;如果着重在发展力量者,次数应少于8次。

(六)腰腹肌群的健身锻炼动作与方法

当我们赞美某一个人"挺拔利索"时,"挺"是指胸部肌肉丰满而结实,"拔"是指腰部细壮而拔直有力和重心高,"利索"则是指腰部动作灵活。人体躯干挺拔、利索,不仅是健与美的体现,而且具有重要的生理功能与运动功能。腰部是连接人体上、下两部分的枢纽,是人体做前后屈、体侧屈及旋转等各方面运动的一架万能轴承,承担着各种生活技能和运动技能的繁重工作,并且在人体的腰腹部位又集中着人体消化、排泄、生殖等重要器官,真可谓是人体内脏的一个大储藏箱。

腰部是人体躯体的第二个生理弯曲,更是女性线条美中最富有变化的部位。如果腰腹部脂肪堆积,大腹便便,不仅体形不美,而且使人行动不便,动作迟缓,给人以笨拙之感,甚至引起内脏器官功能紊乱,体虚乏力,心血管系统负担加重,体质下降,还有可能出现其他疾病。增强腰腹肌群的锻炼,不仅可以增强消化和排泄系统的功能,而且对消化不良,胃溃疡、胃炎、胃下垂和便秘等症也有一定疗效。尤其对减缩腰腹部脂肪更是一种很好的体育健身疗法。

1. 锻炼腰腹部的肌群及常见练习

要想使躯干强壮,就要发展竖棘肌和腰背伸肌以及股后肌群力量。要想使腹部曲线优美,肌肉结实而有力,就必须加强上腹部(腹直肌上部)、下腹部(腹直肌下部及髂腰肌)和腹部两侧(腹内外斜肌)肌群的锻炼。主要练习动作有俯卧两头起、俯卧挺身、直腿硬拉、俯身展体、负重体侧屈、侧卧弯起、负重转体、俯卧转体挺身、锻炼腹部肌群的常见练习、仰卧起坐、仰卧举腿、仰卧两头起、悬垂收腹举腿、仰卧双腿绕环等。

2. 腰腹部肌群锻炼方法建议

（1）在男子健美体形匀称发展的要求中，腹部肌肉线条是体形美的主要部位。所以，腰腹部的锻炼，除了减缩多余的脂肪之外，主要是发达腹直肌和腹外侧肌。

（2）女子腹部的锻炼应根据不同的训练要求，采用不同的训练方法。

①对重点减肥者，应包括腰周围的上腹、下腹、腹侧、腰背甚至胸部、臀部和大腿上部等部位的锻炼，每周安排 5～6 天训练，每次训练课至少 60 分钟以上，并以有氧运动为主。各部位的训练组数和次数也应相应增加。有条件的人每天还可练习两次。

②对较瘦者，则采取加强重点部位锻炼的方法，以达到丰满体形、增强内脏器官机能的目的。对外型原就比较匀称者，则以加强力量和肌肉弹性的练习为主，使其能达到增强体质，保持其健美体形的目的。

（3）腰腹肌的健美锻炼应与发达其他部位的肌肉的锻炼严格区别开来。特别要注意：每次课应选择 2～4 个动作；练习的组数约为 3～5 组；每组的次数不得少于 20 次；间歇时间最多不超过 30 秒钟；每周至少安排 2～5 天，动作频率稍快；初练时动作难度要求不必过高，从徒手到持器械，有一定基础后不断增加训练难度和增加器械的重量。从运动生理学的能量供应与热量的消耗来说，腰腹肌的锻炼应安排在每次训练课的最后，这是使腰腹健美的关键。

第三节　患病群体的体能训练

随着我国社会经济的发展，大部分人民已经摆脱了过去缺衣少食的生活，大部分深居城市的大学生更是发生了饮食结构等诸多方面的变化，他们普遍对饮食的选择较为随性，因此普遍存在营养过剩或营养单一的情况。过剩的营养滞留体内不仅不会带来好处，反而还会给身体健康程度留下隐患，久而久之便会导致一些疾病的发生，如较常见到的高血压、高血脂和糖尿病等一系列"富人病"。近年来，这种中老年常见病开始向低龄化方向发展，大学生群体就是其中比较典型的患病群体。因此，本节就将针对患病大学生群体以及处在运动创伤康复阶段群体采用有效的体能训练方法进行深入地探讨。

一、高血压群体的体能训练

（一）运动治疗高血压的机理

1. 运动可调整自主神经系统的功能

有氧训练可降低交感神经的兴奋性，放松运动可提高迷走神经系统张力、缓解小动脉痉挛。

2. 运动可降低血容量

运动锻炼可降低心输出量。经常进行锻炼可使静息心率减慢、心输出量下降。运动锻炼可引起体内钠代谢的变化,其原因是运动导致血中前列腺素 E 水平升高及胰岛素水平下降,从而促进钠的排泄,使血容量下降。

3. 运动可减低外周阻力

运动锻炼引起血管扩张,降低交感神经的活性,使血中总的儿茶酚胺水平下降,血浆中前列腺素 E 水平升高,从而使血管扩张、外周阻力下降。

4. 运动可调整内分泌

运动训练可提高心房利钠肽水平,降低胰岛素水平,从而减少血容量,降低血浆去甲肾上腺素水平,起到调整血压作用。

5. 运动健身能够改变血液成分

运动锻炼能降低血浆总胆固醇,升高高密度脂蛋白,降低血液的粘滞度:这些改变都直接或间接地与运动降压效果有关。

(二)高血压群体的体能训练方法

对于轻、中度高血压患者均可进行运动疗法,特别是对伴有交感神经活性亢进的轻度高血压病人效果尤佳。但对于重度高血压病人,因运动时可致短时间的血压升高而增加危险性,故在血压未得到充分控制的情况下应禁用运动疗法。

1. 体能训练的方式

体能训练的方式一般以有氧运动为主,如步行、慢跑、骑自行车、游泳和体操等。静力性练习及最大重量的举重应尽量避免。此外,气功、放松练习也是有效的运动治疗方式。

2. 体能训练的强度

研究认为,40%～80% VO_2max 的强度对降压都有效,而 50% VO_2max 的强度较 75% VO_2max 的强度降压效果更加明显。因为血浆中乳酸堆积达阈值时的运动水平大致相当于 50% VO_2max,所以运动强度以轻中度为宜。

3. 体能训练的时间

每次运动的时间一般以 30～60 分钟为宜。每周 3 次以上即可产生降压效应。研究发现,每周 5～7 次运动锻炼比每周 3 次运动降压效果更明显。

二、高脂血症群体的体能训练

(一)运动对脂代谢的影响

运动疗法是治疗高脂血症的重要环节。中等强度的有氧运动对机体的脂代谢产生良好的作用,其作用表现在以下几方面。

(1)适度的中等强度的有氧运动促进能量消耗,增加脂肪的燃烧,减少机体过剩的脂肪。脂肪对肌肉供能随运动时间的增加而增加,运动时供能的脂肪来源于肌肉的甘油三酯储备及血中游离脂肪酸。肌肉的脂肪动员加强,血中游离脂肪酸水平由于继续向肌肉转运而降低,甘油三酯和脂蛋白进一步水解产生更多的游离脂肪酸,血浆甘油三酯水平下降。

（2）运动有效地改善血浆脂蛋白的成分,这些改变包括:①降低血液中不利于脂代谢的脂质成分,如总胆固醇（TC）,甘油三酯（TG）、低密度脂蛋白—胆固醇（LDL-C）水平,从而防止动脉粥样硬化的发生;②提高高密度脂蛋白—胆固醇（HDL-C）水平,高密度脂蛋白可以将周围组织中的胆固醇运载到肝脏,胆固醇在肝脏转化为胆汁酸或直接通过胆汁从肠道排出,从而促进胆固醇排泄。实验也证明,血清 HDL-C 水平与冠心病发病率负相关,也就是说 HDL-C 水平越高的人,冠心病发生的可能性越小。高密度脂蛋白（HDL-C）作为一种载脂蛋白,被医学界誉为“抗动脉硬化因子”“血管的清道夫”,也就是说,只要血液里的高密度酶蛋白水平达到正常,它可以将血管内多余的胆固醇、甘油三酯等脂质类物质通过血液循环运输到肝脏及其他地方进行分解代谢,同时使人体的脂代谢恢复平衡。

（3）对血浆载脂蛋白（APO）代谢的有益作用:血浆载脂蛋白（APO）是脂蛋白的蛋白质部分,因其在血浆中是唯一明确的生化标志,故它们与动脉硬化的关系较大。APO 有几种类型,包括血浆载脂蛋白—A（APOA）、血浆载脂蛋白—B（APOB）、血浆载脂蛋白—E（APOE）等。APOA是 HDL 最主要的载脂蛋白,而 APOB 是 LDL 的主要载脂蛋白。临床对冠心病患者的研究发现,其血清中 APOA 水平下降,APOB 水平升高,而且 APOA、APOA/APOB 愈低,APOB,APOB/APOA 愈高,冠状动脉病变程度愈重。有研究显示,经常进行有氧运动的人群其血浆APOA 水平显著高于对照组。长期有氧训练可使健康中年男性和肥胖女性 APOA 提高,APOB下降,APOA/APOB 比值上升。

（4）长期有氧运动后脂蛋白酯酶（LPL）活性提高:LPL 是人体内水解甘油三酯（TG）的关键酶。有研究证实,长期有氧运动后 LPL 活性提高,随之 TG 降解增加。

（二）高脂血症群体的体能训练方法

高脂血症患者宜采用中等强度、长时间周期性大肌群参与的运动。现在认为改善脂代谢所需运动强度应低于改善心肺功能的强度,约为 $40\%\sim60\%$ 最大摄氧量（VO_2max）强度或 $60\%\sim70\%$ 最大心率（HRmax）,大于 $80\%\ VO_2max$ 强度与低强度效应相同。运动频率为 $3\sim5$ 次/周。每次持续时间为 $45\sim60$ 分钟（准备活动 $5\sim10$ 分钟,运动部分 $25\sim40$ 分钟,整理活动 $5\sim10$ 分钟）。但也有研究认为运动频率大于 3 次不会导致血脂的更大改善,甚至有研究发现每周进行两次运动,共三个月也能使 HDL-C 上升 19.3%,LDL-C 下降 12.8%。因此对于高脂血症群体推荐小量、短时、多次、累积和完成总的运动时间和运动量,同样可以取得较好的效果。

最好的运动方式是散步、慢跑、骑自行车、游泳、健身操、太极拳、气功等有节奏的全身性运动。患者可以依据各自的体力和爱好来适当选择简便、有效可行的运动项目,有规律科学地进行,才能保持运动锻炼的最佳顺应性。一些放松性治疗,如太极拳、气功等也有较好疗效。

也有人建议,采用有氧运动与力量练习相结合的方式,力量练习的负荷为最大重量的 80%。

三、糖尿病群体的体能训练

（一）糖尿病运动疗法的作用及原理

大量糖尿病运动疗法的机理研究证实,糖尿病运动治疗是行之有效的。其效果表现为急性和慢性两个方面。一次性运动可以提高胰岛素的作用,促进糖原的产生,降低空腹血糖浓度。这一作用可以持续到运动后的 24~48 小时。长期从事有氧运动的人,除了达到以上效应外,还可以降低空腹胰岛素的浓度和改善血糖。然而运动一旦停止,锻炼的效果即开始降低,两个星期内不参加任何锻炼,效果将完全消失。即使是 1~2 天不锻炼即可使胰岛素的敏感性明显降低。这就是为什么在糖尿病的运动治疗中强调每周运动不能少于三次的原因。

糖尿病运动疗法的作用机制表现在以下几个方面。

(1)提高外周组织对胰岛素的敏感性。

(2)长时间有氧运动可减轻体重。

(3)改善糖代谢。

(4)改善脂代谢。

(5)改善心肺功能。

(6)增强体质,提高机体适应性。

(二)糖尿病群体的体能训练方法

1. 糖尿病运动治疗的实用对象

糖尿病运动治疗的对象主要适用于空腹血糖在 16.7 毫摩尔/升以下的 Ⅱ 型糖尿病病人,特别是超重或肥胖者。对于缺乏运动而肥胖的中年以上患者和伴有高脂血症、高血压病的糖尿病人,运动锻炼有良好的生理效应,相当一部分人采用运动与饮食相结合的方法可达到控制血糖的目的。

2. 糖尿病人群的体能训练方式

糖尿病运动治疗主要采用中等强度节律性有氧耐力运动。运动的形式应根据病情、体力及客观条件选择适合个人特点和兴趣的运动项目。最好选用尽可能动员较多的大肌群的运动,这样的运动能量消耗大,对呼吸循环系统也能够产生有效的刺激。目前推荐的运动形式有散步、快走、慢跑、骑自行车、做广播操及各类健身操、太极拳、球类、划船、爬山及上下楼梯等。不必是单一的,可以是交换组合的。要避免快速高强度运动,如快跑、快速游泳、体操、网球等。此外,除了无并发症的轻度糖尿病人以外,赛车、举重、拳击、游泳等运动也不宜参加,以免兴奋交感神经及胰岛 β 细胞等,引起糖原分解和血糖升高。步行安全,简捷而易行,是最容易坚持的一种锻炼方式,是首选的运动项目。不同人群运动方式的选择可参见表 15-2。

表 15-2　不同糖尿病患者健身方式的选择

肥胖型糖尿病	轻度糖尿病无并发症
平地快走、慢跑、上楼梯	举重、拳击
坡道自行车	游泳
登山、各类球类训练	体育比赛
擦地板	重体力劳动

关于阻力锻炼对葡萄糖代谢的影响研究比较少,已获得的证据显示短期和长期阻力锻炼对葡萄糖平衡和胰岛素活动的影响与有氧运动相似。尽管研究证据表明阻力锻炼是有利的,但是糖尿病患者,尤其是Ⅰ型糖尿病患者(胰岛素依赖型,IDDM)是不提倡进行阻力锻炼的。阻力运动可以产生某些反应,持续的运动可使血压升高,这使得有视网膜病变的患者有发生视网膜剥离、玻璃体出血等危险,也使得神经病变的患者有发生皮肤外伤和溃疡的危险。但如果给予严格的筛查和监督,可以防止运动造成的伤害。证据表明将有氧运动和阻力锻炼合理地结合起来对糖尿病患者的管理是十分有效的。

3. 糖尿病人群的体能训练强度

运动量和强度一定要适中,而且要个体化。运动过度反而会使血糖过大波动,使病情加重;运动量过小,对肌肉没有足够的刺激,达不到运动治疗的目的。对没有合并症的轻中度糖尿病病人推荐中等强度运动,即指运动时耗氧量占本人最大耗氧量的 60%(60% VO_2 max)。美国运动医学会推荐糖尿病患者应以有氧运动为主,达到 40%～60% 的最大耗氧量,或是 60%～90% 的最大心率。国内学者多主张以 60% VO_2 max 运动 30 分钟。

准确的运动强度指标是% VO_2 max 即%最大耗氧量,因测定 VO_2 max 比较困难,所以常用心率来表示这种强度(相对强度),把极限的强度定为 100%最大心率(HRmax)。运动中达到的%HRmax 越高,运动的强度也就越大。估算方法包括以下几种。

(1)计算法

$$运动中心率=最大心率×\%HRmax$$

$$最大心率=220-年龄$$

(2)简易法

$$运动中心率=180(或170)-年龄-130(或120)次/分$$

4. 糖尿病人群体能训练的时间和频率

目前大多数学者推荐餐后 1～2 小时定时进行运动,认为此举有很好的降糖作用。日本学者研究,认为餐后 90 分钟运动较餐后 30 分钟及 60 分钟降糖作用好。熊艳的研究显示,降糖效果最好为餐后 90 分钟进行,餐后 60 分钟次之,而餐后 30 分钟进行的降糖作用最差。另外,运动的时间因人而异,视所用药物品种而异,应在药物发挥最大效力之前进行,如注射普通胰岛素以餐后 0.5～1.5 小时运动为宜;口服优降糖时的高峰浓度为服药后 1.5 小时,故运动在餐后 0.5～1 小时即可,运动时间应避开药物高峰作用时间及空腹时间。

相关研究证明停止运动健身 3 天,已获得改善的胰岛素敏感性会随之消失,故运动频率以 3～5 天/周为宜,如果能坚持 1 次/天最为理想;运动的持续时间为 20～60 分钟/次/天,包括 5～10 分钟热身和放松运动。

(三)糖尿病人群体能训练的注意事项

(1)糖尿病运动疗法主要适用于轻度和中度的非胰岛素依赖型糖尿病(NIDDM)患者,肥胖型Ⅱ型糖尿病是最佳适应证。胰岛素依赖型糖尿病(IDDM)患者,由于体内胰岛素绝对不足,必须依赖胰岛素治疗。但对稳定期的 IDDM 病人,病情得到较好控制后也可进行运动锻炼,以促进健康和正常发育。

（2）选择适合自己的运动项目和运动方式。强调适量运动，过量运动可促进低血糖的发生，低血糖发生后又刺激交感神经系统兴奋，使体内各种升糖激素分泌增加，对抗胰岛素，致使高血糖出现，甚至发生酮症酸中毒，因此一定要加强医务监督。

（3）运动前要做适当的准备活动，如伸展及松弛肌肉的运动，以免肌肉骨骼受伤，准备活动后逐渐加大运动量，以免心率增加过快。运动将结束时宜行减速等适当活动，以免发生运动后血压过低、心律失常或晕厥等。

（4）有空腹运动习惯可于运动前适量加餐，预防低血糖反应，加餐量应计入当日主食量。

（5）定期检查身体，检测血糖、尿糖，时时关注自己的体重，评价锻炼效果，不断地修改完善运动处方。

（6）有冠心病及高血压者选择慢行及太极拳、气功运动为宜，切不可负荷过度，以免诱发脑出血及心肌梗塞。

（7）为了保证锻炼安全，Ⅰ型糖尿病人必须学会调整运动锻炼前碳水化合物的摄入量与胰岛素注射量，以维持运动锻炼过程中血糖的稳定。这要求病人不断地监测血糖浓度以便知道胰岛素和碳水化合物以怎样的比例搭配才是最合适的。例如，悠闲地散步不需要对胰岛素和碳水化合物的摄入量作任何调整；但对于长达 1～2 个小时费力的运动锻炼，则需要在运动锻炼前多摄入 25～50 克的碳水化合物；对于更长时间的运动锻炼活动，如全天的远足，尽管碳水化合物的摄入量增多了，但注射胰岛素的量仍要减少。

（8）下列糖尿病人应严格禁忌从事运动治疗：血糖过高，胰岛素用量太大，病情易波动者；糖尿病酮症或消耗时分严重、血黏稠度高者；伴有高热、严重感染、活动性肺结核者；有严重心肾并发症及糖尿病视网膜病变者。

四、运动创伤康复阶段群体的体能训练

当今我国大学体育教育向着多元化方向发展，内容丰富多样，形式各异，这使得大学生们无论是在必修课、选修课还是业余体育社团中都能找到适合自身的运动途径。正因如此，也就相应出现了更多的运动创伤。遭受运动创伤后，除了要及时接受治疗外，在后期的疗养阶段，为了促进创伤的尽快恢复，接受一些康复训练也是很有必要的。

（一）康复训练概述

1. 康复训练的目的

大学生参与各种体育运动不免会出现不同种类的运动创伤，这是非常正常的现象，同时这也是体育运动风险性特点的展现。因此，一旦出现创伤后就要及时接受治疗以及随后的康复训练。康复训练的最大目的在于通过具有针对性的训练可以增强受伤者对创伤的适应能力（结构性适应、疼痛性适应、关节不稳的适应等），促进创伤组织愈合，加快功能恢复，其最终目的是使受伤者尽早恢复参加正常身体运动机能。具体来看，康复训练的目的主要有以下几点。

（1）改善组织代谢，促进创伤组织的愈合

康复治疗可以明显改善组织血液循环，增加组织营养，改善组织代谢，促进创伤组织功能的恢复。康复治疗应在创伤后临床治疗的早期进行，以使受伤者能在最短时间内达到最大程度的

功能恢复。例如,关节扭挫伤后,急性期在进行冷敷、加压包扎、患肢抬高的同时,还应进行足背屈、跖屈等关节活动度的康复训练。

（2）保持大学生的训练状态

在正常情况下,大学生有完整的专业训练计划,心肺等各系统的功能良好,一旦因伤停止训练,要恢复这些系统的良好的功能则需较长时间。早期康复活动,一方面有助于创伤组织的恢复,另一方面可改善心、肺及机体其他系统的功能,调整心理状态,保持正常的功能活动,防止因受伤后骤然停止运动而引起的停训综合征。

（3）保持运动系统的功能

早期康复训练,可以改善创伤组织的血液循环,防止因石膏或小夹板固定后缺乏运动而出现的失用性肌萎缩。同时,康复训练还可以加强关节的稳定性,减少关节的软组织创伤。

（4）预防因重复受伤动作而引起的运动再创伤

运动技术伤大多属于过劳伤,因此在治疗时应减少或停止受伤动作的练习。有研究表明,接受过康复训练的大学生患肢再创伤的发生率大大低于未经康复训练者。

2. 康复训练的基本原则

进行任何类型的训练都要在一定的原则下进行,对于康复训练也是如此,它的原则是经过长期实践经验和研究形成的对康复训练来说最本质的规律。任何脱离这些原则而进行的康复训练都注定不能收到预期的效果。总的来看,康复训练的基本原则主要有客观诊断性、训练的循序渐进性和训练的个人针对性等三大原则。

（1）客观诊断性原则

在做出诊断前,要仔细询问大学生的伤病史（包括运动项目、受伤动作、伤后能否继续运动和比赛、现在的疼痛动作等）,然后再做一个系统的全面的物诊检查,合理的使用各种辅助检查。某些特殊的物诊检查常常是不可缺少的,如膝关节交叉韧带断裂后的关节功能性不稳的诊断,常常需要伤腿做"S形"的单腿向前"侧跳"以明确关节是否有功能性不稳症状。又如大学生腰椎椎板骨折常常合并椎间盘突出症,在运用手法推拿时就不宜强力侧扳。如同时有滑椎、背肌力量练习时,腰也不宜过伸。

（2）训练的循序渐进原则

如果大学生带伤参加训练,作为运动创伤的医生就必须作出正确的诊断并根据解剖提出要求,大学生根据教练的计划进行康复训练。然后,医生每周作一次病情检查,医生、教练和大学生再一起共同修改伤部康复计划和全身训练计划。这种工作方式叫"三结合",是多年来行之有效的工作方法,值得大力提倡。

（3）训练的个体针对性原则

每名大学生的发展状况都是不同的,存在着一定的差异,要根据不同的年龄、病情（包括手术方法）及机能状态选择运动手段、预备姿势及运动量以发展和改善肌肉的功能（力量、速度及耐力）及关节的活动范围。

3. 康复训练计划的制定

康复训练不是一种随机的训练模式,而是一种具有十足系统性和关联性的训练。为此,康复训练就需要按照一个正确的计划进行。康复训练计划的制定是保障训练正常进行的直接依据,良好的康复训练计划会让训练变得井井有条和步步紧扣。

（1）制定运动创伤康复计划的原则

①依据运动解剖学与运动力学的基本特点，为解决关节功能运动对周围组织剪切力、压力，防止局部粘连挛缩与肌萎缩等问题而制定。

②依据不同的创伤、手术方式，以及手术后需要解决的具体问题，有针对性的制定、修正与手术配套的个体化方案。

（2）运动创伤康复计划的制定

运动创伤康复计划的主要内容有康复治疗时间表、康复阶段治疗重点和阶段功能评定。应针对不同的运动创伤制定相应的康复计划，通常分为急性期康复计划和恢复期康复计划。

①急性期康复计划

A. 控制出血及水肿：冷敷、加压包扎、制动（使用相应的支具）和抬高患肢。

B. 早期关节活动度训练：患肢近端和远端未被固定的关节的主动运动，必要时可给予被动运动或助力运动，尽量保持各关节的正常活动。病情许可，对创伤关节可行持续性被动活动来恢复关节活动度，促进创伤关节的恢复。必要时可对患肢进行负重训练。

C. 肌力训练：对患肢肌肉进行静力练习，可及时预防肌萎缩或促进肌力恢复，一般在无明显疼痛的情况下进行。同时根据病情可给予电刺激等物理治疗，以预防失用性肌萎缩。

②恢复期康复计划

A. 肌力训练：早期对肌肉进行按摩、被动运动和引起肌肉主动收缩的练习，可使用低频脉冲电刺激肌肉收缩。以后随着肌力的恢复可进行助力运动、主动运动及抗阻运动。同时还应进行适量的肌肉耐力训练，促进肌力恢复。

B. 关节活动度训练：通过对关节的主动运动、被动运动、助力运动及关节功能牵引等方法，可以牵伸挛缩的关节囊、韧带及粘连组织，恢复关节活动度。同时，可给予红外线、音频、蜡疗及超声波等物理治疗。

C. 神经肌肉控制、本体感觉及协调能力的练习：患肢肌力和稳定性较好，在完全负重时，可循序渐进地开始患肢静态及动态的本体感觉训练，以增强平衡功能和肢体的协调运动能力。

D. 日常生活实用功能和训练项目的练习：肌力及关节活动度恢复到一定程度时，应进行必要的日常实用功能和专业大学生训练基础项目练习，如上肢可进行书写、打字、热身运动、使用各种基础训练器材和衣、食、住、行中各种日常生活动作；下肢可进行移动、站立行走、上下楼梯、骑自行车等；专业大学生训练项目练习如跑跳、旋转、投掷等。

（二）康复训练的常用方法

康复训练的方法众多，常用的方法包括理疗、冰敷、按摩与推拿、牵引、运动疗法、石膏矫正、粘膏及各种支具的使用等。其中，粘膏支持带及支具在运动创伤的治疗与康复中是必不可少的。为了较为清晰地研究康复训练方法的问题，这里将各种方法进行取舍和适当归类，以便于对相关内容展开研究。

1. 主动训练法

（1）静力练习

已有关节软骨病损的大学生可以选择静力练习法，其优点是关节不活动，固定的肢体可用，另外还可根据需要增加负荷量。而缺点是关节角度不同用力的肌肉也不同。因此使用此法时需注意调节关节的屈曲角度,并根据力学原则增减使用负荷量的大小。在运动创伤中,髌股关节疼痛综合征治疗时所用的静蹲(增加肌四头肌肌力)、肩袖腱炎三角肌力训练时的双肩侧平举的静力练习均属此类。

(2)动力练习

①等张运动练习。其中,大负荷等张运动中,大负荷少重复的练习有利于发展力量;中等负荷多次重复的练习,有利于发展肌肉的耐力。

②渐进抗阻运动练习。1945 年由 Delorme 提出。其方法是先测定肌肉作 10 次运动的最大负荷,即 10RM 量。然后用 1/2RM,3/4RM 及 RM 全量各做 10 次,为一组,共做 3 组。组间休息 1 分钟。每天 1 次,训练一周后,再测 RM 并修改运动量。

③向心收缩练习。属于等张抗阻收缩。

④离心收缩练习。也属于等张抗阻收缩

⑤短促最大肌力练习。这是一种等长与等张收缩结合在一起的训练方法,用于股四头肌肌力的训练。

⑥等动练习或等速练习。主要有以下几个特点。

A. 肌肉可以大幅度收缩,产生大幅度的运动。

B. 关节运动的角速度恒定。

C. 由仪器提供的阻力为可变性顺应性,呈顺应性阻力。

D. 主动肌与拮抗肌可以同时训练。

E. 肌肉不收缩时阻力消失,因此在关节某一疼痛角度时肌肉可完全不收缩不会造成再伤。

2. 被动训练法

被动训练法主要用于:第一,解痉;第二,增加关节活动度;第三,预防肌肉萎缩;第四,有时用于麻醉下推拿。

上述对于主动训练法和被动训练法的研究只是众多康复训练方法中的一部分,除此之外还有如解痉运动、姿势治疗、反馈训练等方法。对于这些康复训练方法,这里就不做一一阐述了。

3. 康复按摩法

按摩法是我国传统保健中的重要手法。时至今日,按摩法仍旧在疾病治疗、保健康复等多个领域中广泛使用。康复保健法在运动创伤康复方面也拥有较为良好的效果。在受到运动创伤后得到按摩治疗恢复的人明显可以获得更好的恢复效果,其主要体现在恢复速度快和无副作用两方面。因此,研究按摩法在运动创伤康复阶段的作用就显得很有意义。

(1)康复按摩的原理

按摩是通过手法作用于人体肌表,以调整人体的生理、病理状态,达到身体保健的方法,其主要基于以下操作原理。

①调整经络系统

经络是运行全身气血,联络脏腑肢节,沟通上下内外的通路,包括经脉和络脉。经络系统的十二经脉及其分支纵横交错,通达表里,贯穿上下,相互络属于脏腑。七经八脉联系沟通十二正经,十二经筋、十二皮部,联络筋脉皮肉,将人体的各部分联系成一个统一的协调而稳定的有机整体。具有使气血通达全身,濡养组织器官之功能。人体就是依赖它运行气血,发挥着营内工外的作用。当经络的生理功能发生障碍,气血失调,百病皆生。按摩术作用于体表,能引起局部经络反应,主要能调整经气,并通过经络影响到脏腑、组织的功能活动,以调节机体的生理、病理状况,能使百脉疏通、五脏安和。历代文献对此有所论述,如因足阳明胃经而引起胃脘胀、腹泻等症,可通过按摩手法作用在足阳明胃经上的穴位而消除胀满、缓解腹泻。

②调整阴阳

人体为对立统一的有机整体,祖国医学以阴阳观念解释人体内部变化。当病邪已作用于人体时,阴阳平衡遭到破坏,造成阴阳失调。所以,调整阴阳是祖国医学一条基本原则,如表里出入、上下升降、寒热进退、邪正虚实、营卫不和、气血失和都属于阴阳失调的具体表现。因此,升清降浊、寒热温清、调和营卫、调理气血等都属于调整阴阳的范围。

③调整脏腑功能

脏腑是化生气血、通调经络、主持人体生命活动的主要器官,按摩通过不同手法作用于人体体表,刺激体表一定部位,对内脏功能活动产生一定影响。比如,点按脾俞、胃俞能缓解胃肠痉挛,止腹痛,又如按揉足三里既能使分泌过多的胃液减少,也可使分泌不足的胃液增多,还如按揉内关穴使高血压的动脉压下降,也可使处于休克状态的动脉压上升。由此证明,按摩手法刺激体表,体表末梢感受器官传入神经系统,然后传到内脏器官,使内脏活动发生改变。缓和、轻微的连续刺激,对中枢神经有抑制作用;快速、较重的手法与短暂的刺激可使中枢神经兴奋,按此规律,按摩会使内脏器官得到调节。

④促进气血运行

气血是构成人体的基本物质,是人体活动的基础,人体全身的一切组织都需要气血供养和调节才能发挥它的功能。气血周流全身,促进人体发育和生理活动,人体若发生不适症,都与气血有关;若气血失调,脏腑功能将发生异常。按摩对气血的作用是益气养血、行气活血。按摩是通过健脾养胃,增强脾胃受纳、运化、升清的功能,促进气血生成,同时疏通经络来加强肝的功能,又增加了气的生血、行血、摄血功能,从而使人体益气养血。在按摩中,常用按摩腹部来促进胃的升降功能,同时按摩可推动气的运行,促进气血运行,达到通则不痛的目的。

⑤调整筋骨关节

筋骨创伤必然累及气血,致脉络受损,血淤气滞,影响肢体活动,也就是"不通则痛"。按摩通过舒筋通络,理筋整复,活血化淤达到"通则不痛"的目的。按摩可以加强局部循环,使局部组织温度升高,并且将紧张或痉挛的肌肉充分拉长,从而牵拉肌束,使之放松,气血通畅,使肌肉从紧张状态中放松下来。通过理筋整复,可以使经络关节通顺,肌肉痉挛缓解,关节功能恢复,有助于松解粘连、润滑关节。

⑥调和人体五行,增强人体抗病能力

在祖国传统医学里,常用五行学说的五行特性分析人体组织器官间的关系。按摩也可按五行学说归类,如摩与揉等手法,在人体表为环行或轻微用力归属金;推与揉手法,在人体血脉为直行用力,或者散闪用力归火;拿与捏等手法,在人体肌肉部分向上或相对用力归属土;拨与弹等手法,在人体筋腱部分做深透用力归属木;点与按等手法,在人体骨骼做直下强力归属水。通过把按摩手法归类,帮助人体正气战胜邪气。"正气存内,邪不可干",按摩通过虚补实泻,增强人体抗病能力,具有扶正祛邪的作用,可以增强人体免疫功能,如刺激经络、疏通经络、调和气血、调整脏腑,使机体处于最佳的状态。

（2）按摩常用的手法

①按法

A. 指按法

以拇指指腹或食、中、无名指指腹,按压体表施术部位的方法叫指按法。指力不足,可用另一手拇指重叠按压叫指腹按压,又称"压法"。如以指端按压,则称"指端按法";食指屈曲,以指背按压,则称为"屈指按法"。

B. 掌按法

术者腕背屈,以掌根、全掌或鱼际部位着力于施术部位,进行按压的手法,叫掌按法。按压后要稍停留片刻,再重复按压谓之"按而留之",使按压既平稳又有节奏。按压时可双掌重叠,身体前倾,借助体重增加力度。

C. 肘按法

以肘尖代替指和掌,着力于施术部位进行按压的手法叫肘按法。

②拨法

A. 拇指拨法

术者拇指伸直,其余四指分开扶持体表固定,屈伸拇指掌指关节,向左右拨动施术部位的肌肉或肌腱等,此为轻手法;以拇指伸直,其余四指握拳,食指桡侧抵于拇指掌面,用腕或肘部摆动屈伸,带动拇指拨动肌肉肌腱部位,此法为重手法。

B. 单指拨法

以食指微屈曲,拇指与中指抵于食指端关节处加强力量,进行指拨穴位。或以中指伸直,拇指食指捏住中指末节,加强中指拨动力量,进行指拨穴位。

C. 多指拨法

以食指、中指、无名指三指同时拨动施术部位。此法多用于腹部。

D. 弹拨法

术者多以食指指端着力,拇指、中指捏住食指 2～3 节间,着力将食指插入肌筋间隙或起止点,由轻到重,由慢而快,轻巧、灵活的弹拨,如弹琴弦。

E. 肘拨法

对于肌肉发达、丰厚者,术者指拨力度不够时,可以肘尖置于施术部位,来回左右拨动。此法多角于腰、臂及大腿。

③颤法

术者以单手或双手的手掌及掌指自然伸直平放于施术部位,稍施压力与施术部位贴实,将力贯注于施力的手及臂部,用腕力连同臂部作左右急剧而细微的摆动(摆动的速度要快,幅度要小),摆而滞为颤。

④搓法

A. 拇指搓法

以手拇指于施术部位,对称用力,交叉搓揉,术时顺经络为补,逆经络为泻。

B. 掌搓法

术者双手分别合抱肩部前后,相对用力,一前一后,相对揉搓,边搓边下移到腕部,再自腕部搓移到腋下。掌搓法亦可以双手平放腰骶部两侧腰肌上,作用力方向相反的上、下斜行的往返搓动。

⑤点法

A. 拇指端点法

术者以手握空拳,拇指伸直并紧靠于食指中节桡侧面,用拇指端点压施术部位。向下点压时拇指指腹紧贴食指中节桡侧,以免因用力而扭伤拇指间关节。

B. 屈拇指点法

术者拇指屈曲,拇指端抵住屈曲食指中节的外侧缘,用拇指指间关节突起部的桡侧着力于施术部位,进行点按。

C. 屈食指点法

术者屈曲食指,与其他手指相握,用食指第一指间关节突起部分点压施术部位,术时可用拇指末节内侧缘紧压食指指中部,以增加力度。

D. 肘尖点法

术者屈曲肘关节,以肘尖着力于施术部位进行点按。此法多用于肌肉丰厚部位和肥胖者。肘尖点法为强力点法。

⑥抖法

A. 上肢抖法

受术者坐位,术者站其体侧前方。术者以两手拇、食、中指握受术肢前臂远端。无名指、小指及实际部位握手腕部,掌心向下,向体外前方抬肩 60°,然后做连续的上下方向的抖动。使抖动波传达到肩部。再以一手握受术者同侧手,引臂向体外前方抬肩 60°,做左右方向的抖动,使抖动波传达到肱二头肌、肱三头肌及肩部。

B. 下肢抖动法

下肢抖动法可分为仰卧位及俯卧位的抖动。

仰卧位抖动法:以两手握双踝部,抬离床面 30 厘米,作上下方向的连续抖动,使腿及腰部放松。俯卧位抖动下肢有两种方法:即术者以一手握踝,屈膝关节 90°,另一手掌贴附于大腿或小腿后面肌肉部位,做左、右方向的摇抖。另一法即受术者俯卧位,一侧膝关节屈曲 90°,术者一手掌置踝关节及小腿远端的前侧固定不动,另一手虎口对准足跟,以拇指及四指推动足跟向左右方向抖动,带动小腿三头肌向左右方向抖动,两腿分别进行。

C. 腰部抖法

受术者俯卧位,术者两手握双踝,先进行拔伸牵引 1 分钟左右,摆动两下肢,待肌肉放松后,做突然的上下抖颤数次以抖动腰部。

⑦击法

A. 拳击法

术者以单手或双手握拳,在臂力带动下,以空拳着力于施术部位,一起一落,有节奏地击打。或者以反拳(拳背)着力于施术部位,用腕力缓慢而轻松地击打,双手交替进行。用于肌肉丰满的臀部及腹外侧。

B. 掌击法

术者手指自然分开,微屈,腕关节伸直或背伸,以掌根或小鱼际部位着力在施术部位,进行击打。用于腰、背部及四肢。

C. 侧击法

术者手指自然伸直,腕略背伸,用单手或双手小鱼际部位击打施术部位。主要用于项背部、腰臀及四肢。

D. 指尖击法

术者两手指微屈曲，腕关节放松，运用腕关节做大（或小）幅度的屈伸，以指端重力（或轻轻）击打施术部位。

E. 棒击法

术者以桑枝棒、按摩棒或磁疗棒等工具，用棒体平击施术部位。

⑧拍法

A. 四指拍打法

四指拍打法即以食指、中指、无名指、小指并拢，平放拍打部位，使皮肤微红为度。

B. 指背拍打法

术者五指自然屈曲，用腕部屈伸撮动带动手指，以指背拍打施术部位。

C. 虚掌拍打法

术者五指并拢呈空掌状，在体表进行拍打。

D. 五指撒拍法

术者五指撒开、伸直，用小指外侧前端，顺肢体或肌筋的方向，于施术部位进行拍打的方法。

⑨拿法

A. 两指拿法

术者以拇指与食指相对用力于施术部位，并做持续而有节奏的拿提动作。此法常用于头颈、肩及四肢。

B. 三指拿法

术者以单手或双手的拇指与食指、中指对合，相对用力于施术部位，并做持续而有节奏的拿提，叫三指拿法。此法用于颈项、肩背、腰及四肢。

C. 五指拿法

术者以单手或双手的拇指与其余四指相对，用力于施术部位，并做持续而有节奏的拿提，叫五指拿法。

D. 掌拿法

术者以掌心紧贴施术部位，进行缓慢拿揉动作的手法，叫掌拿法。

⑩揉法

A. 指揉法

指揉法以指腹吸定在施术部位，着力做轻柔、缓和的旋转揉动，带动皮下组织。指揉法分为拇指揉法、二指揉法和三指揉法。拇指揉法以拇指进行旋转揉动，此法着力均匀、连贯，由轻而重，逐渐扩大范围，旋而不滞，转而不乱，揉而浮悬，动作深沉，作用面积小而集中；以食指、中指进行操作，称二指揉法；以食、中、无名指进行操作，称三指揉法。

B. 掌揉法

掌揉法以掌根或鱼际部位吸定于施术部位，腕部放松，肘为支点，前臂旋转摆动，带动腕部做轻柔和缓旋揉。掌揉法因手作用的部位不同，又分为鱼际揉法、全掌揉法和掌根揉法。鱼际揉法是以鱼际部位吸定施术部位，持续进行揉动，也可紧揉、慢移的操作，常用于头、面、扁背部；以全掌着力于施术部位，进行揉法，叫"全掌揉法"，既可吸定一处，又可边揉边缓慢移动，常用于腹部；以掌根施力进行揉法，称为"掌根揉法"，主要用于腰臀部。

参考文献

[1]王东亮,赵鸿博.现代大学生体能训练理论与方法指导.北京:中国书籍出版社,2014.

[2]于莹,钟家奎.大学体育课程与体能训练.北京:北京体育大学出版社,2014.

[3]谷崎.体能训练的基本理论与方法.西安:西北工业大学出版社,2010.

[4]王向宏.体能训练理论与方法.北京:北京航空航天大学出版社,2010.

[5]于少勇,赵志明.基础体能训练.北京:中国原子能出版社,2008.

[6]刘星亮.体质健康概论.武汉:中国地质大学出版社,2010.

[7]毛志雄,迟立忠.运动心理学.北京:中国人民大学出版社,2015.

[8]孙少强,孙延林.运动心理学.天津:南开大学出版社,2006.

[9]胡桂英,胡斌,庄燕菲,徐晓燕.运动心理学.杭州:浙江大学出版社,2008.

[10]张蕴琨,丁树哲.运动生物化学.北京:高等教育出版社,2006.

[11]王向宏,朱永国,董建锋.体能训练理论与方法.北京:北京航空航天大学出版社,2010.

[12]王保成,王川.球类运动员体能训练理论与方法.北京:北京体育大学出版社,2005.

[13]谭成清,李艳翎.体能训练.长沙:湖南师范大学出版社,2012.

[14]张英波.现代体能训练方法.北京:北京体育大学出版社,2006.

[15]杨海平,廖理连,张军.实用体能训练指南.广州:广东高等教育出版社,2013.

[16]邓运龙,张海忠.论现代体能训练新理念新方法.军事体育进修学院学报,2009(04).

[17]杨世勇等.体能训练学.成都:四川科学技术出版社,2007.

[18]吴东明等.体能训练.北京:高等教育出版社,2005.

[19]李鸿江.田径(第3版).北京:高等教育出版社,2014.

[20]梅雪雄.游泳.北京:高等教育出版社,2008.

[21]尹默林.游泳运动与水中健身.上海:上海大学出版社,2013.

[22]马鸿韬.竞技健美操.北京:高等教育出版社,2005.

[23]马鸿韬.健美操运动教程.北京:北京体育大学出版社,2010.

[24]朱晓龙,李立群.健美操.杭州:浙江大学出版社,2014.

[25]朱国权.篮球.北京:北京师范大学出版社,2012.

[26]刘丹.足球体能训练.北京:北京体育大学出版社,2006.

[27]张瑞林.排球运动.北京:高等教育出版社,2005.

[28]邢琦.大球教程——篮球、排球、足球.北京:北京师范大学出版社,2013.

[29]林晞.乒乓球.北京:北京体育大学出版社,2012.

[30]杨敏丽.羽毛球教学与训练.北京:北京体育大学出版社,2012.

[31]唐小林.网球运动教学与训练.北京:人民体育出版社,2009.

[32]王旭东.体育健身原理与方法.北京:北京体育大学出版社,2008.

[33]国家体育总局.运动健身指南.北京:人民体育出版社,2011.